아이다 타벨

아이다 타벨
록펠러 제국을 쓰러뜨린 여성 저널리스트

アイダ・ターベル：ロックフェラー帝国を倒した女性ジャーナリスト

코가 준이치로 지음

정수영 옮김

(주)박이정

한국어판 출판에 즈음하여

지금으로부터 100여 년 전, 타벨은 미국 뉴욕을 거점으로 본격적인 탐사보도에 나섰다. 그리고 금권 부패에 얼룩진 미국 사회를 크게 변화시킨 혁신주의 운동에 불을 붙였다. 원동력은 1904년 출판된 불후의 명작 〈스탠더드오일의 역사〉. 난공불락으로 여겨졌던 거대 트러스트의 음습하고 악랄했던 상술을 고발하며 사회적 공분을 일으켰다.

조사광이기도 했던 타벨은 끈질긴 취재를 거듭한 결과, 믿기 어려울 정도의 이익을 창출해 내는 스탠더드오일의 은밀한 경영 실상을 폭로했다. 루즈벨트 대통령과 이인삼각의 협력을 통해 트러스트 해체를 이끌어 낸 타벨의 취재 방식은 최근 들어 저널리즘의 왕도로 주목받고 있는 탐사보도다. 국가, 대기업, 정·재계 유력인사 등에 의한 부정부패와 비리를 독자적으로 조사하고 파헤치는 보도이며, 끈기와 시간을 필요로 하는 취재 방식이다. 타벨은 바로 탐사보도의 개척자다.

타벨의 가장 큰 업적은 윤리와 도덕이 결여된 경영의 위법성과 비밀을 밝혀낸 것이다. 배금주의와 탐욕으로 얼룩진 정치와 경제와 사회를 개혁하여 법과 정의를 관철해 내기 위해 건전한 자본주의 사회로의 혁신을 요구하는 사회 풍토를 견인했다. 대통령은 트러스트 소추를 단행했고 그동안 불법을 묵인해 왔던 사법부는 레드카드를 내밀었다. 트러스트의 대부분은 해체 또는 분할되었고 경영 방식과 궤도를 수정할 수밖에 없었다. 그리고 반트러스트법이 한층 강화되었다. 세계적으로도 가장 엄격한 것으로 정평이 나 있는 미국 독점금지법과 관련 정책의 배경에는 이러한 역사가 있다.

록펠러는 훗날 숙적 타벨에 관한 질문을 받으면 평소의 냉정함을 잃는 일이 종종 있었다고 한다. 타벨을 뚱뚱보 아가씨라 부르며 "그 엉뚱한 여자에 대해서는 그 어떤 할 말도 없다."며 발끈하기까지 했다는 후문이다.

타벨이 활약했던 1890년부터 30여 년은 미국의 혁신주의 시대로 분류된다. 사회 정치 개혁이 크게 진전된 시기이며, 저널리즘 역사에서는 '미국 저널리즘의 황금시대'로 일컬어지는 시기다. 언론 보도가 사회개혁을 이루는 데 큰 힘을 보탰다고 평가받기 때문이다.

타벨이 정확한 기사를 작성하기 위해 채택한 방식 중 하나가 기명

기사다. 지금은 당연한 것으로 받아들여지고 있지만, 당시로서는 매우 이례적이고 참신한 것이었다. 보도의 신뢰도 향상에 크게 공헌한 방식이기도 하다. 무엇보다 복사기나 인터넷 검색 등 문명의 이기가 없던 시절, 타벨은 기사를 작성하기 위해 전국 각지의 법원과 주 정부 등을 직접 찾아 다니며 재판기록은 물론 각종 자료와 소소한 정보를 하나하나 모두 꼼꼼히 노트에 옮겨 적었다. 그다음 이들 정보를 확인하고 검증하기 위해, 그리고 작은 정보 하나라도 놓치지 않기 위해 발품을 팔며 수많은 관련 인물과 정보원을 수소문하고 직접 만나 취재에 취재를 거듭했다.

탐사보도의 의의

오늘날 저널리즘 현실에서 탐사보도는 어떤 의미와 의의를 지니고 있을까? 감추어져 있는 비리, 불공정, 사회악 등을 파헤쳐 공정하고 정의로운 민주주의 사회가 원활하게 작동할 수 있도록 기여한다는 점이다. 거대 악이 편안한 잠자리에 들지 못하도록 사회를 정화하고 건전한 민주주의 사회를 유지하기 위해서는 탐사보도의 가치와 중요성이 흔들릴 일은 앞으로 추호도 없을 것이다.

1990년대부터 인터넷과 SNS의 보급이 확산되면서 신문과 잡지의 발행 부수는 격감했고 경영 기반 자체가 크게 흔들리고 있다. 한국과 일본뿐 아니라 서구 선진국의 미디어들도 매우 어려운 상황인 건 마찬가지다. 인터넷 비즈니스로 성공한 영국의 공영방송 BBC 회장

마크 톰슨을 경영 수장으로 영입하여 인터넷 수익을 극적으로 증가시킨 뉴욕 타임스는 극히 드문 예외 중 하나일 것이다.

전통적인 언론매체가 약해지면 권력 감시 기능도 약해진다. 2022년 2월 우크라이나를 침공하면서 보도 통제를 한층 강화하고 있는 러시아에서 푸틴 정권의 군사 도발 행위를 비판하는 보도는 전무에 가깝다. 전황을 둘러싼 사실관계를 의도적으로 왜곡하는 페이크 정보fake information가 횡행하는 말기적 증상을 보이기까지 한다. 인터넷에서 발신되는 진위를 알 수 없는 정보들이 SNS를 통해 확산되고, 시민들이 그 정보들을 진짜로 여겨 그대로 수용하거나 의존하는 경향은 전 세계적 현상이며, 지극히 위험한 상황이기도 하다. 미국의 트럼프 전 대통령이 앞장서 트위터에 페이크 정보를 올리면서 지지자들을 선동하는 비정상적인 사태가 발생했다는 것 역시 결코 잊어서는 안 된다.

민주주의가 원활하게 작동하기 위한 전제조건은 올바른 뉴스와 정보를 바탕으로 주권자인 시민이 정치, 경제, 사회의 동향을 정확하게 파악하고 나라의 향방을 판단할 수 있어야 한다는 것이다. 페이크 정보는 주권자를 현혹하고 종국에는 민주주의 사회 붕괴라는 최악의 결과로 이어질 수 있다. 정확한 뉴스와 정보를 편견 없이 전달하는 것이야말로 언론의 사명이다. 민주주의가 더욱 절실해진 시대이기에 그 역할의 중요성과 가치는 더욱 커지고 있다. 발굴형 탐사보도는 인터넷 매체들이 감당하기 어려울 만큼의 '두꺼운 취재력'을 필요로 한다. 신문, 방송, 잡지 등 전통 언론 매체들의 분투가 더욱 절실한 이유다.

물론 말처럼 간단한 일은 결코 아니다. 정부 당국이 언제나 늘 제대로 된 정보를 제공하거나 발표하는 것도 아니다. 거대 악과 비리의 단서가 우리 주변을 뒹굴고 있는 것도 아니다. 교도통신의 편집국장을 역임하고 탐사보도 팀을 창설하여 운영한 경험도 있는 신문통신조사회 카와하라 히토시河原仁志 사무국장은 이렇게 말한다.

사회가 무엇을 요구하고 있는가. 지금 우리 사회가 주목해야 할 핵심 이슈와 과제가 어디에 있는지, '주제'를 먼저 발굴해야 한다. 그 주제가 진정으로 우리 사회의 핵심 이슈이자 과제에 해당한다면, 그것이 설령 저널리스트 각자의 사적 관심 밖에 있는 것이라 할지라도, 저널리스트라면 결국 그 이슈에 빠져들 수밖에 없다. 사적 관심 밖의 것이라면 오히려 신선할 수도 있다. 이런저런 취재 방식을 구사해 볼 수도 있다. 사실 하나하나를 발굴해 가면서 잠들어 있던 호기심을 불러일으킬 수도 있다. 그러다 보면 어느새 취재에 가속도가 붙는다. 탐사보도는 그런 것이다.

탐사보도에 탐사보도가 없다. 이런 걸 취재해 보면 어떨지 주제에 관해 토론이 시작되고, 그 주제가 사회의 핵심을 꿰뚫고 있다는 '확신' 비슷한 것이 보이면 취재는 탐사보도가 될 수 있다. 하지만 지금 저널리즘에 관한 논의는 대부분 취재방식에만 편향된 것 같다. 본말전도에 빠진 것은 아닐까?

저널리즘 현장의 생생한 이야기다. 탐사보도가 저널리스트 자신의 문제의식과 깊숙이 연결되어 있음은 이론의 여지가 없다. 끈질기고 치밀한 취재를 지속하는 것이며 쉽게 포기하지 않는 것이기도 하다. 탐사보도에 정통한 저널리즘 연구자이자 전수대학에서 교편을 잡고 있는 사와 야스오미澤康臣 교수가 역설하는 탐사보도의 의미도 새삼 눈여겨 볼만하다.

소셜미디어(SNS)에는 정보가 넘쳐난다. 하지만 그건 대부분 '내가 말하고 싶은 것'을 '내가 쓰고 있을 뿐'이다. 반면, 타벨의 싸움이 상징하는 저널리즘의 임무, 특히 탐사보도의 의미는 '힘 있는 자가 알리고 싶어 하지 않는 이야기', '거짓을 말하면서까지 은폐하고 싶어 하는 진실'을 정확한 근거와 함께 독립적으로 시민에게 전달하는 것에서 찾을 수 있다. 주권자가 민주주의 정치를 운영하고 참여하는 데 필요한 뉴스와 진실을 엄중하게 발굴하여 열정적으로 전하는 것이기도 하다. SNS 전성시대에 더욱더 소중해지는 일이며, 저널리즘이기에 할 수 있는 일이다.

100여 년 전 미국에서 혁신주의운동이 성공적으로 전개될 수 있었던 것은 타벨의 보도 이후에 정치, 경제, 사회의 제도적 모순과 한계들을 비판하는 탐사보도가 계속되었기 때문이다. 타벨의 뒤를 이어 100여 년 전 탐사보도에 기여한 넬리 블라이, 업튼 싱클레어 등 미국의 저널리스트 전기를 집필 중이다. 하루빨리 완성하고 싶은 마음이다.

지금으로부터 10여 년 전 한국에서 필자의 책 〈경단련経団連〉(FKI 미디어) 이 번역 출판된 바 있다. 이번 책이 한국에서의 두 번째 출판인 셈이다. 한일 양국의 문화 교류 및 친선 우호 관계 증진에 조금이나마 공헌할 수 있다는 생각에 뿌듯하기도 하다. 무엇보다 수많은 업적에도 불구하고 아시아에서는 크게 알려지지 않았던 아이다 타벨을 소개한다는 것이 기대 이상의 기쁨이자 즐거움이며 영광이다. 아울러 한국 탐사보도의 발전을 진심으로 기대한다.

한국언론학회와 일본 매스커뮤니케이션학회는 오랫동안 한일 국제심포지엄을 공동 개최해 왔다. 그곳에서 동료로 만나 함께 일했던 정수영 박사의 도움으로 미국 여성 저널리스트의 위업을 소개한 졸저를 한국에서 출판할 수 있게 되었다. 번역을 맡아준 정수영 박사에게 감사와 경의를 표한다.

2022년 4월
코가 준이치로

역자서문

타벨과 동료들이 일구어 낸 일련의 보도를 통해 지켜야 할 것은 무엇이고 바로잡아야 할 것은 무엇인지, 미국 사회가 지향해야 할 방향이 무엇인지가 명확해졌다.

제6장 "도금시대"와 혁신주의 중에서

2018년 6월 어느 날, 오래 전 한일국제심포지엄 조직위원회에서 만나 양국의 조직위원이자 연구자로 인연을 맺어 온 코가 교수께서 메일을 보내오셨다. 책 출판 소식과 함께 한국어 번역을 의뢰하는 내용이었다. 20여 일 후 두툼한 책 한 권이 EMS로 배달되었다.

아이다 미네르바 타벨과의 만남이 시작되었다. 인터넷 검색창에 타벨의 이름을 넣어 보니, 와인버그 교수의 2008년 저서가 이미 〈아이다 미네르바 타벨: 어떻게 한 명의 저널리스트가 독점재벌 스탠더드오일을 쓰러뜨렸나〉라는 제목으로 2010년 번역 출판된 바 있다. 일단 책을 주문하고 코가 교수께 와인버그 교수의 책과 어떤 차별점이 있는지를 문의하는 메일을 보냈다.

며칠 후 코가 교수의 답 메일이 도착했다. 첫째, 영미권의 독자와 달리, 타벨과 트러스트 스탠더드오일, 100여 년 전 미국 사회와 저널리즘 현실 등에 관한 이해가 높지 않은 일본 독자들을 위해 기획하고 집필했다. 둘째, 타벨의 역작 〈스탠더드오일의 역사〉가 어떤 과정을 거쳐 집필되었으며 어떤 내용을 담고 있는지 구체적이고 알기 쉽게 소개했다. 셋째, 타벨이 한 사람의 저널리스트이자 인격체로 성장하는 과정에서 자양분이 된 이슈들, 예를 들어 프랑스 유학 시절, 마담 롤랑과 링컨의 전기 집필 과정, 미국 혁신주의 시대와 탐사보도의 접점 등을 구체적이고 알기 쉽게 소개했다.

100여 년 전 "미국 저널리즘의 황금기"를 일구어 낸 타벨이라는 인물과 탐사보도의 본질을 국내 독자들에게도 알리고 싶다는 마음만으로 불쑥 번역을 수락했다. 이제 남은 것은 번역을 위한 지난한 시간과의 싸움, 그리고 출판을 위한 공식절차와 실무 작업이다. 어느새 4년이라는 시간이 훌쩍 지났고 이제 출판을 위한 막바지 편집 작업이 진행 중이다. 그동안 '정말' 많은 일들이 있었다. 언론·미디어 개혁과 혁신을 주창하는 목소리는 더 높아졌고 실제 현실은 점점 더 암울해지는 것만 같다.

학계에서는 민주주의와 저널리즘, 프로페셔널리즘과 시민참여, 언론·표현의 자유 등등 금과옥조처럼 여겨 왔던 원칙과 기준 그리고 가치들의 패러다임 전환이 요구되고 있다. 한국의 저널리즘 현실을 설명하기 위한 이론과 규범을 (재)생산해야 한다는 문제 제기도 끊이지 않는다. 중요한 화두이자 연구 과제임이 틀림없다. 다만 그 출발점은 우리가 버려야 할 낡은 것은 무엇인지, 시대가 변하고 사람이 바뀌어도 변치 않는 원칙과 기준은 무엇인지, 새로운 관점과 실천으로 수정·보완하고 재생산해야 할 것은 무엇인지 등을 성찰하고 분석해 내는 작업이어야 한다.

우리가 직면하고 있는 위기와 혼돈은 전혀 새로운 현상인가? 그 본질은 무엇인가? 우리가 일견 당연시하거나 혹은 이미 잘 알고 있다고 생각해 온 원칙과 기준 그리고 가치들의 본질이 의도적으로든 혹은 비의도적으로든 오염되고 만 것은 아닐까? 우리 모두가 "다원적 무지"에 빠져 있거나 혹은 "동상이몽"을 하는 것은 아닐까?

100여 년 전 미국 사회에서 타벨이 직면했던 현실, 타벨이 탐사보도의 개척자로서 당시 혁신주의 시대를 선도해 간 과정을 톺아보면서 '새삼' 발견한 것이 있다. 정도의 차이나 표면화되는 방식의 차이는 있을지언정 우리가 처한 위기 국면과 혼란스러운 현실 속에 있는 본질만큼은 전혀 새롭지 않다는 사실이다. 더불어 우리가 찾고 있는 해법 역시 먼 곳에 있는 것도 전혀 새로운 것도 아니라는 사실이다. 1947년 미국에서 출판된 〈허친스 보고서Hutchins Report; A FREE AND RESPONSIBLE PRESS – A General Report on Mass Communication: Newspapers, Radio,

Motion Pictures, Magazines, and Books〉, 1977년 영국에서 공표된 〈애넌 보고서Annan Report; Report of the Committee on the Future of Broadcasting〉를 바탕으로 작금의 현실을 진단한 결과와도 크게 다르지 않다. 위기 극복을 위해 당시 천착했던 해법이나 지향점들과도 맞닿아 있다.[1]

해법은 어디에서 찾을 수 있을까? 빅데이터, AI, 메타버스 등 눈부신 기술 혁신도 아니다. 복잡한 이론이나 새로운 사상도 아니다. 난해한 철학을 기반으로 설파하는 현란한 레토릭도 아니다. 지금 우리에게 필요한 것은 '머크레이킹muckraking'이 아니라 '탐사보도investigative reorting'이며, '머크레이커muckraker'가 아니라 '저널리스트journalist'다.

탐사보도와 머크레이킹이 매우 닮아 있다는 점에서, 머크레이킹은 이른바 '받아쓰기 저널리즘'보다 더 위험할 수 있다. 지금 한국 사회와 저널리즘 현실에서는 특히 그렇다. 머크레이킹과 일선을 그어야 할 탐사보도의 본령은 (매우 진부하게 들리겠지만) 냉철한 머리와 뜨거운 가슴, 즉 '이성과 감정의 조화'로 만들어 내는 저널리즘에서 찾을 수 있을 듯하다. 저널리스트로서의 소명의식과 핵심을 꿰뚫는 문제의식. 좋은 사회를 지향하는 열정. 부조리한 현실과 모순에 대한 건강한 분노. 인간에 대한 예의와 진정성. 그 열정과 진정성과 문제의식을 온전한 모습으로 드러내고 건강한 분노를 따뜻한 공감으로 모아 내기 위해 끊임없이 조사하고 관찰하며 취재하고 분석해 내는 치열함과

1 옮긴이의 졸저 〈미디어의 사회적 책임과 어카운터빌리티〉(2018, 패러다임북)를 참고 바란다.

냉철함.

저널리즘은 정보information의 홍수 속에서 옥석을 가려내고 생명을 불어넣어 뉴스news를 만들어 가기 위한 모든 과정과 모두의 노력이 만났을 때 총체적으로 구현될 수 있는 '문화'이기도 하다. 이른바 '기레기'라는 조소와 비난만으로 구현될 수 있는 것이 아닐뿐더러, 저널리스트 개개인 각자가 뼈를 갈아 넣는다거나 혹은 법제도를 완비한다고 해서 가능한 성질의 것도 아니다.

후세는 '탐사보도를 개척한 저널리스트'로 타벨을 기억하고 있지만, 타벨은 자신을 '역사가'로 규정했다고 한다. 그러고 보니, 타벨의 삶을 통해 새삼 확인한 저널리즘의 본령과 위기 극복을 위한 해법이 학문의 세계나 연구자의 길과도 크게 다르지 않아 보인다. 연구자 스스로의 정체성과 본령을 성찰하고 실천해 나가는 과정에서 만나는 지점이기도 하다. 이 책을 읽게 될 독자들은 타벨의 삶과 실천 속에서 무엇을 발견해 낼지 자못 궁금하다.

사족이지만, 타벨을 '여성' 저널리스트로 호명하는 것이 맘에 걸렸다. 100여 년 전은 여성들의 대학진학 조차 흔치 않던 시절이었다. '유리천장'이 아니라 '강철천장'으로 사방이 둘러싸인 시절이었다. 타벨은 그런 시절을 버텨 내고 살아 내며 트러스트 해체와 사회 혁신을 선도했다. '여성'이기에 겪었을 수많은 역경과 갈등과 고민을 짐짓 모른 체 하거나 애써 지워 버리고 싶지 않았다. '여성 저널리스트'라는 제목과 본문의 표현을 수정 없이 그대로 사용했음을 양해 바란다.

코가 교수께서 9년이 넘는 조사와 집필 끝에 "겨우 완성했다"며 느끼셨다는 안도감이 '감히' 절절하게 다가온다. 번역상의 오류가 있다면 미국의 역사, 정치, 경제, 사회, 그리고 미국의 저널리즘 현실에 무지한 옮긴이의 책임이다. 저자이신 코가 교수와 독자 여러분의 너른 이해를 바란다. 아울러, 박이정 출판사의 박찬익 대표님, 뒤늦게 합류하여 고생하신 권효진 편집장님께 감사의 말씀을 전한다.

2022년 6월
옮긴이 정수영

목 차

탐사보도의 개척자

아이다 미네르바 타벨Ida Minerva Tarbell.

19세기 후반부터 1940년대에 걸쳐 활약한 미국의 여성 저널리스트다. 미국 제26대 대통령 시오도어 루즈벨트Theodore Roosevelt의 혁신주의progressivism와 보조를 맞추며 금권부패가 만연했던 당시 자본주의 모순을 뿌리부터 바꿔 버린 탐사보도investigative reporting의 개척자로, 서구 사회에서는 널리 알려진 유명 인사다.

미국에서는 아동을 위한 타벨 위인전이 다수 출간되었고, 2017년 영국에서도 〈머크레이커: 대기업과 각투를 벌인 아이다 타벨*The*

Muckrakers: Ida Tarbell Takes on Big Business〉이라는 제목으로 아동용 도서가 출간되었다.

100여 년 전 타벨이 집필한 책은 지금도 어렵지 않게 구할 수 있다. 특히 유명한 것이 미국 석유시장을 독점하고 있던 존 D. 록펠러John Davison Rockefeller의 거대 트러스트 스탠더드오일Standard Oil Company을 추적 보도한 잡지 기사다. 당시 스탠더드오일의 경영방식은 범죄에 가까웠다. 치밀하게 취재하여 섬세하게 분석한 타벨의 연재기사가 트러스트 해체라는 결과를 이끌어냈다. 타벨의 연재기사를 모아 출간된 단행본이 〈스탠더드오일의 역사*History of the Standard Oil Company*〉다. 1999년 뉴욕타임즈 선정 20세기 저널리즘 분야의 대표도서 100권 중 5위로 선정될 만큼,[2] 타벨의 책은 탐사보도 분야의 걸작이며 시대를 초월하여 사랑받고 있는 뛰어난 작품이다.

타벨의 보도를 계기로 록펠러 제국의 비윤리적이고 악질적인 경영방식이 만천하에 드러났으며 사회적 관심이 집중되었다. 당시 록펠러 경영방식의 핵심은 연방정부와 주 의회, 정치가들을 돈다발로 휘어잡는 것이었다. 그로 인해 민주주의가 뿌리째 흔들리고 있다는 범사회적 위기의식과 반트러스트 여론이 고조되었다. 기업 개혁과 트러스트 규제는 긴급을 요하는 정책 과제로 부상했고 사회개혁 운동으로 발전했다.

---

2 https://journalism.nyu.edu/about-us/news/the-top-100-works-of-journal-ism-of- the-cen

아이다 미네르바 타벨

타벨이 약 2년에 걸쳐 진보 성향의 종합잡지 맥클루어스 매거진 *McClure's Magazine*에 연재한 기사는 신랄했다. 스탠더드오일이 경쟁기업을 차례차례 무너뜨리며 시장을 독점해 가는 과정과 그 방식은 상상을 초월할 만큼 비윤리적이고 반사회적인 것이었다. 정재계는 물론 일반 국민들 모두 아연실색할 정도로 전무후무한 것들이었다. 트러스트의 어두운 그림자가 세상에 드러난 것이다.

물론 타벨의 폭로가 있기 전에도 록펠러에 대한 비판은 산발적으로나마 이미 제기되고 있었다. 시장 메커니즘을 왜곡하고 있는 것은 아닌지, 제도적 허점을 악용하고 있는 것은 아닌지, 미국 사회 전역으로 우려가 확산되고 있었지만 그 실상과 상세한 내용들은 제대로 알려지지 않은 상태였다. 스탠더드오일의 비리를 감시하고 적발해야 할 정부당국은 엉거주춤한 태도를 보일 뿐이었다.

그런 와중에 타벨의 기사가 연재되기 시작했다. 록펠러와 스탠더드오일 트러스트가 시장 재패를 위해 자행했던 리베이트 전술과 스파이 행위, 정재계에 뿌린 현금 공세 등 구체적인 내용이 밝혀졌고 이에 대한 사회적 비판은 최고조에 달했다. 당시 미국은 무엇이든 가능해 보이는 초기자본주의의 "도금시대"로, 부정부패, 사기, 매수, 협박, 배신, 스파이 행위, 공동모의 등 금권부패에 침식되고 있었다. 그리고 그 한편에서 미국 사회를 개혁해야 한다는 혁신주의가 조금씩 태동하던 시기이기도 했다.

혁신주의의 선두에 타벨과 맥클루어스 매거진 편집부 소속 저널리스트들이 있었다. 루즈벨트 대통령은 배금주의에 얼룩진 트러스트 대기업 규제에 착수했다. 혁신주의의 주된 목표는 국가의 시장 개입을 최소화하는 야경국가 정부 하에서 횡행하던 대자본의 탐욕주의에 제동을 걸고 부패로 얼룩진 민주주의를 재건해 내는 것이었다. 이른바 근대적이고 건전한 시민사회로 이행하는 일대 전기를 맞이했다.

트러스트는 경제적 이익을 확보하기 위해 판매가격, 생산계획, 생산수량 등에 관한 기업 간 협정을 맺고 가격안정과 이익증대를 꾀하는 카르텔을 구축했다. 또한 주식을 상호보유하고, 지주회사를 통해 산하에 동종 기업을 거느리면서 경영 구속력을 강화했다. 고문변호사의 지휘 아래 관련 제도를 치밀하게 연구하여 단단한 결속력과 고도의 독점력을 지닌 트러스트를 창안하고 발전시킨 당사자가 록펠러다.

루즈벨트는 대통령 취임 직후 트러스트를 규제할 담당 소관부처를 설치했다. 타벨이 취재한 정보를 바탕으로 대자본을 엄격하게 감시하기 시작했고 트러스트 기소에 나섰다. 루즈벨트는 대통령 재임 중에 스탠더드오일을 비롯하여 40여 개 이상의 기소를 제기하면서 트러스트 정벌자Trust Buster라는 별명을 갖게 되었다.

록펠러 재단은 지금도 여전히 세계적 규모의 자선사업 조직이라는 지명도를 자랑하고 있다. 하지만 100여 년 전 스탠더드오일의 총수였던 록펠러는 미국은 물론 세계 석유시장 지배를 꾀하는 '악의 화신'으로 간주되고 있었다. 미 전역에서 록펠러와 연방정부, 주정부와 독립계열 사업자 사이에 불공정한 철도운임을 둘러싼 소송이 벌어졌다. 관련 재판 역시 타벨이 보도한 일련의 연재기사를 바탕으로 미국 전역의 관심과 주목을 받았다.

미 연방대법원은 루즈벨트가 반트러스트법 위반으로 기소한 사건에서 그 위법성을 인정했고, 1911년 5월 록펠러 제국 해체라는 역사적 판결을 내렸다. 미국 석유시장을 거의 독점하여 마음대로 가격을 조종하면서 세계 최대 부호 자리에 오른 록펠러의 요술방망이 스탠더드오일을 40여개의 회사로 분리하라는 것이 판결의 핵심이었다. 트러스트 제국의 시장 독점에 철퇴가 내려진 것이다. 타벨의 탐사보도가 록펠러 제국을 매장한 것이나 다름없었다.

수년에 걸친 탐사보도로 타벨이 승리한 것처럼 보이지만, 아쉽게도 반드시 그런 것만은 아니었다. 예상과 달리 록펠러는 형무소에 수감되지 않았고 트러스트 해체 후에도 회사는 존속했다. 그리고 20세기 종료 직전인 1999년에는 엑슨모빌Exon mobil Corporation이라는 회사로 통합하여 재탄생하였다. 1907년 네덜란드 석유회사 로열더치와 영국의 운송무역회사 셸이 합병하여 탄생한 로열 더치셸 그룹Royal Dutch-Shell Group, 1909년 설립된 다국적 에너지 기업 브리티시 페트롤리엄BP; The British Petroleum 등과 함께 세계 석유시장을 좌지우지하는 세계 7대 석유자본Seven Sisters의 존재감을 과시하고 있다. 스탠더드오일에서 출발한 트러스트의 '망령'이 지금도 여전히 국제석유시장을 지배하는 명실상부 슈퍼 메이저 챔피언으로 군림 중인 것이다.

세계 경제를 좌지우지했던 세계 최대 트러스트 록펠러 제국의 탈법적이고 반사회적인 경영방식과 그 세세한 내용들이 여성저널리스트의 펜에 의해 폭로되었고, 그 결과 미 연방대법원의 판결로 트러스트가 해체되었다는 역사적 사실이 일본에는 아직까지도 제대로 알려져 있지 않다. 탐사보도의 선구자로 평가받고 있는 타벨의 존재를 알고자 하는 움직임조차 좀처럼 찾아보기 어렵다. 지금으로부터 약 1세기도 더 이전, 무명이었던 여성저널리스트가 주목한 내용들은 복잡하고 난해해 보이는 정치, 경제와 그 역동을 다룬 것이었다. 그래서인지 일본 내에서는 타벨의 저술이 단 한 권도 번역되지 못한 실정이다. 타벨의 업적과 삶을 다룬 서적 역시 필자가 조사한 범위 내에서는 찾기 어려웠다. 굳이 찾아보자면, 치명상에 이를 만큼 날카로웠던 타벨의 펜 앞에서 먹잇감이 되어 버린 록펠러의 전기 속에 조연으로 잠깐 등장하는 정도랄까? 세계 최대 부호 스탠더드오일의 총재를 다룬 전기나 관련 서적에는 스탠더드오일을 해체에 이르게 만든 저널리스트 타벨이 언제나 등장한다. 록펠러 최대의 호적수였기 때문이었으리라.

20세기말 미국에서 베스트셀러가 된 론 처노Ron Chernow의 록펠러 전기 〈타이탄Titan〉의 제21장 "복수의 천사"에서 타벨을 소개하고 있다. 복수심에 불타는 타벨의 기사로 인해 록펠러의 스탠더드오일이 갈기갈기 찢겨졌다는 내용이다. 이 책에는 타벨을 비판적으로 서술한 부분이 많은 것도 사실이지만, 타벨의 기사와 저술이 "스탠더드오일을 다룬 지금까지의 저술들 가운데 가장 감동적인 작품"이라며 높이 평가하기도 했다.

1992년 다니엘 예린Daniel Yergin이 저술하여 퓰리처상을 수상하기도 한 〈찬미The Prize〉의 제5장 "이무기의 살해"에도 타벨이 등장한다. 록펠러가 얼마만큼 시장을 제패했고 어떻게 최강의 제국을 구축할 수 있었는지 그 비밀스러운 과정을 밝힌 이 책에서 예린은 "폭탄과도 같은 타벨의 연재기사는 미국 사회 전역에서 화제가 되었다.", "어떤 잡지에서는 '미국에서 지금까지 쓰인 이런 유형의 책 중에 가장 주목해야 할 책'이라고 찬미했다.", "스탠더드오일 해체 후 뉴저지의 역사가들마저도 '1950년대 후반 미국 경제사를 다룬 책들 중에 일반대중이 가장 많이 구입한 책이자 그 내용이 가장 잘 알려진 책'이라는 것을 인정했다."고 평가했다. 덧붙이자면, 〈찬미〉라는 제목은 제2차 세계대전 당시 영국군의 군력 강화를 위해 군함 연료를 석탄에서 석유로 교체한 1912년, 영국을 승리로 이끈 영웅 윈스턴 처칠이 "영국의 지배력 그 자체는 (위험한) 모험에 대한 찬미mastery itself was the prize of the venture"라고 언급한 것에서 유래했다.

100여 년의 세월이 흐른 지금도 서구 사회에서는 타벨이 남긴 업적은 물론, 그 삶의 방식이 변함없이 거론되고 있다. 2012년에는 퓰리처상을 수상한 바 있는 미국의 역사가 도리스 K. 굿윈 Doris Kearns Goodwin의 〈훌륭한 설교단: 시어도어 루즈벨트, 윌리엄 하워드 테프트와 저널리즘의 황금시대The Bully Pulpit: Theodore Roosevelt, William Howard Taft and the Golden Age of Journalism〉가 출판되었다. 여기서 원제목

'Bully pulpit'는 루즈벨트 대통령이 자주 사용하던 신조어로 '대통령의 권위'를 의미한다. 굿윈은 제11장 "미국에서 가장 유명한 여성"에서 타벨을 소개했는데, '나쁜 트러스트'를 해체시키고 사회개혁을 추진한 미국 혁신주의시대 대통령들과 저널리즘, 특히 맥클루어스 매거진과 타벨의 관계를 서술했다. 이 책은 뉴욕 타임즈, 워싱턴 포스트, 영국 이코노미스트 등의 서평에서도 격찬 받은 바 있다.

미국 탐사보도에 정통한 미주리대학 명예교수 스티브 와인버그 Steve Weinberg의 2008년 저술 〈트러스트와의 공방: 아이다 타벨은 어떻게 존 록펠러와 스탠더드오일을 무너뜨렸는가 Taking on the Trust: How Ida Tarbell Brought Down John D. Rockefeller and Standard Oil〉 역시 타벨의 탐사보도를 고찰한 작품이다.[3] 월스트리트 저널은 이 책에 대한 평론에서 "부(富)가 지닌 힘은 절대적이지 않으며 부패를 폭로한 보도의 힘은 무시할 수 없었다."고 평가했다. 샌프란시스코 클로니클은 "타벨은 높은 수준의 저널리즘에 효과적으로 공헌한 저널리즘의 초상"이라고 논평하기도 했다.

노스캐롤라이나 주립대학 교수 로버트 P. 컨서티움 Transaction P. Consortium이 1994년 편찬한 〈머크레이커 그 이상: 저널리즘과 아이다 타벨의 인생 More than a Muckraker: Ida Tarbell's Lifetime in Journalism〉에서는 타벨을 "근대 저널리즘 탄생에 큰 공헌을 하였고 이전의 그 누구보다

---

3 역자주: 신윤주·이호윤 역(2010), 〈아이다 미네르바 타벨: 어떻게 한 명의 저널리스트가 독점재벌 스탠더드오일을 쓰러뜨렸나〉, 서울: 생각비행.

도 논리적이며 엄격하고 체계적인 분석에 능통했던 저널리스트", "과학적 수법으로 기사의 사실관계와 정확성에 아낌없는 정열을 쏟아부었으며 철저한 조사로 되돌리기 어려운 증거를 발굴하여 정부의 비리와 대기업의 권한 남용을 확신을 갖고 폭로했다."고 평가했다.

1989년 역사가 캐서린 브레이디Kathleen Brady가 저술한 〈아이다 타벨: 머크레이커의 초상Ida Tarbell: Portrait of a Muckraker〉 역시 같은 선상에 있다.

모스크바와 도쿄에서 특파원을 역임하고 편집주간으로 근무한 후 펜실베이니아 주립대학에서 저널리즘론을 강의하는 앤소니 바비엘 교수는 미국의 유력지 볼티모어 선에 기고한 글에서 아이다 타벨과 〈침묵의 봄Silent Spring〉을 저술한 레이첼 카슨Rachel Carson을 20세기 미국을 대표하는 저널리스트로 꼽았다.

한 사람의 저널리스트가 한 세기의 시공간을 넘어 이 만큼 지명도가 높은 것은 흔치 않은 일이다. 그가 취재 보도했던 연재기사가 시대를 넘어 지금 더 주목받고 있는 이유는 무엇일까? 지금 시점에서 돌이켜 보면 세계 최대 부호이자 비밀주의로 고수익을 올리는 '악'의 거대 제국 스탠더드오일이 여성저널리스트의 헌신적인 노력과 한 자루의 펜이 지닌 힘으로 말미암아 해체되었다는 사실은 놀라울 만큼 드라마틱하다. 미국 석유시장을 거의 독점하다시피 했던 총재 록펠러의 경영방식이 정의롭지 못하고 무자비하며 믿기 어려울 만큼 악질적이고 냉혈한이었기 때문이기도 하다. 당시 록펠러 재단에 대한 평가가 높았던 만큼 일반 독자들에게는 큰 충격이었을 수도 있다. 배금주의와 금권주의 부패에 물들어 있던 당시 미국 사회에서 자유와 공정과 평등을 중시하는 40대 전반의 에너지 넘치는 대통령이 '정의의 수호신'을 자임하며 미국을 건강한 강대국으로 개혁해낸 것도 가슴 뛰는 이야기다. 루즈벨트의 호감도가 높은 것은 이런 업적과 애국적 행동에 대한 평가에서 기인한 것이리라.

100여 년 전 당시 시각에서 보면 어떨까? 트러스트에 대해 '막연한' 위기감만을 느끼고 있던 미국인들로 하여금 중소 규모 독립계열 기업가들을 짓밟아 버리는 거대 복마전의 내부 사정을 확인케 해 준 것이 타벨의 연재기사였다는 것이 중요한 요인 중 하나일 것이다. 다른 업계의 대자본 역시 록펠러를 본보기 삼아 차례차례 트러스트로 이행하면서 막대한 이익을 취득하고 있다는 사실을 실감하고 사태의 심각성을 자각하게 된 것 역시 중요하다. 당시 돈다발을 내세우는 정재계 폐해에 대한 반감이 높아진 것도 그 배경 중 하나일 것이다. 업계에 불리한 법안 상정과 통과를 방해하는 동시에 유리한 법안을 통과시키기 위한 도에 넘치는 책동 역시 여기저기서 발견되었다. 트러스트를 둘러싼 문제는 19세기 후반 대통령 선거에서 이미 긴급히 해결해야 할 중요한 정책과제 중 하나로 부상했다.

당시에는 정보공개법도 없었으며, 설명책임을 적극적으로 이행하려는 움직임도 없었다. 복마전 속 트러스트는 베일에 감추어져 있었다. 완벽주의자이기도 한 록펠러는 비밀주의를 관철하면서 그 어떤 정보도 절대 외부에 노출하지 않았다. 그런 상황에서 록펠러 제국 내부의 상세한 정보를 최초 공개한 것이 타벨이었다. 사회적 반향은 전무후무했다. 대통령마저 끌어들인 사회혁신운동은 미국 전역으로 확장되었고 이를 계기로 미국 사회는 크게 변화하였다. 이것이야 말로 타벨의 가장 큰 역할이었으며 당시 저널리스트들이 탐사보도에 천착하며 이룩해 낸 역사적 의의이기도 하다. 저널리즘이 정치와 경제 분야뿐 아니라 미국 사회 전체를 크게 변화시켰다는 관점에서 보면 "미국 저널리즘의 황금기"라는 굿윈의 평가는 지나침이 없을 듯하다.

필자가 이 책을 집필하면서 참고하고 활용한 거의 모든 것들은 미국에서 수집해 온 자료들이다. 타벨의 모교인 알레게니 대학 Allegheny College에서 타벨의 업적을 소개하기 위해 설립한 전용 웹사이트도 활용했다. 타벨의 업적은 물론 편지, 메모, 집필 기사 등 상당히 많은 정보와 기록들이 상세하게 수록되어 있어 큰 도움을 받았다. 스탠더드오일의 옛 본사, 록펠러와 독립계열 중소업자가 사투를 벌이던 펜실베이니아의 석유지대oil fields를 방문할 기회도 있었다. 석유의 성지 타이터스빌Titusville, 전설의 거리 피트홀Pithole을 방문하여 촬영한 최근 모습도 이 책의 마지막 부분에서 소개했다.

이 책에서는 타벨의 삶을 연대순으로 전개했다. 독자들의 최대 관심사일 수 있는 록펠러와의 격투는 제4장부터다. 여기에 관심 있는 독자들은 제4장부터 읽어도 좋다.

록펠러 제국에 대한 도전

평생을 독신으로 지낸 타벨이 87세에 생을 마감할 때까지 천착했던 분야는 다양하고 폭넓다. '여성의 권리'가 무엇인지를 밝혀 내기 위해 프랑스로 건너가 삼십 대 초반을 파리에서 보냈는데, 한 세기 전 프랑스 혁명 시기에 대한 관심도 지대했다. 프랑스 혁명기에 이른바 비선 실세로 활약하면서 "지롱드파의 여왕"으로 일컬어질 만큼 권세를 떨쳤던, 그러나 자코뱅파와의 권력 투쟁에서 패하여 단두대의 이슬로 사라진 마담 롤랑Madame Roland의 전기를 집필하기도 했다.

프랑스 유학을 결정했던 것은 다소 충동적인 선택이기도 했다. 근무하던 직장에서 승진 요구가 받아들여지지 않아 직장에 대한 애정이 모두 사라졌던 것도 그 이유 중 하나다. 파리 유학 생활은 3년이나 계속되었다.

프랑스에서 귀국한 후에는 파리 유학 시절에 글을 기고한 적이 있는 맥클루어스 매거진에서 편집기자로 근무했다. 처음 담당한 기사가 나폴레옹 전기였고, 그 다음이 노예 해방에 큰 공을 세운 에이브러햄 링컨의 전기였다. 프랑스 유학 시절 집필했던 마담 롤랑 전기를 포함해서 타벨이 집필한 전기는 총 세 권이며, 모두 큰 반향을 이끌어 냈다.

타벨이 네 번째로 완성한 작품이 존 D. 록펠러와 스탠더드오일의 실상을 추적하고 분석한 연재 기사로, 미국 저널리즘 역사에 초석을 남긴 걸작이다. 당시 록펠러는 좋은 의미로든 나쁜 의미로든 거물이었다. 1870년대 후반, 고문변호사의 지략을 십분 활용하면서 미국 석유산업을 지배하고 있었다. 관계 회사들을 트러스트 형태로 묶어 거대한 독점 체제를 확립한 것이다. 남북전쟁 중에 젊은 군인으로 참전하기도 했던 록펠러는 뛰어난 재능을 발휘하여 효율적인 생산체계를 구축했는데, 그것이 바로 스탠더드오일의 전신이다. 그는 시장을 지배하기 위해 기업을 적극적으로 매수했다. 록펠러 휘하에 편입될 것을 거부한 기업들은 철도를 이용한 식량 공격과 가격 경쟁으로 분쇄 당했다. 스탠더드오일이 당시 미국 석유시장의 약 95%까지 지배할 만큼 공전의 석유제국으로 성장하기까지는 그리 긴 시간이 필요하지 않았으며, 트러스트 조직을 새롭게 편성하면서 명실상부 최대 최강의 독점체제 구축에 성공했다.

시대의 여신도 록펠러에게 미소 짓고 있었다. 당시, 일반적으로 판매되고 있었던 것은 조명용 등유였을 뿐, 가솔린은 쓰임새가 거의 없던 시기였다. 하지만 가솔린이 자동차 연료로 사용되면서 록펠러의 경영규모도 단숨에 확장되었다. 디젤 엔진이 발명되어 경유와 중유까지 수요가 확장되었고, 내연기관內燃機關이 등장하면서 석유의 쓰임새와 성격 자체가 일변했다. 석유는 기간산업의 중심을 이루는 전략 상품이 되었으며, 전황戰況을 결정적으로 좌지우지하는 전략 물자가 되었다.

그렇다면 타벨은 왜 록펠러가 이끄는 스탠더드오일을 주목하고 탐사보도에 착수한 것일까? 타벨이 소속해 있던 맥클루어스 매거진의 오너 사뮤엘 맥클루어Samuel McClure의 자서전에서 그 힌트를 찾을 수 있다. 타벨이 연재를 시작하기 5년 전인 1897년 2월 경 편집회의에서, "미국 최대 기업의 업적을 다루어 보자.", "특히 스탠더드오일을 취재해 보면 흥미로운 이야기가 될 것"이라는 데에 의견이 일치했다. 당시 트러스트는 시장을 거의 독점하다시피 하면서 생산량을 통제할 수 있었고 원하는 대로 가격을 인상하여 거액의 이익을 올리고 있었다. 거대한 옥토버스나 아나콘다에 비유될 정도로 두려움의 대상이자 시민들의 관심사이기도 했다. 트러스트는 육류와 설탕 등 일상용품과 철강이나 철도 등 다양한 서비스 분야로 확장되면서 시민 생활과 밀착해 갔다. 시민들은 말로는 설명하기 어려운, 그야말로 막연한 두려움을 느끼고 있었다.

편집 회의에서는 대표적인 트러스트를 하나 선택해서 역사와 실태, 경제효과, 업계 동향 등을 취재하기로 결정했다. 맥클루어의 자서전을 보면 스탠더드오일에 대해 "막대한 부, 설립자, 소유자의 능력 등을 봤을 때 지금 가장 중요한 트러스트는 가장 먼저 설립된 트러스트다.", " 트러스트의 어머니로 불러도 좋을 만큼 가장 거대하다.", "대부분의 트러스트가 이 어머니 같은 트러스트에서 파생되었다.", "록펠러의 창조물이다."라고 기록되어 있다.

이 기획에 손을 든 것이 타이터스빌 출신의 타벨이다. 아버지는 석유 산업에 깊이 관여했고 어려서부터 마을에 즐비하게 자리잡은 유정油井을 보고 자랐으며 전설의 마을 피트홀에 거주한 적도 있었다.

아버지 프랭크가 석유독립계열 업자의 리더로서 스탠더드오일에 반기를 들며 록펠러와 격돌했었다는 사실도 영향을 미쳤다.

　타벨은 관련 자료를 수집하여 탐독하고 분석했다. 정치인과 행정당국의 담당자들도 취재했으며, 석유업계에서 어떻게 거래가 이루어지는 지에 대한 전체적인 그림을 파악하고 이해하기 위해 대학 교수와 관련 전문가들의 이야기도 청취했다. 경제 분야 전문서적도 독파했다. 스탠더드오일의 비밀주의 정책은 완벽했고 내부 정보는 엄중하게 통제되고 있었다. 하지만 다행히 타벨은 그 본거지에서 취재할 수 있는 다양한 기회를 얻을 수 있었으며, 석유업계에 근무하는 지인들로부터 일급비밀에 해당하는 정보도 손에 넣을 수 있었다. 기사를 연재하기 위한 준비는 착착 진행되었다.

100여 년 전 타벨이 선도한 탐사보도

록펠러 제국을 옥죄는 타벨의 취재 방식은 최근 저널리즘 분야에서도 잘 알려져 있는 탐사보도다. 관공서 등 공공기관의 기자회견이나 발표에 의존하지 않는다. 저널리스트 스스로가 발품을 팔아 가며 정보를 수집하고 취재대상을 과감하고 치밀하게 압박하면서 입수한 정보를 기반으로 한다. 공공기관에 마련된 기자실을 근거지로 관제 정보를 받아 기사를 작성하는 이른바 "발표 저널리즘" 또는 "받아쓰기 저널리즘"과는 대척점에 있다.

타벨 이후 탐사보도의 중요성이 언론계에서 재인식된 것은 1970년 대의 워터게이트사건이다. 이 사건은 워싱턴포스트의 젊은 기자 두 명이 백악관의 조직적인 공작, 허위, 날조, 속임수, 중상, 취재거부 등에 굴하지 않고 오랜 시간에 걸쳐 치밀하게 취재하여 진실을 밝혀 낸 것으로 유명하다. '엉터리이자 조작'이라며 혐의를 부인하던 리처 드 M. 닉슨 정권을 궁지에 몰아넣었고, 결국 기사 내용이 진실이라는 것이 밝혀지며 정권은 자멸했다. 사건의 진실을 밝혀 낸 기자 밥 우드워드와 칼 번스타인은 미국 저널리즘계의 최고 영예인 퓰리처상 을 수상하기도 했다.

지금으로부터 100여 년 전의 탐사보도는 어떤 모습이었을까? 탐사 보도의 본격적인 시작으로 알려져 있는 것은 당시 뉴욕을 본거지로 하고 있던 종합잡지 맥클루어스 매거진이다. 이곳의 편집부 소속 기 자들은 탐사보도를 풍미한 한 시대를 쌓아 올렸다. 맥클루어스 매거 진은 과학기술에 관한 기사나 시, 소설 등을 게재하고 있었기 때문에 종합지로서의 성격이 강했지만 동시에 탐사보도 전문 잡지라는 평가 도 정착되었다.

물론, 그 전에 탐사보도가 없었던 것은 아니다. 신문왕 조셉 퓰리처 가 창간한 뉴욕월드에서 눈부신 활약을 했던 여성 저널리스트의 선구 자, 넬리 블라이Nellie Bly(본명은 엘리자베스 코크란 시먼Elizabeth Cochran Seaman)가 있다. 블라이의 대표작은 〈어떤 정신병원에서의 열홀10 Days in a Mad House〉(1887)이다. 당시 20대 초반이던 블라이가 취재를 위해 뉴욕 맨해튼 이스트강 중류의 블랙웰스 섬(현재 루즈벨트 섬)에 있는 정신병원에 기억상실증 환자로 위장 잠입했던 일화는 유명하다. 복마전으로 여겨지던 정신병원에 위장 잠입한 블라이는 폭력적인 간호사, 결박당한 환자, 복도와 병실 곳곳의 쓰레기와 비위생적인 시설, 절반은 부패한 음식 등을 직접 체험했으며, 세상과 완전히 격리된 채 즐거움이라곤 눈꼽만큼도 찾아볼 수 없었던 열흘 동안을 르포 기사 속에 생생하게 담아냈다. 기사는 해외에서도 공전의 반향을 불러 일으켰고, 뉴욕시는 병원의 처우 개선을 위한 시설 예산을 연간 1만 달러 인상했다. 젊은 여성 저널리스트의 필사적인 잠입취재의 결과물은 나중에 단행본으로도 출간되었는데 지금도 그 책을 통해 당시 병원의 실태를 생생하게 실감할 수 있다.

블라이는 잠입취재에 능했던 것 같다. 노동 환경이 열악한 공장에도 신분을 감추고 들어가, 주 6일 근무에 하루 12시간 이상의 장시간 노동에 착취당하는 여성 노동자들의 현실을 폭로했다. 유럽과 중국, 일본 등지를 경유한 세계일주여행기 〈72일간의 세계일주Around the World in 72 Days〉(1890)도 유명하다.

당시, 블라이는 기사를 통해 기업 경영자들에 의한 인권 침해와 가혹한 노동 환경 등 배금주의에 얼룩진 악습을 고발했다. 그 외에도 기업이나 행정기관의 비리를 규탄하는 기사들이 있었다. 다만, 타벨과 맥클루어스 매거진의 정예 멤버들이 작성한 현장감 넘치는 기사와 탐사보도가 사회개혁 운동으로 이어져 역사에 남을 만큼의 위업을 완수했던 것과는 좀 차이가 있다.

시대의 첨단을 선도했던 맥클루어스 매거진은 고유명사를 적시하면서 사실관계를 상세하게 기술했다. 독자들은 악행의 주체가 누구인지, 그들이 어떤 악행을 저질렀는지, 어떤 심각한 피해를 유발했는지, 그 배경은 무엇인지를 생생하게 확인할 수 있었다. 정보원은 최대한 명시했고 익명의 정보는 최소한으로 제한했다. 기사 작성자가 누구인지도 밝혔다. 당시로서는 매우 파격적인 방식이다.

명확한 사실관계와 핵심을 파고드는 일련의 보도는 미국 시민들의 간담을 서늘하게 만들었다. 자유방임이라는 미명 아래 대기업은 트러스트 기법을 활용하여 시장을 독점했고 소비자 가격은 부당하게 인상되었다. 대기업은 거액의 부를 축적했고 소비자는 착취당하는 피해자가 되었다. 정치인과 소관부처 행정관료들은 매수된 상태였으며 금권부패가 만연하면서 민주주의를 뒤흔들고 있다는 사실이 백일하에 드러났다.

마크 트웨인이 소설 〈도금시대 *The Gilded Age*〉에서 묘사한 것처럼, 직업정치인, 개혁파, 산업계 거물 등 새로운 미국사회의 실력자들이 주인공으로 등장하여, 갈취, 사기, 부패, 협박, 지하조직, 갱, 트러스트의 비밀협정, 리베이트 등 "도금시대"로 일컬어지던 당시 미국사회 이면의 은밀한 속사정을 알기 쉽고 박진감 있게 폭로한 것이다. 수사당국과 사법 관계자, 저널리스트, 거리의 정보통 등 극히 일부만이 알 수 있었던 사회의 은밀한 이면과 주모자들의 실체에 관해서, 이제는 글을 읽을 수 있는 시민이라면 그 누구라도 쉽게 확인할 수 있게 되었다. 저널리즘의 위력이다. 저널리즘의 시대가 도래한 것이다.

물론 난관도 있었다. 타벨의 경우 기사를 접한 관계자가 정보 출처를 찾아내려 시도했고 내부고발 편지나 투서가 도중에 자취를 감추는 일도 종종 있었다. 하지만 한 편에서 또 다른 내부고발자들이 다음 특종으로 이어지는 정보나 증거품을 가져오면서 협력하기도 했다.

타벨의 〈스탠더드오일의 역사〉는 트러스트의 챔피언이라고 할 만큼 최대 최강이던 록펠러의 경영기법을 고발하는 내용이다. 록펠러는 시장을 제패하기 위해 찾아낸 온갖 수법으로 경쟁기업들을 몰아내거나 자신의 산하로 편입하는 방식으로 과점 체제를 구축해 갔다. 타벨은 그 내면에 감춰진 진실을 폭로했고 독점의 폐해가 소비자의 일상을 좀먹는 현실에 경종을 울렸다. 트러스트의 범죄성을 지적하면서 규제와 해체가 필요하다는 사실의 공론화에 성공한 것이다.

트러스트 문제는 대통령 선거에서도 중요한 쟁점으로 부상했다. 루즈벨트 대통령은 금권주의와 부패로 가득 찬 당시 미국 사회를 윤리와 도덕, 규율, 사회정의를 최우선시 하는 근대적 사회로 개혁하는 것을 지향했다. 혁신주의progressivism가 지향하는 바와 일치한다. 타벨의 기사는 자유방임이라는 깃발을 내건 트러스트 기업들이 준법정신, 소수자 보호, 사회적 책임 등은 완벽하게 무시하고 탐욕주의를 향해 돌진하는 행태를 규제하는 계기가 되었다.

앞서 소개한 넬리 블라이의 기사들이 일회성 르포에 가까웠다면 타벨과 동료들의 탐사보도 기사는 금권부패로 얼룩진 어둠의 세계에서 미국 사회를 탈출시키는 데에 크게 기여한 장기 프로젝트였다고 볼 수 있다. 타벨의 동료이자 탐사보도의 주역으로 활약했던 다른 두 사람은 캘리포니아 출신의 링컨 스테펀스Lincoln Steffens 그리고 레이 스탠나드 베이커Ray Stannard Baker다.

스테펀스는 뉴욕 이브닝 포스트를 거쳐 1901년 맥클루어스 매거진에 입사했다. 타벨이 〈스탠더드오일의 역사〉를 연재하기 한 달 전인 1902년 10월부터 "세인트루이스에서 작은 새가 지저귀던 날들 Tweeted Days in St. Louis"이라는 제목의 기사를 연재했다. 세인트루이스, 시카고, 미니애폴리스, 피츠버그 등 미국을 대표하는 대도시의 시장, 의원, 경찰 간부들이 기업들로부터 뇌물을 받고 기업 친화적인 시정을 펼치고 있다는 사실을 고발하는 르포 기사다. 스테펀스의 연재 기사는 〈도시의 치부The Shame of the Cities〉(1904)라는 제목의 단행본으로도 출판되어 미국 전역에서 판매되었다. 그 밖에도 〈자치 정부를 향한 싸움The Struggle for Self-Government〉, 〈배신자의 주The Traitor State〉 등의 작품을 남겼다.

미시간 주 출신의 레이 스탠나드 베이커는 대학에서 법학을 전공했으며, 시카고 지역 일간지 기자를 거쳐 1898년 맥클루어스 매거진에 합류했다. 초기에는 열악한 노동 환경과 장시간 노동 등 노동문제를 주로 다루다가 피부색으로 차별하는 문제를 다룬 "인종차별을 추적하다Following the Color Line"(1908)라는 기사를 발표했다. 이 기사는 미국에서 인종차별을 본격적으로 다룬 첫 번째 작품으로 알려져 있다. 베이커는 제28대 대통령 우드로 윌슨과도 친분이 있어 제1차 세계대전 중 베르사이유 강화조약 체결을 위한 협상과정에서 대통령의 언론담당 비서관을 지냈다. 또한 윌슨 대통령의 전기를 집필하여 1940년 퓰리처상을 수상하기도 했다. 미국 정치평론의 거물로 꼽히는 월터 리프먼을 맥클루어스 매거진에 초청하여 후에 리프먼이 윌슨 대통령의 브레인으로 활약하게 되는 계기를 만든 것도 베이커였다.

이 시기 탐사보도를 대표하는 또 다른 기자로 메릴랜드 주 볼티모어 출신의 사회파 프리랜서 업튼 싱클레어Upton Beall Sinclair가 있다. 싱클레어는 파리가 들끓고 쥐가 뛰어다니는 비위생적이고 위험하기 짝이 없는 노동환경의 시카고 소재 식육공장에 잠입하여 저임금에 초과근무수당도 없이 장시간 노동에 시달리는 가난한 이민자들의 현실을 고발하고 막대한 부를 축적하던 자본가를 규탄하는 내용의 기사로 유명하다. 대표작은 비위생적인 공장에서 생산된 육류 유통 현실을 다룬 〈정글 The Jungle〉(1906)이다. 출판되자마자 루즈벨트 대통령을 움직일 만큼 공전의 반향을 불러일으켰으며, 곧바로 식육 현장을 개선하기 위한 식육검사법과 순정식약품법이 제정됐다. 싱클레어는 노동자를 대변하는 기자로서 100여권의 저서를 남겼고, 그 중하나는 퓰리처상을 수상하기도 했다. 노동자가 착취당하고 학대받는 사회를 개혁하기 위해서 사회주의를 지향한 것으로 보인다.

20대 초반의 나이에 덴마크에서 미국으로 이주한 사진작가 제이콥리스Jacob Tugust Riis도 있다. 포토저널리즘의 선구자로 알려져 있는 제이콥이 뉴욕 빈민가를 누비며 하층민들의 열악한 현실을 촬영한 사진은 당시 사회에 충격을 주기에 충분했다.

같은 해 3월 신문왕 허스트 계열의 코스모폴리탄에 게재된 데이비드 G. 필립스David Graham Phillips의 연재기사 "상원의 반역The Treason of the Senate"도 결코 잊어서는 안 된다. 당시 상원의원은 유권자 직접투표가 아니라 주 의회에서 선출되었다. 모두 9회에 걸쳐 연재된 기사에서는 상원의원의 실명을 직접 거론하면서 지역 기업인과 정치인의 긴밀한 유착관계를 폭로했다. 연재기사 첫 회에서는 뉴욕주 상원의원 차운시 M. 드퓨를 추적했다. 스탠더드오일을 적대시하는 경쟁기업을 고사시키기 위한 전략을 측면에서 지원하며 록펠러의 시장제패 과정에서 큰 공을 세운 철도왕 밴더빌트 가문과의 유착, 그리고 정치인들과의 문란한 관계를 고발했다. 다수의 상원의원들이 기업이사회에 이름을 올려 보수를 받고 있으며, 이는 공공정책을 담당하는 정치인으로서 이해상충에 해당한다는 것을 신랄하게 지적했다. 입법기관의 비리를 암시하는 듯한 기사 내용은 당시 루즈벨트 대통령을 궁지에 몰아넣기도 했다. 기사에서 폭로된 내용들이 너무 상세해서 루즈벨트 역시 유사한 혐의를 의심받을 수 있다고 우려했던 모양이다.

타벨의 기사가 대서특필된 배경 중 하나는 철저한 비밀주의를 유지해 온 록펠러 제국의 속사정을 실명으로 소상히 밝힌 최초의 기사였기 때문이다. 대기업의 치부를 고발한 일련의 연재가 없었다면 행정당국과 소관 부처는 움직이지 않았을지 모른다. 리더십을 발휘하여 반트러스트법을 적용했던 루즈벨트 대통령마저도 사안의 위중함을 깨닫지 못했을 것이고, 제국 해체라는 역사적 판결은 불가능했을지도 모른다. 사회적 공론화도 불가능했을 것이고 설령 소추됐다 하더라도 판결에 이르기까지는 훨씬 많은 시간이 소요되었을 것이며 해체라는 과감한 판결에는 이르지 못했을 가능성도 있다. 더욱이 루즈벨트를 포함하여 당시 유력 정치인들 대부분이 록펠러로부터 고액의 정치 헌금을 받고 있었다는 점을 감안하면, 타벨의 펜이 두꺼운 비밀주의 벽에 바람구멍을 뚫었다고도 표현할 수 있을 것이다.

일본에서는 탐사보도의 역사가 짧다. 이 책의 뒤에서 간략히 소개하겠지만, 국가 권력형 범죄라고 할 수 있는 스고우 사건菅生事件[4]이나 리크루트 사건リクルート事件[5] 보도 등을 계기로 알려지기 시작했다. 그보다 1세기도 앞선 시대에 한 명의 여성 저널리스트가 거대 독점에 도전하여 미국 사회를 크게 변화시킨 변곡점이 되었다는 사실은, 아무리 과장해도 지나치지 않을 만큼 뛰어난 업적임에 틀림없다.

---

4 역자주: 1952년 6월 2일 오이타현 나오이리군 스고우무라(현, 타케타시 스고우)에서 발생한 주재소 폭파 사건. 5명의 일본 공산당 관계자가 범인으로 체포 기소되었으나, 변호인단과 언론사의 조사 및 보도에 의해 공안 경찰이 일본 공산당을 탄압하기 위해 벌인 자작극으로 판명. 범인으로 기소된 5명 전원의 무죄 판결이 확정되었다.

5 역자주: 1988년 6월 18일 〈아사히신문〉의 특종으로 발각된 뇌물수수 사건. 미디어 및 정보 관련 회사인 리크루트사가 자회사인 리크루트 코스모스의 미공개 주식을 정재계 유력 인사와 관료, 언론사 간부들에게 양도한 것이 밝혀져 12명이 뇌물수수죄로 기소되었다. 이 사건은 1989년 내각 총사퇴, 집권 여당 자민당의 참의원 선거 참패 등으로 이어졌으며, 이를 계기로 공직선거법이 개정되기도 했다.

타벨이 탐사보도의 개척자로 높은 평가를 받게 된 계기는 〈스탠더 드오일의 역사〉 집필이다. 이미 언급한 것처럼 그 전까지 잘 알려지지 않았던 록펠러 제국의 치부를 백일하에 드러냈기 때문이다. 타벨의 치밀한 취재력은 그야말로 감탄할 만하다. 지금 같은 인터넷 시대라면 모를까, 정보 검색 수단이 거의 없던 시절에 그 정도까지 정보를 수집할 수 있었다는 것에 솔직히 경탄할 따름이다. 신문이나 잡지 기사는 물론 재판 공판기록 등 공개된 정보들을 닥치는 대로 수집했고, 수집한 정보를 토대로 관련자들을 직접 만나 치밀하게 취재했다. 그리고 방대한 정보와 취재를 기반으로 록펠러의 냉혹하고 무자비하며 반사회적인 상술을 일련의 기사로 부각시키는 데 성공했다. 행정기관의 공청회 증언이나 재판 공판 과정에서 공개된 정보 등 지금으로 말하자면 빅데이터를 철저하게 이용하는 방식으로 취재를 했는데, 당시로서는 전혀 새로운 방식이었다. 타벨은 빅데이터를 이용해 거대 제국의 어두운 곳에 다가선 첫 번째 저널리스트였다.

취재력과 취재 방식, 독자로 하여금 읽고 싶게 만드는 필력 등 기사의 원천은 도대체 어디에서 어떻게 만들어진 것일까? 타벨의 삶은 대학 졸업 후 2년간의 교사 경험, 당시 유행하던 샤토카chautauqua(성인사회교육 운동), 파리 유학시절 등을 거치면서 조금씩 형성되었다. 그 결실이자 집대성 중 하나가 〈스탠더드오일의 역사〉다.

이번 장에서는 타벨의 중고교 대학 시절을 추적하면서 저널리스트로서의 자질이 어떻게 싹을 틔우며 형성되었는지 그 과정을 살펴볼 것이다. 타벨의 자서전 〈모든 일상적인 일All in the Day's Work: An Autobiography〉, 타벨 연구가 캐서린 브래디의 〈아이다 타벨: 머크레이커의 초상〉, 탐사보도의 대가 스티브 와인버그의 〈트러스트와의 공방: 아이다 타벨은 어떻게 존 록펠러와 스탠더드오일을 무너뜨렸는가〉, 아드리안 A. 파라디스의 〈아이다 타벨, 여성 저널리스트의 선구자이자 전기 작가Tarbell: Pioneer Woman Journalist and Biographer〉 등 타벨 관련 서적들을 중심으로 했으며, 타벨의 모교이기도 한 알레게니 대학에서 타벨의 업적을 집대성하여 만든 전용 웹사이트(https://sites.allegheny.edu/tarbell/)도 활용했다.

채굴업자들의 석유지대 - 유년시절

타벨은 지금으로부터 대략 1세기 반전인 1857년 11월 5일에 태어났다. 대영제국의 빅토리아 여왕(1837~1901)이 일곱 개 바다를 지배하고 통치하면서 세계로 권익을 확대해 번영의 절정을 이루던 시기다. 1851년 런던 하이드파크에서 세계박람회가 처음으로 열렸다. 눈이 휘둥그레질만한 수정궁the Crystal Palace이 통유리로 건축되었고, 산업혁명으로 탄생한 근대공업의 성과를 전 세계에 과시했다. 유럽 대륙의 프랑스에서는 나폴레옹 3세에 의한 제2제국(1852~1870)이 출범하여 국내 산업을 육성하는 한편 크림 전쟁(1885~1856)에 출병해 적극적인 대외정책을 펼치고 있었다. 중국에서는 아편전쟁(1840~1842)을 계기로 서구 열강의 진출이 시작됐고, 1856년에는 영국선적을 주장하는 선박의 중국인 선원이 해적혐의로 체포되는 애로호 사건Arrow War이 발생했다. 이를 기화로 영국과 프랑스가 출병하여 열강들의 중국 진출이 한층 가속됐다. 일본에서는 1853년 미국 함대 페리호가 내항했고 1857년 막부가 초대 미국 총영사 해리스와 시모다 조약(미일화친조약)을 체결하면서 개국에 박차를 가하기 시작했다. 이처럼 당시 세계는 격동의 시대로 접어들고 있었다.

1776년 13개 주가 독립을 선언한 미국에서는 1840년대 들어 "명백한 운명Menifest Destiny"의 기치 아래 서부 개척을 추진했다. 노예제도를 둘러싼 남부와 북부의 대립이 격화되면서 국내 문제가 첨예화하던 시기이기도 하다. 타벨이 다섯 살 되던 1861년 3월 링컨 대통령이 취임했고, 직후에 남북전쟁이 발발했다. 내전의 시대였다.

타벨이 태어난 곳은 동부 펜실베이니아 주의 해치 헬로우로, 어머니 에셀의 본가였다. 아버지 프랭클린은 농사를 짓기 위해 가족을 남겨두고 중부 아이오와 주로 홀로 떠났다. 경제공황의 한복판에서 정부는 서부 지역의 미개발 토지를 무상으로 나누어 주는 내용의 홈스테드법Homestead Act을 시행하고 있었다. 거래 중이던 은행이 도산하여 무일푼이 된 아버지가 고향으로 되돌아 온 것은 타벨이 한 살 반이던 때다. 돌아온 아버지는 일자리를 찾기 위해 노력했다. 농가였던 본가에서 타벨은 오리, 닭, 양 등 가축들에 둘러싸여 성장했다.

타벨의 고향은 오일 크리크oil creek로, 지하에 기름이 매장되어 있어 강이나 연못으로 용출하는 지역이었다. 태고 적부터 원주민들은 이 기름을 건져 램프나 약으로 사용했다. 1859년 8월 하순, 인근의 타이터스빌에서 미국 전역을 깜짝 놀라게 할 만한 빅 뉴스가 흘러나왔다. 에드윈 드레이크Edwin Laurentine Drake가 인류 최초로 지하에 매장되어 있는 석유 채굴에 성공하는 쾌거를 이루었다는 소식이었다. 뉴스는 요원의 불길처럼 미국 전역에 전파되었다. 골드러시가 아니라 이른바 오일러시였다. 석유 채굴로 일확천금을 꿈꾸는 남자들이 몰려들기 시작했고, 수많은 채굴업자들이 굴착 거점을 확보하기 위해 경쟁했다. 단기간에 타이터스빌의 인구가 몇 배로 불어났으며, 땅값은 급격히 상승했다.

오일러시에 몰려든 남자들은 모두 억만장자가 되었을까? 그렇지는 않았다. 골드러시와 마찬가지로 지극히 위험한 비즈니스였다. 우선

채굴을 하고 싶어도 석유가 매장되어 있는 지층이 어디인지 정확히 알 수 없다. 또한 채굴에 성공하더라도 수요 공급의 원칙에 의해 시장 공급량이 늘어나면 가격은 당연히 하락한다. 농가에 '풍년가난'이라는 말이 있듯이, 석유를 발견했다고 해서 수입이 반드시 증가하는 것은 아니었다.

석유 사업에 착수한 록펠러는 채굴에 리스크가 수반된다는 것을 통감했다. 채굴한 원유를 정제하는 사업이 리스크를 줄일 수 있는 보다 안전한 사업임을 일찍이 간파했고, 채굴과는 거리를 둔 채 정제 부문에 주력할 것을 결단했다. 어마어마한 통찰력과 경영 능력의 편린을 엿볼 수 있는 지점이다.

타벨 가문은 어땠을까? 오일 크리크에는 석유 채굴업자가 급증했고 채굴에 성공한 유정에서는 대량의 원유가 분출했다. 원유가 채굴되면 먼저 거대한 목제 탱크에 채워졌다. 그런데 목제 탱크가 부족했다. 목공수로서 솜씨에 자신이 있었던 타벨의 아버지 프랭클린은 원유를 저장할 목재 탱크를 만들기 시작했다. 목제 탱크 제조 사업은 곧 번창했고 타벨의 가족은 아버지가 경영하는 공장 근처에 터를 잡았다.

혼자 멀리 외출하는 것이 금지되어 있던 어린 타벨은 오일 크리크에서의 생활이 답답했다. 유정의 망루들이 빽빽하게 들어서 있어 가는 곳마다 위험이 도사리고 있었기 때문이다. 기름이 고인 웅덩이, 폐광이 된 유정의 흔적, 한번 빠지면 다시는 기어오를 수 없는 깊은 구덩이 등등, 생명을 보장하기 어려운 환경이었다. 원유 채굴 업자가 파 놓은 우물油井에서 기름이 분출하여 가스에 불이 붙어 대폭발에 휩쓸리는 사건이 집 근처에서 발생한 적도 있었다. 다수의 희생자가 발생했음은 물론이다. 어린 시절 타벨은 그야말로 위험과 등을 맞대고 있었던 셈이다. 자서전에 따르면 폭발 사고로 인해 불과 열에 그을린 시체를 본 기억이 "평생 따라다녔다"고 한다.

오일러시가 있던 펜실베이니아 산간 지역 석유지대Pennsylvania Oil Fields의 산들은 석유 채굴을 위해 몰려든 업체들의 무분별한 벌채로 말미암아 민둥산이 되었다. 그리고 경사면에는 유정이 난립했다. 여름이 되면 적란운이 발생했고 천둥번개와 함께 많은 비가 내렸다. 피트홀은 하룻밤 사이에 마을이 사라진 것으로 알려진 전설의 마을이다. 완만한 경사면을 흐르는 비는 토석류土石流가 되었고 유정은 물론 민가와 상점들도 떠내려갔다. 담배를 피우는 것도 금지였다. 채굴을 위해 파낸 지하 구덩이에서 분출된 수반가스에 불이 붙으면 대참사로 이어지기 때문이다. 위험은 도처에 널려 있었다.

드레이크가 원유 채굴에 성공한 타이터스빌의 인구는 당시 만 명 정도였는데, 지방 도시로서는 큰 편에 속했다. 현재 약 800만 명인 뉴욕시 인구가 100만 명이 조금 넘었을 때다. 타이터스빌은 교회, 은행, 학교, 경찰서, 신문사 등 다양한 시설을 갖춘 마을이었고, 당시로서는 희귀한 보행도로와 하수도, 가스등도 완비되어 있었다. 타벨의 가족은 일주일에 두 번씩 교회 예배를 보러 가는 독실한 신도였다.

석유지대에서 채굴 성공으로 하루아침에 부자로 거듭나는 행운을 거머쥔 채굴업자가 있는 반면, 광맥에는 도달도 하지 못한 채 파산에 내몰리는 채굴업자도 적지 않았다. 전설의 마을 피트홀의 메인 스트리트에 6만여 달러를 들여 건축된 호텔도 문을 닫았다. 이 호텔은 타벨의 아버지가 불과 100분의 1 가격인 600달러에 구입하여 가족들의 새로운 거주지가 되기도 했다.

변동성이 심한 석유 사업에서 마음 아파하던 것은 타이터스빌 주민만이 아니었다. 앞에서 간단히 언급했지만, 눈치 빠른 젊은 경영자 존 D. 록펠러도 위기를 감지하고 있었다. 석유산업의 불안정성을 간파한 록펠러는 석유 사업 전체를 지배하겠다는 야망을 달성하기 위해 상대적으로 안정적 경영이 가능한 석유정제 부문으로 눈을 돌렸다. 혜안이었다.

록펠러는 제일 먼저 남부개발회사South Improvement Company를 설립했다. 1871년의 일이다. 록펠러의 아이디어로 알려진, 철도회사의 리베이트를 무기로 하는 전술이 남부개발회사에서 시작되었다. 이 전술은 석유지대 독립계열 사업자와의 사이에서 시비를 낳았고 석유전쟁Oil War으로 비화했다. 이에 관해서는 제4장과 제7장에서 다루었기 때문에 여기에서는 그 개요만 간략히 소개하겠다.

남부개발회사는 정제 부분에 대한 지배력을 강화하기 위해 먼저 철도회사와 밀약을 체결했다. 철도회사는 스탠더드오일 계열 이외의 독립계열업자의 수송 운임을 인상했다. 록펠러의 남부개발회사에는 리베이트를 주는 동시에 남부개발 산하에 들어간 업체에게는 저가의 운임을 적용했다. 타벨의 아버지처럼 밀약에 참여하지 않은 독립계열업체가 비싼 운임을 지불하면 그 운임의 일부가 록펠러에게 리베이트로 환류된 것이다. 드로우백, 이른바 환급금으로 불리는 터무니없이 악질적인 리베이트다. 독립계열업자가 철도로 수송한 분에 따라 록펠러에 지불된 것이 드로우백이다. 경쟁업자들이 석유를 많이 수송하면 할수록 스탠더드오일에 돌아가는 환급금이 불어났다. 드로우백은 석유지대의 독립계열업자를 몰살해버린 냉혹하고 무자비한 록펠러의 상술을 상징한다. 이에 대해서는 뒤에서 다시 설명하니 참고 바란다.

철도회사로부터 리베이트를 듬뿍 받아낸 스탠더드오일은 재정이 넉넉해졌고, 리베이트를 못 받고 분투해야 하는 독립계열업체는 비용 증가로 인해 가격을 인상해야만 했다. 이윤 폭이 크지 않은 석유정제업계의 경쟁에서 리베이트의 유무가 결정적인 역할을 했다. 석유시장 정복을 목표로 세운 록펠러의 야망이 실현된 원천은 바로 이 드로우백, 즉 철도 리베이트였다. 리베이트 구조의 바깥에 있던 독립계열업체와의 경쟁은 처음부터 이미 승부가 난 셈이다. 독립계열업체는 경쟁을 당해내지 못하고 문을 닫거나 혹은 록펠러 산하에 편입될 수밖에 없었다. 철도회사와의 공모와 단합에 의한 카르텔 행위. 바로 독점금지법 위반 행태가 비밀리에 자행되고 있었다.

타벨은 어린 시절부터 아버지 프랭클린의 회사는 물론, 록펠러의 산하로 들어간 독립계열의 약소기업들을 직접 보며 자랐다. 록펠러에 대한 적개심을 짐작하기 어렵지 않다. 록펠러는 타벨 생애 최대의 적이 된 것이다.

유령도시의 거리 - 중고교 시절

타벨이 가족과 함께 거주했던 타이터스빌Titusville의 'ville'은 프랑스어로 '마을'을 뜻한다. 도시 이름에서 알 수 있듯이, 타벨이 유년시절을 보냈던 로즈빌Roseville, 모교 알레게니 대학이 있는 미드빌Meadville 등은 모두 개척시대 프랑스인들이 정착했던 지역이다.

타이터스빌이 석유산업의 성지로 불리게 된 것은 에드윈 드레이크가 세계 최초로 원유 채굴에 성공했기 때문이다. 일확천금을 노리는 채굴업자들이 거센 파도처럼 쏟아져 들어왔다. 손재주가 뛰어나 목공 장인 경력을 갖춘 타벨의 아버지 프랭클린 역시 그 중 한 사람이었다. 처음에는 채굴한 원유를 저장하는 목제 탱크 제조로 수익을 올릴 수 있었지만, 위세 좋은 시기는 오래 가지 않았다. 철제 탱크가 등장하면서 목제 탱크 수요가 급속히 감소하기 시작했기 때문이다. 원유를 대량 운반할 수 있는 송유관이 건설되자 중간저장용 탱크 제조 사업은 사업성이 확연히 떨어졌다. 결국 프랭클린은 자금을 투자하여 위험성 높은 원유 채굴에 직접 나서기로 했다.

미국 펜실베이니아 주는 록펠러의 고향 오하이오 주 클리블랜드와 인접해 있다. 당시 석유가 채굴되던 곳은 이 곳뿐이었기 때문에, 이 지역 공략의 성공 여부는 미래를 결정하는 핵심 요소가 되었다. 독립 계열업체를 운영하던 프랭클린은 의도치 않게 스탠더드오일과 격돌하게 되었다. 잠시 호각지세의 국면도 있었지만, 결국 대자본을 앞세운 록펠러의 술수에 농락당하고 패할 수밖에 없었다. 아버지의 원한은 깊었다. 권토중래를 기약했지만 그 꿈은 끝내 이룰 수 없었다.

딸 타벨은 스탠더드오일을 갈기갈기 찢어낼 만큼 신랄한 기사를 세상에 내보냈다. 록펠러 제국은 해체 판결을 내린 연방대법원에 의해 쓰라린 최후를 맞이했다. 아버지의 원수를 갚는 데 성공한 셈이다.

타벨의 가족은 타이터스빌로 이사하기 전, 근교의 로즈빌에 거주했다. 타벨은 그곳에서 초등학교를 다녔다. 자서전에 따르면 벽촌에서 개인이 경영하는 학교였기에 규모도 작았고 교육환경도 충분하지는 않았던 것 같다. 구체적으로 어떤 환경이었고 언제 초등학교에 다니기 시작했는지에 관한 자세한 설명은 없다. 다만, 이 시기 미국 지방정부의 경제 사정을 감안하면 시골의 교육 환경이 열악했다는 것만큼은 미루어 짐작할 수 있다.

당시 초등학교는 8년제였지만 4년 만에 학교를 떠나는 학생이 대부분이었다. 교사 부족이 원인 중 하나였다. 수업을 듣는 것 자체가 물리적으로 무리였으며, 로즈빌의 사정은 특히 더 그랬다. 이를 보완하기 위한 제도로 홈스쿨링이 용인되었는데, 집에서 자녀를 교육하는 가정이 많았고 4세 정도에 읽고 쓰기가 완벽한 경우도 적지 않았다. 타벨 역시 피아노를 배우고 있었을 정도다. 많은 지역에서 고등학교 진학은 선택이었다. 학교 수도 많지 않았기 때문에 집을 떠나 기숙사 생활을 하며 학교에 다니는 일도 많았다. 교육에 열성적인 일부 부모들은 이사를 결정하기도 했던 모양이다.

석유산업의 중심지 타이터스빌로 이사한 것은 13살 무렵이다. 그때까지 아버지 프랭클린은 매일 애마를 타고 로즈빌에서 타이터스빌의 깊은 산속에 있는 피트홀로 출근했다. 이사한 집은 프랑스 발코니로 유명했던 호화로운 호텔을 헐값으로 구입하여 리모델링한 저택이었다. 유정이 고갈되고 이용객이 사라져 경영난에 빠진 피트홀 제일의 호텔을 헐값에 인수한 것이다.

타벨은 학생들 간의 교류가 농밀하고 가족적이던 작은 학교에서 규모가 큰 도회지 풍 학교로 전학해야 했는데, 대규모 강의에 익숙하지 않아 수업을 빼먹기 시작했다. 아무도 나무랄 수 없을 거라고 가볍게 생각한 탓이기도 했다. 하지만 담임교사인 메리 프렌치로부터 "자신의 지성을 소모시키면서 부모님 얼굴에 먹칠을 하고 있다"며 호된 꾸중을 듣게 되었고, 그 후에는 면학에 전념하여 모범생이 되었다. 몇 달 후 고등학교에 진학한 타벨은 연말에 우등생 반열에 올라 학년 최우수 학생이 되었다. 한번 정상에 오르자 부모님과 선생님, 주위의 기대에 부응해야 한다는 생각을 갖게 되었다는 것에서 타벨의 고지식한 성품을 엿볼 수 있다.

고등학교에서는 특히 과학에 전념하며, 동물학, 지질학, 식물학, 자연철학, 화학 등을 공부했다. 퍼즐 감각으로 풀 수 있는 수학과 번역에서도 특히 좋은 성적을 올렸다. 타벨에게 고향의 산은 보물과 같았다. 어릴 때부터 식물, 곤충, 돌 등에 관심이 많아서 산길을 산책하며 채집해 온 것들을 병에 넣고 표본으로 만들어 전시하는 것을 즐기곤 했다. 타이터스빌에서는 문헌을 통해 식물이나 곤충에 관한 좀 더 고도의 지식을 습득할 수 있었고 자연과학에 대한 학문적 배경도 익혔다. 이 무렵 용돈을 저축해 작은 현미경도 손에 넣게 되었다. 호텔 내부를 개조한 집의 지붕 위에는 3면이 이중창으로 되어있어 주변을 내려다 볼 수 있는, 일명 타워룸으로 불리는 탑이 있었다. 타벨은 그곳에 책장과 책상, 표본 따위를 들여와 전용 공부방으로 만들었고, 현미경도 가지고 와서 놀았다.

이 무렵 타벨의 마음에는 장래에 생물학자가 되어 식물의 생태를 연구하고 싶다는 꿈이 싹트기 시작했다. 그리고 꿈을 이루기 위해 대학에 진학해서 교사가 되고 싶었다. 현미경으로 다양한 생물을 관찰하는 사이에 대학 진학에 대한 꿈과 의욕은 점점 강렬해졌다. 자연과학을 더 공부해서 현미경으로 학문을 연구하는 생물학자가 되는 꿈이었다.

자연과학을 배우는 동안 교회에서 성경을 통해 배운 인류의 역사와 자연과학 사이에 어긋남이 있다는 것도 깨닫게 되었다. 구약성서의 창세기에서 기술하고 있는 인류의 탄생과 진화론 간의 차이였다.

부모님에게도 교회에서도 말 못하고 남몰래 고민했던 모양이다. 타벨은 다윈의 〈종의 기원〉(1859)을 읽고 있었다. 적자생존, 자연도태, 우승열패 등의 선택에 생물이 적응한 결과 다양한 종이 생긴다는 내용의 진화론이다. 당시 학계는 기독교 종교관에 근거한 학설이 지배하고 있었기 때문에 기독교 종교관과 전혀 다른 진화론은 큰 파문을 불러일으켰다. 타벨은 자신의 책장에 다윈의 책을 늘어놓고 현미경을 사용해 진화론의 수수께끼를 나름대로 풀어 보려고 했다.

자서전에 따르면, 결혼에 대한 생각도 나름대로 형성되어 있었다. "나는 자유롭기 위해서 독신으로 살겠다"는 결심이 고교시절 이미 형성되어 있었다. 생물학자가 되겠다는 목표를 실현하는 데에 필요한 자유를 발목 잡는 가장 큰 걸림돌이 결혼이라고 생각했던 모양이다. 그렇다고 해서 자유가 어떤 의미인지 스스로 정확히 알고 있던 것도 아니었다. 그저 자유롭기 위해서는 일단 독신이어야 한다는 단순한 생각이었다. "여성은 남성사회의 노예"라는 당시 여성해방운동의 주장을 따른 것이다. 결혼은 환멸스러울 만큼 자신을 속박할 것이고 결혼을 하면 꿈꾸고 있던 생물학자도 될 수 없을 것이라고 생각한 것이다. 그래서 타벨이 세운 두 번째 목표는 결혼을 안 하겠다는 것이었다. 그 목표를 관철하고자 한 것인지는 분명치 않지만 타벨은 결국 독신으로 생을 마감했다.

대학 진학의 뜻을 밝히자 타벨의 부모님은 쌍수를 들어 찬성했다. 당시 여성의 대학 진학은 극히 드물었고 그 자체가 여성 권리 확대의 일환으로 여겨졌다. 여학생 입학을 허용하는 대학도 제한적이었다.

먼저 선택지에 오른 것은 1865년 설립된 뉴욕 주의 코넬대학이었다. 이과계열에 특화된 코넬대학은 1872년부터 여학생 입학을 허용했는데, 자연과학에 지대한 흥미를 갖고 있던 타벨에게는 그야말로 입학하고 싶은 학교였다.

하지만 인근에 있는 알레게니 대학 진학을 결정하게 되는 작은 사건이 벌어졌다. 알레게니 대학은 타이터스빌에서 약 30마일(48킬로미터) 떨어져 있는 드빌에 소재하고 있어 일단 친근한 곳이기도 했지만, 대학 총장이 타벨의 집을 방문하여 식사를 함께 한 것이 결정적이었다. 독실한 신자였던 타벨의 가족은 감리교회 타이터스빌 지부를 다니고 있었는데, 이 교회는 알레게니 대학을 후원하는 에리협의회 소속이었다. 교회 설교단에서 가슴 따뜻한 강연을 하기도 했던 루시아스 부그비 알레게니 대학 총장은 타벨이 코넬대학 진학을 희망한다는 얘기를 듣자, 알레게니 대학의 장점들을 알기 쉽게 설명해 줬다. 이것이 인연이 되어 타벨은 알레게니 대학 진학을 결심했다. 부모 입장에서도 딸이 멀리 있는 뉴욕 주로 가기보다 가까운 곳에 진학하는 것이 훨씬 안심되었을 터이다. 대학진학을 위한 수험과목은 라틴어, 그리스어, 현대국어, 영문법, 대수학, 역사, 자연철학, 식물학, 생리학이었다.

발군의 재능을 인정받은 편집장 - 대학시절

1876년 가을, 18세 생일을 맞이하기 직전에 타벨은 알레게니 대학에 진학했다. 여학생 입학이 허용된 지 얼마 되지 않은 탓에 재학생 중 여학생은 극소수였다. 입학하고 보니 동급생 41명 중 여학생은 타벨 한 사람 뿐이었다. 당시는 여성이 대학 교육을 받을 필요가 없다는 생각이 일반적이었기에 여학생 입학을 허용하는 대학도 많지 않았다. 타벨은 시대의 개척자라는 각오로 대학에서의 하루하루를 보냈다.

대학은 프렌치 크리크로 불리는 알레게니 강 지류의 계곡에 위치해 있었다. 캠퍼스 끝에는 샘이 있었는데 미국의 초대 대통령 조지 워싱턴이 그 샘에서 갈증을 해소했다는 이야기가 전설처럼 전해져 내려오는 곳이기도 하다. 1815년 설립된 알레게니 대학은 타벨이 입학하기 몇 년 전부터 여학생 입학이 가능했지만, 대학 전체에서 여학생은 아직 7명뿐이었다.

당시 대학은 벤틀리홀, 컬버홀, 루터홀 등 세 개의 건물로 구성되어 있었다. 수십 명이 출석하는 수업은 둥근 천장의 돔 지붕 큐폴라가 있는 벤틀리홀에서 진행되었다. 컬버홀은 남자 기숙사, 벽돌로 된 3층 건물 루터홀은 도서관이었다. 타벨은 자서전에서 벤틀리홀이 "미국 전역에서 가장 아름다운 건물 중 하나"라고 표현하기도 했지만 편리성은 전혀 다른 문제였다. 그렇게 마음에 들어 했던 벤틀리홀의 실내 환경은 최악이었다. 나무의자는 딱딱했고 겨울에는 눈이 실내까지 스며들어 바닥이 늘 젖어 있었다. 석유난로가 있었지만 매우 추워서 채플 시간에는 목도리를 둘러야만 했다.

1870년 알레게니 대학이 여학생들에게 문호를 개방한 것은 남녀평등과 공민권을 규정한 미국 수정헌법 제14조에 따른 것이었다. 여성의 권리확장을 주장하는 운동 단체들이 대학 내 성평등 실현을 위해 열심히 활동한 결과이기도 했다. 남북전쟁(1881~1865)이 발발하자 대학을 그만두고 참전하는 남학생이 속출했고 정원 부족으로 고민하던 대학당국이 여학생에게도 문호를 개방하게 되었다고 기술한 문헌들도 있다.

대학 후원 조직 중에 타벨 가족이 다니던 감리교회가 포함되어 있다는 것은 앞에서 소개한 바 있다. 그 중 여성 지도자들이 여성들의 보통선거 참정권을 요구했는데, 운동의 주요 테마 중 하나가 대학이 여성에게 문호를 개방해야 한다는 것이었다. 운동의 성과로 여성참정권이 실현된 것은 1920년이다.

1870년에는 에리호를 사이에 두고 건너편에 있는 미시간대학도 여학생 입학 허용 결정을 내렸다. 코넬대학보다 2년 빠른 결단이었다. 타벨이 입학하기 전 6년 동안 알레게니 대학에서는 이미 여학생 10명이 졸업했다. 참고로 타벨이 입학했을 때 3학년과 4학년에 여학생이 각각 두 명이었다.

여학생 기숙사가 없었던 탓에 처음에는 학교 교직원들이 자기 방을 숙소로 제공했고 여학생들은 교직원의 집을 전전해야 했다. 얼마 후 방 7개가 있는 여학생 기숙사 건물이 완성되었다. 외벽이 흰색이라서 여학생들은 이 건물을 함박눈이라 불렀다.

41명 신입생 중 유일한 여학생이었던 타벨은 남학교에 혼자 입학한 것과 마찬가지였다. 입학하고 보니 여학생은 일종의 침입자라는 시각이 여전히 남아 있었고 학내 규정에는 금기사항도 많았다. 여학생 출입이 금지된 구역도 있었는데 모르고 들어가서 선배 여학생이 넌지시 알려 준 적도 있었다고 한다. 하지만 커리큘럼은 영문학, 언어학, 역사, 과학, 프랑스어, 독일어 등 남학생과 동일했다. 단지 체육 과목의 경우 남학생은 야구나 축구를 했고 여학생은 미용체조를 했다. 타벨은 도서관에서 책을 읽을 때가 많았다. 학습 환경은 무척이나 마음에 들었던 모양이다. 고등학교 때부터 자연과학에 관심이 많았고 자연과학 공부를 목표로 입학했기 때문에 입학 후에도 타벨의 관심은 자연스럽게 자연과학 분야로 향했다.

자서전에 따르면 이 학과의 책임 교수였던 제레미아 팅글리 교수와의 만남은 전율을 느낄 만큼 흥분되는 일이었다. 50대의 팅글리 교수는 형식에 구애받지 않는 인품으로 생기 넘치고 빛나는 사람이었다. 벤틀리홀 안에 있는 집으로 학생들을 초대하기도 했는데, 철학에서 시작해 정치문제와 사회주의까지 확장된 폭넓은 토론은 매우 신선했다. 타벨이 현미경에 지대한 관심을 갖고 있음을 알게 되자 대학의 쌍안현미경을 자유롭게 사용하도록 해주기도 했다. 타벨이 가지고 있던 현미경보다 훨씬 강력했다. 팅글리 교수는 스스로 무언가를 발견하도록 격려해줬으며, 연구실에 있던 최신 전기기구와 유도코일 등도 자유롭게 사용할 수 있게 해줬다. 타벨은 "무엇인가에 열광하고 열중하면서 규명해 내는 이 힘은 나의 첫 경험이자 평생 잊지 않았던 대학 생활 최고의 경험 중 하나였다"고 회상했다. 교수의 응원과 격려가 타벨의 재능과 잠재력을 활짝 꽃 피게 해 준 것이다.

팅글리 교수는 문헌 연구나 책상에 앉아서 하는 공부보다 실제 현장 연수 등과 같은 과학적 연구에 열심이었다. 타벨 역시 그런 유형의 학습과 공부에 희열을 느꼈다. 교수는 강의 중에도 자신이 겪은 흥미로운 이야기를 자주 들려주곤 했다. 예를 들면, 물로 씻은 돌을 가지고 와서 학생들로 하여금 관찰한 뒤 발표하도록 했다. 학생들이 돌을 관찰할 수 있도록 뒤집어 놓기도 했지만 발표하는 학생은 아무도 없었다. 교수는 "중요한 것은 표면이 아니라, 그 안에 있다"는 설명을 덧붙였고, 이를 계기로 연구실의 키워드는 '내부 관찰'이 됐다.

타이터스빌 시절부터 절친했고 대학도 함께 다닌 친구 이리스 발은 당시의 타벨을 이렇게 회상했다.

훌륭한 학생이었다. 아침 4시에 일어나 공부를 시작했다. 완벽하지 않으면 만족하지 않았다. 라틴어를 진짜 잘했다. 하지만 공부벌레는 아니었다. 인간에 대한 관심과 흥미가 매우 컸다.

대학에서는 학년 간사와 출판부 편집장 역할도 맡았다. 여학생으로 구성된 문예부 "마가렛 풀러 오소리Margaret Fuller Ossoli"에 들어가 기관지 모자이크*The Mosaic*에 글을 쓰기도 했고 대학신문에 기고도 했다. 마가렛 풀러 오소리(1810~1850)는 당시 여성 권리 확대를 주장하던 유명 여성 저널리스트의 이름이다.

타벨은 당시 활동에 대해 "작가로서 재능은 크지 않았지만 자유롭게 글을 쓰고 훈련했으며 자유롭게 토론할 수 있는 최고의 공간을 발견했다. 그것은 바로 문예부"라고 회상했다. 대학신문에서는 문예부의 입장과 주장을 반영했는지 여성교육에 대한 투고가 많았다. 타벨은 "여성은 남성을 위한 것이 아니다. 창조신을 위해 여성을 교육해야 하고 여성은 교육받아야 한다"는 지론을 펼치기도 했다. 공부도 잘하고 적극적이어서 대학에서 눈에 띄는 학생이었으며, 재학생을 대표해 연설하는 일도 종종 있었다.

여대생들의 취업은 지금도 여전히 좁은 문이지만 19세기에는 바늘구멍보다 더 좁고 어려웠을 것이다. 기업 입사는 기대할 수도 없었다. 취업 가능성이 있는 것은 교사나 일부 여성을 채용하는 종교 분야 정도였고, 취업이 어려워지면 반려자를 찾아 결혼하는 수밖에 없었다. 결혼 계획이 없었던 타벨은 틈만 나면 현미경을 들여다봤다. 타벨의 미래 선택지 중에 해외유학도 포함되어 있었기 때문에 생활비를 아껴가며 저축도 하고 있었다.

우수 학생이었던 타벨에게 알레게니 대학은 프랑스어와 독일어

교사 자리를 제안했지만 타벨은 거절했다. 목사에게서도 함께 일하자는 권유를 받았지만, 결국 졸업 후에는 앞서 거절했던 교사의 길을 선택하게 된다. 타벨은 젊음과 의욕으로 다른 후보들을 제치고 취업의 좁은 문을 돌파했다.

사회문제에 눈을 뜨다 - 교사 생활

1880년 8월 23일. 타벨은 근교의 오하이오 주 폴란드의 개신 장로교 계열 사립학교에서 교사생활을 시작했다. 지금 기준으로 보면 중학교와 고등학교를 합친 것과 같은 학교였다. 급여는 연간 500달러. 처음에는 만족했다. 교사는 존경받는 직업이고 급여도 높은 편이라고 생각했다. 하지만 착각이었다. 전임자의 급여는 연간 800달러였으며 업무는 지독하게 많고 바빴다. 처음에는 마치 뉴잉글랜드와 같은 차분한 분위기가 무척 마음에 들었지만 지역 주민들이 자신을 환영하고 있다는 느낌은 받지 못했다. 오히려 전임자를 그리워하는 소리만 들려왔다.

사실 학교라기보다는 보습학원이나 전문학교로 표현하는 편이 적절했다. 교직원은 교장과 업무보조원을 포함해 겨우 세 명. 타벨은 두 개 학급의 그리스어, 라틴어, 프랑스어, 독일어 수업을 담당했으며, 지질학, 식물학, 지리학, 삼각법도 가르쳤다. 또한 오하이오 주의 베테랑 교사를 상대로 문법과 수학 과목 연수도 담당했는데, 타벨은 특히 이 연수를 진행하느라 몹시 애를 먹었다. 아마추어가 현인을 가르치는 것과 같았기 때문이다. 연수에서는 매년 참가자 전원이 같은 교재를 사용하고 있었다. 참가자들은 답도 이미 알고 있었고, 전년도와 같은 설명, 같은 강의를 요구했다. 그걸 모르고 시작한 타벨은 이 사실을 수업 도중에서야 알게 되었고 당황할 수밖에 없었다. 결국 교재를 바꾸면서 넘어 갔지만 베테랑 교사들에게서는 불만이 터져 나왔다.

처음에는 좋은 급여와 대우를 받는다는 생각으로 교사 생활을 시작했는데, 막상 시작해 보니 전혀 그렇지 않다는 것을 금세 깨달을 수 있었다. 매일 매일의 식비와 집세 등을 고려하면 연봉 500달러는 턱없이 부족한 금액이었다. 타벨은 본의 아니게 부모님께 무심해질 수 밖에 없었다. 수업 준비와 시험 채점으로 하루하루가 놀라울 만큼 바쁘게 지나갔고, 그렇게도 좋아하던 현미경은 만져 볼 시간조차 없었다. 설레는 마음으로 들어선 길이었지만, 교사 생활 2년 만에 깔끔한 이별을 고하고 고향 타이터스빌로 돌아왔다.

물론 좋은 추억들도 있었고, 평생을 함께 할 단짝 친구도 생겼다. 닷이라는 애칭을 가진, 은행가의 딸 클라라 워거다. 닷이 없었다면 오하이오 주에 2년이나 거주할 일은 없었을 것이라고 자서전에 쓰기도 했다. 나중에 사회문제에 날카로운 메스를 가하는 기사를 연발하게 될 타벨이 저널리스트 정신을 꽃피울 수 있도록 도와준 친구이기도 하다. 타벨은 교사 일을 시작한 지 일주일 만에 그만두고 시골에 내려갈까 생각하고 있었지만 생각을 바꾸게 된 계기가 닷과의 만남이었다. 얼굴도 모르던 닷이 어느 날 불현듯 찾아와 향수병에 걸린 타벨을 위로했다. 부임 직후 시름시름 앓고 있던 타벨을 길에서 우연히 만난 닷의 아버지가 타벨의 어두운 얼굴을 걱정했기 때문이었다.

타벨과 닷은 마음이 맞았다. 닷과의 만남을 통해 타벨은 뜻밖의 사실과 사회의 새로운 움직임을 알게 되었다. 자극의 연속이었다. 굽 낮은 구두를 신는 닷은 틀에 얽매이지 않는 자유로운 성격의 소유자였다. 둘은 이곳저곳을 함께 외출했다. 광산에서는 영국 웨일스에서 온 이민자들이 위험한 기계로 석탄을 캐고 있다는 사실도 알게 됐다. 10마일(6킬로미터) 떨어져 있는 철강의 거리 영스타운에 있는 극장에서 나오다가 장례식 행렬을 만나기도 했는데, 짐마차 위에는 검게 그을린 노동자의 시신이 실려 있었다. 용광로 폭발로 희생된 사람들이었다. 어린 시절 로즈빌의 유정 폭발 광경이 떠올랐다. 남편의 해고에 항의하기 위해 나선 주부들의 행렬과 마주치기도 했다.

타벨은 "교사 업무에서는 실망스러운 일도 있었지만, 오하이오 주에서 지낸 2년은 지금까지 인생에서 가장 즐겁고 재미있고 행복했다"고 회상했다. 이렇게 만났던 사회와의 접점들을 통해 타벨이 사회파 저널리스트로서 눈을 뜰 수 있게 되었으리라.

어머니의 영향

대학 진학 그리고 뒤에서 자세히 언급할 프랑스 유학 과정에서 타벨이 보인 행보는 눈부시고 개방적이다. 대체 어디서 비롯된 것일까? 어머니 에셀을 빼고는 설명하기 어렵다.

타벨의 자서전에 따르면 "어머니는 사회에서도 가정에서도 자신의 역할과 마지못해 타협하며 살고 있었다. 어머니는 여성권리확장운동 속에서 성장했다. 결혼하지 않았다면 고등교육을 받아 전문 직업을 갖고 여성의 권리확장운동에 투신했을 것"이다.

타벨의 집에는 손님들이 많이 찾아 왔다. 특히, 개방적인 활동가들의 방문을 환영했다. 독실한 감리교 신자이기도 했던 아버지 프랭클린은 1840년대에 감리교를 중심으로 시작된 금주운동이나 주류제조 판매 금지를 지지하기도 했다. 여성권리확대에 대한 이해도 있었다. 당시 여성에게는 선거권이 없었다. 타벨의 어머니는 여권확대운동에도 관여했는데 타이터스빌로 이사 온 후에는 더욱 적극적이었다.

교제 범위가 넓었던 어머니 에셀은 방문객들과 함께 "여성의 본성은 무엇인가?", "우리 스스로는 무엇을 할 수 있을까?" 등에 관해 끝없이 토론하곤 했다. 선거제도의 불공정함에 어머니는 몹시 화가 나 있었고 타벨 역시 세상에서 자신이 설 자리가 어디인지를 고민했던 모양이다. 타벨은 자연스럽게 사회문제를 인식하게 되었으며, 사회에 대한 비판적 태도도 익히게 되었다. 교육에 대한 관심은 당연했고 대학 진학도 희망하게 됐다.

집안에서 대학 진학을 가장 열심히 권유한 사람 역시 어머니였다. 과거 어머니도 대학에 가고 싶었지만 1850년대 미국에는 여학생이 입학할 수 있는 대학이 없었다. 대학신문에도 기고했듯이, 타벨은 어머니의 열성적인 여권신장운동에 관심을 갖고 있었다.

샤토카 운동

타이터스빌로 돌아온 타벨은 특별히 할일이 없었다. 집에서 현미경을 들여다보며 한가로운 나날을 보내던 어느 날, 새로운 일이 찾아 들어왔다. 당시 유행하던 샤토카chautauqua 운동의 도우미 역할이었는데, 구체적으로는 출판 교정 업무였다. 타벨은 일을 시작하고 얼마 되지 않아 취재를 하고 기사를 쓰게 되었으며 편집장 역할까지 요청받았다. 이때 경험은 훗날 타벨이 저널리스트이자 작가로 변신해 탐사보도의 개척자로 추앙받는 계기가 되기도 했다.

19세기 후반 미국에서는 샤토카 문학과 문화 활동이 유행했으며, 이들 활동을 총칭하여 샤토카 운동이라고 불렀다. 원래는 뉴욕 서부 교회에서 주일학교 여름 캠프 활동으로 시작된 것인데 종교를 넘어 문화와 교육 분야로 확장된 것이다. 샤토카는 지명으로, 타벨이 어린 시절 가족과 함께 소풍을 간 적이 있던 곳이기도 하다.

타벨은 샤토카 운동을 홍보하기 위한 잡지 샤토칸*The Chautauquan*의 편집담당으로 채용되었다. 처음에는 보조 역할이었지만 글을 잘 쓰고 교열 작업에도 재능을 보였기 때문에 금방 편집 업무의 주축이 되었다. 샤토카 어셈블리 헤럴드*The Chautauqua Assembly Herald*의 1883년 여름호에 타벨이 편집국 스태프로 합류했다는 기록이 있다. 어디까지가 본심이고 어디까지가 겉치레인지는 알 수 없지만, 기록 내용은 다음과 같다.

뛰어난 문학적 지성을 타고났고, 명쾌하고 설득력 있는 표현력을 지닌 보기 드물 정도로 천부적인 재능의 젊은 여성, 아이다 미네르바 타벨의 필력이 더해지면서 우리 잡지의 퀄리티가 더욱 향상되었다. …… 기독교에 대한 강렬한 공명심과 아이들에 대한 애정, 동시에 다채로운 지성과 폭넓은 독서량은 이 신문의 편집자로서 젊은 세대의 독자들에게 훌륭한 가치를 제공해 줄 것이다.

타벨이 참여하면서 잡지 샤토칸의 발행 부수가 1880년 1만 5천부에서 5년 후에는 세 배가 넘는 5만 부로 늘어났다. 물론, 샤토카 운동이 활발해 지면서 잡지 기사의 내용이 다양해졌다는 사실 역시 발행부수 확장에 영향을 미쳤을 것이다. 편집부는 알레게니 대학과 같은 미드빌에 있었다. 처음에는 1개월 중 2주일 동안 체재하며 편집 일을 했는데, 전임이 된 후에는 하루 10여 시간씩 일에 몰두하게 되었다.

출퇴근이 힘들어져 사무실 근처에 거처를 마련해야 할 지경에 이르렀다. 편집 뿐 아니라 취재와 기사 쓰기에도 열심이었다.

잡지 샤토칸은 여성권리 확장파로 분류되었다. 타벨 역시 같은 성향을 갖고 있었기 때문에 여권확장에 관한 기사가 많았다. 야심찬 탐사보도를 게재하기도 했는데, 예를 들어 미국 여성에 의한 특허 획득 건수에 관한 기사가 있다. 앞서 소개했듯이 당시 미국 여성에게는 선거권이 없었고, 그 이유가 "여성에게는 창조적 능력이 없다.", "설사 있다고 해도 극히 미미하다." 등 매우 차별적이었다. 당국은 여성에 의한 특허권 획득 건수를 의도적으로 축소하는 것처럼 보였다. 여성에게 창조적 능력이 있는지 없는지는 증명해내면 되는 일이었다. 타벨은 특허 신청 건수에 착안해 과감한 도전에 나섰다. 워싱턴에 있는 특허청에 가서 간부에게 취재를 요청했고, 그때까지 334건으로만 알려져 있던 여성에 의한 미국 내 특허 건수가 약 세 배에 이르는 935건이나 된다는 것을 밝혀냈다.

생물학자가 되겠다던 타벨의 꿈이 점차 희미지는 대신, 저널리즘의 길로 급속히 끌려 들어가기 시작했다. 그리고 한 세기 전 프랑스혁명 시대의 지롱드파 배후로 일컬어지는 마담 롤랑에 관심을 갖게 됐다. 여성의 권리확장 활동에 열심인 어머니의 자질을 이어받은 것일까? 타벨은 이 아이디어를 편집장에게 제안했다. 그리고 프랑스 혁명으로 인해 단두대의 이슬로 사라진 비극의 왕비 마리 앙투아네트를 포함해 프랑스 혁명 과정에 등장하는 몇몇 여성에 대한 연구를 잡지에 실게 되었다.

타벨은 마담 롤랑이 살던 프랑스 파리를 눈으로 직접 보고 취재해서 마담의 전기를 집필해 보고 싶다는 마음이 점점 강해졌다. 프랑스에 가면 여성이 사회에 기여할 수 있는 방법을 마담 롤랑이 알려줄 것만 같았다. 그럼 먼저 연구를 해야 하고, 그러려면 파리에 가야 한다는 생각으로 이어졌다. 타벨의 나이 34세, 대학 졸업 후 10년째 되는 해였다.

타벨이 프랑스행 계획을 밝히자 편집부원 모두가 완곡하게 반대했다. "네 나이가 서른이 넘었다는 걸 잊지 마. 서른 살이 넘으면 새로운 직장을 찾기 어려워."라며 타이르는 동료도 있었다. 또 다른 여성 동료는 "너는 우리들 중 누군가에게 무슨 불만이라도 있는 거니?"라며 설교를 하기도 했다. 타벨의 결단이 동료들에게는 반역으로 비쳐진 것이다. 편집장은 "너는 기자가 아니야. 가면 굶어 죽을 거야."라며 겁을 주기도 했다. 반면, 타벨의 부모님은 불안감을 느끼면서도 타벨의 결정을 찬성했다.

캐서린 브래디Kathleen Brady의 〈아이다 타벨: 머크레이커의 초상Ida Tarbell: Portait of a Muckraker〉에 따르면 당시 타벨은 회사에서의 인사 처우에도 불만이 있었던 것 같다. 타벨은 상사에게 "승진시켜 주지 않으면 그만두겠다."고 했지만 묵살 당했다. 그리고 퇴사를 결심했다. 흥미롭게도 타벨은 자서전에서 이에 관한 이야기를 전혀 언급하지 않았다.

프랑스행을 결정하고 난 후 타벨은 프랑스어 특훈을 받아야 했다. 읽고 쓰기는 고교시절부터 자신 있었지만 말하기는 차원이 달랐다. 타벨은 타이터스빌에 거주하는 프랑스 이민자들을 찾아 가서 일주일에 세 번씩 말하기 연습을 했다. "소르본대학으로 유학 갈 거야.", "마담 롤랑의 전기를 집필할 거야."라는 마음이 하루하루 커져가고 있었다.

가장 큰 문제는 유학비용이었는데, 현지 생활비를 어떻게 감당해야 할지가 고민이었다. 하지만 타벨은 위기의 순간에 놀라울 만큼의 행동력을 발휘하는 묘한 힘이 있었다. 역경에 강하기 때문일까? 파리 유학기간 동안 미국 신문사에 유럽 동향을 전하는 임시 특파원이 될 수 있겠다는 생각이 떠올랐다. 타벨은 피츠버그, 신시내티 등 인근 대도시를 돌면서 신문사 편집장을 만났다. 그 결과 10여개가 넘는 신문사와 원고 계약을 체결하는 데 성공했다. 기사 한 편당 원고료 6달러 계약이었다.

미국에는 "파리를 보고 죽으라See Paris and Die"는 속담이 있다. 타벨은 자서전에 "파리에 가서 생활하라See Paris and Live"고 적었다. 1891년 8월 타벨은 드디어 미국을 떠나 파리에 도착했다. 도착 즉시 본거지가 될 아파트를 찾아냈고 8월 19일에는 이미 방안 침대에서 미국의 신문에 기고 할 최초의 기사를 쓰고 있었다.

제2장

프랑스 유학시절

저널리스트로서의 소양 함양

사표를 내던지고 떠난 유학

유리천장

"유리천장glass ceiling"은 여성차별을 상징하는 말이다. 미 노동성의 유리천장위원회Glass Ceiling Commission의 보고서 〈*Good for Business*〉(19 95.3)에 따르면 유리천장이라는 표현은 1986년 미국 경제지 월스트리트저널WSJ에 실린 "대기업 여성"이라는 제목의 칼럼을 통해 널리 알려지게 되었다.

보고서에서는 유리천장을 "비즈니스 세계에서 여성의 업적이나 공적에도 불구하고 (회장이나 사장 등) 최고 자리에 오르는 것을 막고 있는, 여성과 임원실 사이의 빠져나갈 수 없는 보이지 않는 벽"이라고 설명했다. 여성들이 관청이나 기업체 등 조직에 취업해서 승진 계단을 하나하나 오르려고 할 때, 일정 수준 이상의 직위 승진을 목표로 한다면 이 보이지 않는 벽에 막혀 아연실색하게 된다는 의미를 담고 있다. 학력이나 기능, 업적과는 무관한, 단지 성별이 다르다는 이유만으로 승진 길이 막히는 것이다. 유사 이래 남성 중심 사회의 긴 역사가 구축해 놓은 견고하지만 보이지 않는 벽, 육안으로는 확인하기 어려운 천장이라는 의미를 포착하여 만들어진 신문 특유의 표현이다.

월스트리트저널의 칼럼은 당시 경제인과 언론인, 관료들 사이에서 큰 반향을 불러일으켰다. 칼럼이 게재되고 5년이 지난 1991년에는 당시 노동부 장관이었던 엘리자베스 돌의 지시로 유리천장 실태를 조사하는 위원회가 설치되기도 했다. 그 결과 성차별을 근절하기 위한 유리천장법Glass Ceiling Act이 검토되기도 했으나, 법안 성립에는 이르지 못한 채 공민권법 일부 수정에 만족하는 것으로 그쳐야 했다.

2011년 3월 26일, 혈액암을 앓고 있던 제럴딘 페라로Geraldine Anne Ferraro 민주당 하원의원이 입원 중이던 병원에서 사망했다. 1984년 대통령 후보 월터 먼데일(전 부통령, 전 주일 미국대사)과 함께 부통령 후보로 대선에 출마한 바 있는 여성 의원인데, 공화당과 민주당을 포함해 여성이 부통령 후보로 출마한 첫 사례였다. 부통령은 만일의 사태가 발생했을 때 대통령 직무를 인계받는 중요한 자리다. 페라로 의원 서거 당시 국무장관이던 힐러리 클린턴이 전 대통령이자 남편 빌 클린턴과 연명으로 성명을 발표했는데, 성명 속에 유리천장이라는 표현이 담겨 있었다. 상징적인 의미가 있기에 인용하겠다.

제럴딘 페라로는 끈질기고 훌륭하며 자신의 신념을 위해 발언하는 것을 결코 두려워하지 않았던 뉴욕의 상징이자 진정한 미국인이었다. 이탈리아계 이민자인 그녀는 다수 정당(민주당)에서 부통령 후보로 지명된 첫 번째 여성이다. 페라로는 후대의 여성 지도자를 위한 길을 닦아 미국 정치계를 덮고 있던 유리천장에 최초로 균열을 만들어냈다.

추도 성명을 발표한 힐러리 역시 유리천장과 인연이 있다. 힐러리는 2008년 미국 대통령 출마를 선언하고 민주당 예비선거에서 버락 오바마와 경쟁했지만, 후반 득표 부족으로 대통령 후보로 선출되지는 못했다. 오바마와의 대선 후보 경선에서 패배가 결정된 시점에 힐러리는 지지자들에게 고마움을 표시하며 이렇게 말했다.

이번에 우리는 그 어떤 것보다도 높고 단단한 유리천장을 산산조각 내지 못했다. 하지만 여러분의 도움으로 그 천장에 약 1,800만 개의 균열은 만들어낼 수 있었다. 유리천장을 통해 바라보는 빛은 그 어느 때보다 빛나고 있다. 다음에는 이 길이 조금은 편해질 것이라는 확신과 희망으로 우리를 채워주고 있다.

미국 여성들에게도 사회 진출은 여전히 가시밭길이라는 점을 강조하고 싶었던 것일까? 최고지도자인 대통령을 지향했으나 견고한 유리천장에 막혀 목표 도달에 실패한 힐러리가 하고 싶은 말이었을 터이다. 권토중래를 기대한 2016년 대통령 선거에서도 도널드 트럼프 후보에게 패배했지만, 관료사회와 민간업계 모두 여성의 관리직 진출 비율이 저조한 일본과 비교하면 그나마 나은 것이 사실이다.

타벨이 살았던 19세기 말에서 20세기 초에는 유리천장이라는 말이 물론 없었다. 그렇다고 차별이 없었던 것은 결코 아니다. 여성의 사회 진출은 오히려 '강철천장'이라고 할 만큼 난공불락의 강력한 벽에 둘러싸여 있었다. 사회활동을 하고 싶어도 받아들여지는 상황이 아니었다. 불합리한 차별은 엄연히 존재했고, 도처에서 확인할 수 있었으며, 여성들은 내쫓기고 있었다. 타벨은 이런 상황 속에서 여성의 지위 향상이라는 목표를 늘 고민하고 있었다.

여학생을 받아들이는 대학이 극소수였던 당시 현실에서 알레게니 대학에 진학했지만, 여성 참정권의 실현은 제1차 세계대전 이후인 1920년(일부 주는 좀 더 빨리 실현되었지만)까지 기다려야 했다. 아무리 열정과 의욕이 높아도 교사와 같은 일부 직업을 제외하면 일자리조차 없었다. 진학과 취업 모두 숨 막힐 정도의 벽이 있었다.

프랑스로 건너가게 된 계기는 무엇이었을까? 이미 언급했듯이 잡지사 편집부에 대한 불만일 가능성이 크다. 같은 원고를 쓰고 같은 편집 업무를 해도 남성보다 승진이 늦었으며, 7년간 재직했지만 승진에 대해서는 일언반구도 없었다. 뒤처지는 기분을 견딜 수 없었던 것일까? 사표를 내던진 타벨은 결사의 각오로 프랑스행을 결정했다. 타벨과 의기투합한 편집부 동료 두 명도 동행하기로 했다. 든든했을 터이다.

사랑에 빠지다

프랑스행은 여성의 삶을 자문하는 여행이기도 했다. 차별에 번민하던 타벨에게 프랑스는 꿈과 희망으로 가득 찬 것처럼 보였다. 자유와 박애와 평등을 희구하는 혁명의 성공을 위해 당시 활약했던 프랑스 여성들이 롤모델로 여겨지기도 했다. 대표적 인물이 마담 롤랑이었다. 혁명을 주도했던 프랑스 여인들의 삶은 어땠을까? 앞으로의 인생에 참고가 될 것이라는 생각에 이르자, 타벨은 두 눈으로 직접 확인해 보고 싶었다.

1891년 8월 6일, 타벨과 세 명의 동료는 뉴욕항을 출발하는 파리행 배에 몸을 실었다. 여담이지만 뉴욕 항에서는 큰 실수도 있었다. 유럽행 배가 출발하는 부두의 강 건너편으로 가버려 하마터면 배를 놓칠 뻔한 것이다. 치밀한 준비와 취재로 유명한 타벨도 이런 실수를 할 때가 있었다.

승객들은 노래와 춤을 즐기며 긴 여행 시간을 보내고 있었다. 네 사람도 벨기에 앤트워프를 경유하는 파리행 여정을 즐겼다. 환승항인 앤트워프에서는 잠시 짬을 내 미술관을 방문하기도 했고 음악회에서 짧은 즐거움을 맛보기도 했다. 프랑스에서는 저렴한 호텔에 숙박해야 했다. 물가는 비싸고 주머니 사정은 좋지 않았기 때문이다. 하지만 서둘러 숙소를 구해야 하는 와중에도 마담 롤랑을 단 한순간도 잊지 않았던 타벨이었다.

1891년 여름의 파리는 파리 만국박람회(1889)가 막 끝나고 환희에 들떠 있던 시기였다. 1960년대 미국이 "황금시대"로 일컬어진 것처럼, 당시 프랑스는 "환희의 90년대Gay Nineties"였다. 혁명 100주년을 기념해 3월에 완성된 에펠탑은 당시 세계 최고의 키다리 철탑이었다. 때마침 불어 온 건설 붐으로 몽마르트르 언덕의 사크레쾨르 성당도 완성되었다. 샹젤리제 거리는 옅은 푸른색 가스등이 빛의 거리를 만들어내고 있었으며, 밤하늘에 일렁이는 가스등 불빛은 낭만적인 분위기를 자아내기에 충분했을 것이다.

파리의 거리에 들어선 타벨과 동료들은 순식간에 도시의 포로가 되었다. 당시 심정을 자서전 6장 "사랑에 빠져I fall in Love" 첫머리에서 읽을 수 있다. "나는 파리를 보는 순간 사랑에 빠지고 말았다. 그건 폭발이었다."고 표현할 정도였다. 인구 만 명도 채 안 되는 펜실베이니아 주의 시골 마을 타이터스빌과 비교하면, 인구 300만 명이 넘는 당시의 파리는 분명 대도시였다. 반짝반짝 빛나는 그야말로 빛의 거리였다.

거금을 지참한 유학은 아니었다. 프랑스에 오기 직전까지 샤토카 운동의 일환으로 관여했던 잡지 샤토칸 편집부의 급여는 박봉이었기 때문에 검소한 생활에도 불구하고 충분히 저축하기가 어려웠다. 여비를 제외하고 파리에 도착했을 때 소지하고 있던 돈은 불과 150달러. 궁핍한 생활은 이미 각오하고 있던 참이었다. 그나마 다행스러운 것은 네 사람이 함께 생활했다는 것이다. 생활비 절약에도 큰 도움이 됐고, 고향에 대한 향수병과 외로움도 슬그머니 사라졌다.

타벨의 동료 세 사람 중 두 명은 샤토카 시절부터 알고 지내던 사이였다. 한 사람은 타이터스빌 시절의 친구이자 알레게니 대학 동창이기도 한 조세핀 헨더슨, 또 한 사람은 기독교계 단체 직원의 딸인 메리 헨리였다. 그리고 프랑스행 여정에 급히 합류한 세 번째 동료는 메리의 친구이자 금주회 리더인 애니 타우엘이었다. 세 명의 동료들은 타벨을 "엄마mammy"라고 불렀다. 프랑스행 배 안에서 승객 중 한 명이 타벨을 장난삼아 엄마라고 불렀기 때문이다. 타벨이 세 사람의 친구를 보살폈기 때문이었을까?

카르티에 라탱

타벨과 동료들은 카르티에 라탱Quartier latin에서 숙소를 구했다. 파리 중심부에서 약간 떨어져 있는 센강 남쪽의 학생가街이며, 소르본대학이 있는 곳이다. 카르티에Quartier는 프랑스어로 지구, 라탱latin은 라틴어 또는 라틴계 사람을 의미한다. 라틴어를 할 줄 아는 교양 있는 학생들이 많이 사는 학생가라는 의미다. 타벨은 프랑스 도착 이전부터 이곳에 살겠다고 이미 마음먹고 있었다.

센강을 사이에 두고 맞은편에 노트르담 사원이 있었다. 뉴욕의 자유의 여신 원상이 있는 뤽상부르 공원과 혁명 영웅들을 안치한 판테온 신전도 가까웠다. 학생의 거리라서 생활비가 저렴할 뿐 아니라, 대학 수업을 듣고 학위 취득도 가능하다는 일말의 기대도 있었다. 내심 파리에서 프랑스 혁명의 전문가가 되어 대학교수가 되겠다는 야망을 품게 되었다.

네 사람은 도착하자마자 숙소를 찾기 위해 카르티에 라탱을 돌아다녔다. 판테온 신전이나 클뤼니 미술관 근처도 물색했는데, 위생 상태가 불량하고 악취로 숨이 막히는 방, 벼룩이나 해충들이 다니는 방도 있었다. 결국 서머라드 거리Rue de sommerard의 2층짜리 아파트로 정했다. 다락방이지만 작은 부엌과 거실과 침실이 있었다.

집주인 보네 부인은 영어도 가능했다. 자서전에서는 보네 부인의 영어가 유창한 편이라고 칭찬하기도 했지만 또 다른 문헌을 보면 영어 글쓰기는 능숙하지 않았다는 언급도 있다. 프랑스어에 능숙하지 않은 네 사람이 집을 결정하게 된 가장 큰 이유가 보네 부인의 영어였을 수도 있다. 레이스가 달린 창문, 벨벳 의자, 커다란 책상이 있는 새 집은 평범했다. 하지만 작게나마 옷장과 발코니가 있어 꽤 편안했다. 보네 부인은 이듬해 새 집을 구매했고 타벨도 함께 이사하여 총 3년을 함께 했다.

식료품은 확실히 저렴했다. 동전 몇 개로 적당히 요리가 가능했다. 계란 한 개, 크루아상 한 개, 한 잔 분량의 우유, 커피 한 잔처럼 소량의 구매가 가능하다는 것도 놀라운 경험이었다.

충분한 저축 없이 유학을 온 타벨은 파리에 도착하자마자 생활비를 벌어야 했다. 미국의 신문사에 기고할 기사를 맹렬한 기세로 쓰기 시작했다. 이른바 프리랜서였다. 당시 미국인에게 프랑스 특히 예술과 꽃의 거리로 알려져 있던 파리는 선망의 존재였다. 모든 것을 신기해했기 때문에 일상생활 속 체험을 담은 기사가 환영 받았다. 타벨은 기사거리를 찾기 위해 닥치는 대로 신문을 읽기 시작했고, 파리 도착 후 일주일 동안 두 편의 기사를 보냈다. 그 중 하나가 오리건 주 포틀랜드의 지역신문 선데이 오리건에 실린 "파리의 네 소녀, 강한 결속으로 극복하다"라는 제목의 기사다. 미국에서 벌벌 떨며 파리로 건너온 자신들의 체험을 있는 그대로 담은 기사였다. 네 사람의 당시 생활을 확인할 수 있는 기사 내용 중 일부를 읽어보자.

거실, 커다란 옷장, 부엌, 침대가 있는 방 두 개가 모두 합해 월 15달러. 네 사람은 방을 꾸미는 데에 필요한 가구에 80달러밖에 쓰지 않았다. 천장과 벽, 난로는 깨끗했고 거울이 걸려 있었다. 부엌에도 가구가 딸려 있었다.

생활필수품의 대부분은 중고품에 의존했다. 중고품이었지만 꽤 쓸 만했다. 커튼은 골목 시장에서 구매했고 음식은 카르티에 라탱에서 조달했다. 롤빵 한 개, 카페오레 한 잔, 수프 한 컵을 정말 저렴하게 구매할 수 있었다. 상점에 고기를 가지고 가면 공짜나 다름없는 가격으로 구워주었기 때문에 직접 요리할 필요가 거의 없었다.

마담 롤랑

여걸

프랑스행을 결정한 것은 마담 롤랑의 전기를 쓰기 위해서였다. 프랑스 혁명으로 한 때 정권을 장악했던 지롱드파의 "흑막의 여왕"이라는 별칭을 얻기도 했던 마담 롤랑은 도대체 어떤 인물인가?

마담 롤랑은 부르주아지 제3신분으로 파리에서 태어났다. 아버지 가샹 필리퐁은 금세공사로 파리 중심가에서 보석상을 운영했다. "평민과는 결혼하지 않겠다"는 다소 거만한 잔느 마리Jeanne Marie는 미모의 재원으로 평판이 자자한, 마농이라는 애칭의 아가씨였다. 당연히 구혼자가 몰려들었지만, 20세 연상의 철학자이자 부유한 명망가 장마리 롤랑 드 라 플라티에르와 1780년 2월에 결혼하여 리옹에 있는 성에서 거주했다.

그 무렵 바스티유 감옥에 대한 민중의 공격과 함께 혁명이 시작되었다. 시골에 틀어박혀 있던 마담 롤랑은 나중에 지롱드파의 간부가 되는 저널리스트 장 피에르 브리소Jacques Pierre Brissot에게 일방적으로 편지를 보내 혁명에 대한 지지와 공감을 계속 표현했다. 브리소는 마담 롤랑의 편지에 담긴 혁명관을 높이 평가하고 자신의 신문 프랑스의 애국자에 "로마 여인의 편지"라는 제목으로 마담의 편지를 게재했다.

마침 이때 지방 기술 관료였던 남편에게 리옹 시의 거액 채무를 중앙정부가 부담하도록 협상하는 역할이 맡겨졌다. 마담 롤랑은 남편과 함께 파리로 이주하였고 이를 계기로 지롱드파와의 관계가 시작됐다. 명실상부 혁명에 관여하게 된 것이다.

어려서부터 지적 호기심이 왕성하여 혼자 책을 탐독해 온 마담 롤랑은 아버지에게 배우는 금세공이나 디자인보다 라틴어와 독서, 댄스, 노래, 바이올린, 기타 연주 등 문화적 교양을 높이는 데에 흥미를 보였다. 부모가 가정교사를 붙여줬지만 마담 롤랑의 지적 욕구는 교사의 역량을 금세 뛰어 넘었고 얼마 지나지 않아 더 이상 배울 게 없었다. 수도원에 들어가기도 했지만 난해한 철학서에 대한 관심은 가시지 않았다. 제정 로마시대의 철학자 플루타르코스Plutarchos를 비롯해 플라톤Platon, 디드로Denis Diderot, 볼테르Francois-Marie Arouet, Voltaire, 스피노자Baruch de Spinoza 외에도 당시 유행의 최첨단이던 루소Jean-Jacques Rousseau의 저술을 애독하면서 스토아 철학에 몰두하고 있었다. 그 영향을 받은 것인지 로마 공화제를 신봉했고 당시 진행 중이던 혁명에도 깊은 감명을 받았다. 아테네의 민주주의제도를 숙지했던 부인은 그 중에서도 큰 역할을 담당했던 살롱이 혁명의 성공을 위해 필요하다는 것을 통감했다. 그리고 스스로 살롱을 개최하기에 이르렀다.

마담 롤랑의 개인적 매력에 더해 탁월한 지성과 교양, 재치, 절묘한 접대 방식으로 시작한 살롱은 금세 인기를 끌었다. 살롱에서 주 4회 모임을 개최했는데 지롱드파의 거물 제롬 페티옹Jérôme Petion de

Villeneuve을 비롯해 혁명 수행에 큰 역할을 했던 피에르 베르니오Pierre Victurnien Vergniaud, 자크 피에르 브리소Jacques Pierre Brissot 등 초일류급 간부들이 다수 집결했다. 혁명을 위한 거점일 뿐 아니라 라이벌 자코뱅파의 막시밀리안 로베스피에르Maximilien de Robespierre, 조르주 당통 Georges Jacques Danton까지 얼굴을 내밀 정도로 거물 정치인들이 모여 정치 정보를 교환하는 장이 되었다. 마담 롤랑은 훗날 공포 정치의 중심인물이 될 로베스피에르의 정치력을 간파한 뒤 회유를 시도하기도 했으나 실패했고, 그 뒤로는 소원해졌다고 한다. 리옹의 기술관료 수장으로 꼽히던 남편이 당시 진행되던 혁명과 때를 같이해 파리에 거주하게 되면서 마담 롤랑의 운명이 크게 바뀐 셈이다.

1792년 3월 사태가 급변했다. 지롱드파가 다수를 점하는 내각이 성립되어 브리소가 지지한 마담 롤랑의 남편이 내무장관에 취임했다. 마담은 내무성 내에 자신의 책상을 확보하고 지휘하기 시작했으며, 남편의 연설 대부분이 마담의 손을 거쳤다.

마담 롤랑은 왜 국정에 관여하면서 정부 문건을 직접 작성했을까? 글을 잘 쓰는 마담은 이미 결혼 직후부터 남편의 원고와 연설을 대필해 왔다. 문학적 소양도 뛰어났기 때문에 남편의 출판용 원고나 백과전서파 기고 원고를 퇴고하는 과정에서 문장을 수정하고 덧붙이며 교정과 정서를 담당했다. 적극성과 결단력이 부족했던 남편은 이를 용인해 왔다.

남편이 내무장관에 취임한 후에는 파리 시내 호텔에서 열던 살롱도 공관으로 옮겨 왔다. 살롱은 지롱드파의 거점이자 마담의 탁월한 정치력을 발휘하는 장이 됐다. 라이벌이자 급진적인 자코뱅파의 일원으로 법무장관에 취임한 당통은 이를 못마땅하게 여겼다. "부인이 내무장관을 조종하고 있다"는 공공연한 비밀을 폭로했다. 마담이 음지의 내무장관으로 군림하고 있다는 놀라운 사실은 언론에도 보도되었고 프랑스 전역에 알려졌다. 남편의 인기는 급격히 하락했다. 동시에 왕비 마리 앙투아네트를 능가하는 마담의 권력이 "지롱드파의 여왕" 혹은 "흑막"에 비유되기에 이르렀다.

1791년 국왕 일가의 해외 도피 시도(바렌 사건)가 실패한 후 루이 16세는 처형되었다. 이후 우유부단하고 미적지근한 지롱드파의 혁명 방식에 대한 민중의 불만이 거세지면서 지롱드파는 몰락했다. 라이벌 로베스피에르가 속한 자코뱅파가 권한을 장악하고 반대파를 단두대로 밀어 넣는 공포정치가 시작됐다. 지롱드파의 배후로 지목된 마담도 체포 5개월 후 단두대의 이슬로 사라지게 되었으며 비극의 여성으로 기록되었다.

유럽 제일의 명문 합스부르크 가문 출신의 왕비 마리 앙투아네트 등 수많은 여성들이 프랑스 혁명 과정에 등장한다. 〈프랑스 혁명과 여성〉이라는 제목으로 다수의 책이 출판되기도 했다. 여걸 마담 롤랑은 그 중 다섯 손가락 안에 드는 인물이다.

두 편의 논문

타벨은 왜 마담 롤랑에게 흥미를 느꼈을까? 이 질문에 대한 답은 프랑스로 건너오기 2년 전의 일화에서 찾을 수 있다. 잡지 샤토칸 편집부에서 근무하던 시절의 이야기다. 이 잡지에 게재하기 위해 프랑스 혁명 당시 활약했던 두 여인의 기사를 쓰고 있었다.

그 중 하나가 1889년 7월호에 실린 기사 "마담 스탈Madame de Stael"이고, 그 다음이 1891년 3월호의 마담 롤랑에 관한 기사 "지롱드파의 여왕The Queen of the Gironde"이다. 기사 제목이 약간은 자극적이다. 테네시 대학 출판사에서 1994년 출판된 〈머크레이커 그 이상: 저널리즘과 아이다 타벨의 인생〉을 보면, "마담 스탈"은 9~17쪽, "지롱드파의 여왕"은 18~27쪽에 각각 수록되어 있다.

타벨은 여성권리확대운동에 열성적이던 어머니의 영향을 받고 자랐다. 대학에서는 여성만으로 구성된 문예부에서 활동하면서 "여자는 남자를 위해서가 아니라 창조신을 위해 교육하고 교육받아야 한다"는 독자적인 여성 교육론을 교내 잡지에 기고하기도 했다. 또한 결혼에 대해 "환멸을 느낄 정도로 나를 속박하고 나의 꿈을 닫아 버릴 것"이라는 지론을 갖고 있었다.

마담 스탈의 본명은 안느 루이즈 제르메누 드 스탈Anne Louise Germaine de Stael이며, 혁명 후 제1제정을 구축한 나폴레옹에게 호의를 베풀었지만 그 정도가 지나쳐 대립하게 되었고 급기야 추방당한 비평가로 알려져 있다. 다정다감한 여성을 묘사한 소설 〈코린느

Corinne〉(1805), 〈델핀*Delphine*〉(1802) 등 프랑스 낭만파를 개척한 소설가로 지명도가 더 높을지 모른다.

마담 스탈도 프랑스혁명에 관여했는데, 왕비 마리 앙투아네트의 구명을 탄원하는 논문을 발표하고 온건한 공화제를 채택해야 한다고 주장했다. 가나가와대학의 사토 나쓰오佐藤夏生 명예교수의 저서 〈마담 스탈〉을 보면, "전쟁이 거듭되던 시대에 해외로 시선을 돌려 인근 여러 나라의 다양한 문화를 '발견'한 사람이 바로 마담 스탈이다. 지금 생각해 보면 마담 스탈이야말로 유럽 통합을 향한 첫 걸음을 내디딘 사람"이라고 높이 평가했다.

파란만장한 인생을 보낸 마담 스탈이 마담 롤랑과 다른 점은 '기회를 판단하는 민첩함'일 것이다. 신변에 위험이 닥쳐오고 있음을 감지하자 간발의 차로 스위스로 도피하였고 나폴레옹의 박해를 피해 영국 등지에서 은둔생활을 했다. 살아 있어야만 무엇이든 할 수 있다. 마담 롤랑이 자신의 운명에 몸을 맡기고 단두대에서 산화한 것과 달리, 마담 스탈은 공포정치의 혼돈 속에서 실낱같은 희망을 붙들고 후일을 기약하는 절묘한 시대감각의 소유자였다고 볼 수 있다.

두 사람의 성장 배경에도 큰 차이가 있다. 아버지가 금세공사였던 마담 롤랑은 어릴 때부터 비교적 부유 했지만 평범한 시민계급 출신이었다. 반면, 마담 스탈의 아버지는 프랑스의 재정난 해결을 위해 루이 16세가 삼고초려 끝에 재무총감으로 영입한 스위스인 은행가 자크 네케르다. 미모를 겸비한 지성파 어머니는 사회운동가이기도 해서 부모님 모두 지명도가 높았다. 어려서부터 부모님 손에 이끌려 철학자와 문학가들이 모이는 고급 살롱을 드나들면서 지적인 상류사회를 경험한 마담 스탈은 두뇌 회전이 빨라서 살롱을 드나드는 이들의 주목을 받기도 했다. 마담 스탈의 논문은 문단에서도 높은 평가를 받으며 주목 받았고, 파리에 거주하던 스웨덴 대사 스탈 홀슈타인 남작과 결혼하여 사교계에서도 종횡무진 활약했다.

마담 스탈 역시 살롱을 열었다. 프랑스 외교관 샤를 탈레랑과도 특별히 친밀한 교류가 있었던 것 같다. 나폴레옹을 추대했고 실각 후에는 빈 회의에서 프랑스 국익을 지키기 위해 수완을 발휘했던 탈레랑을 정계에 입문시킨 것도 마담 스탈이라는 설이 있다.

하지만 마담 스탈을 다룬 타벨의 논문을 읽어 봐도 타벨이 왜 그녀에게 흥미를 느꼈는지는 분명치 않다. 마담의 일생이 단지 연대순으로 기록되어 있을 뿐, 주장도 없고 독자적인 분석도 없으며, 흥미를 끌만한 부분이 없다. 굳이 말하자면, 여성 참정권도 없었고 사회참여의 길도 막혀 있던 18세기말 프랑스에서 지성과 교양을 무기로 남성 못지않은 존재감과 영향력을 발휘했고, 나폴레옹을 상대로 호각지세의 승부를 펼치며 유럽 전역에서 활약했다는 점을 들 수 있을 것 같다. 직장을 구하느라 애를 먹고 있던 타벨에게 마담 스탈의 활약상은 마치 꿈만 같았을 것이다.

반면, 마담 롤랑은 타벨에게 파괴적일 만큼의 영향력을 미쳤음에 틀림없다. 같은 잡지에 게재된 논문을 보면 그 영향력을 생생하게 느낄 수 있다. 타벨이 프랑스 유학시절에 집필을 시작하여 1896년 단행본으로도 출판된 328쪽 분량의 〈마담 롤랑 전기Madame Roland: a biographical study〉는 마담 스탈에 대한 타벨의 글과도 현격하게 차이가 난다.

타벨은 "마농(마담 롤랑의 애칭)은 금욕주의자이자 유물론자이며 무신론자"라고 썼다. 탁월한 능력을 겸비하고 있음에도 사회 진출의 길이 막혀 있던 18세기 말, 결혼 후 프랑스 혁명 과정에서 드디어 자신이 설 자리를 찾아 적극적으로 관여하면서 뛰어난 지혜와 탁월한 정치력을 무기로 크게 활약했지만, 정적과의 경쟁에서 패배하여 희생당한 마담 롤랑에게 자기 자신을 투영한 것처럼도 보인다.

마담 롤랑이 중앙정계에 우뚝 선 계기는 마담 스탈과 마찬가지로 살롱을 연 것이었다. 외진 시골에서 파리로 생활 거점을 옮긴 것도 큰 요인으로 작용했다. 프랑스 혁명을 계기로 친구를 통해 브리소에게 편지를 열심히 보내 교류가 시작된 것도 틀림없는 사실이다. 부인의 적극적인 행동력이 만들어낸 성과이리라. 역사에 '만일'은 없지만 브리소에게 보낸 편지 내용이 치졸했다면 교류는 시작될 수 없었을 것이고 시골생활은 계속됐을 것이다. 그랬다면 마담의 삶은 좀 더 연장됐을 지도 모른다. 지성과 교양을 겸비한데다가 위트가 풍부하고 일단 사람의 마음을 붙잡으면 놓치지 않는 절묘하고 인간적인 매력이 혁명가들을 살롱으로 끌어당기는 강력한 자기장으로 작동했을 것이다. 유년 시절부터 그리스, 로마의 난해한 고전을 탐독하며 아테네의 민주주의나 로마 공화제에 조예가 깊었던 마담 롤랑은 아테네에서 번성했던 살롱의 중요성을 통감하고 스스로 이를 실천하기 위해 자택을 살롱으로 개방한 것이다.

표면적으로는 남편이 살롱을 개최하는 방식을 취하고 있었지만 실질적으로 주재한 것은 마담 롤랑이었다. 살롱은 지롱드파 간부를 중심으로 혁명가들이 모여 정치를 토론하고 정세 정보를 교환하는 장이 되었다. 왕정이나 공화제의 방향성 등 프랑스의 미래를 함께 의논하고 활발하게 토론했다. 그 중심에 마담 롤랑의 사유思惟가 있었다. 간부들의 다양한 의견을 조율하는 것도 마담의 역할이었다.

1892년 남편이 내무장관에 취임하면서 마담이 일체의 실무를 도맡았다. 결과적으로 국왕 처형으로 이어진 국왕의 내무장관 파면 처분, 그 계기가 된 내무장관의 편지도 실은 부인이 대필했다. 편지는 국왕에게 '혁명을 지지하는 입장'인지 아니면 '혁명을 반대하는 입장'인지를 따지는 내용이었고, 내무장관을 파면하는 국왕의 결단은 곧 혁명의 부정을 의미했다. 분노한 시민들이 들고 일어나 루이 16세는 유폐되었고 이듬해 1월 처형되었다. 왕정 종식의 계기를 마련한 마담의 위상은 더욱 높아졌고 실질적인 여왕이라는 것은 공공연한 비밀이 되었다. 바로 이때가 마담의 절정기였다.

하지만 절정기는 오래 가지 못했다. 국왕 처형 즈음해 지롱드파가 우유부단한 태도를 취했던 것이 치명타였다. 자코뱅파가 급속하게 힘을 키웠고 지롱드파는 몰락했다. 공포 정치가 시작되었다. 마담은 체포되었고 5개월 후 단두대에 서게 된다.

선거권도 없고 사회진출의 길도 막혀 있던 바로 그 시대에 지성과 교양을 능숙하게 활용하면서 적극적으로 움직여 한 때는 국정을 좌지우지 했던 여성이 타벨에게는 더할 나위 없이 훌륭하게 보였을 것이다. 또한 자신의 소신과 신념을 위해 목숨을 바쳐 단두대에 선 것 역시 고귀하게 여겨졌을 것이다. 혁명 광장에 놓인 단두대로 향하는 마차 안에서 "오! 자유여, 그대의 이름으로 얼마나 많은 죄를 범할 것인가!"라고 외친 마담의 말은 지금도 가슴을 울린다. 이채롭고 특출한 재능이 남성사회의 반감을 사게 되었고, 결국 공포정치로 인해 목숨을 잃고만 마담의 비극적 최후에 공감했음에 틀림없다.

하지만 애인이 있던 마담에게 죽음은 결코 헛된 최후는 아니었으리라는 것이 타벨의 해석이다. 5개월 동안의 옥중 생활은 현모양처로서 남편을 섬기고 봉사하던 일상으로부터의 해방이었고, 단두대에서 맞이한 죽음은 반드시 소신과 신념에 충실했기 때문을 의미하는 것만은 아니라는 해석이었다. 처형날은 "마담 롤랑과 애인의 결혼식"일 수도 있다는 것이다.

파리에서의 나날들

프랑스국립도서관

해외생활은 꽤나 힘들다. 언어가 유창하다면 그나마 큰 문제가 아닐 수 있지만, 그렇지 않은 경우에는 하루하루가 스트레스의 연속이다. 생활습관이 달라 의도치 않은 오해가 발생하기도 한다. 타벨의 경우 처음에는 대학 수업 내용도 거의 이해하지 못했던 모양이다.

프랑스어는 고등학교와 대학에서 공부했고 잡지 샤토칸에 게재하기 위해 프랑스어 기사를 번역한 정도였다. 프랑스로 건너오기 직전 프랑스계 미국인을 찾아가 말하기 연습은 좀 했지만 듣기 능력이 부족하다는 것을 절감했다. 영어를 배우고 싶어 하는 프랑스인들을 모아놓고 영어를 가르치는 대신 프랑스어 듣기를 연습하기도 했다.

거주할 곳이 확정된 후 타벨은 곧바로 마담 롤랑에 관한 정보 수집에 들어갔다. 평민 출신임에도 불구하고 혁명의 중심인물로 부상하여 흑막 혹은 여왕이라는 놀라운 별칭이 생겼을 뿐 아니라, 비극적 최후를 맞이했던 만큼 화제성은 초대형급이었다. 체포 후 죽기 직전까지 감옥에서 지낸 5개월 동안 회고록을 집필했다고 하니 관련 서적이나 자료가 방대하다는 것은 이미 알고 있었다. 네 권의 두툼한 서한집도 출간되었고 남편이 내무장관이었던 시절의 공문서도 남아 있었다. 프랑스국립도서관에서 찾아 봐야 할 마담 롤랑에 관한 정보 목록은 프랑스 도착 전에 이미 완성한 상태였다.

국립도서관은 아파트에서 걸어갈 수 있었다. 자료는 분명 방대했다. 문헌과 자료들을 훑어보고 모두 노트에 옮겨 적는 아찔한 작업이 시작됐다. 복사기가 있다고 해도 작업이 간단한 일은 아닌데, 필사는 그 이상으로 힘들다. 조수를 고용할 여유도 없었고, 필사는 일과가 되었다. 필사를 모두 마치기 전에 귀국하게 되면 어쩌나 걱정스러웠을 정도였다. 하루 중 대부분을 도서관에서 보내며 자료를 필사하는 고된 작업들이 나중에 스탠더드오일을 고발하는 기사를 완성하기 위한 좋은 훈련이 되었음에 틀림없다.

정확한 기사를 쓰기 위해 공개된 정보를 모두 수집한 뒤, 수집한 정보와 자료들을 토대로 취재를 거듭하며 일급정보를 추가로 계속 찾아냈다. 인터넷, PC, 휴대전화, 복사기 등 문명의 이기가 전혀 없던 시대에 이처럼 치밀한 작업을 축적한 것이야 말로 이후의 수많은 업적을 만들어낸 원동력이었다.

19세기 중후반 영국에서 망명 생활을 한 칼 마르크스Karl Marx는 사망할 때까지 약 30년 동안 대부분의 시간을 대영도서관에서 지냈다. 경제를 연구하고 방대한 자료를 수집한 결과, 탄생한 것이 중국과 구소련 등 공산주의 국가 창출의 원동력이었던 웅장한 〈자본론Das Kapital〉이었다.

논문 집필의 경우에도 선행연구와 사실관계를 얼마나 신속하게 수집할 것인지가 관건이다. 전문가들의 다양한 의견도 충분히 수렴해야 한다. 세계 최대의 장서를 자랑하는 프랑스국립도서관을 이용하는 것은 가장 빠른 지름길이었음에 틀림없다.

참고로 현재 프랑스국립도서관과 대영도서관은 약 1,400만 권의 장서를 각각 보유하고 있다. 이것을 웃도는 것은 미 의회도서관 정도다. 탐사보도의 질을 높이려면 자신의 발로 직접 뛰어 다니며 방대한 양의 자료를 수집하고 동시에 관련 분야의 전문가와 이해관계자들을 폭넓게 만나 정보를 수집하는 작업을 병행하는 것이 기본이다.

매일 도서관에 가는 것은 의외로 즐거웠나 보다. 당시 국립도서관 (현재는 舊분관)은 프랑스 관가의 재무성이 입주해 있는 루브르 궁전 북쪽 팔레로얄 옆이었는데, 집에서 직선거리로 약 1킬로미터 떨어져 있었다. 집에서 센강을 향해 17세기에 완성된 퐁네프다리를 건너면 강 너머로 루브르미술관이 있는 루브르궁으로 이어졌고, 팔레로얄을 오른쪽에 두고 북쪽으로 걷다 보면 빠른 걸음으로 약 20~30분이면 충분했다.

타벨은 파리의 관가를 가로질러 걷는 이 길을 무척 좋아했다. 마담 롤랑의 발자취가 그대로 남아 있었기 때문일 것이다. 아버지의 일터와 마담이 태어난 집, 세례를 받았던 교회, 어린 시절부터 익숙했던 센강과 강변, 내무장관 시절의 공관, 체포되어 이송된 감옥, 단두대에 오르기까지 일주일 동안 머물렀던 감옥, 단두대로 옮겨져 처형되기 직전 마담이 마차의 창을 통해 보았을 마지막 광경까지를 모두 직접 볼 수 있었다. 마담의 유물이 고스란히 남아 있는 파리는 짜릿한 흥분을 불러일으키는 "성지"이기도 했다. 당시 타벨은 이 말을 입에 달고 다녔다.

"이런 행운아, 나는 마담이 걸었던 바로 그 길을 걷고 있다."

프리랜서

하루살이 프리랜서들에게 생활비 마련은 사활이 걸린 문제다. 미국의 신문과 잡지에 기고하기 위한 자료 수집은 타벨에게 매우 중요한 숙제였다. 프랑스 특히 파리 이야기는 그것이 무엇이든 신기하다고 여겨졌기 때문에 온갖 종류의 기사를 써서 모두 송고했다. 프랑스인은 무엇을 먹고 마시는가? 어디에서 구할 수 있는가? 가격은 어느 정도인가? 어떤 흥밋거리가 있는가? 거지가 있는가?

그래서 타벨은 다양한 사람들과 이야기하고 친해지려고 노력했다. 처음엔 냉랭했던 상가 아주머니들도 가난한 유학생의 사정을 알고 난 뒤에는 마음을 열고 이런저런 이야기를 해 주었다. 이 모든 것은 기사를 쓰는데 큰 도움이자 중요한 자료가 되었을 뿐 아니라, 프랑스어 향상에도 도움이 되었다.

기고 계약을 체결한 곳은 보스턴 글로브와 시카고 트리뷴이었다. 원고료는 기사 한 편에 5달러, 일러스트가 들어가면 6달러였는데, 타벨에게는 너무 싸게 느껴졌다. 입금은 믿을 수 없을 만큼 늦어지기 일쑤였다. 기사를 보낸다고 한들 게재된다는 보장도 없었으며, 처음에는 거래가 제대로 되지 않아 불만도 쌓여갔다.

캐서린 브레디가 저술한 〈아이다 타벨〉에 따르면, 파리 도착 직후 타벨이 쓴 기사는 "파리의 안전"이라는 제목의 조금은 실없어 보이는 기사였는데, 시카고 유니온 시그널에 게재되었다. 그 기사는 "침착해 보이는 모습의 여성 한 명이 레스토랑에 들어왔다. 식사를 하기 위해서인가 보다. 하지만 혼자서 식사하고 있는 사람은 지금 막 레스토랑에 들어온 그 여성만이 아니다."라는 내용으로 시작된다. 지금이야 여성 혼자 식사하는 모습을 흔히 볼 수 있지만 당시 미국에서는 상상도 할 수 없는 일이었다. 타벨은 여기에 주목했다.

커피숍에서의 풍경을 담은 짧은 기사도 있다. 한 여성이 화장용 콤팩트를 갑자기 꺼내 작은 거울로 화장 상태를 확인하기 시작했다. 주위에 많은 사람이 있는데도 말이다. 이번에는 함께 온 옆 자리의 남성 어깨에 스스럼없이 기대었다. 당시 미국이었다면 가슴이 철렁 내려앉을 만한 광경이다.

파리 도착 한 달 후에는 다른 이야기를 보내서 피츠버그 디스패치에 게재되었다. 반독일주의가 팽배해 있던 탓에 바그너의 유명한 오페라가 경찰의 경호 아래 상연되고 있다는 기사다. 이 기사에는 "보불전쟁이 끝난 지 25년이나 지났는데……"라는 타벨의 코멘트가 붙어 있다.

첫 원고료는 신시내티 타임즈 스타에서 받은 6달러였으며, 3개월 후에 받을 수 있었다. "이렇게 적은 원고료를 위해 열심히 일할 필요 없다."고 다짐한 순간, 예상치 못했던 금액의 수표가 줄을 이어 도착했다. 세계적으로 유명하고 권위도 있는 미국 스크래버에 "프랑스

너무 좋아^{France Adore}"라는 제목의 기사를 일방적으로 보냈는데, 100
달러를 보내 왔다. 당시 아파트 월세였던 약 15달러의 7배에 가까운
금액이다. 깜짝 놀랐다. 타벨은 기사 평판이 좋지 않아 생활이 어려워
질 경우를 가정해 유학 기간을 1년 정도로 계획하고 있었지만, 송고
한 기사가 최고의 평판을 받자 자신감이 생겼다. 프랑스 체류 기간을
2년 연장했고 최종적으로는 3년을 머물렀다.

　인근의 소르본대학에서는 프랑스 정치경제학, 프랑스 혁명, 16세
기 프랑스 문학 등의 수업에 출석해서 이런저런 질문을 쏟아내기도
했는데, 마담 롤랑의 전기를 집필할 때 역사적 배경이나 정치·경제적
맥락을 분석하고 해석하는 데에 큰 도움이 되었다.

이집트 왕자

3년 동안의 파리 생활에는 우여곡절이 많았다. 아파트 이웃인 이집트
왕자와 예비 관료들과의 교제도 시작되었다. 집주인 보네 부인은 정
부 파견으로 법률, 의학, 외교를 공부하는 학생들에게 방을 빌려줬다.
파리 서쪽 생시르_{Saint-Cyr}의 육군사관학교에서 공부하는 왕자도 주말
에는 이 집에 머물렀다. 부인의 주선으로 타벨과 동료 세 명은 왕자,
정부 파견 학생들과 함께 주 1회 저녁 식사를 할 수 있었다. 저녁식사
가 끝나면 게임과 춤, 마술을 하면서 밤늦게까지 이런저런 환담을
나누곤 했다. 왕자의 영어는 완벽했고 학생들은 모두 우수해서 3~4개
언어를 구사할 수 있었다. 그들은 미국인들의 일상에 흥미를 보였다.

특히 여성들의 생활방식이나 결혼 전후 남성과의 교제에 관해서도 궁금해 했다. 정치문제에 관해서는 입에 거품을 물 정도의 열띤 토론이 이어졌다. 타벨은 품위 있고 상냥하며 성실한 왕자의 팬이 됐다.

사람마다 다르겠지만, 필자의 경험으로는 해외에서 같은 나라 사람을 만나면 믿기 어려울 만큼 깊은 친교 관계로 이어지곤 한다. 존 홉킨스대학의 존 빈센트 박사, 프랑스 혁명과 문화 전문가이자 나중에 컬럼비아대학과 미국 명문 여대인 스미스 칼리지에서 교편을 잡게 될 찰스 한센, 매사추세츠 공과대학MIT 프레드 파커 에머리 교수 등 미국 유학생들이나 교수들과도 곧 친해졌다. 보네 부인을 포함해 매주 카르티에 라탱에 있는 레스토랑에서 저녁식사를 함께 했는데, 가난한 유학생으로 레스토랑 출입이 쉽지 않았던 이들에게 저녁 식사 모임은 일종의 모험이기도 했다.

"주말마다 어디론가 가겠다."고 선언한 첫 해에는 대중교통을 이용해 명소와 유적지를 방문했다. 센강에서 뱃놀이를 즐기기도 했고, 베르사이유 궁전이나 퐁텐블로 등 교외에 있는 거리와 성을 방문했다. 날씨가 안 좋을 때는 박물관이나 교회를 선택했다. 타벨을 제외한 세 명은 첫 해 귀국하기 전 마지막 여행지로 몽생미셸을 택했다. 동료들이 모두 귀국하자 타벨은 가족들이 몹시 그리워지며 향수병이 심해졌다. 편지만이 유일한 기쁨이었다.

두 번째 해에 보네 부인이 이사하면서 타벨도 부인과 함께 갔는데, 류산부르 궁전 근처라 국립도서관과는 약간 멀어졌다. 신기한 경험을 하기도 했다. 파리에서 두 번째 해에 접어들기 두 달 전 어느 날, 갑자기 형언할 수 없는 공포심에 사로잡힌 것이다. 집필도 제대로 되지 않았고 외출을 해도 답답한 마음이 좀처럼 가시지 않았다. 오후 늦게 집에 돌아와 보니 석간이 도착해 있었다. 미국 타이터스빌에서 홍수와 화재가 발생하여 철도역사와 주물공장을 제외한 모든 건물이 거의 괴멸할 정도의 큰 피해를 입었다는 미국발 기사가 실려 있었다. 가족들 모두 사망한 것은 아닌지, 타벨은 눈앞이 깜깜해졌다. 뜬 눈으로 밤을 지새우고 나니, 아침 일찍 가족들이 보낸 전보를 들고 보네 부인이 방으로 찾아 왔다. 전보에는 "무사하다safe"고만 적혀 있었다. 일종의 텔레파시 체험이었다.

맥클루어의 급습

생활비를 벌기 위해 기사에 흥미를 보일 것 같은 곳에는 무작정 기사를 써서 보냈다. 뉴욕의 맥클루어스 매거진에도 기사를 보냈다. 제목은 "파리의 결혼식 날" 이었다. 처음에는 그다지 관심을 보이지 않았던 편집부도 타벨의 필력을 인정했고 오너인 사무엘 시드니 맥클루어가 멀리 뉴욕에서 직접 찾아왔다. 텔레파시 체험을 한 지 얼마 지나지 않아서다. 타벨이 거주하던 아파트는 골목 뒤편에 있었고 방은 4층이라 찾기 어려운 곳이었음에도 직접 찾아 온 것이다. 이 만남이 타벨의 인생을 결정적으로 바꾸어 놓았다.

노크 소리가 들려 문을 열자 왜소한 몸에 헝클어진 머리를 한 남자

가 서 있었다. 첫 마디가 "10분만 시간을 내줄 수 있나? 오늘 밤
스위스로 떠나야 해서……"였다. 그리고는 먼저 자기소개를 시작했
다. 가난한 가정에서 자라 뜻을 세워 대학진학을 결심하고, 고군분투
끝에 대학을 졸업하기까지의 성장과정 그리고 아내와의 로맨스 등을
일방적으로 떠들었다. 동시에, 타벨이 기고한 기사와 취재 테크닉을
칭찬했다. 타벨은 솔직하고 열정적이며 자신만만한 말투와 불타는
듯 묘하게 날카롭고 푸른 눈에 왠지 끌렸다. 자신의 신상에 대한
이야기 그리고 장래의 꿈 등을 설파하다 보니, 두 사람의 대화는 10분
은 커녕 두 시간을 훌쩍 넘기고 있었다.

맥클루어는 자신의 출판사업에 관한 이야기를 꺼내면서 파리를
떠나 편집부에 즉시 참여해 줄 것을 제안했다. 타벨은 "하고 있는
일이 있다."며 즉답을 하지 않고 결정을 뒤로 미루었다. 다만 파리로
부터의 기고는 흔쾌히 승락했다.

이야기를 마치고 돌아가려던 맥클루어는 타벨에게 40달러를 빌려
달라고 했다. 마침 여름 여행을 위해 거금을 갖고 있던 타벨은 돈을
빌려 주었다. "돌려받지 못할 것"으로 생각했던 것과 달리, 다음날
40달러짜리 수표가 도착했다.

얼마 지나지 않아 맥클루어에게서 주문이 들어왔다. 당시 인기있
는 프랑스 여류 작가를 소개하는 연재 기사, 광견병 백신과 우유 등의
저온살균법을 개발한 과학자 루이 파스퇴르 인터뷰 기사 등을 보내라
는 내용이었다. 대학시절 과학자가 될 꿈을 갖고 있던 타벨에게는

세계적으로 유명한 과학자를 취재한다는 명분도 있었다. 파스퇴르 인터뷰 기사는 1893년 맥클루어스 매거진 9월호를 장식했다. 알폰스 도테Alphonse Daudet, 드레퓌스 사건으로 유명한 에밀 졸라Emile Zola, 소설 〈삼총사〉의 알렉상드르 뒤마Alexandre Dumas 등 유명 지식인들과 소설가들을 만나 직접 인터뷰할 수도 있었다. 타벨은 이렇게 전천후 저널리스트로 착실히 성장해 갔다.

집필활동이 늘 순조롭지만은 않았다. 1893년 미국 경기는 최악이 었고 기업도산이 잇따랐다. 출판사 경영도 어려워져 송금이 제대로 되지 않는 경우가 빈번했다. 내키지는 않았지만 비교적 경영이 양호 해 보이는 잡지 샤토칸 편집장에게 기고 문제를 타진해 보니 흔쾌히 승낙해 줬다. 그리고 "파리의 살롱"이라는 제목의 기사를 보내서 원 고료 100달러를 받아 냈다.

월세를 내지 못할 때도 있었다. 보네 부인에게 미안한 마음이 들어 모피 코트를 전당포에 맡겼다. 신원 보증인이 필요했기 때문에 전당 포 주인은 좀처럼 고개를 끄덕이지 않았다. 라틴어로 쓰인 미국 알레 게니 대학 졸업장을 보여 주고 나서야 급한 돈을 마련할 수 있었다.

중심부로 가다

후손과의 만남

사유재산을 부정하고 공유재산 기반의 사회 건설을 지향하는 공산주의, 이를 체계화한 마르크스가 대영박물관에 틀어박혀 이론을 발전시켰다면, 타벨은 프랑스국립도서관에 소장되어 있는 문헌과 자료, 정보를 뒤지며 기초 데이터를 수집했다. 그리고 훗날 탐사보도의 기수라는 이름을 얻게 된 저널리스트답게 100년 전에 살았던 마담 롤랑의 새로운 정보를 찾기 위해 파리 시내를 적극적으로 뛰어 다녔다.

세상에는 운이 좋은 사람과 그렇지 않은 사람이 있다. 본인의 노력도 있었겠지만, 록펠러와의 대결이나 링컨의 전기 집필 과정을 보면 타벨이 드물게 운 좋은 저널리스트라는 생각을 지울 수가 없다. 믿기 어렵겠지만, 마담 롤랑에 관한 정보를 수집할 때는 그 후손을 직접 만나기도 했다.

맥클루어의 요청으로 저명한 프랑스 여성 작가에 대한 기사를 연재하기 시작했을 때다. 영국인 시인이자 조로아스터교의 경전 번역자이기도 한 A. 메어리 F. 로빈슨이 마담 롤랑의 후손을 소개해 주었다. 메어리의 남편은 저명한 학자 제임스 더메스테이터. 타벨이 마담 롤랑에 관심이 있다는 사실을 알고는 "내가 소개장을 써 줄 테니 그 후손인 학자 레옹 마릴리에르를 만나보라."고 권유했다. 레옹이 마담 롤랑의 미공개 편지 등 자료를 소장하고 있다는 것이다. 레옹이야말로 타벨이 찾고 있던 바로 그런 인물이었다. 아직 세상에 공개되지 않은 자료를 손에 넣기만 하면 지금까지 알려지지 않았던 마담의 새로운 모습을 세상에 알릴 수 있을 지도 모른다. 잘만 되면 마담에 대한 세간의 평가를 확 바꿀 수 있는 획기적인 전기를 쓸 수 있을지도 모른다.

제임스는 레옹 가족과의 저녁 식사 자리를 마련해 달라는 소개장을 써주었다. 이를 계기로 타벨은 레옹과 그의 친어머니 등 후손들이 모이는 롤랑가 출입을 허락받게 된다. 미공개 정보를 손에 넣을 수 있는 가능성이 생긴 셈이다. 마담 롤랑의 전기를 집필하는 데에 강력한 추진제가 됐음은 물론이다.

얼마나 운이 좋은가! 저널리스트가 세상을 뒤흔들 만큼의 특종을 잡으려면 일급 정보원이 필요하다. 그 정보원을 찾아낼 수 있는 지 여부가 성패를 결정하기도 한다. 작가도 마찬가지다. 끈질기고 착실하게 취재를 거듭하는 것이 최선이다. 그다지 중요하게 여기지 않았던 연결고리가 중요한 실마리가 되어 정보원의 범위가 넓어진다. 피나는 노력을 한 인물에게 운명의 여신은 미소 짓는다고 한다. 미국의 발명왕 토머스 에디슨은 천재는 1%의 영감과 99%의 땀으로 이루어진다고도 말했다. 땀은 노력의 징표다. 프랑스 유학에서 큰 성과를 거둘 수 있을 것 같은 분위기가 만들어지고 있었다.

살롱

"새로운 사회와 지성의 세계로 들어가는 문이기도 했다." 마담 롤랑의 후손이 주재하는 만찬에 참석한 타벨은 그때를 이렇게 회상했다. 식사가 끝나자 증손자의 아들뻘 되는 레옹 마릴리에르는 단두대 위로 흩어진 마담의 친필 편지를 보여주었다. 마담의 증손녀인 어머니 마릴리에르 부인도 소개받았다. 이후 타벨은 이 모임에 자주 참석하게 되었다.

모임에 참석하는 사람들의 면면이나 규모, 정치성이 없다는 점들은 상당히 달랐지만, 이 모임이야말로 100여 년 전 마담 롤랑이 정보 교환을 위해 지롱드파의 간부들을 모아 은밀히 열었던 모임, 이른바 살롱이나 다름 없었다. 유학생 같은 외부인들은 좀처럼 접하기 어려운, 그야말로 비공식적인 집안 모임이었다. 타벨은 이때의 경험담을 잡지 샤토칸에 기고하기도 했다.

마담 롤랑은 자신의 아이디어로 자택에서 살롱을 열었다. 이곳을 본거지로 지롱드파는 정치력을 키웠고 정권을 장악한 후에는 내무부 장관에 취임한 남편의 후광으로 한때 루이 16세의 왕비 마리 앙투아네트를 능가하는 영향력을 발휘했다. 마담 롤랑이 지롱드파를 뒤에서 조종하는 흑막이자 여왕으로 일컬어진 이유다.

그로부터 100여년 후, 레옹의 어머니 마릴리에르 부인이 주재하는 살롱은 프랑스 지성들의 모임이기도 했다. 단골 참석자 중에는 프랑스 지식인이자 사회주의계 정치인의 브레인이며 몇 년 뒤 발생하게 될 반유대주의 뒤레프스 사건에서 대위를 지원한 뤼시앙 에르, 영국 더 타임스 외신부장이 된 영국인도 있었다. 살롱의 리더는 피아노 연주가이자 신랄한 언변으로 유명한 소르본대학의 교수였다. 교수는 마릴리에르 부인의 애인이기도 했다. 모임은 매주 수요일 부인의 집에서 열렸다.

타벨은 단골 참석자가 되었는데, '미스 타벨Miss, Tarbell' 또는 '마드모아젤 타벨Mademoiselle Tarbell'이 아니라, "마드모아젤 미스Mademoiselle Mees"[6]라는 애칭으로 불렸다. 프랑스인 엘리트도 좀처럼 들어가기 어려운, 프랑스 지성들만이 참석할 수 있는 고급 살롱의 회원과 타벨이 친해진 것을 보고 질투가 소용돌이치고 있었던 것도 확실해 보인다.

불만스러운 것들도 있었다. 프랑스인들의 자기중심주의였다. 살롱의 프랑스인들은 나이나 속해있는 사회와 상관없이 프랑스 이외의 세계에 대해서는 무관심했다. 이런 점을 지적하면 언제나 "왜 다른 세계에 관심을 가져야 하는 거야?"라는 반응이 되돌아왔다. 지식인들조차도 북미와 남미의 차이를 모르고 있었으며, 살롱의 멤버들도 "미국인들이 무기를 휴대하는 것은 지금도 인디언들이 시카고 거리를 걷고 있기 때문"이라는 괴담에 가까운 이야기를 믿고 있었다.

---

6 역자주: '미스 미스Miss Miss' 또는 '마드모아젤 마드모아젤Mademoiselle Mademoiselle'
과 같은 의미다.

마담의 저택

마담 롤랑의 후손과 지인들을 만난 것에 버금가는 성과가 또 있었다. 마담 롤랑이 혁명의 혼돈에 흔들리는 파리로 이사하기 전까지 4년간 살았던 광대한 저택을 방문한 것이다. 타벨은 2주간 저택에 체류하면서 당시 마담의 생활을 피부로 느낄 수 있었는데, 이 체험이 매우 강렬했던 것 같다. 타벨은 자서전에서 "가치 있는 인상", "가장 행복하고 최고로 충실한 삶을 영위하고 있던 마담 롤랑을 만난 것 같은 확신이 들었다.", "20개월의 파리 생활 동안 마담에 관한 소재의 원천이 되는 연구를 완성할 수 있었다."고 표현했다.

1893년 5월 타벨은 리옹에서 북쪽으로 약 50킬로미터 거리에 있는 마릴리에르 부인 소유의 영지 르클로를 방문했다. 마담 롤랑은 이곳에서 4년간 살다가 파리로 이주했다. 파리 이주를 계기로 혁명에 깊이 관여하게 되었고 시대의 물결에 휩쓸려 갔다.

마릴리에르 부인과 타벨은 가장 가까운 기차역 뷔일프랑쉬에 도착하여 마차로 갈아탔다. 언덕을 오르고 계곡을 넘어 밭 사이로 난 길을 한 시간 이상 달려 노란 문 앞에서 마차가 멈췄다. 올려다보니 타일을 붙인 지붕의 붉은 모퉁이에 탑이 서 있는 중세 저택이었다. 창밖으로는 광활한 정원을 넘어 언덕과 산, 계곡이 파노라마처럼 눈에 들어왔다. 동쪽에는 스위스 알프스의 산들이 펼쳐져 있었는데, 저녁이면 눈 덮인 산들의 지평선 사이로 햇빛이 반사되어 반짝이는 몽블랑이 보였다.

롤랑가는 하인을 고용해 과수원과 채소밭, 가축 등을 돌보게 했고, 가을 수확기에는 와인을 제조해 지하에 저장했다. 마담의 회고록에도 등장하는 돌바닥의 부엌은 크고 넓었으며, 거대한 벽난로가 있었고 반짝이는 구리냄비들이 진열되어 있었다. 벽돌로 만든 당구장에는 고풍스러운 테이블이 있었고 벽에는 병사들의 장총과 모자가 걸려 있었다. 가장 밝고 큰 방은 노란 벨벳으로 꾸며져 있었는데, 벽에 가족의 초상화가 걸려 있었다. 방마다 낡고 값진 장서들이 즐비했다. 70여권에 이르는 볼테르의 저작도 있었는데, 거의 대부분 18세기에 출판된 것이었고 그 중 몇 권은 소장하고 있던 사람의 이름도 적혀 있었다. 당시 절대적 인기를 자랑하던 사회계약론의 루소, 백과전서파의 계몽사상가 디드로의 작품들을 포함해서 수백 권의 책들이 있었다. 마담 롤랑이 애독하던 책들이었다. 부부 공동으로 사용하던 서재도 있었는데, 마담이 남편의 자료수집과 정리, 원고 교정 등을 도와주던 곳이었다.

방은 거의 100여 년 전 그대로였다. 타벨은 부인과 함께 방안을 돌아 보면서 혹시 자료가 남아 있지는 않은지 서재의 낡은 책상 서랍을 열어 보기도 했다. 많은 기록과 흥미로운 자료가 남아 있다는 것을 발견할 수 있었다. 두 말할 필요도 없이 이후 집필 과정에 큰 도움이 되었다.

타벨은 마담 롤랑의 침대에서 잠을 잤고 마담이 애용하던 보석과 옷들도 만져볼 수 있었다. 방안을 서성 거리며 마담의 기분을 상상해 보았다. 스스로가 설정했던 궁극의 목적 "여성이 살아가는 방식"을 다시 생각해 볼 수 있는 절호의 기회였다.

지롱드파의 여왕 - 마담 롤랑의 매력

타벨이 집필한 전기를 필두로 마담 롤랑에 초점을 맞추어 출판된 전기는 많다. "자신의 사상을 지키며 죽음에 이른, 용감하고 자랑스러운 여성"으로 칭송받고 있는 프랑스에서라면 당연한 일일 것이다.

연구자들 사이에서는 잘 알려진 사실이지만 마담이 죽기 직전 5개월 동안 감옥에서 쓴 회고록에는 애인에 대한 고백이 담겨 있다. 마담이 죽은 뒤 한동안은 그 애인이 누구인지 알 수 없었다가 1864년에 알려지게 되었다. 파리 중심가의 헌책방에서 마담 롤랑이 애인에게 보낸 편지 다섯 통을 판매하기 시작한 것이다. 그 편지는 어떤 젊은이에게서 구입한 것이었는데, 자살한 뷔조의 시신에서 빼낸 것이 돌고 돌아 젊은이를 거쳐 헌책방에 도착했던 것 같다. 편지를 고가의 가격으로 구입한 것은 프랑스국립도서관이었다.

조사 결과 마담의 부고에 절망하여 지롱드파 거물 페티옹과 함께 자살한 뷔조가 마담의 애인이었음이 밝혀졌다. 마담이 몇 차례 도피할 수 있는 기회가 있었음에도 불구하고 감옥에 머물기를 선택하며 단두대에 서게 된 이유도 알려졌다. 탈옥 후 그다지 사랑하지도 않는 남편과 함께 해야 한다는 것이 마담에게는 견디기 어려울 만큼의 절망이었을 것이다. 결국 천국에서 애인 뷔조와의 사랑을 이루기 위해 단두대에 서겠다고 굳게 결의했던 것이다.

처형 직전 얼굴도 이름도 모르는 여성이 갑자기 면회를 와서 "내가 대역을 해 줄테니 도망가는 게 어떻겠느냐"고 제안했지만, 마담은 이를 단호히 거절한 것으로도 알려졌다. 회고록과 편지를 통해 거절 이유가 한결 분명해졌다. 비극적 운명의 주인공이라는 마담의 이미지에 불륜을 축으로 한 멜로 드라마적 요소가 더해져 더욱 드라마틱해졌다.

타벨은 지롱드파 안에서 마담이 막강한 영향력을 가질 수 있었던 이유도 분석했다. 지롱드파의 구성원들은 쉽게 동요하고 타협했으며, 이상理想을 추구하는 대신 현실에 안주하는 경향이 있었던 반면, 부인은 단호한 결단력, 확고한 목표, 굴하지 않는 강인한 태도를 지녔기 때문이라는 것이다.

마담의 개인적 매력에 대해서도 복수의 남성 친구들의 언급을 인용했다. "유쾌, 쾌활, 뛰어난 지성, 자극적인 표정", "젊고 아름답다.", "눈, 얼굴, 머리카락이 놀라울 만큼 아름답다.", "멋진 목소리", "마음에서 우러나오는 도도함" 등 극찬을 아끼지 않았다. 물론, 그 나이에 비해서는……이라는 조건부였을 것이다. 타벨은 마담의 지성이 목소리나 표정과 잘 어우러져 대화를 능숙하게 이끌어 갔을 것으로 생각했다.

필자가 입수한 마담 롤랑의 전기와 다른 책들을 함께 읽어 보면 꽤 흥미롭다. 마담에 대한 평가가 크게 다르기 때문이다. 러시아 소설가 가리나 세레브랴코바Galina Iosifovna Serebryakova가 저술하고 니시모토 쇼지西本昭治가 번역하여 이와나미 신서에서 출판된 〈프랑스 혁명기의 여성들〉은 마담을 혹독하게 평가한 대표작이다.

이 책에서는 마담의 소녀시절에 대해서 "남을 깔보고 냉소하는 태도", "명예욕이 강한 여자"로 혹평했다. 결혼 후의 마담은 "조심성이 전혀 없었다.", "학계의 재능 있는 여성이라고 으스대는 콧대 높은 사람", "절도, 겸허함, 소박함이 부족하다.", "남을 깔보는 열띤 말투" 등 그야말로 인간성을 의심케 하는 평가들이다. 지롱드파 간부들에 대해서도 마찬가지였다. 예를 들어, 마담의 애인이었던 정치인 프랑수아 뷔조에 대해서 "명예욕에 불타는 야심가", "허풍쟁이"라고 단언하고 있다.

한 시대를 풍미했던 만화 〈베르사이유의 장미〉를 쓰기도 한, 프랑스 혁명에 대해 해박한 전문가 이케다 리요코池田理代子의 〈프랑스 혁명의 여인들〉에서도 마찬가지다. "상승 지향 욕구가 과도하게 강렬한 소녀", "남다른 야심", "명예욕이 강한 여성"과 같이 좋지 않은 표현이 즐비하다. 하지만, 이케다는 "혁명이 인간의 자유와 평등을 드높이 외치고 있었음에도 불구하고 그 속에 여성의 자유와 평등은 포함되지 않았다. 그런 가운데 시대의 흐름을 읽으며 남성의 뒤에서 남성들을 지혜롭게 다루면서 정치에 참여했다."라고 마담의 역량을 높이 평가하기도 했다.

대조적으로 아다치 마사카츠安達正勝의 〈프랑스혁명과 네 명의 여성)에서는 마담에게 매우 호의적이다. "지성과 교양이 뛰어났고 정치가 자질을 타고났으며, 또한 신비로운 매력의 소유자이기도 했다.", "그녀의 매력은 (중략) 존재 전체에서 뿜어져 나오는 분위기에 있었던 것 같다.", "그녀와 다정하게 한 번 이야기해 보면 그 매력에서 빠져 나올 수 없었다."며 마담의 매력을 매우 긍정적으로 언급했다.

아다치는 리옹의 변호사 르몽테의 말을 인용해 "재치, 양식, 표현의 적확함, 의표를 찌르는 논리, 부드러운 표현의 묘미"라며 마담의 매력을 소개하기도 했다. 심지어 지롱드파는 결단력 없는 남자들의 집단으로 일컬어지기도 했지만 "마담은 지롱드파 가운데 유일하게 '남자다운' 인물"이라고 평가하기도 했다.

마담이 주재한 살롱에는 수많은 혁명가들이 드나들었다. 하지만 마담 자신이 토로한 것처럼 여성의 출입은 많지 않았다. 이에 관해 아다치는 "미인으로 이름이 높았다."고 기술하고 있지만, 남겨져 있는 초상화를 보면 나오키상을 수상한 작가 사토 겐이치佐藤賢一가 〈프랑스 혁명의 초상〉에서 말한 것처럼 "절세의 미녀는 아니었다."는 표현이 적절해 보인다.

타벨이 지적했듯이 마담의 인기는 지성과 교양에서 묻어나는 인간적 매력의 탁월함에서 기인한 것으로 볼 수 있을 듯하다. 그 매력에 이끌려 당시의 혁명가들이 살롱에 모여 들었던 것이다.

낙담과 실망

마지막으로 타벨의 필력은 어땠을까? "전기는 그 대상 인물을 칭찬하는 것에 집중하는 경향이 있지만, 타벨은 그렇지 않았다." 미주리대 명예교수 스티브 와인버그가 저술한 〈트러스트와의 공방〉에서는 타벨이 프랑스 유학 후 출간한 마담의 전기에 대해 이렇게 소개했다. 좀 길지만 인용해보자.

미공개 문서를 보면서 그때까지 나온 마담의 전기를 부정할 수밖에 없음을 알게 되었다. 계속 읽어 보면 자료는 (마담이 옥중에서 쓴) 혁명적인 회고록의 내용을 훼손하는 것이었다. 미공개 정보를 읽으면 읽을수록 마담에 대해 갖고 있었던 그동안의 이미지가 잘못되었음을 알 수 있었다. 긍정적인 내용의 전기를 쓰려 했지만 설득력이 없어 보였다. 사실 타벨은 (마담의 회고록에) 역사적 사실과는 상이한 서술이 많아 신뢰성이 떨어진다고 생각하고 있었다. 어디까지나 사실을 추구하는 탐사보도의 기수 타벨이기에 가능한 치밀함을 여기에서 발휘했다. 경탄할 따름이다.

프랑스에서의 3년 동안 탐사보도의 기수로서의 실적을 이미 어느 정도 쌓아 올렸음을 알 수 있다. 그 밑거름이 바로 마담 롤랑의 후손들과 쌓은 인적 네트워크였다. 강변에 나뒹구는 모래 속에서 귀중한 보석을 발견한 것과 같은 대단한 성과다. 그 인맥을 통해 프랑스국립도서관에 소장되어 있는 마담 관련 문헌과 자료, 수기 등을 자유롭게 열람할 수 있는 영예도 얻었다. 당시 국내외에서 공개되지 않은 자료를 모두 살펴본 최초의 저널리스트가 된 것이다.

어린 시절 선망하던 귀족에게서 굴욕적인 취급을 받은 것이 영향을 미친 탓인지 마담은 귀족에 대한 증오를 품고 있었으며, 왕정 폐지와 공화제 이행을 강력하게 원하고 있었다. 귀족계급에 대한 역습을 의미하는 것이었을까?

한편 "평민과는 결혼하지 않겠다."고 입버릇처럼 말하며 쇄도하는 청혼을 계속 거절하여 부모님을 난처하게 만들기도 했다. 20세 연상의 남성과 결혼한 것도 남편의 이름 때문이라고 볼 수 있다. 남편의 풀네임은 롤랑 드 라 플라티에르인데, 프랑스에서는 귀족 출신의 이름에 '드de'가 붙는 경우가 적지 않다. 마담은 한 때 남편이 귀족이라고 착각하기도 했지만 귀족이 아니라는 걸 알았을 때 실망한 것 같았다. 동경과 증오야 말로 마담이 귀족에게 품고 있던 양가적 감정이었을 것이다.

혁명 전 마담이 쓴 문헌들을 자세히 들여다보면, "그 어떤 특권이나 계급적 차별도 나에게는 우스꽝스럽고 불공정한 것이다.", "인류를 살리기 위해 (중략) 저 불행한 계급의 기이한 빈곤을 퇴치하기 위해 혁명이 도래했다.", "만일 국민회의가 두 명의 고귀한 인간 (국왕과 왕비)의 재판을 시작하지 않는다면 끝이다." 등과 같이 신랄한 글들이 남아 있다.

자료를 보면, 마담은 결혼 직후 남편의 목숨이 걸려 있기도 하고 귀족 칭호를 얻고 싶기도 해서 베르사이유 궁전을 계속 드나들었다. 왕정을 폐지하고 공화제를 희구하면서도 다른 한 편에서는 정반대로 왕의 권위를 인정하며 귀족 칭호를 요구하고 있었던 것이다. 마담에게는 스스로의 자존심을 만족시키는 것이 가장 중요했던 것 같았다.

타벨의 낙담과 실망은 점점 더 커졌다. "마담 롤랑은 누구를 사랑하는 지에 따라 왕당파, 공화주의자, 혁명가로 변모했다. 자신의 확고한 소신으로 봉사하거나 조율하거나 협력한 것 같지도 않다." 마담은 남성을 위해 희생했을 뿐 혁명 수행을 위한 신념은 없었다고 타벨은 판단했다. 아무리 타벨이라고 해도 환멸감을 느끼고 있었다.

1894년 봄, 타벨은 영국 글래스고에 있었다. 맥클루어의 요청으로 스코틀랜드 성직자를 취재하기 위해서다. 영국 취재 여행도 나쁘지는 않을 것이라 생각해 두말없이 수락했다. 마담 롤랑에 관한 취재는 모두 끝났고 이제 귀국할 일만 남은 시기였는데, 귀국할 여비가 없었던 것이다. 때마침 맥클루어가 뉴욕 본사에서 일한다면 귀국 여비를 대주겠다는 제안을 해 왔다. 급여는 연간 2,100달러이며, 머지않아 3,000달러로 인상해 주겠다는 약속도 있었다. 출근은 10월부터 하면 되고 그전까지는 고향에서 휴식을 취해도 좋다는 관대한 조건이었다. 타벨은 제안을 받아들이고 6월에 귀국했다.

프랑스 체류 기간은 만 3년이 채 안 됐지만, 다시 올 수 있기를 바라는 마음이 컸다. 다시 온다면 그 때도 카르티에 라탱에 살 것이다. 하늘이 보이고 주위의 지붕들을 아래로 내려다 볼 수 있는 고층건물이면 더 좋을 것 같다. 마릴리에르 부인처럼 살롱을 열고 프랑스 친구를 초대할 것이다. 여름에는 미국인들이 찾아오겠지. 내 인생은 충만하다. 타벨은 이런 생각을 하고 있었다.

제3장

뉴욕 수양시절

이번 장에서는 타벨이 파리에서 귀국한 후 뉴욕의 맥클루어스 매거진에 입사하여 신참 기자로 두각을 나타낸 몇 년 동안을 소개할 것이다. 시기로 치면 1880년대 초반에서 20세기 진입 직전까지다.

고향에서 요양하고 있던 타벨을 맥클루어 사장이 급히 호출했다. 그리고 나폴레옹 전기를 집필하라는 엄명을 내렸다. 자료 수집을 위해 파리행을 결심했지만, 워싱턴에서 예비 취재를 해 보니 이미 자료는 충분한 것으로 판단되어 프랑스행은 단념했다. 나폴레옹을 다룬 연재기사는 세간의 평도 좋았고 잡지사 경영 실적에도 큰 도움이 되었다. 자신감이 붙은 맥클루어가 다음 기획으로 제안한 것은 노예해방의 아버지 에이브러햄 링컨 대통령의 전기였다. 이번에도 타벨이 집필했고 결과는 성공이었다.

이번 성공은 타벨이 다른 세계에 눈을 뜨는 계기가 됐다. 미국 내 인맥이 현격하게 넓어지면서 활동 영역으로 미국만한 곳이 없다는 것을 통감한 타벨은 그때까지의 꿈을 단념한 채 국내 취재에 전념하기 시작했다. 그리고 타벨의 불후의 명성을 만들어낸 시장 독점 트러스트의 왕 스탠더드오일과의 격돌로 이어졌다.

나폴레옹 전기 – 뉴욕의 1890년대

출근 명령

타벨은 1894년 6월 파리에서 귀국했다. 장기간에 걸쳐 가족과 단절된 생활을 해 온 타벨이었기에 당연히 가족 품으로 돌아가고 싶었던 모양이다. 여비는 맥클루어스 매거진 입사를 조건으로 마련할 수 있었다. 이등석 배편 운임을 송금 받았지만 타벨은 삼등석으로 귀국했고, 차액으로 조카가 갖고 싶어 하던 프랑스 도자기 인형을 선물로 구입했다. 귀국 후에는 기차로 환승하여 가족이 있는 타이터스빌로 직행했다. 3년 만의 귀국은 대환영을 받았다.

타벨은 예전처럼 가족과 함께 피크닉을 가고 생일을 축하하고 아버지와 함께 서커스도 보러 갔다. 약 2개월 후, 맥클루어의 전보가 날아들었다. "즉시 뉴욕 사무실로 출근하라." 원래 계획은 10월에 출근해서 청소년 부문의 편집인이 되는 것이었는데, 갑자기 영웅 나폴레옹 보나파르트의 전기를 집필하도록 요청받은 것이다. 심지어 11월부터 연재를 시작해야 한다. 남은 시간은 2개월 남짓.

사실 맥클루어의 제안은 타벨도 "내심 바라던 바"였다. 집에 머무르는 것이 편안하지만은 않았기 때문이다. 1893년 미국을 덮친 경제공황으로 인해 은행과 기업의 도산이 속출하는 등 미국 사회 전체가 경제적으로 힘든 상황에 몰리고 있었는데, 타벨의 가족도 예외는 아니어서 경제적 곤경에 처한 상태였다.

록펠러는 이 기회를 틈타 타이터스빌의 석유산업을 송두리째 손에 넣으려고 획책했다. 수지타산을 도외시한 가격으로 석유를 판매하면서 독립계열 업체들을 폐업시키려 한 것이다. 타벨의 아버지도 록펠러의 공격을 피해가지 못했다. 원유 가격은 두 배로 상승했는데 판매가격은 그대로였다. 석유 사업에 관여하고 있던 동생 월은 식량공세를 극복하기 위해 유럽 수출을 도모했다.

팽팽한 긴장감이 감도는 집안 분위기에 타벨도 답답함을 느꼈고, 그대로 있는 것이 가족들에게 부담이 된다고 생각하고 있었다. 프랑스에 대한 그리움이 컸던 타벨은 뉴욕에 가면 가계에 도움이 될 것이며, 프랑스를 다시 방문할 수 있는 자금도 모을 수 있으리라 생각했다. 타벨은 짐을 꾸리고 표를 손에 쥔 채 기차에 몸을 실었다.

맥클루어는 왜 나폴레옹 전기 집필을 의뢰했을까? 1890년대 프랑스는 나폴레옹 승리 100주년을 기념하는 분위기가 고조되고 있었다.

그런 분위기가 대서양 넘어 맥클루어스 매거진 편집부에도 전해졌다. 미국에서는 이를 "나폴레옹 운동Napoleon Movement"으로 불렀다. 프랑스 등 유럽에서 이민자들이 끊임없이 들어오는 상황이었기 때문에 미국에서도 관심이 가는 문화운동이었다.

나폴레옹의 초상화나 편지 등 유품을 대량으로 수집한 맥클루어의 지인이 워싱턴에 거주하고 있었는데, 그 지인으로부터 "전기를 출판한다면 유품을 제공해 주겠다."는 의사도 전달 받았다. 프랑스에서조차 좀처럼 보기 어려운 초상화와 유품을 가득 담아 책을 출판하면 반드시 성공할 수 있을 것으로 판단했고, 한밑천 잡고 싶은 마음도 있었다. 또한 경쟁사인 종합지 센추리The Century Magazine에서 곧 나폴레옹 특집기사를 낼 것이라는 소문도 들려 왔다. "우리가 더 좋은 자료를 가지고 있다.", "선수를 허용할 수 없다."는 경쟁의식도 불타올랐다. 무엇보다 3년간의 파리 유학에서 귀국한 지 얼마 안 된 타벨을 프랑스 전문가이자 "나폴레옹을 잘 아는 여성 저널리스트"라고 홍보하면 효과적일 것이라는 판단도 있었다.

타벨은 글도 잘 쓰고 취재력도 좋다. 타벨은 어떻게 생각했을까? 프랑스 체류 경험이 있는 것은 사실이지만 나폴레옹 전기를 쓰기에 충분한 지식은 갖고 있지 않았다. 먼저 자료 수집을 위해 프랑스로 건너가 국회도서관 등에서 각종 자료를 수집하여 글을 쓰기 시작해야겠다고 생각했다. 유학 중에 마담 롤랑 전기를 쓰기 위해 활용했던 자료 수집 방법을 염두에 두고 있었다.

맥클루어의 지인이자 나폴레옹 유품 수집가는 은퇴한 법률가 가디너 그린 허버드Gardiner Greene Hubbard였다. 알렉산더 그레이엄 벨이 설립한 벨 전화회사의 후원인이었으며, 허버드의 딸은 벨의 아내이기도 했다. 맥클루어가 처음에 전기 집필을 의뢰한 작가는 시인 워즈워스의 손자인 영국 출신의 로버트 쉐라드였다. 하지만 막상 글을 쓰게 해 보니 나폴레옹에 비판적이었기 때문에 유품을 제공해 주기로 한 허버드의 이해를 구할 수 없었다. 집필자를 교체하기로 결정했지만 기획특집의 첫 번째 기사는 11월 게재 예정. 시간이 없었고, 급거 떠오른 것이 타벨이었다.

결국 타벨이 나폴레옹의 전기를 집필하는 것으로 이야기가 정리되었고, 타벨은 곧바로 허버드를 만나기 위해 워싱턴으로 향했다. 허버드는 100주년을 맞이하여 나폴레옹 유품을 개인적으로 소장하기 보다, 사회를 위해 제공하는 것이 좋겠다고 생각하고 있던 터였다. 다행히 타벨은 프랑스 유학 중에 석간지 피가로에 게재된 100주년 운동 관련 글을 읽은 적이 있었다. 하지만, 당시에는 그저 정치운동의 하나로만 생각했다. 무정부주의자가 대두하면서 거리에서 폭탄 소동이 발생하던 당시, 국가의 구심력을 되찾기 위해 나폴레옹의 영광을 정치적으로 이용하고자 하는 것으로 판단한 것이다.

나폴레옹 전기를 집필하는 것에는 다소 거부감도 있었다. 타벨은 자서전에서 "나폴레옹의 인생을 쓴다는 것은 비웃음거리였다. 하지만 어떻게 거절할 수 있겠는가?"라며 당시의 속마음을 털어놓기도 했다.

그리고 스스로를 납득시키기 위해 관점을 바꿔보려고 노력했다. 마담 롤랑이 단두대에서 사라진 혁명의 수렁 속에서 나폴레옹은 국가를 구원하고 예의, 질서, 상식을 되살린 영웅 아니던가! 프랑스 혁명이라는 커다란 역사적 흐름에서 보면 이런 분석도 나쁘지 않다며 스스로를 납득시켰다.

맥클루어 편집부에 합류한 것은 타벨에게 어떤 의미였을까? 맥클루어는 입사 후 주급 40달러를 보장했다. 예상외의 수입이었다. 타벨은 프랑스 혁명사에 몰두하고 싶다는 뜻을 밝혔고 이에 관한 기사도 쓸 수 있을 것으로 기대했다. 취재와 글쓰기 능력 또한 향상시킬 수 있다. 그럼 프랑스를 다시 방문할 수도 있으리라 생각했다.

워싱턴행

"해봅시다." 타벨은 맥클루어의 제안을 받아들였다. 물론 파리에 가서 관련 자료를 수집해 오겠다는 뜻도 밝혔다. 맥클루어의 입에서 나온 말은 "허버드가 가지고 있는 나폴레옹 초상화와 유품 등 방대한 수집품을 먼저 봤으면 한다."는 것이었다. 파리에 가는 것도 검토해 보겠지만, 일단 워싱턴 방문이 먼저라는 것이 맥클루어의 입장이었다.

얼마 후 여름 별장을 방문해 달라는 허버드의 편지가 도착했다. 별장은 워싱턴의 록 크리크 동물원 근교에 있었다. 당시 대통령 클리블랜드와 필리핀 전쟁 영웅 드에이 사령관의 별장이 있는 워싱턴 최고의 고급 휴양지였다. 만나고 보니 허버드 부부는 멋진 사람들이었으며, 별장은 일류 별장답게 하녀, 집사, 정원사가 있는 큰 저택이었다. 허버드의 나이는 칠십 살쯤으로 보였는데, 걸출한 에너지가 넘쳤다. 친구와 가족, 아내 등 주변 사람들에 대한 배려도 대단했다. 아내는 교양과 센스가 넘쳤다. 옷차림에 신경 쓰지 않는 타벨에게도 놀랄 만큼 관용적이었다. 타벨은 이 사교적인 부부를 중심으로 예상밖의 훌륭한 집필생활을 하게 된다.

자료 수집을 시작해 보니 집필에 필요한 자료들이 산더미처럼 묻혀 있다는 것을 금방 알 수 있었다. 정보의 거리였다. 차분히 조사와 취재에 돌입하기로 결정한 뒤, 시대감각이 넘치는 거리로 유명한 듀폰 서클에 자리를 잡고 본격적인 취재 활동을 개시했다.

허버드는 나폴레옹과 그 가족, 친구들의 초상화부터 관련 책자와 최신 팜플렛까지 폭넓게 소장하고 있었고, 파리에서 회고록을 가져오기도 했다. 그리고 타벨은 프랑스 정부의 명령으로 출간된 나폴레옹 편지 등 문서 전량이 국무성에 보관돼 있음을 알아냈다. 나폴레옹 시대의 프랑스 주요 신문 아카이브를 읽을 수 있다는 사실도 확인되었다. 여기에 의회 도서관이 또 대단했다. 1779~1781년 당시 독일 공사 앤드류 화이트가 소장하고 있던 방대한 분량의 영어, 독일어, 프랑스어 문헌이 잠들어 있었다. 50여권에 달하는 영어, 프랑스어 팜플렛도 있었다. 미국 정부가 수집해 놓은 방대한 자료들 모두 기사에 활용할 수 있다는 판단이 들면서 파리에 가야할 필요성은 점차 줄어들었다.

마담 롤랑의 전기를 집필할 때와 마찬가지로 타벨은 먼저 의회 도서관에 틀어박혔다. 다른 이용자들에게 폐가 되지 않도록 구석에 있는 책상을 이용했다. 19세기 당시 일반 이용자들이 사용할 수 있는 책상은 없었다. 자료 수집을 위해 도서관 출입이 계속되면서 바닥부터 쌓아올린 책이 천청에 닿을 정도였다. 결국 전용으로 사용할 수 있는 방을 배정받게 되었다. 복사기도 없던 시절이었다. 자서전에는 특별한 언급이 없지만 이곳에서도 필요한 부분은 모두 노트에 옮겨 적은 것으로 추정된다.

6주일 후 기획 특집의 첫 번째 기사가 완성되었다. 타벨은 자신의 경력을 기사에 추가했는데, 매우 건방져 보이기도 했다. 하지만 타벨은 주급 40달러 이상의 것은 아무 것도 바라는 게 없었다. 1793년 세인트 헬레나섬Saint Helena으로 유배되는 영웅의 최후에 이르기까지 스릴 넘치는 드라마를 쫓는 것만으로도 정신없이 바빴다.

첫 번째 원고를 본 허버드의 평가는 호의적이었다. 독자 평도 나쁘지 않았다. 잡지가 서점에 진열되고 집필자가 타벨이라는 사실이 미국 전역에 알려지게 되자, 나폴레옹 전문가로 알려진 저명인들에게서 연락이 왔다. 그 시작은 나폴레옹의 후예였다. 나폴레옹의 다섯째 아들 제롬 나폴레옹의 증손자 찰스 보나파르트에게서는 "나의 소장품을 보여줄 테니 볼티모어로 오지 않겠는가?"라는 연락을 받기도 했다. 미국 부호의 딸과 결혼한 제롬의 후손이 미국에도 살고 있었던 것이다. 타벨은 "만나 보니 무의식적으로 뒷짐을 지고 약간 몸을 굽히고 서서 말하는 찰스의 몸짓에서 나폴레옹도 이러지 않았을까 싶은 생각이 들었다."고 자서전에 적고 있다.

타벨의 기사 "나폴레옹의 짧은 인생A Short Life of Napoleon"이 연재되던 비슷한 시기에 경쟁사인 센추리에서도 유사한 연재가 시작되었다. 윌리엄 밀리건 슬론 교수가 몇 년 동안 준비하여 집필한 본격적인 나폴레옹 전기다. 제목은 비슷했지만 그 내용은 많이 달랐다.

허버드가 보유하고 있었던 초상화 등 다수의 미공개 사진을 담은 맥클루어스 매거진은 독자들의 구매 의욕을 북돋았다. 타벨이 직접 뛰어 다니며 수집한 자료들이 담뿍 담긴 기사는 사진과 그림을 많이 활용하여 이른바 철저한 비주얼화를 추구한 것이었다. 평도 좋았다. 처음에 2만 4,500부였던 판매 부수가 몇 달 후에는 6만 5,000부까지 증가했으며, 연재가 끝날 무렵에는 10만부까지 확장되었다. 잡지에는 미국의 저명 작가가 집필한 단편소설도 실려 있었지만 타벨이 쓴 기사의 인기가 높았던 것은 틀림없는 사실이다.

많은 미국 신문이 호평했다. 뉴욕 프레스는 "지금까지의 나폴레옹 전기 중에서 최고"라고 평가했다. 무엇보다 기뻤던 것은 경쟁작의 저자인 슬론 교수의 평가였다. 교수는 "타벨은 호기심을 충족하기 위해 이리저리 뛰어다녔고, 즐기면서 의심을 품었고, 이런 저런 생각을 하며 모든 시간과 노력을 기울여서 전기의 가치와 건전성에 기여했다. 나도 종종 당신처럼 하고 싶다고 생각했다.", "그녀는 생생한 묘사living sketch로 큰 것을 만들어냈다."며 기뻐해 주었다. 교수가 '묘사'라는 표현으로 호평한 것은 있는 그대로의 모습을 독자들에게 전달하고 싶었던 타벨에게 기대 이상의 기쁨이었던 것 같다.

나폴레옹의 유해

타벨은 나폴레옹 전기에 얽힌 흥미로운 추억을 자서전에서 소개했다. 오너인 맥클루어에 관한 이야기다. 자료 수집이 계속되는 동안 타벨은 파리 앵발리드에 있는 나폴레옹 묘지가 매장 후 딱 한 번 열렸다는 얘기를 들었다. 묘지가 도굴된 탓에 나폴레옹 유해는 더 이상 그곳에 있지 않다는 소문이 유포되었고, 후손인 당시 황제가 소문을 확인하기 위해 심야에 묘지를 열어 보았는데, 나폴레옹의 유해는 그대로 있었다는 내용이다. 묘지를 열어 보는 작업에 참여했던 사람들에게는 함구령이 내려졌고, 나중에라도 이 사실이 발각되어 문제가 생길 경우에 대비해 서약서도 작성되었다고 한다. 그 후 황제가 실각되면서 서약서마저 무의미해졌다는 이야기가 꼬리에 꼬리를 물고 회자되었다.

호기심 많은 맥클루어는 이 소문을 즉시 기사로 쓰도록 지시했다. 타벨은 단순한 소문에 불과할 뿐 소문이 사실일 가능성은 희박하다고 주장했다. 맥클루어는 "정말 안타깝다. 너는 나폴레옹에 관해 아무것도 모르는구나."라며 기사를 쓰도록 강요했다. 단, 맥클루어는 혹여 조작된 풍문이 잡지에 게재될 것을 우려한 타벨의 입장을 고려하여 추가 검증을 약속했다. 마침 이 시기에 유럽을 방문한 맥클루어는 파리에 가서 직접 조사한 결과를 몇 주 뒤에 엽서로 전해왔다. "나폴레옹 묘지를 파헤쳤다는 이야기는 게재하지 말라. 묘지를 열어 본 적 없다."는 다소 퉁명스러운 내용이었다. 결국 기사는 햇빛을 보지 못한 채 끝났다. 정확성을 중요시한 타벨 그리고 맥클루어다운 일화다.

나폴레옹 전기가 판매량과 평판이라는 두 마리 토끼를 모두 잡았고, 타벨의 지명도가 높아지면서 부차적인 효과를 가져다줬다. 파리 유학시절에 완성했지만 출판사를 찾지 못해 묵혀 두고 있던 처녀작 〈마담 롤랑〉이 잡지에 게재되고 단행본으로도 출간된 것이다.

조잡한 대량생산 粗製乱造

전기 〈나폴레옹의 짧은 인생 *A Short Life of Napoleon Bonaparte*〉(1895)은 어떤 내용을 담고 있을까? 필자는 당시 출판된 책을 미국에서 확보할 수 있었다. 두께 1센티미터가 조금 넘는 전기를 보고 놀란 것은 사진, 초상화, 그림, 일러스트가 정말 많다는 것이다. 당시의 기술적 한계로 인해 흑백으로 인쇄되긴 했지만 248쪽 전체 페이지에 걸쳐 페이지당 적어도 한 장 이상의 크고 작은 사진이 담겨 있다. 화보집도 아니다. 사진만 있는 페이지도 있지만 기본적으로 기사와 사진이 함께 게재된 형태다.

표지 다음 페이지에는 책 제목과 저자 이름 아래에 "가디너 G. 허버드 각하, 빅터 나폴레옹, 롤랑드 나폴레옹, 랠리 남작, 그리고 그외의 분들이 호의로 제공해 준 250개의 삽화가 들어 있다."고 기술되어 있다.

가장 먼저 등장하는 것은 당시 프랑스의 인기화가 장 바티스트 그뢰즈Jean Baptiste Greuze에 의한 초상화인데, "22세의 보나파르트"라는 그림 설명이 붙어 있다. 실제 초상화는 유화인 것 같다. 인터넷에서 검색하면 컬러 초상화를 볼 수 있다. 화가 그뢰즈의 특징 중 하나는 인물의 눈을 그리는 방식에 응축돼 있다. 나폴레옹 초상화의 눈도 일련의 작품과 마찬가지로 크게 그려져 있다. 훈장과 같은 화려한 장식은 일체 없고 통통한 볼의 도련님 같은 이미지의 청년이 저 멀리 뭔가를 바라보고 있는 구도다. 22세 나폴레옹의 분위기를 절묘하게 표현한 작품이다.

"22세의 보나파르트"라는 그림 설명에 더해 "이것은 17세기 중엽, 왕실의 건설 및 각종 공예품과 장식의 진흥, 인재육성 등을 위해 루이 14세가 설립한 파리 국립고등미술학교에서 1893년에 개최한 '세기의 초상화 전람회'를 통해 공개된 청년 시절의 나폴레옹을 담은 진귀한 초상화"라고 소개하고 있다. 이 학교는 센강을 사이에 두고 루브르미술관 건너편에 세워진 프랑스 최고의 미술학교다. 학교 옆에는 보나파르트 거리가 있다.

다음 페이지에는 서문이 있다. 1894년 10월이라는 날짜가 적혀 있고 250장의 초상화, 조각, 그림들을 누가 제공해 주었는지 상세히 적어 놓았다. 뒷부분에는 초상화와 조각 등 나폴레옹에 관한 소장품을 제공한 허버드가 오너 맥클루어에게 보낸 편지를 소개하고 있다. 편지에는 14년 전부터 나폴레옹과 가족에 관한 것을 계속 수집해 왔으며 수집품의 수가 200~300건이라는 것, 최초의 초상화는 22세 때인 1791년에 그려졌으며 그 다음은 5년 후인 1796년, 사망 직후에 4장의 초상화가 그려졌다는 것 등의 내용이 담겨 있다. 허버드는 나폴레옹의 삶을 ① 장군, ② 정치인·입법자, ③ 황제, ④ 추락과 쇠퇴 등 네 개의 시기로 분류하고 각 시대에 초상화를 그린 화가의 이름과 초상화를 입수할 수 있는 곳도 소개했다.

그 다음 페이지는 목차이며 23개장으로 구성되었다. 제1장 유년시절과 청춘기의 환경: 브리엔 학교 시절, 제2장 파리 시절-포병사관-저작물-혁명, 제3장 로베스피에르-예비역-최초의 성공 등으로 시작된다. 나폴레옹은 프랑스혁명 당시 자코뱅파의 지도자로서 독재권력을 장악한 후 마담 롤랑 등 반대파를 차례차례 단두대로 보내며 공포정치를 단행한 로베스피에르의 동생과 연결되어 있었다. 로베스피에르가 실각한 후에는 한 때 군 업무에서 제외되는 곤욕을 치른 적도 있었는데, 그런 불우한 시대를 소개한 셈이다.

마지막 부분은 제21장 엘바섬-100일-두 번째 퇴위, 제22장 영국에 항복-세인트헬레나섬-죽음, 제23장 두 번째 매장-최후의 나폴레옹 가계-나폴레옹 삶의 역사 등으로 구성되어 있다.

앞에서 설명한 것처럼 나폴레옹 전기의 가장 큰 특징은 무려 250장에 달하는 초상화, 편지, 삽화 등이다. 사랑 많은 여성으로 알려진 부인 조제핀의 초상화도 담겨 있다.

경쟁작인 슬론 교수의 기사가 다른 잡지에 게재되었음에도 불구하고 맥클루어스 매거진이 판매 호조를 보인 것은 비주얼 전략이 주효했기 때문일 것이다. 당시는 TV는 물론 라디오도 없던 시절이었고, 길모퉁이 상점의 창문 틈으로 영상을 몰래 즐길 수 있는 에디슨의 키네토스코프가 이제 막 등장했을 무렵이다. 화보집 정도는 아니었지만 유럽에서 유행하고 있던 나폴레옹 100주년 기념행사에 대한 미국 시민의 관심을 모아 구매욕을 북돋았음도 알 수 있을 것 같다. 치밀한 취재방식으로 유명한 타벨이 자서전에서 "조잡하게 대량생산된 것"으로 표현했듯이 나폴레옹 전기는 정부 문서, 도서관 등 공공기관의 공개 자료를 바탕으로 단기간에 완성한 작품이다. 그동안 공개된 문헌, 신문, 잡지 등을 바탕으로 한 기사 그 이상은 아니라고 할 수 있다.

링컨 전기

비서의 거절

6개월에 걸친 연재가 끝날 즈음, 다음 테마는 편집이었다. 맥클루어는 저명인사에게 기사 집필을 의뢰해 잡지에 게재할 생각이었다. 기사에서 다룰 인물은 에이브러햄 링컨 대통령이었다. 미국에서 가장 높은 평가를 받고 있으며 노예 해방의 위업을 이룬 직후 총탄에 쓰러진 인물이다. 미국 국민들에게 역대 대통령 중 가장 위대한 사람을 물으면 상위 3위 안에 반드시 포함된다. 링컨의 열광적 신봉자이기도 한 맥클루어는 "링컨을 다루지 않으면 위대한 잡지가 아니다. 우리 잡지는 남북전쟁 이후 가장 중요한 요소들을 조망해 왔다. 에이브러햄 링컨의 삶과 개성도 그렇다."고 늘 강조해 왔다.

타벨은 이 제안에 불안감을 느끼고 있었다. 타벨의 관심사는 여전히 프랑스혁명을 통해 여성의 권리 확장에 관한 문제를 풀어가는 데에 있었다. 학창시절부터 흥미의 대상이었던 생명의 관찰, 그 불가사의한 힘을 규명하는 것도 포함된다. 다윈의 진화론이 종교계의 반발을 불러 일으켰고 학계에서도 주요 토론 주제로 부상하고 있던 터였다. 생명을 규명하는 것은 곧 신을 규명하는 것이기도 했다.

"미국 역사에 일단 발을 들여놓게 되면 그것은 곧 내 안에서 프랑스가 종말한다는 것을 의미한다. 여성의 권익 문제를 해명하고자 했던 내 결심이 끝나는 것이기도 하다."는 자서전의 기술이 타벨의 당시 마음을 잘 설명해 준다. 다만, 스스로도 너무 예민하게 생각하는 것일지 모른다는 생각도 있었다. 연봉 5,000달러를 약속받은 상태이기도 했다. 공장의 여성노동자, 가정부, 요리사의 급여가 주 5달러를 넘지 않는다는 것을 생각하면, 5,000달러는 상당히 파격적인 금액이었다. 타이터스빌에 있는 가족들의 생계가 워낙 쪼들리는 상황이었기 때문에 자기 입장만 생각할 수도 없었다.

링컨이 흉탄에 쓰러진 것은 1865년 4월. 불과 30년 전 일이었고, 대통령과 함께 선거전을 치렀던 참모와 정치인, 지인, 지지자들은 물론 가족들도 아직 생존해 있다. 링컨의 비서였던 존 니콜레이와 존 헤이가 링컨의 전기를 출판해서 이미 호평 받고 있었지만, 맥클루어는 그 두 사람이 책에 쓰지 않았던 링컨 개인의 일화가 있을 것으로 생각했다. 당시의 내각 각료, 의회 정치인, 주요 신문의 편집장, 예를 들어 노예제 폐지의 최선봉에서 링컨을 열심히 지지했던 시카고 트리뷴의 조셉 메딜을 만나면 뭔가 새로운 것이 나올 것이라고 생각했다.

타벨은 우선 1861년부터 암살 당시까지 사설 비서로 근무했던 존 니콜레이와 연락을 취해 봤다. 워싱턴의 문학 관련 학회에 참석해서 직접 말을 건네 본 것이다. 하지만 "더 이상 새로운 것은 아무 것도 없다."는 냉담한 대답만 돌아올 뿐이었다. 열권에 걸친 링컨의 장편 전기를 공동 집필한 존 헤이 역시 연설문이나 편지는 더 이상 남아 있지 않다며 "무모한 기획은 그만두는 편이 낫다."는 조언을 주었다.

아무런 도움도 받지 못한 채 혼자 힘으로 조사를 시작한 결과물이 맥클루어스 매거진에 연재된 "링컨의 인생The Life of Abraham Lincoln"이라는 글이다. 글이 나오자 니콜레이는 "당신은 내 영역을 침입했다. 당신은 링컨의 인생에 대해 통속적인 글을 쓰고 있다. 내가 소유하고 있는 것들의 가치를 떨어뜨리고 있을 뿐"이라며 항의를 하러 찾아오기도 했다. 타벨은 크게 낙담했지만, "그렇지 않다. 내가 쓴 링컨 전기를 읽고 독자들이 흥미를 갖게 되면 당신이 쓴 링컨 전기의 독자도 늘어날 것"이라며 반박했다. 니콜레이는 타벨의 말은 들은 척도 하지 않은 채 자리를 떠났다고 한다.

니콜레이와 존 헤이의 협조를 받지 못하게 된 타벨은 링컨의 인생이 시작된 출신지 켄터키 주에서의 가난했던 무명시절에 관한 정보부터 수집하기 시작했다. 켄터키 주 라루 농장의 통나무집에서 태어난 링컨은 에이브라는 애칭으로 불렸으며, 불우한 환경에서 성장했다. 농부였던 아버지는 부유하지 않았다. 링컨의 할아버지에 해당하는 에이브러햄 링컨은 1796년 인디언의 습격을 받아 아이들이 보는 앞에서 참살 당했다. 링컨의 이름은 할아버지의 이름을 딴 것이었다. 그래서 링컨은 흑인 노예에게는 깊은 자비심과 이해심을 갖고 있었지만 인디언에게는 매우 엄격하고 냉혹했다. 서부 개척 과정에서 링컨이 인종청소로 보일만큼의 대량학살을 지휘한 것은 바로 이 때문이었는지도 모른다. 아버지가 지역 배심원이 되고 광대한 농장을 보유하게 되어 잠깐이나마 유복한 생활을 할 수 있었지만, 소송에 지면서 토지를 모두 잃고 인디애나 주로 이주했다.

타벨은 법원 자료와 지역사史, 신문 등 닥치는 대로 자료를 수집했다. 링컨에 관해 맥클루어가 춤출 만큼 대단한 그 무엇인가를 가지고 있을 법한 누군가를 계속해서 찾아 다녔다. 미국 역사에 무지했던 타벨에게는 거의 도박이나 마찬가지였다. 1895년 2월 나폴레옹 전기 집필이 아직 끝나지 않았음에도 불구하고, 1개월간의 예비조사를 시작했다. 켄터키의 혹독한 겨울 추위를 잘 아는 맥클루어는 타벨이 여행을 떠나기에 앞서 침대에서 사용할 취침용 양말을 선물하기도 했다. 타벨은 루스빌에서 조사를 시작했지만 그림이든 편지든 링컨의 새로운 유품으로 소개할 만한 것은 거의 없었기 때문에 크게 실망했다.

아들 로버트

그러던 중 놀라울 만큼 커다란 기회가 찾아왔다. 나폴레옹 전기를 집필하면서 워싱턴에서 만난 시카고 거주 여성이 행운을 가져다 준 것이다. 지역 사교계에 속해 있던 에밀리 리온즈 부인이었는데, 남편이 부유층이기도 해서 인맥이 놀라울 만큼 넓었다. 타벨이 두문불출하며 잡지에 게재할 링컨의 새 유품을 찾고 있다는 사실을 알게 된 부인은 "시카고로 오세요. (아들인) 로버트 링컨을 소개해 드리지요. 내가 부탁하면 로버트는 뭔가 (유품을) 줄 거예요."라며 도움을 자청했다.

그렇게만 된다면 더할 나위 없이 좋겠지만 설마 가능할까 싶었다. 그냥 혹시나 하는 마음으로 시카고에 간 타벨의 강운強運은 여전했다. 부인의 집에서 로버트와의 만남이 성사된 것이다. 부인이 찻잔에 홍차를 가득 따르며 말했다. "자, 로버트, 뭔가 가치 있는 굉장한 것을 타벨에게 드리면 안 될까요?" "에밀리 씨가 그렇게 말씀하신다면 물론 드려야지요." 로버트는 미소를 지으며 답했다. 다만, 동료 변호사의 사무실에 보관해 두고 있던 자료 상당수를 도둑맞았으며, 대통령 시절 자료는 대부분 니콜레이와 헤이가 발표한 출판물에 사용되었기 때문에 도움이 될 만한 것은 많지 않을 거라고도 했다.

타벨로서는 링컨의 아들과 홍차를 마시고 있다는 것조차 믿기 어려운 일인데 비밀스러운 소장품까지 손에 넣을 수 있었다. 아버지 링컨이 두문불출하던 20대 시절의 은판 사진이었다. 처음 봤을 때 숨이 멎는 듯 했다. 그동안 턱수염과 뼈가 드러나 보일 정도로 앙상한 뺨 그리고 엄격한 표정으로 잘 알려진 링컨과는 전혀 다른 사람처럼 보였다. 타벨은 이 사진이 공개되면 젊은 시절의 링컨이 '야비하고 거칠며 보기 흉했다'는 전설을 깨뜨릴 수 있을 것으로 확신했다. 이 사진은 특집 기사 첫 페이지를 장식했다. 사진에 관해서는 뒤에서 좀 더 자세히 설명하고, 로버트를 만났을 때 타벨의 심정이 어땠는지, 타벨은 그 때를 어떻게 회상했는지에 대해 자서전을 잠깐 인용해보자.

어찌나 믿기 어려운 일이었던지 메모조차 할 수 없었다. 나는 비슷한 점을 찾기 위해 로버트의 표정과 태도를 살폈지만 아무 것도 찾을 수 없었다. 로버트는 통통하게 살찐 사내로 나이는 대략 50세 정도였으며, 머리는 이발소에서 막 나온 사람처럼 단정했고 차림새는 완벽했다. 세계적인 위인들을 지금 막 만나고 온 해군 제독과 같은 침착한 위엄이 있었다. 모두 어머니 토드에게서 물려받은 것 같았다.

잡지에 실린 사진은 큰 반향을 불러일으켰다. 프린스턴대 총장과 뉴욕 주지사, 미국 대통령을 지낸 우드로 윌슨은 "돋보이는 보기 드문 멋진 사진", "꿈꾸는 듯한 표정, 허물없는 얼굴"에 감명 받았다고 말했다. 링컨 전기의 작가이기도 한 존 T. 모스는 "몇몇 친구에게 사진의 주인공이 누구인지 말하지 않고 보여주니, 어떤 친구는 시인, 다른 친구는 철학자 혹은 사상가 에머슨 같다고 한다.", "그래서 이 사진은 링컨의 자연스러운 발자취를 보여주는 가치 있는 증거"라며 높이 평가했다. 전문가들의 반응에 로버트도 반색을 했다.

이런 일도 있었다. "돈을 벌기 위해서는 발품을 팔아야 한다."는 소신을 지닌 타벨은 남북전쟁 때 링컨이 영국 빅토리아 여왕에게 편지를 써서 교전상대인 남부동맹을 국가로 승인하지 말아 달라고 요청했다는 흥미로운 정보를 입수했다. 관계부처에 확인을 요청했지만 반응이 없었다. 뭔가 석연치 않았던 타벨은 생각다 못해 아들 로버트에게 직접 확인하기 위해 시카고까지 발길을 옮겼다.

로버트는 정중하게 대응했다. 타벨이 그 이야기를 꺼냈을 때 잠시 심각한 표정을 지었지만 이내 환하게 웃으며 답해 주었다. 로버트는 "만약 아버지가 그 편지를 보냈고 당시 주영 미국 공사였던 찰스 프랜시스 애덤스가 그걸 알았다면 사임했을 것이다. 아버지는 정부와 정부 사이에서 오고가는 모든 일들은 공식 임명된 외교관이 수행해야 한다는 것을 물론 알고 있었다."는 사실을 강조했다.

그리고 영국 궁정에서 자신이 직접 체험했던 것들도 웃으며 말해 주었다. 로버트가 궁정에 가서 여왕을 만나 패치워크, 퀼트, 약, 악보 등 여러 가지 선물을 받던 어느 날, 여왕과 애덤스 공사는 아침 식사 후 함께 담배를 피우고 있었다. 공사는 언제든지 여왕과 차를 마실 수 있었고 두 사람 모두 그것을 당연하게 여겼다. "대통령이 여왕에게 편지를 직접 보내면 안 된다는 법은 없지만……"이라며 로버트는 눈물이 나올 만큼 한참을 웃었다. 이것으로 일단락된 것이나 마찬가지였다. 기사 연재가 끝난 후 타벨은 로버트에게 한 통의 편지를 받았다. 편지에는 최대의 찬사가 담겨 있었다.

나는 당신의 끈질긴 취재력과 성과에 놀라움과 기쁨을 고백하지 않을 수 없습니다. 당신의 작품은 니콜레이와 헤이가 쓴 링컨 전기를 보완하는 데에 빠뜨릴 수 없는 작품이라고 생각합니다.

링컨의 장남 로버트가 제공해 준 링컨의 20대 시절 사진은 잡지 매출을 크게 좌우했다. "내가 링컨에게서 받은 편지도 꼭 게재해 달라."고 요청하는 일반 시민도 나타났다. 모두 니콜레이와 헤이의 링컨 전기에는 담겨있지 않은 것들이었고, 재판 기록과 마찬가지로 인기가 있었다. 기사는 단행본으로도 출판되었는데, 그 안에 그 때까지 기록된 적 없었던 링컨의 편지와 연설문 약 300통을 담았다.

연설문 중에서 타벨이 특히 관심을 가진 것은 노예제 폐지가 쟁점이었던 링컨-더글러스 논쟁이다. 1858년에 현직 상원의원인 민주당의 스티븐 더글러스와 공화당으로 출마한 링컨이 일곱 차례에 걸쳐 벌였던 토론회에서의 논쟁이다. 링컨은 "미 독립선언은 흑인에게도 적용된다."며 노예제 폐지를 주장했고, 더글라스는 "노예제의 존속은 국민의 뜻"이라는 논지를 폈다. 결국 링컨은 상원 선거에서 패배했지만 선거 이후 이 토론집이 출간됐다. 그리고 판매가 호조를 보이면서 다음 대통령 선거에서 링컨의 당선으로 이어졌다는 분석도 있다.

다섯 번째 토론이 열린 곳은 일리노이 주의 녹스 칼리지였다. 칼리지의 존 H. 필리 학장은 미국에서 가장 젊은 학장이었는데, 타벨이 파리 유학 전에 잠시 편집을 담당했던 일간지 데일리 헤럴드 시절의 지인이기도 했다. 타벨은 필리의 소개로 토론 당시 신문기사를 읽어 볼 수 있었고, 토론장에서 직접 연설을 들었다는 시민을 만나 취재도 할 수 있었다. 1896년 필리는 토론을 기념하는 축전을 기획했는데 링컨의 장남 로버트가 참석해서 강연을 하기도 했다. 로버트의 처음이자 마지막 강연이었다.

잃어버린 연설

타벨은 링컨의 본거지이기도 했던 일리노이 주를 자주 방문했다. 거리에서 만나는 사람들에게 링컨의 이야기를 듣고 싶다고 하면, "글쎄, 링컨의 연설은 모두 좋았어요, 하지만 '잃어버린 연설Lost Speech'만한 것은 없어요. 링컨의 연설 중 가장 위대한 건 '잃어버린 연설'이에요." 라는 확신에 찬 대답이 돌아오곤 했다.

"잃어버린 연설"은 1856년 5월 29일 일리노이 주 블루밍턴에서 행해진 연설이다. 연설장에는 신문기자들도 다수 참석했지만 너무 감동적이어서 메모하는 것조차 잊어버릴 정도였고, 연설 자체도 즉흥적으로 이루어진 것이라 연설문은 남아 있지 않았다. 주제가 노예해방에 관한 것이라는 사실 정도만 알려져 있었다.

특종을 노리던 타벨은 그 연설에 특별한 관심을 보였다. 그럴 리가 없다. 누군가는 틀림없이 들었고, 그에 얽힌 비화가 반드시 있을 것이며, 관련된 얘기를 들을 수 있을 것이다. 운이 따른다면 누군가 메모를 남겼을 지도 모른다. 타벨은 그런 확신을 갖고 취재를 시작했다. 그 결과 메모를 가지고 있는 매사추세츠 주의 법률가 헨리 C. 휘트니를 찾아냈다. 휘트니는 링컨과 자주 어울려 다니며 함께 한 추억을 책으로 엮어내기도 한 링컨의 친구였다.

휘트니를 만나 보니 누렇게 변색된 당시의 메모장을 가지고 있었다. 완성된 형태의 연설문을 만들어 보려고 했으나 제대로 되지 않아 포기했다고 한다. 타벨은 연설의 중요성을 몇 번이나 강조하며 설득했고 휘트니는 연설문 형태로 메모를 정리해 주었다. 휘트니의 메모를 바탕으로 만들어진 "잃어버린 연설"이 게재되자 이번에는 시카고 트리뷴의 편집장 조셉 메디르에게서 연락이 왔다. "잃어버린 연설" 당시 현장의 맨 앞자리에 있었는데, 메모는 하지 않았지만 휘트니가 작성한 연설문이 원본에 가장 가깝다며 입에 침이 마를 정도로 칭찬했다. "휘트니 씨는 링컨의 연설을 놀라울 만큼 정확하게 재현했다.",

"40년 전의 훌륭한 연설을 생생하게 기억할 수 있도록 해 주었다."

하지만 타벨이 힘들게 찾아 낸 "잃어버린 연설"의 초고에 대한 일리노이 주의 평판이 좋은 것 만은 아니었다. 그 연설은 잃어버렸기 때문에 의미가 있는 것이지 찾아내면 아무런 의미가 없다는 것, 잃어버렸기에 다른 연설보다 그 중요성과 가치가 커진 것이라는 이유였다. 그래서 "잃어버린 연설"은 앞으로도 "잃어버린 연설"이어야 한다는 의견이 많았다.

자서전에는 이 외에도 새로운 발견들이 듬뿍 담겨 있다. 하나는 링컨의 결혼식에 얽힌 이야기다. 타벨에 따르면 당시 링컨이 아내 메리 토드와의 첫 번째 결혼식에 참석하지 않았다는 그럴 듯한 소문이 회자되고 있었다. 가족에게 물어 보니, "그건 지어낸 얘기일 뿐, 절대 그렇지 않다."며 강경하게 부인했다. 납득이 가지 않아 링컨 가문의 지인에게 물어보니 마찬가지로 모두 부정했다. 메리 링컨의 자매는 소문을 퍼뜨린 인물의 실명을 거론하면서 그 사람이 그런 소문 말고도 다른 험담을 퍼뜨리고 있다며 비난했다. 이처럼 타벨은 그동안 굳어져 있던 링컨에 대한 통설과 이미지를 직접 취재하고 사실을 확인하여 뒤집어 버리는 것을 즐겼다.

판매 부수는 어땠을까? 외부에 잘 알려져 있지 않은 젊은 시절의 링컨 사진이 게재되었다는 소문에 힘을 입어, 첫 번째 연재 기사가 실린 맥클루어스 매거진은 17만 5,000부가 팔렸고, 그 후 25만부까지 판매 부수가 확장되었다. 나폴레옹 전기가 연재되기 시작했을 당시

2만 5,000부의 열 배에 달하는 확장세다.

은판사진

4년이라는 긴 시간 동안 연재된 기사가 드디어 마지막 회를 맞이했다. 링컨의 장남 로버트가 큰 찬사를 보냈다는 것은 앞에서 소개했는데, 기사는 도대체 어떤 내용이었을까? 필자는 〈에이브러햄 링컨의 초기 인생 *The Early Life of Abraham Lincoln*〉 등 타벨이 집필한 네 권의 책을 주문해서 읽어 봤다. 놀라운 것은 연대별 링컨의 얼굴 사진, 초상화, 생가의 통나무집 사진, 이름이 같은 할아버지의 토지 소유 증명서, 할아버지의 자택이 있는 켄터키 주 지역 데생화, 아버지의 결혼 증명서, 링컨이 시작했던 잡화점, 사용하던 의자와 가방 등등, 링컨에 관한 온갖 사진과 자료로 가득 차 있다. 유년 시절 산수 계산 문제를 풀었던 링컨의 필적도 실려 있다.

나폴레옹 전기 역시 동일하다. 비주얼화에 충실했다. TV도 라디오도 없던 시절이다. 은판 사진은 있었지만 상당히 고가였고 지금처럼 쉽게 인쇄할 수도 없었다. 사진이 이른바 그림의 떡이나 마찬가지였던 시절, 비교적 저렴하게 손에 넣을 수 있는 방법은 이런 잡지를 통해서였다. 240쪽짜리 〈에이브러햄 링컨의 초기인생〉은 대부분의 페이지에 사진이나 일러스트, 편지 등이 게재되어 있다. 링컨의 팬이라면 그 누구라도 한 권쯤 갖고 싶을 만한 책이었다.

이 책에서 무엇보다 큰 박진감을 느낄 수 있는 것은 첫 페이지에 등장하는 젊은 링컨의 은판 사진이다. 첫 번째 연재 기사의 첫 머리에 이 사진을 붙였다고 하니 상당히 자신 있는 작품이었음을 알 수 있다. 타벨은 링컨이 이 사진을 촬영했을 당시의 나이를 30대 초반으로 추정했다. 사진을 제공해 준 사람은 앞서 말했듯이 장남 로버트다. 각주에는 "현존하는 링컨 사진보다 적어도 예닐곱 살은 젊다."는 설명을 붙였고 특종 사진임을 강조했다.

1860년 링컨은 대통령이 꼭 되어주기를 바라는 11세 소녀로부터 편지를 받았다. "당신의 얼굴은 너무 홀쭉하기 때문에 구레나룻을 기르면 훨씬 좋아 보일 것에요. 여자들은 대부분 구레나룻을 좋아하니 당신에게 투표하라고 남편을 조를 것이고 그럼 대통령이 될 수 있을 거에요." 링컨은 이 편지를 계기로 존재감을 높이기 위해 턱수염을 길렀고 얼마 지나지 않아 대통령에 당선된 것으로 알려졌다.

사진은 턱수염을 기르기 이전의 것으로 나비넥타이에 재킷, 조끼, 바지를 잘 갖춘 스리피스 양복을 입은 모습이다. 큰 눈을 부릅뜨고 입을 앙 다문, 의지가 강해 보이는 풍모다. 양복 소매 밖으로 나온 손가락이 아주 굵어 농부를 연상케 할 만큼 야성미가 느껴지지만, 턱수염이 없는 만큼 확실히 무게감은 없어 보인다. 소녀의 조언에 따라 수염을 기른 것이 정답이었을 듯싶기도 하다.

그렇다고 누구나가 알고 있는 턱수염이 있는 사진이 전혀 없는가 하면 그렇지도 않다. 목차 페이지를 두 장 넘기면 우리에게 익숙한 사진이 나온다. 흥미로운 것은 240쪽의 책에 게재된 사진과 그림

18장 중 턱수염이 있는 사진은 단 세 장뿐이라는 점이다. 링컨은 1860년 10월, 즉 51세 때부터 턱수염을 기르기 시작했기 때문에 26세까지를 다루는 작품에는 포함되지 않은 것이다. 링컨 전기의 목차를 한 번 보자.

제1장 링커 가문의 계보, 제2장 에이브러햄 링컨의 탄생, 제3장 링컨 일가 켄터키를 떠나다, 제4장 교육과의 싸움, 제5장 인근에서의 문학적 명성, 제6장 인디애나 주에서의 링컨의 즐거움, 제7장 인디애나 주와의 이별, 제8장 첫번째 일, 제9장 뉴 세럼으로, 제10장 산가몬 유권자에 대한 첫 연설⋯⋯, 제19장 에이브러햄 링컨 26세가 되다

타벨은 목차 각 장의 주제를 중심으로 취재하고 그 내용을 각각 한 회분의 기사로 정리해서 순서대로 연재했다. 조사와 취재 능력이 걸출했음을 확인할 수 있는 기사를 몇 개 살펴보자. 예를 들어 제8장에서는 노예해방 대통령의 원점이라고도 할 수 있는 22세 청년 링컨이 조우했던 충격적인 장면이 기술되어 있다. 공개된 정보를 바탕으로 자신의 발로 직접 취재하여 수집한 정보를 섞어서 묘사한 장면이다.

1831년 5월, 나중에 "위대한 해방자"로 일컬어지게 될 링컨이 남부 뉴올리언스를 방문하여 한 달 동안 머물며 노예시장을 처음 봤을 때 이야기다. 당시 링컨은 일리노이 주에 살고 있었다. 친구를 만나기 위해 미시시피강 하류에 있는 뉴올리언스까지 약 1,000킬로미터를

카누를 타고 이동했던 긴 여정이었다. 타벨은 이를 모험의 여행으로 묘사했다.

당시 뉴올리언스는 교역이 활발한 도시였다. 링컨에게는 반짝반짝 눈부시게 빛나는 신흥 도시로 여겨졌다. 유럽인과 흑인 혼혈 중심의 지역주민들, 독일인, 프랑스인, 스페인인, 흑인, 인디언들이 섞여 사는 거리와 문화는 국제도시 특유의 분위기로 충만했다. 링컨이 배를 타고 이동했던 미시시피강은 내륙과의 물자수송이 상당히 활발한 곳이었고 해상에는 해적이 있었다. 그 무렵 뉴올리언스는 노예시장 거리로 번창했으며, 인구의 3분의 1이 노예였다. 여기에서 링컨은 노예들이 동물처럼 매매되는 것을 처음 목격했다. 친구 하던에 따르면 링컨은 뉴올리언스에서의 첫 경험을 여러 차례 입에 올렸다고 한다. 흑인 노예가 남부 지역에 특히 많았다고는 하지만, 노예는 미국 전역에 있었다. 다만, 노예를 매매하는 비인간적 현장을 직접 목격한 것이 처음이었던 것 같다. 링컨은 "노예제도가 얼마나 무서운 것인지 두 눈으로 똑똑히 확인했다."고 증언한 바 있다. 흑인노예들은 구타와 괴롭힘을 당하고 있었고, 링컨의 정의감이 노예제도의 비인간성에 대한 강한 분노를 불러일으킨 것이다.

또 다른 일화가 있다. 어느 날 아침 링컨과 친구들이 산책 중에 노예 경매장 앞을 지나갔다. 귀엽고 쾌활해 보이는 흑인 소녀가 경매에 나와 있었다. 구매자들은 소녀의 몸을 만지며 신체검사를 하고 있었다. 소녀의 몸을 꼬집어도 보고 움직임을 살피기 위해 말처럼 빠른 걸음으로 걸어 보게도 했다. 옆에서 경매인은 "충분히 만족하셨는지요?"라고 말하고 있었다. 심한 불쾌감을 느낀 링컨은 더 이상 그곳에 머물 수 없었다. 링컨은 "이런 노예제도에 타격을 줄 기회가 있으면 나는 강력하게 공격할 것"이라고 했다. 모두 조사와 취재로 얻은 정보를 바탕으로 집필한 성과들이다.

역대 미국 대통령 가운데 인기 순위 1, 2위를 자랑하는 링컨은 비극의 대통령으로도 알려져 있다. 남부동맹의 항복으로 남북전쟁이 종료되고 닷새 후인 1865년 4월 14일 밤, 워싱턴의 포드극장에서 아내와 연극을 관람하던 중 뒤에서 다가온 남부 출신 저명 배우의 흉탄에 쓰러졌다. 타벨은 링컨 암살 소식이 각지에 어떻게 전달되었고 시민들은 어떤 반응을 보였는지도 기사로 소개했다.

기사는 〈에이브러햄 링컨의 인생 IV〉의 제3장 "링컨의 장례식 Lincoln's funeral"에 수록되어 있다. 타벨은 다양한 인물들을 취재해 그 날을 재현했다. 링컨이 암살된 다음날의 뉴욕. 새벽에 북부에서 배포된 신문 초판 기사의 제목은 "워싱턴에서 링컨 대통령 치명상"이었다. 아직 사망이 확인되지 않은 시점이었다. 그리고 두 시간 후, "링컨 대통령 서거"라는 부고를 전하는 호외가 나왔다. 슬픈 소식이 전해지자 많은 사람들이 하얗게 질린 얼굴로 고개를 떨구었다. 마치 죽음의 정적이 거리를 감싸고 있는 것 같았다. 상점은 임시 휴업했으며, 주식시장은 폐쇄됐다. 타벨은 한 대학교수의 발언을 인용했다.

당시 나는 일리노이 주 인쇄소에서 일하고 있었다. 아침 일찍 창백한 얼굴을 한 편집장이 전보를 보며 들어왔다. 아무 말도 하지 않고 식자공에게 전보를 전달했다. 식자공들은 활자를 놓고 모자를 쓰고 외투를 입고 말없이 거리로 나섰다. 곧 나에게도 전보가 왔다. "링컨 대통령이 전날 밤 저격을 당해 오늘 아침 사망했다."고 적혀 있었다. 나도 모자를 쓰고 코트를 입고 거리로 나섰다. 동네 사람들 모두가 일손을 놓은 것처럼 보였다. 모두 조용했고 안색은 창백했으며 긴장된 표정으로 다음엔 무슨 일이 일어날지 주시하고 있었다.

미국 전역이 충격으로 휩싸였다. 모든 업무가 중단되었고 일대에 걸려 있던 남북전쟁 승리 깃발은 조의를 표하는 상장으로 교체되었다. 그날 뉴욕 거리는 점심시간 전에 이미 상복 차림으로 넘쳐났다. 비탄에 잠긴 곳은 브로드웨이와 워싱턴 광장, 5번가만이 아니었다. 아이오와 주 상원의원에게는 오전 9시경에 암살 소식이 들어왔다고 기록돼 있다. 시민들은 더 자세한 소식을 기다리고 있었다. 링컨의 죽음에 조의를 표하는 움직임은 점점 더 번져 나갔으며, 농장의 농부들은 일손을 놓고 조의를 표하기 위해 문고리 곳곳에 가느다란 검은 천을 매어 놓았다.

하지만 남북전쟁에서 노예제도의 존속을 주장하며 싸웠던 남부 지역에서는 저격에 공감하는 목소리도 있었다. 뉴욕에서는 링컨의 죽음을 "환영한다"는 말도 들려왔다. 극명하게 대비되는 그날의 모습을 타벨은 모두 기록하고 있다.

링컨 전기를 보면, 공개된 자료와 독자들이 전해 준 다양한 정보를 바탕으로 취재에 취재를 거듭하여 기사를 작성했음을 확인할 수 있다. 뼈를 깎아 내는 듯 힘들고 치밀한 작업이지만, 마담 롤랑 전기와 나폴레옹 전기에서 이미 확인된 방법이었다. 탐사보도에서 가장 필요하고 중요한 요소이기도 했다.

링컨 전기에서도 타벨은 '새로운 정보'의 게재와 '사실 관계의 정확성'을 모두 고집했다. 매일 들어오는 독자 편지에 쓸 만한 자료가 있다고 판단되면 언제든 출격해서 취재에 나설 태세를 갖추고 있었다. 사실관계는 더블 체크했다. 기사는 재미있어야 한다는 것을 최우선시 하는 오너 맥클루어는 기사를 세 번씩 다시 읽어 보고 만족스럽지 않으면 수정하도록 했다.

독자들이 잡지사로 보내 온 정보 중에는 링컨의 친필 편지와 연설문도 있었다. 연재가 끝날 무렵에는 약 300건이 넘는 미공표 유품이 도착해 있었다. 정확한 정보인지 확인하기 위해 만난 취재 대상도 수백 명을 넘어섰다. 열정을 담은 취재로 인해 피로가 누적된 타벨은 휴식이 필요했다. 이때부터 타벨은 해마다 뉴욕 주 로체스터에 있는 요양원을 찾아 휴양을 취하기 시작했다.

미국의 인맥

아이다 타벨은 나폴레옹 전기와 링컨 전기를 집필하면서 어떻게 저널리스트로 성장했는가?

첫째, 여성 저널리스트가 그리 많지 않던 시절, 낯선 세계에 뛰어들어 사생결단의 의지로 여기저기 발품을 팔아가며 협력자를 찾아내고, 결국 원하는 정보를 구하는 데에 성공했다. 타벨이 집필을 모두 마친 후에 링컨의 장남 로버트가 기사를 칭찬하며 보낸 편지에서도 지적한 것처럼, 당시 시대적 배경을 봤을 때 미지의 세계에 뛰어드는 용감함, 겁 없이 다양한 사람들을 만나 이야기를 듣는 적극성, 매사에 도전하고자 하는 미래지향적 태도야말로 칭찬받아 마땅하다.

둘째, 취재 능력을 차근차근 키워나갔다. 나폴레옹 전기를 집필할 때 당초 계획했던 프랑스 취재 여행은 성사되지 않았지만, 워싱턴에 가서 산더미처럼 쌓여 있는 정보를 찾아 냈다. 고군분투하며 국무성에 가 보니 다양한 언어로 작성된 외교문서 등 당시의 자료들이 잠들어 있었고, 그 자료들을 활용할 수 있다는 것도 알아냈다. 링컨 전기에서는 연재를 시작하기에 앞서 링컨의 출생지인 켄터키 주로 갔다. 법원과 신문사 등을 직접 방문해 기초자료가 될 만한 것들은 모두 손에 넣었고, 현지 주민들과도 과감하게 접촉하고 만났다. 링컨을 아는 일반 시민들의 생생한 목소리를 들을 수 있었다.

셋째, 풍부한 인맥이다. 누누이 지적했지만 타벨은 걸출한 인물들과 네트워크를 형성하면서 놀랄 만한 능력과 노련미를 보여주었다. 필력도 매우 중요한 요소지만 뛰어난 기사를 쓰기 위해 우선 필요한 것은 좋은 품질의 생생한 정보를 입수하는 일이다. 정보는 사람을 통해 습득하는 경우가 많다. 중요한 정보를 가지고 있는 인맥, 그런 네트워크를 구축하고 있는 인물과의 두터운 유대관계를 구축하는 것은 무엇보다 중요했다. 그러자면 우선 상대방에게 거부감을 주는 사람이 되어서는 안 될 것이고, 두 번 다시 만나고 싶지 않은 사람이 되어서도 안 된다. 정보는 기본적으로는 기브 앤 테이크다. 이쪽에서 어느 정도 정보를 가지고 있지 않으면 상대방의 정보 제공도 기대하기 어렵다. 그런 의미에서 보면 타벨은 정보에 정통했을 것이고 새로운 정보를 입수하는 데에도 욕심이 있었을 것이다.

파리 유학 시절에도 그랬다. 마담 롤랑의 전기를 쓰기 위해 분투한 결과 마담 롤랑의 후손과 친구를 만나는 데에 성공했다. 마담의 전기 집필에서 큰 성과를 거둘 수 있었던 요인 중 하나가 마담의 후손을 만날 수 있었다는 점이다. 단 한 번도 공개된 적 없었던 각종 자료를 수집할 수 있었던 것은 물론, 마담이 결혼 직후 남편과 함께 생활했던 성을 방문해 며칠을 보내며 마담 롤랑의 삶을 직접 체감할 수 있었다.

심지어 프랑스인도 참여는 커녕 그 존재조차 알기 어려운 살롱에 참여하기까지 했다. 마담 롤랑의 후손이 직접 개최하고 프랑스 지식인들이 모이는 살롱에 참석하여 당시 프랑스 상류계층과 교류할 수 있는 기회를 얻은 것이다. 프랑스 상류 계층의 생각, 상식, 관심사 등을 배울 수 있었고, 평소 폐쇄적인 프랑스 사회를 들여다볼 수 있었다. 살롱에 참여하면서 프랑스 정치인들과 교류하며 프랑스 정치 구조도 배울 수 있었다. 이들은 그야말로 정보의 보고였다. 새로운 정보 또는 관련 정보가 필요하면 인적 네트워크를 통해 전문가를 소개받으면 된다. 그렇게 소개받은 전문가는 대부분의 경우 일급 고급정보를 보유하고 있는 사람들이었다. 운이 좋으면 더 자세한 정보를 입수할 수 있는 또 다른 방법과 통로를 소개받기도 한다. 그런 인맥이야말로 저널리스트들에게는 무엇과도 바꿀 수 없는 소중한 자산이다.

나폴레옹 전기를 집필하면서 알게 된 법률가 허버드 역시 미국에서 나폴레옹 유품 수집가 1, 2위를 다툴 정도로 수도 워싱턴에서 손꼽히는 인맥을 자랑한다. 사교에도 열심이었다. 그 주위에는 정치의 거리 워싱턴의 정치인과 관료 등 많은 지인들이 있었다. 타벨도 그 인맥의 고리 속에 녹아들어 다양한 사람들과 교류 할 수 있었다.

링컨 전기를 집필할 때도 워싱턴 인맥이 주효했다. 허버드 여사가 소개해 준 시카고 부유층 부인이 링컨의 장남 로버트를 소개해 주었고 미공개 비밀 소장품을 타벨에게 제공할 수 있도록 부탁까지 해주었다. 과거에 로버트는 이 부인에게 크게 신세를 진 일이 있었는데 언젠가 보답해야 한다는 생각을 하고 있었다고 한다. 로버트는 "좋아요. 별로 어려운 일도 아니고……"라며 은판 사진을 제공했다. 부인의 소개가 없었다면 상상도 할 수 없는 일이다. 이처럼 인맥은 취재 과정에서 많은 것을 말해 준다. 이 사진이 돌파구가 되서 타벨의 기사가 실린 잡지의 발행부수는 순조롭게 확장되었다.

타벨은 자서전에서 허버드에 대해 이렇게 말한다. "나의 사회생활은 허버드 부부의 지속적인 친절 속에서 형성되었다. 거의 가족이나 마찬가지였고 부부의 친구들 사이에 자유롭게 들어갈 수 있었다. 외교관, 정치인, 저명한 방문자를 포함해 부부의 교제 범위는 폭넓었다. 스미소니언 박물관과 농무성, 지질조사, 광물사무소, 천문대 등에서 근무하는 걸출한 과학자들로 이루어진 큰 그룹이었다. 이 마을에서 허버드 씨만큼 존경받는 사람은 없었다. 그 중심에 허버드 씨의 사위 알렉산더 그레엄 벨 씨가 있었다." 노부부와 자녀들이 '수프가 식지 않을 만큼 가까운 곳'에 산다고 표현한 것처럼 그레엄 가족은 허버드 부부의 집 건너편에 살고 있었다.

기사가 잡지에 실리기 시작하자 독자들의 호평이 쏟아졌다. 특히 링컨 전기는 불과 30년 전에 살았던 대통령이 주인공이었던 만큼 아직 추억을 간직하고 있는 시민도 많아, 그를 기억하는 내용의 편지도 쇄도했다. 타벨은 그 편지들을 큰 자루에 담아 취재할 때도 늘 지니고 다녔다. 아니, 오히려 그런 시민들이 보내준 정보를 기반으로 취재하고 기사를 집필했다고도 볼 수 있다.

허버드와의 교류는 이후에도 계속되었다. 딸이 전화를 발명한 벨의 아내라는 점에서 미국 과학계 최고 수준의 지명도를 자랑하는 벨과 벨을 둘러싼 과학자 및 경영인들과의 교류도 시작되었다. 이 흐름은 미 최대 박물관으로 알려진 스미소니언 박물관장을 비롯해 수도 워싱턴의 일류급 저명인사들과의 만남으로 이어졌고 인맥은 더욱 확장했다.

두 편의 전기를 집필하여 인지도가 높아진 타벨은 군인 인맥도 넓혀 갔다. 자주 취재하던 군 최고사령관 넬슨 마일스 장군과의 취재 중에 미·스페인 전쟁의 발단이 된 미 전함 메이호의 아바나항 침몰 제1보가 들어왔다. 1898년 2월 16일 오전, 장군과 함께 군 집무실에 있을 때였다. 나중에 대통령 자리에 오르게 될 당시 시어도어 루즈벨트도 해군에서 차관보Assistant Secretary로 근무하고 있었다. 침몰 당시 루즈벨트는 해군과 다른 부처 사이를 여러 차례 오가는 "롤러스케이트 소년"이었다고 타벨은 자서전에서 적고 있다.

루즈벨트는 독점금지법을 강화하고 스탠더드오일에 반트러스트법을 적용하여 기소와 해체를 이끌어낸 정치인이자 제26대 대통령이다. 타벨과는 끊을래야 끊을 수 없는 관계인데, 그 인연이 여기까지 거슬러 올라간다. 타벨은 당시의 루즈벨트에게 호의적이지는 않았던 것 같다. 미국이 스페인에 선전포고한 직후 해군성 차관보를 그만두고 의용군을 모집하기 시작했기 때문이다. 루즈벨트는 대령으로서 의용군 부대를 지휘했다. 이에 대해 "군이 자신을 필요로 하고 있다고 루즈벨트가 느꼈다면, 실제로 분명히 그랬을 것이다. 하지만 사임하지 말았어야 했다. 예의에 반하는 행동이다" 등의 코멘트를 자서전에 적고 있다.

미국의 재발견 - 워싱턴 마피아

링컨 전기 집필은 프랑스에 대한 타벨의 열정을 흔드는 계기가 됐다. 타벨의 자서전 제10장 "국가의 재발견Rediscovering my Country"의 일부를 인용한다.

공무를 맡고 있는 사람들에게서 책임의 의미, 개성의 격돌, 야심, 재정, 이상理想의 중요함 등을 배웠다. 나는 오랫동안 그런 걸 가져본 적이 없었기 때문에 스스로에게 질문을 던진 것은 그리 오래전 일이 아니다. 나는 그들이 일하고 있는 민주주의 제도를 구성하는 일부이다…… 이 제도에 봉사하기 위해서 내가 하는 일을 활용해야 하는 것 아닐까. 외국으로 도피해서 단순한 방관자가 될 수는 없다. 프랑스가 지닌 커다란 매력 중 하나는 거기에 가면 마땅히 가져야 할 시민으로서의 책임이 없어진다는 점인데, 이에 대한 의문이 생기기 시작했다. 파리를 포기해야만 한다. 사실상 잊고 지냈던 미국의 시민권을 실감했다.

타벨은 링컨 전기를 쓰면서 그토록 동경하고 좋아했던 프랑스에 대한 관심이 자신의 몸에서 점점 빠져나가는 듯한 묘한 감각을 느꼈다. 자유, 박애, 평등의 나라 프랑스에 간다는 것은 프랑스 혁명 당시 활약했던 마담 롤랑을 통해 여성의 삶을 탐구하는 여행이기도 했다. 유학지에서 귀국할 때만 해도 프랑스에 다시 가게 되면 어디에서 살 것인지, 어디에 가고 싶은 지, 무엇을 하고 싶은 지에 대한 구체적인 계획도 이미 세워 놓고 있었다. 그런 꿈과 계획이 한순간에 무산되었지만, 이를 바꾸어 생각해 보면 모국에 대한 관심이 높아진 것을 의미한다. 그리고 록펠러 제국 스탠더드오일의 미국 내 행보에 눈길이 갔다.

타벨의 걸출한 취재 능력은 링컨 전기 집필 과정에서 더욱 연마됐다. 마담 롤랑 전기 집필 과정에서는 신문, 잡지, 공관청 정보, 재판 기록 등 이른바 공개정보를 바탕으로 핵심 인물을 닥치는 대로 찾아 직접 만났고 수집한 정보의 정확도를 최대한 높은 지점으로 수렴시켜 갔다. 취재 거부를 당해도 좌절하지 않고 다른 유력 제보자를 찾아내어 완성도를 높여 갔다. 이 방식은 4년에 걸쳐 링컨 전기를 집필하면서 반석 위에 올라섰다.

타벨의 훌륭한 기사가 탄생한 배경에 편집진의 존재가 있었다는 사실도 잊어서는 안 된다. 걸출한 시대감각을 갖추고 이런저런 조언을 해주며 능숙하게 지원해 준 것이 당시 편집진이다. 이들의 지원이 없었다면 전기는 좀 다른 내용이 되었을지도 모른다.

제4장

록펠러 제국과의 격돌

나폴레옹과 링컨의 전기가 연속으로 성공하면서 타벨의 자신감은 고조되었다. 그 과정에서 구축한 미국 내 인맥은 이후 타벨의 인생을 바꾸는 큰 전환점이 되기도 했다. 정의감이 강한 타벨의 관심은 자연스럽게 국내 문제로 향했다. 미국은 당시 약육강식의 초기 자본주의 한복판에 있었다. 이른바 자본가와 정치인 등 권력을 지닌 강자가 원하는 것은 무엇이든 가능했고, 약자는 벌레처럼 취급받는 세계였다. 그리고 매우 중요하고도 가장 큰 사회문제로 부상한 것이 거대기업에 의한 시장독점이었다.

밀약을 맺어 카르텔, 풀pool, 트러스트 등을 구축하여 생산량을 쥐어 짜내고 힘으로 가격을 인상하면서 마음대로 시장을 지배했다. 서민을 착취하면서 거대한 부를 축재하기 위해 핏대를 올리는 대기업에 희생당한 소비자들의 분노는 커져 갔다. 정부는 윤리와 도덕, 기업의 사회적 책임은 잊은 채 안하무인의 경영을 계속하는 대기업을 규제하기는커녕 그 자유를 묵인했다. 돈뭉치로 매수당한 상원의원과 주지사 등 정치인들은 대기업의 꼭두각시가 되어있었기 때문에 의회조차 믿기 어려운 상황이었다. 미국 민주주의의 위기였다.

분노한 타벨은 '아나콘다' 혹은 '거대 괴물'로 불리며 두려움의 대상이 된 당시 트러스트의 상징 스탠더드오일을 정조준했다. 스탠더드오일은 냉혹하고 반사회적인 방식과 완력으로 경쟁자와 동업자를 무너뜨려 차례차례 흡수하고 탈취하면서 기업 규모를 차근차근 확장해 갔다. 미국 전역의 시장 지배를 목표로 한 록펠러에게 타벨은 메스를 들이댔다.

타벨은 록펠러가 시장을 독점해가는 과정에서 행사했던 반사회적이고 불법적인 경영 방식의 어두운 그림자에 파고 들었고, 그렇게 취재한 기사를 당시 최고 인기를 구가하던 맥클루어스 매거진에 연재했다. 록펠러 제국을 본격적으로 분석한 최초의 기사다. 기사는 큰 반향을 불러 일으켰고, 이것이 기폭제가 되어 정부도 움직이기 시작했으며, 트러스트의 역사적 해체로 이어진다. 타벨의 날카로운 고발이 없었다면 트러스트 왕에 의한 범죄에 메스가 가해지고 단죄되는 일은 가능하지 않았을 것이다. 그 아성을 무너뜨리고 분할하는 것 역시 한참 후로 미루어졌을지 모른다. 4장에서는 록펠러가 어떤 인물이었는지, 스탠더드오일은 어떤 기업이었는 지를 간략히 살펴보자.

존 D. 록펠러

록펠러라는 이름을 듣고 많은 사람들이 머리에 그리는 것은 무엇일까? 석유왕, 미국의 대부호, 시카고대학과 록펠러대학, 록펠러의학연구소 등을 설립한 독지가, 뉴욕 맨해튼을 대표하는 고층빌딩 록펠러센터 등 다양할 것이다.

세계적인 자선단체 록펠러재단The Rockefeller Foundation은 1913년 석유왕 존 D. 록펠러에 의해 설립되었다. 인류복리 증진을 위한 기부 등 자선활동을 목적으로 하며, 자산 규모는 현재 약 42억달러 정도다. 지금은 더 큰 규모의 포드재단Ford Foundation, W. K. 켈로그재단W. K. Kellogg Foundation, 블룸버그 재단Bloomberg Philanthropies 등이 있다.

록펠러 일가가 건설한 초고층 빌딩 록펠러센터는 뉴욕 맨해튼 5번가에 있는 미국을 대표하는 복합시설이다. 겨울이 되면 건물 정면에 설치되는 스케이트장과 특대형 크리스마스트리 장식이 유명한데, 타임스스퀘어와 함께 뉴욕의 명물이다. 버블 절정기였던 1989년 일본 미츠비시지지소三菱地所가 돈의 힘을 빌어 사들이면서 만들어진 벼락부자 이미지가 미국인들의 반감을 사기도 했다. 버블 붕괴 이후 상당수는 매각됐다.

세계 최대라는 평을 받을 만큼의 부를 축적한 록펠러는 도대체 어떤 인물일까? "세계를 조종한다"는 제목의 책이 출간될 정도로 거대한 자산 축적의 원동력이기도 했던 스탠더드오일은 어떤 기업이었나? 타벨의 저작을 분석하기에 앞서 록펠러를 살펴보자.

사회공헌을 위해 자신의 재산을 아낌없이 기부한 기업인. 후세에 자애로운 자선사업가로도 알려진 록펠러는 1839년 7월 8일 밤에 태어났다. 이 무렵 미국에서는 영국보다 뒤늦은 산업혁명이 시작되었다. 산업의 폭발적 신장을 가져옴과 동시에 압도적인 구매력을 자랑하는 미국 시장에 빅 비즈니스의 시대가 도래하였다. 일본에서는 덴포天保(1830.12.10.~1844.12.2.) 대기근이 계속되면서 1837년 오사카에서 오시오 헤이하치로大塩平八郎의 난이 발생하는 등 사회 불안이 확산되고 있었다. 이 무렵 영국, 프랑스, 미국의 함선들이 일본에 들어왔고 개국으로 이어졌다. 메이지 유신을 향해 도쿠가와 막부가 붕괴하는 등 지각변동이 시작됐다. 영국은 1837년 빅토리아 여왕이 즉위했고 대영제국이 절정기를 맞이한 시기다. 1840년에는 자유무역을 주창하는 영국과 중국 사이에서 아편전쟁이 발발했고 중국이 패배하면서 난징조약이 체결되었다. 이것을 기회로 "잠자는 사자"에 대한 침략이 박차를 가한다. 그런 시대였다.

록펠러는 뉴욕 주 리치폴드에서 아버지 윌리엄 에이버리 록펠러William Avery Rockefeller와 어머니 일라이자 데이비슨Eliza Davison의 6남매 중 둘째 아들로 태어났다. 훗날 거부가 된 아들에게서는 거의 상상할 수 없는 일이겠지만 아버지는 착실한 일꾼은 아니었다. 아내와 아이가 있는데도 애인을 가정부로 삼아 자기 집에 살게 했고 아이까지 낳아 동거하는 등 가정환경이 정상적이지는 않았다. 아버지의 여성관계는 여기에 그치지 않았고 훗날 젊은 여성과 중혼한 것도 밝혀졌다. 여성에 대한 폭행 혐의도 있었다. 소행이 불량한 아버지는 갑자기 집을 뛰쳐나가 몇 달 동안 집을 비우는 일도 드물지 않았다. 밭일처럼 성실하게 땀을 흘리는 것을 싫어했던 아버지의 직업은 마음 가는 대로 떠돌아다니는 장돌뱅이와 유사했다. '약초 의사'를 사칭하면서 터무니없이 비싼 값에 약초를 팔아 돈을 벌기도 했다. 마을 사람들은 존의 아버지를 "악마 빌"이라고 불렀다. 어릴 적 이사를 자주 다닌 것도 이웃에서 아버지의 평판이 나빴기 때문이기도 했다.

아버지가 부재중일 때가 많았기 때문에 록펠러는 어머니를 도와 집안일을 해야 했고 가계에 보탬이 되기 위해 칠면조를 길러 인근 시장에 내다 팔기도 했다. 다만, 92에이커에 달하는 광대한 토지의 넓은 집에 살고 있었다는 점에서 가난하지는 않았다고 소개하는 책도 있다. 독실한 신자인 어머니 영향으로 어려서부터 성당 주일예배에 자주 가곤 했는데, 훗날 주일학교 선생님이 될 정도로 깊은 신앙심이 형성된 기반이기도 하다.

아버지의 악행에 대해 앞서 소개했지만, 록펠러는 아버지를 나쁘게만 생각하지 않았다. 오히려 호의적이었다. 자서전을 보면 비즈니스의 원칙이나 방법, 예를 들어 사업과 장사 요령을 아버지에게서 배웠다고 쓰고 있다. 아버지의 가르침으로 영수증은 용도를 알기 쉽게 기입했고 회계장부도 꼼꼼하게 작성했다. 자서전에는 일곱 살 또는 여덟 살 무렵 처음 시작한 장사 이야기도 소개하고 있다. 원숭이와 작은 새 등 동물을 키워 팔아서 용돈으로 썼다. 1851년에는 같은 주에 있는 오위고Owego로 이사하여 중등교육을 받을 기회가 주어졌다. 1853년에는 오하이오 주 클리블랜드로 옮겨 고등학교를 졸업하고 상업전문학교 비즈니스 코스를 몇 달 동안 다니며 부기를 배웠다. 수학을 잘해서 성적은 나쁘지 않았다.

존 D. 록펠러

자서전에는 "학교에서 부기와 상업 거래의 원칙들을 배웠는데 나에게 매우 가치 있는 것이었다."고 회상했다.

늘 가계에 보탬이 되어야 한다고 생각하던 록펠러는 1855년 9월, 대망의 일자리를 얻는다. 그의 나이 16세 때였다. 이를 계기로 비즈니스 업계에서 거침없는 출세 가도를 걷게 되는데, 자서전 〈사람과 일에 대한 이런 저런 회상Random Reminiscences of Men and Event〉에서 당시를 자세히 기록하였다. 검정 색 양복을 입고 상인이나 상점 주인에게 "저 부기할 수 있습니다.", "견습생 필요하지 않나요?"라며 며칠이고 몇 주일이고 돌아다녔다. 여기저기 발길 닿는 대로 무작정 다닌 것은 아니었다. 눈치 빠른 록펠러답게 사전에 비교적 큰 회사를 중심으로 방문할 만한 회사 목록을 만들었다.

클리블랜드는 에리호Lake Erie에 인접한 교통의 요충지이며 당시 인구 3만 명 정도의 신흥 공업도시였다. 미네소타 주의 철광석과 애팔

래치아 탄전에서 철도로 운반해 온 석탄의 집산지로 공업이 발달할 수 있는 환경이었다. 하지만 애송이의 요구는 무시당하기 일쑤였다. 견습생을 필요로 하는 경영자는 아무도 없었고 진지하게 상담에 응해 주는 사람도 없었다.

하지만 노력하면 그 의지가 통할 수 있는 걸까? 운명의 여신이 마침내 미소를 지었다. 조선소 직원 중 한 명이 점심식사 후에 한 번 더 오라는 말을 해 줬다. 록펠러는 시계가 정오를 지나 오후가 되자마자 다시 조선소를 방문했다. 처음 만났던 남자의 상사가 면접을 위해 기다리고 있었다. 마침 그는 장부를 찾고 있었던 듯, "자네에게 기회를 주겠네."라며 따뜻하게 맞아 주었다. 1855년 9월 26일이었다. 직장인으로서 첫발을 내디딘 이 날은 록펠러 생애 가장 기념할 만한 날이었고 이후 자신의 생일 이상으로 성대하게 축하했다.

첫 직장의 이름은 휴이트 & 터틀이었다. 물론 즐겁게 일했다. 월급 액수도 정하지 않고 부기 업무를 주로 담당했다. 부모님에게 배운 장사 철칙과 전문학교에서 배운 것들이 큰 도움이 됐다. 다음 해 1월, 3개월분 급여로 50달러를 받았다. 록펠러는 회사에서 자신을 필요로 하고 있다는 것을 알고 매우 만족하며 아침 6시 반부터 밤 10시 반까지 열심히 일했다.

자서전에서는 당시 업무를 이렇게 소개했다. 어느 날 지역 배관공이 1야드(91cm) 길이의 청구서를 내밀며 "돈을 달라."고 요구했다. 단돈 몇 센트의 작은 액수라도 청구서를 꼼꼼히 확인하던 록펠러에게 배관공의 속임수 청구는 실패할 수밖에 없었다. 사업상 배관공과 교류가 있어서 많은 청구서를 확인하고 있었기 때문이다. 청구서를 처리하고, 월세를 모으고, 요구를 조정하는 일을 담당하다 보니 다양한 사람들과 연결되었고 일을 통해 여러 계층의 사람들과 교제하는 방법을 배웠다고 회상했다.

일 처리가 호평을 받은 것인지, 약관 16세의 젊은 나이에도 불구하고 경리뿐 아니라 다양한 일을 맡게 되었다. 그 중 하나가 대리석 운송이다. 당시 운송 방법은 주로 철도 또는 배를 이용해 운하나 호수를 경유하는 것이었다. 운송 도중 발생하는 손실이나 손해는 경로에 따라 달라졌다. 록펠러는 이것을 계산해서 회사는 물론 납품업자를 납득시켜야 하는 어려운 역할도 담당했는데, 힘들고 괴로운 체험이 아니라 오히려 중요한 일을 맡은 것으로 생각해 크게 만족했다. 일찍부터 운송 사업에 관여해 본 경험이 나중에 철도회사로부터 받은 거액의 리베이트를 기반으로 트러스트 록펠러 제국을 구축하는 중요한 힌트가 된 것이 틀림없다.

록펠러는 "큰 회사 사무실 직원이 하는 업무보다 훨씬 재미있었다.", "협상의 원칙을 배우는 첫 단계였다."고 당시를 회상했다. 급여는 월 25달러(연봉 300달러), 그 다음에는 연봉 500달러, 그리고 1858년에는 연봉 600달러까지 인상되었다. 꼼꼼한 경리 업무 수완이 좋은 평가를 받은 것이다. 하지만 록펠러는 점차 자신이 받는 급여 수준이 낮다는 것을 느끼기 시작했고, 1857년 미국 전역을 덮친 경제공황으로 인해 근무하던 휴이트 & 터틀의 경영 상태가 안정적이지 않다는 것도 알게 되었다. '독립'이라는 글자가 록펠러의 뇌리를 스치기 시작했다.

마침, 회사를 만들어 보지 않겠느냐는 이야기가 갑자기 부상했다. 상대는 상업전문학교의 10세 연상 동급생이자 가까운 곳에 살고 있는 영국인 모리스 B. 클라크였다. 각자 2,000달러씩 출자하여 농산물을 매매하는 사업이었다. 800달러 정도 가지고 있었던 록펠러는 부족한 돈을 아버지에게 부탁했다. 아버지는 재산분할의 일환으로 1,000달러를 마련해 주면서 10%의 이자를 요구했다. 당시 금융기관의 이자율 수준이었다. 아들에게 나눠준 재산에 이자를 매기는 사업가 아버지의 금전 감각이 평범하지는 않다. '수전노'라는 비난이 나올 만도 하다. 실제로 아버지는 가족들의 거주를 위해 집을 지었는데 그곳에 사는 아들에게도 월세를 요구했다. 나중에 소개하겠지만, 록펠러 제국을 구축하기까지의 냉혹한 경영 방법과 금전 감각은 집안에서도 사업 운영과 유사한 규칙을 적용했던 아버지에게 물려받은 것 같다.

어찌 되었든 1858년 4월, 합작회사 클라크 & 록펠러를 출범시켰다. 록펠러는 금융과 회계를, 클라크는 판매와 구매를 담당했다. 3년 후 발발한 남북 전쟁(1861~1865)은 록펠러에게 유리하게 작용했다. 이른바 전쟁 특수였다. 병사들의 식량을 확보하기 위해 소금, 고기, 밀가루 등 농산물 매출이 급증했고, 전후 이익은 전쟁 전의 4배에 해당하는 1만 7,000 달러에 달했다. 록펠러는 20대에 부유해졌고 회사는 클리블랜드에서 널리 알려진 기업이 되었다.

그 무렵 동쪽으로 약 160킬로미터 떨어진 펜실베이니아 주 타이터스빌에서 록펠러의 인생을 완전히 바꾸어 놓는 사건이 발생했다. 1859년 8월 28일, 에드윈 L. 드레이크가 1년 반 전부터 석유 채취를 시도하던 유정에서 채굴에 성공한 것이다. 골드러시가 아닌 오일러시의 시작이었다.

소식을 듣고 일확천금을 꿈꾸는 채굴업자들이 인구 200명도 안 되는 골짜기 외딴 마을 타이터스빌로 몰려들었다. 펜실베이니아 서부의 산유량이 1860년 45만 배럴에서 1862년에는 300만 배럴로 급속히 확대되었다. 록펠러도 물론 석유를 취급했다. 전기가 없던 당시, 석유는 고가였고 가격이 계속 인상되던 고래 기름 대신 조명 램프나 난방용 등으로 이용되었다. 가솔린이 매출의 중심을 차지하게 된 것은 자동차의 왕 헨리 포드가 저렴한 가격의 자동차를 대량생산해 내기 시작하면서 부터다. 이른바 모터리제이션motorization이 대중에게 널리 확산된 20세기 들어서의 일이다.

클라크의 친구이자 연료용 석유 전문가인 사무엘 앤드루스가 석유 정제사업에 관한 이야기를 전해 왔다. 록펠러는 이 이야기를 적극 수용하였고 24세에 석유정제사업을 시작했다. 창업 후 1년 만에 석유 정제사업 매출이 농산물 매출을 상회하게 되었다. 하지만 공동경영이 계속되던 중 클라크와 노선이 다르다는 것을 명확히 인식하였고, 이때부터 혼자 힘으로 경영할 결심을 하게 되었다. 이를 대비해 은행을 끌어들이는 등 자금 마련을 게을리 하지 않았다.

머지않아 고대하던 순간이 찾아왔다. 동업자였던 클라크가 해산을 제의해 왔다. 이를 계기로 자신들의 정유소를 경매에 내 놓았다. 500달러에서 시작한 경매가가 7만 2,500달러까지 치솟았다. 록펠러는 주저하지 않고 그 금액을 내고 권리 획득에 성공했다. 1865년 3월 합작회사는 해산되었고 록펠러는 클리블랜드 최대의 정유소를 보유하는 경영자가 되었다.

론 처노Ron Chernow가 쓴 〈타이탄TITAN〉에 따르면, 하루 약 500배럴의 정유 처리 능력은 인근 경쟁자의 두 배에 이르는 규모였고 세계에서도 유수의 대형 정유소였다. 훗날 세계를 대표하는 석유왕으로 변신하게 될 록펠러의 일생을 명실상부 결정하는 획기적인 계기가 된 것이다. 경영권을 취득한 시기도 절묘했다. 1861년부터 계속되던 남북 전쟁의 승패를 판가름하게 될 남부의 수도 리치몬드가 1865년 4월 함락되었다. 남부군 항복과 전쟁 종식을 계기로 미국은 폭발적인 경제발전을 이루게 된다. 이민이 급증했고 서부 개척이 급속하게 진전하는 상황도 뒷받침되었다.

헤르만 E. 크루스Herman E. Krooss 등이 쓴 〈미국 경영사(상)American Business History〉에 따르면, 미국은 남북전쟁이 끝난 19세기 후반에 농업국가에서 공업국가로 전환되었다. 이 시기에 생산 활동과 기업 활동은 유례가 없을 만큼 활발해졌다. 1870년대 이후 새로운 산업과 새로운 양태의 기업 활동이 활발해지면서 꿈과 열광의 시대가 열렸다. 경공업이 중공업으로 전환되었고 동시에 빅 비즈니스가 대두했다. 록펠러의 스탠더드오일도 바로 여기에 포함된다.

대규모 정유소를 손에 넣은 록펠러는 몸집 불리기, 품질 향상, 효율화 등에 집중했다. 자금 축적에도 힘을 쏟았다. 경제공황이 닥쳐도 이겨낼 수 있을 만큼의 탄탄한 재정기반 구축을 위해 노력했다. 미 석유 시장의 만성적 공급 과잉이라는 체질적 한계를 극복해야 했기 때문이다. 석유 수요 증가세를 능가할 만큼 급속하게 석유가 생산되면서 가격은 요동쳤고 석유업체들은 직격탄을 맞고 있었기 때문에 손해를 최소화하기 위해 록펠러가 고안해 낸 방어책이기도 했을 것이다.

1870년 1월, 록펠러는 당시 임원을 포함한 5인 공동으로 스탠더드오일을 설립했다. 스탠더드standard라는 단어는 기준, 표준, 성실 등을 의미한다. 당시 석유 제품의 질이 안정적이지 않아서 석유난로에 불을 붙이는 순간 폭발하는 사건이 적지 않았다는 점에 착안하여 안정적인 품질의 석유를 공급한다는 의미로 스탠더드라는 명칭을 붙였다. 그 사이에 록펠러는 고등학교 시절 만난 로라 스펠먼과 결혼했다.

스탠더드오일을 창업한 록펠러는 가격의 급격한 변동을 막고 경영 안정화를 도모하기 위해 석유산업 지배를 염두에 두고 있었다. 무자비하고 냉혹하며 위법한 동시에 반사회적이고 반도덕적인 각종 수법을 이용해 산업 독점에 나섰다. 트러스트를 형성하는 것이다. 다소 의외라고 생각할 수도 있지만, 당시 록펠러는 소비자의 적이라는 공격을 받으며 여론의 뭇매를 맞고 있었다. 그리고 "공정하지 않다"며 용감하게 일어선 것이 여성저널리스트 타벨이었다.

일련의 연재 기사로 베일에 가려져 있던, 록펠러의 피도 눈물도 없는 악명 높은 거래 스타일이 백일하에 드러났다. 가장 미움 받는 경영자상이 형성된 것이다. 특히 주목해야 할 것이 비밀주의다. 기자 인터뷰에 응하지 않았고 회사의 경영방침이나 실적 등도 공개하지 않았다. 회사의 속사정을 밝히는 것도 꺼려했다. 소속 직원들에게도 비밀을 철저히 엄수하도록 했다. 스탠더드오일이 매각하여 경쟁사가 된 다른 기업들에게도 이전과 같은 방식을 적용했다. 경쟁기업을 속이고 기밀 정보를 입수하는 등 공명정대함과는 전혀 거리가 먼 방식으로 진영을 확장해 갔다. 뒤통수를 맞은 경쟁기업이 분노하는 것은 당연했다. 사내에는 인물명, 회사명, 도시명 등을 기록한 암호표가 있었고 실명은 사용되지 않았다.

록펠러의 회고록이 나온 것은 타벨의 보도로 인해 사면초가 고립무원 상태에 빠져 스스로 변명을 해야만 했던 1908년이다. 비밀주의의 원인을 아버지의 존재에서 찾는 분석도 많다. 유소년 시절부터 복잡한 가정환경에서 자라 집안 이야기를 남에게 누설하는 일이 일절 없었기 때문이다. 무자비하고 냉혹했던 것도 아버지에게 물려받은 것일까? 록펠러는 자신의 장사수완을 "신이 내린 것"이라며 자랑스러워했다.

스탠더드오일

록펠러의 분신으로 꼽히는 스탠더드오일은 어떨까? 그 명칭의 회사
는 현재 존재하지 않는다. 1911년 반트러스트법에 의해 회사는 40여
개로 해체되었고, 스탠더드오일이라는 이름을 사용하며 존속되던 스
탠더드오일 뉴저지는 1972년에 회사명을 엑슨으로 변경했다. 엑슨
역시 1999년 스탠더드오일 계열의 모빌오일과 합병했다. 통합 후의
엑슨모빌은 여전히 세계 석유시장에서 군림하고 있다. 이 회사의 가
솔린 판매점 이름은 스탠더드오일Standard Oil Company의 'S'와 'O'를 연
결한 'SO'다.

 록펠러를 세계 최대 부호로 만들어준 스탠더드오일이 거액을 벌어
들일 수 있었던 것은 철도회사로부터 거둬들인 거액의 리베이트와
드로우백drawback이 있었기 때문임을 앞서 소개했다. 스탠더드오일이
대부분의 시장을 제패한 19세기 후반의 운송 수단은 주로 짐수레를
끄는 말이나 소에 의지하고 있었다. 트럭은 물론 대규모 송유관도
없던 시절이다. 유정에서 분출된 석유와 정제한 석유제품을 소비지
역과 수요자에게 대량으로 운송하려면 당시 건설된 대륙횡단 철도를
이용할 수밖에 없었다. 철도회사들 역시 석유산업 못지않은 과당경
쟁 중이었다.

 독립계열의 약소기업을 인수하거나 매수하는 방식으로 규모를 확
대해 온 스탠더드오일의 반복적인 운송은 발주 단위도 컸기 때문에

철도업자에게도 상당히 매력적이었다. 철도회사는 공공기관임에도 불구하고 뒤에서 리베이트를 주는 밀약을 적극적으로 체결했다. 그 결과 협상에 능한 스탠더드오일 경영진이 쏟아내는 속임수의 개미지옥 세계에 빠져들었고, 정신을 차려 보니 철도회사가 지불하는 리베이트는 공전의 규모로 불어나 있었다. 벗어나고 싶어도 벗어날 수 없는 심각한 지경에 이르고 만 것이다.

과잉생산에 시달리던 당시 석유업계의 이윤 폭은 그다지 크지 않았다. 리베이트가 없는 경쟁 기업들은 록펠러의 산하로 들어갈 수밖에 없었다. 스탠더드오일은 구렁이처럼 계속 부풀어 올랐다. 불합리하고 반도덕적이며 불법적이고 악질적인 리베이트, 이른바 드로우백을 철도회사에 들이댔다.

〈컨사이스 옥스퍼드 사전〉(제10판)에서 'drawback'이라는 단어를 찾아보면 "불리한 점, 장애, 제품 수출 시에 환불되는 간접세, 수입세 등disadvantage or problem, excises or import duty remitted on goods exported"라고 설명하고 있다. 하지만 스탠더드오일이 요구한 것은 단순한 환불이 아니었다. 경쟁기업이 해당 철도를 이용해 운반한 석유제품의 운임 리베이트에 해당하는 만큼의 금액을 스탠더드오일에 지불하도록 요구한 것이다.

리베이트만큼 자사의 운송비를 낮출 수 있어 저렴한 운임으로 수송할 수 있었다. 여기에 경쟁기업이 지불한 수송운임 중의 드로우백을 스탠더드오일 계좌에 입금하도록 했다. 이중 리베이트다. 경쟁기업은 결코 이길 수 없는 싸움이었다. 물론 모두 밀약에 의해 이루어졌다. 스탠더드오일은 이런 불공정한 방법으로 경쟁기업들을 따돌리고 흔들고 통합하고 흡수하면서 몸집을 키워갔다.

주목할 만한 것은 팽창하는 석유제국을 정리하기 위한 독점의 한 형태, 트러스트를 고안해 낸 것이 스탠더드오일의 고문변호사라는 점이다. 아베 에츠오安倍悦生 메이지대 교수 등이 집필한 〈케이스북 아메리카 경영사〉에 따르면, 당시에는 지주회사 형태가 허용되지 않았기 때문에 참여기업을 일원화하여 관리하는 것이 문제였다. 여기서 고문변호사가 트러스트(신탁) 형식의 운영 방식이라는 아이디어를 만들어 냈다. 트러스트 형식 자체는 상당히 오래전부터 있었다. 설립 당시 고문변호사는 록펠러 등 9명의 수탁자를 선임하고 미국 전역의 록펠러 계열기업 40개사의 주식을 신탁했다. 신탁한 주주는 41명이다. 수탁인은 주식을 관리하고 신탁인은 주식과 교환하여 트러스트증권을 보유하며 40개사를 경영한다. 40개사의 경영이 수탁인에 의해 이루어졌던 것이다. 지주회사가 허용되지 않는 시대에 트러스트는 큰 역할을 했다. 하지만, 록펠러의 트러스트는 오하이오 주의 주법에 의거하여 1892년 법원으로부터 해산 명령을 받았다. 이에 따라 지주회사가 유일하게 허용되던 뉴저지 주를 본거지로 하는 지주회사 스탠더드오일을 설립하여 강력한 사령탑을 재구축한 것이다.

1911년 연방대법원에서 스탠더드오일 해체 판결을 내린 것은 타벨의 연재기사로 인해 트러스트 스탠더드오일의 범죄적 수법의 경영에 대한 반대운동이 급속히 고조되면서 대기업=트러스트로 간주하는 풍조가 유행했기 때문이기도 하다. 스탠더드오일은 두 번의 해체 판결을 받은 셈이다.

당시 퓰리처와 허스트 계열의 신문들은 대기업을 규탄하는 논지를 펼치며 트러스트를 큰 제목으로 뽑아 독자들에게 어필하고 있었다. 트러스트는 악덕 대기업의 대명사가 되었고, 트러스트가 제목에 오르면 시민들의 주목을 받아 신문이 팔렸다. 록펠러=트러스트에 대한 비난이 그만큼 거셌다.

불멸의 업적

드디어 타벨과 록펠러의 격돌이다. 면밀하고 끈질긴 타벨의 탐사보도 특집은 연재기사 형태로 맥클루어스 매거진에 약 2년 동안 게재되었다. 그 기사가 큰 반향을 불러 일으켰고 정부 정책을 움직였다는 것도 앞에서 소개했다. 구체적인 내용은 제7장에서 다시 설명할 것이다.

타벨의 특집기사는 〈스탠더드오일의 역사(상, 하)〉 두 권의 단행본으로 출판되어 지금도 구입하여 읽어 볼 수 있다. 독자의 관심 정도를 감안해서인지 사진이나 일러스트, 참고문헌 인용 등을 생략한 한 권의 축쇄판도 있다. 타벨과 록펠러의 격돌은 이 문헌들을 중심으로 정리했다.

축쇄판에는 플로리다 대학의 데이비드 M. 찰머스David Mark Chalmers 교수가 쓴 서문이 1966년 3월자로 게재되어 있다. 찰머스 교수는 서두에서 스탠더드오일을 이렇게 표현했다.

존 D. 록펠러와 동료들이 스탠더드오일을 설립한 것은 월가의 은행 임원실이 아니었다…… 그들은 리베이트와 드로우백, 뇌물, 공갈약탈, 스파이 활동, 할인, 그리고 인정사정없는 조직과 높은 생산 효율성을 무기로 (시장) 지배의 길을 열어 왔다.

록펠러의 성공은 바로 그 지적대로였다. 자신의 손을 더럽히지 않으면서 금융자본과 대척점에 서서 시장독점을 완수했다. 냉혹하고 무자비한 공갈과 뇌물 등 반사회적인 수법도 서슴지 않았다. 완력으로 경쟁자들을 쓰러뜨리거나 혹은 산하로 끌어들여 지배하면서 단기간에 미국 최대 기업으로 성장한 미국 초기 산업자본의 왕자이기도 했다.

금융자본 모건재벌이 주도하여 US스틸이 설립된 1901년까지 스탠더드오일은 미국 최대 기업이었다. 최고 절정일 때는 미국 석유정제업의 95% 가까이를 독점하는 괴물이기도 했다. 이익률도 월등히 높아 초기에도 이익률 20%를 밑돈 적이 없었다. 1911년 해체 후에도 존속했던 스탠더드오일 뉴저지는 이후에도 미국에서 최대급의 힘을 발휘했다.

하지만 이 엄청난 부와 이익으로도 탐사보도의 1인자 타벨의 매서운 추적과 고발을 면치 못했다. 타벨은 〈스탠더드오일의 역사〉를 통해 록펠러는 인생에서 정의와 인간성을 포함해 만인에 대한 배려를 앗아갔고 "열정적으로 (돈을) 사랑한 나머지 돈의 희생자"가 되었다고 지적했다. "상업주의적 마키아벨리즘에 의해 미국인들의 생활을 집중 공격하고 위협하기에 이르렀다."고도 비판했다. 그 어떤 방법을 써서라도 선두를 달리는 것이 미국 비즈니스 사회에서 최고의 덕성으로 여겨지게 만든 책임이 록펠러에게 있다고 지적한 것이다.

하지만 타벨의 이러한 지적에 대해 찰머스 교수는 다소 회의적이다. 타벨은 록펠러의 경영기법과 성격, 외모 등을 뒤죽박죽으로 섞어서 불쾌하고 비참한 외모와 마음을 가진 교활하고 무자비한 사람, 셰익스피어의 소설 〈베니스의 상인〉에 등장하는 악덕고리대금업자 샤일록과 같은 이미지를 만들어냈다는 것이다. 찰머스 교수가 높이 평가하는 록펠러의 자선사업을 일소했다고도 지적한다. 그렇게까지 록펠러를 악덕으로 몰아붙이는 타벨의 입장과 태도에 의문을 제기하기도 했다.

타벨은 "자유경쟁은 '에덴의 동산'"이며 그 외의 것은 "죄가 많다."고 단언했다. 에덴의 동산은 타벨이 자란 펜실베이니아 서부에 있다. 여기에서는 생기 넘치는 노동자 개개인들이 석유업에 종사하며 미래지향적인 사회를 꿈꾸고 있었다. 하지만 록펠러는 공정하지 않은 책략을 이용했고 독점을 구축하기 위해 이들을 모두 망가뜨렸다는 것이 타벨의 지적이다. 경쟁자이기도 한 약소업체의 잠재력을 불리한 입장으로 몰아넣거나 파괴해 버린 트러스트의 지배력은 철도회사의 차별주의에서 비롯한 것이라고도 설명했다.

찰머스 교수에 따르면 타벨의 책 〈스탠더드오일의 역사〉가 미국 저널리즘의 20세기 초 탐사보도의 개막을 장식했고 타벨의 명성은 미국의 역사에 각인됐다. 그는 앨런 네빈스Allan Nevins가 쓴 〈존 D. 록펠러, 산업가와 자선사업가Study in Power: John D. Rockefeller, Industrialist and Philanthropist〉(1953)를 인용해 "시대와 잡지와 저널리스트의 공동 작업으로 이 연재 기사가 대박을 터뜨렸고 저널리즘의 머크레이킹 muckraking으로 불후의 업적을 남겼다."고 축쇄판 서문의 끝을 맺었다.

제5장

지옥의 파수견과 해후

드디어 록펠러 제국 스탠더드오일과의 격돌이다. 타벨이 맡을 다음 특집 연재기사는 당시 기승을 부리고 있던 트러스트로 정해졌다. 그 중에서도 최대 최강을 자랑하는 트러스트의 왕자, 스탠더드오일을 주목했다. 공정한 경쟁을 해치는 스탠더드오일의 수법은 현지 업자와 지방정부 사이에서도 마찰을 불러일으키고 있었기에 이것을 취재하면 뭔가 실마리를 찾을 수 있을 것으로 믿었다. 하지만 막상 취재해 보니 곳곳에서 보이지 않는 벽에 부딪쳤다. 공청회 등 증언을 담은 자료도 없었고, 있다고 해도 누군가에 의해 이미 반출된 상태였다. 시작 단계부터 어찌할 바를 몰라 이러지도 저러지도 못하고 있던 차에 오너인 맥클루어로부터 희소식이 날아들었다.

폭탄 투하

목표는 트러스트

기사 주제는 저널리스트 본인이 결정한다. 조직에 속해 있다면 동료들이 기사 집필을 지원해 주기도 하고 상사의 지시에 따르기도 한다. 맥클루어스 매거진은 어땠을까?

맥클루어스 매거진은 링컨 전기를 게재하면서 발행 부수가 몇 배로 증가하며 성장하고 있었고 경영상태도 나쁘지 않았다. 아이디어를 무한대로 뿜어내는 오너 맥클루어를 필두로 한 집필진은 우수했다. 사회악을 고발하는 걸출한 탐사보도가 가능했고, 사회정의 실현을 추구하는 민완기자 링컨 스테펀스와 같은 인재들도 많았다.

스테펀스는 타벨이 기사를 연재하기에 앞서 금권부패로 얼룩진 지방정부의 비리를 파헤치는 고발기사를 쓰기 위해 취재에 들어갔다. 타벨의 기사가 연재되기 4년 전에는 레이 스태너드 베이커가 편집부에 합류했다. 미시간 주 출신으로 주립농업대학(현 미시간주립대)을 졸업한 베이커는 경영자들에 의한 파업 파괴 공작 등 노동문제와 인종차별 문제를 사회적 화두로 삼은 미국 최초의 저널리스트로 지금도 유명하다. 이 세 명은 사회를 뒤흔드는 특종 고발 기사를 연속으로 터뜨리면서 맥클루어스 매거진이 자랑하는 탐사보도 트리오로 알려지게 된다. 타벨이 '교열의 천재', '타고난 교열사'로 치켜세우는 중진 비올라 로세볼로도 있었다. 그녀는 재기가 뛰어나고 토론에도 활발하게 참여하여 편집부가 연속으로 특종을 터뜨리는 데에 중요한 역할을 하였다.

타벨은 스탠더드오일에 초점을 맞추고 트러스트를 고발하기 위한 취재에 착수했다. 기사에 도움이 될 만한 자료를 쉽게 찾을 수 있을 줄 알았는데 막상 시작해 보니 그렇지도 않았다. 악행의 증거를 남기지 않기 위해 소소한 부분까지 챙기는 록펠러의 비밀주의는 과연 대단했다.

미국 전역이 트러스트의 공격을 받기 시작한 것은 스탠더드오일이 트러스트 체제로 이행한 1880년대 들어서 였으며, 미·스페인 전쟁이 발발한 1898년경에 본격화되었다. 미국 번영의 대가는 트러스트에 의한 혼란과 황폐함이었다. 자유경쟁이 시민 평등을 가져다 줄 것이라는 기대와는 정반대의 사태가 벌어진 것이다.

이 시기에는 거래를 제한하는 계약 또는 결합이나 공모를 금지하는 이른바 반트러스트법Sherman Antitrust Act(1890)도 이미 존재하고 있었다. 제1조에서 "기업 합동 혹은 공동 모의는 위법"으로 규정하고 기업 결합을 금지하고 있었지만 영업이나 거래의 제한, 독점의 내용에 대한 구체적인 정의는 없었다. 이 때문에 법 조항을 적용하여 트러스트를 적발하기는 어려웠다. 셔먼 반트러스트법은 '그림의 떡'에 불과하다는 인식이 일반적일 만큼 무력했다.

트러스트가 시장을 독점하면서 생산량을 줄이고 힘으로 가격을 인상하여 거액을 챙기고 있을 때, 가난한 시민의 삶은 착취당하고 있었다. 그렇지 않아도 가진 것 없는 서민들을 착취하는 트러스트에 대한 반감이 일반 시민들 사이에 높아 갔다. 그 필두에 서 있는 것이 공정 경쟁에 반하는 스탠더드오일의 수법이었는데, 현지 업자와의 사이에서뿐 아니라, 연방정부나 지방정부와의 사이에서도 갈등을 빚고 있었다. 각 지역의 법원에서 소송과 법적 다툼이 벌어졌고 공청회나 증언대에서 비난의 화살을 맞았다.

스탠더드오일은 1879년 최초로 설립된 트러스트다. 물론 그 이전에 독점체제가 없었던 것은 아니다. 19세기 후반 이후 철도 붐과 함께 중화학공업을 중심으로 미국 산업혁명이 진행되면서 기업인들의 수도 급속도로 증가했다. 산업이 급속하게 확장되면서 생산은 과잉상태였고 가격은 하락했으며 도산기업이 속출했다. 기업인들은 치열한 경쟁을 회피하기 위한 방책으로 공동조직을 설립하여 협정가격을 유지하거나 할당협정으로 시장을 분할하는 등 일종의 기업연합 풀제가 등장했다.

풀제에 가입한 기업의 점유율을 고정시켜 놓고 이익을 확보하면서 유통을 조정했지만 강제력이 없어 오래가지는 못했다. 스탠더드오일이 강제력을 발휘하여 중앙집권화 방식으로 시장을 지배하는 트러스트로 대체된 것이다. 석유의 뒤를 이어 1880년대에는 면화기름, 아마씨기름, 위스키, 설탕, 납, 철도, 구리 등의 트러스트가 잇따라 설립되었다. 자본은 더욱 빠르게 집중되었고 부당한 차별, 턱없는 가격 인상 등으로 부당이윤을 취득하는 사례가 두드러지기 시작했다.

농민, 중소기업, 노동자 사이에서 독점을 반대하는 물결이 용솟음쳤다. 동업자들이 동맹을 결성하여 시정을 요구하며 궐기하는 움직임도 보였다. 특히 철도 트러스트에 대한 반대운동은 극도로 격렬했다. 운임이 지나치게 비쌌을 뿐 아니라 공공기관임에도 불구하고 설명하기 어려울 정도의 지역별·고객별 차별운임을 설정하여 적용했기 때문이다. 이 운동은 단거리 차별운임, 운임풀, 운임환불제 등의 철도독점을 금지하는 주간통상법州間通商法, Interstate Commerce Act 제정(1887)을 이끌어냈다.

사회문제는 더욱 심각해졌다. 1888년 대통령 선거에서 트러스트의 횡포가 쟁점으로 부상했고, 1890년에는 카르텔이나 보이콧 등 거래를 제한하는 공동 행위와 독점 행위 등을 금지하는 셔먼 반트러스트법이 압도적 다수로 상원을 통과했다. 독점과 트러스트에 대한 사회적 반발이 얼마나 컸는지 알 수 있다. 셔먼 반트러스트법은 비즈니스에 반하는 법률이라는 비판을 받기도 했지만, 법안 통과에 앞장섰던 상원의원 존 셔먼은 "불공정한 비즈니스 관행에 반대할 뿐"이라며 거세게 반박했다. 태세를 정비한 정부에서 타벨이 지탄했던 스탠더드오일의 부정행위를 고발하고 소송을 제기했다. 그리고 연방대법원에서 위법이라는 판결을 내려 해체의 쓰라림을 맛보게 되었다.

편집부가 목표로 삼아 정조준한 주제는 맥클루어스 매거진의 편집 방침이기도 한 "사회악의 고발", "사회정의 실현"에 따른 것이기도 하다. 왜, 어떻게 록펠러 트러스트가 성장할 수 있었을까? 이 질문에 대한 답을 찾기 위해 타벨과 편집부는 "전형적인 트러스트의 내막"을 파헤치기로 했다. 트러스트에 철퇴를 내리자면 최대 최강을 자랑하는 록펠러의 트러스트 스탠더드오일을 파헤쳐야만 했다. 마치 자신의 사유물인 양 미국 경제를 좌지우지하는 독점 자본 트러스트 문제를 어떻게든 해결해야 한다는 위기감이 편집부에 충만해 있었다.

제1탄으로 베이커는 1901년 11월 잡지에 "US스틸의 진짜 모습은?What the US Steel Corp. Really is?"이라는 제목의 고발기사를 집필했다. 뉴욕을 본거지로 하는 금융 재벌 JP 모건이 거대 트러스트 US스틸을 창립하기까지의 과정을 다룬 기사다. 카네기재단을 설립해 유례없는 독지가로도 알려져 있는 철강왕 앤드루 카네기의 카네기 철강회사를 매수하고, JP 모건이 이미 보유하고 있던 연방철강회사와 통합시켜 탄생한 것이 US스틸이다. 당시 미국 철강의 3분의 2를 지배하고 있었으며, 스탠더드오일과 맞먹을 정도의 트러스트 거인이었다. 규모만 놓고 보면 스탠더드오일보다 더 큰 US스틸을 중심으로 그동안 쉽지 않았던 업계의 협조가 가능해졌고 철강 카르텔이 형성되면서 가격 안정을 위한 과점 체제가 구축됐다. 론 처노가 쓴 〈모건가The House of Morgan: An American Banking Dynasty and the Rise of Modern Finance〉 (1990)에 따르면, 영국의 클로니클 잡지에서 1901년 설립된 US스틸 트러스트는 "문명사회의 상업 활동을 위협하는 것 이외의 아무것도 아니다."라고 혹평하기도 했다.

타이터스빌 출신인 타벨은 스탠더드오일과 깊은 인연이 있었다.

타벨은 편집부에서 록펠러와 얽혀 있는 다양한 기억과 추억을 설파했다. 석유는 타벨의 아버지 프랭크의 인생을 뒤바꿔 놓았다. 세 살 때 타이터스빌로 이사한 타벨은 언덕 비탈에 즐비한 유정의 망루를 바라보며 성장했다. 석유를 퍼 올리는 유정의 시끄러운 소리는 자장가였으며, 원유 연못이 놀이터였을 정도다. 타벨은 석유를 가까이 느끼며 성장해 온 어린 시절을 이야기했다. 채굴한 원유를 저장할 목제 탱크 제조 장인이던 타벨의 아버지, 아버지의 친구이기도 했던 독립계열의 중소 채굴업자와 정제업자, 송유관 업자들은 모두 스탠더드오일의 냉혹한 권모술수의 함정에 빠져 줄줄이 폐업하거나 록펠러의 산하로 들어갈 수밖에 없는 아슬아슬한 선택을 해야 했다. 타벨은 그 처연한 모습을 목격하며 성장한 것이다.

처음에는 일시적인 붐으로 한몫 잡을 수 있었던 아버지 역시 말년에는 피해자가 되었다. 튼튼하고 내구성 강한 철제 탱크가 등장하면서 목제 탱크 제조 수요가 격감했기 때문이다. 스탠더드오일의 마수에 걸려 회사를 잃은 친구가 권총 자살을 기도하면서 보증인이던 아버지에게 그 빚의 책임이 돌아왔고, 집을 저당 잡혀야 할 위급한 사태에 빠지기도 했다. 석유업에 종사하던 동생 윌도 마찬가지였다. 타벨 일가와 스탠더드오일은 먹느냐 먹히느냐 혈투를 벌일 수밖에 없었다.

은신처

타벨이 록펠러의 은신처임을 밝혀 낸 남부개발회사와 석유지대업자가 정면으로 격돌했던 "1872년 석유전쟁". 이를 두고 타벨은 자서전에서 "최초의 혁명", "부정의와의 전쟁은 의무이자 명예"라고 회상했다. 또한 타벨은 "증오, 사악함, 공포가 사회를 집어삼키고 인간의 비극을 야기했다.", "나를 움직이게 한 것은 거대해진 트러스트가 사람들에게 미친 영향"이라고도 했다. 그만큼 1872년 독립계열 업자와 스탠더드오일 간의 전쟁은 장렬한 것이었다.

줄스 에이벨즈Jules Abels가 쓴 〈억만장자 록펠러: 석유 트러스트의 흥망The Rockefeller Billions: The Story of the World's Most Stupendous Fortune〉(1965)에서는 이 전쟁을 영세업자 도태와 과잉생산 억제를 목표로 한 록펠러와 이에 대항하는 중소업체들이 결속하여 석유판매 보이콧으로 맞선 대규모 소모전으로 규정했다. 이에 관해서는 이 책 제7장 제3절에서 상세하게 소개하기로 하고 여기에서는 대략적인 구도만 살펴보겠다.

록펠러의 요청으로 철도회사가 남부개발을 설립하고 리베이트를 미끼로 한 구도에 참여하지 않은 업체의 석유제품 철도운임을 대폭 인상했다. 이에 반발하는 업자들이 결속해서 석유 채굴을 중지했고, 남부개발에 참가한 업자에게는 원유 판매를 금지하는 등의 대항책을 내놓았다. 이는 3,000명 이상의 업자들이 참여하는 대규모 반대 운동으로 확장되었다.

결국 철도회사와 록펠러 연합군이 패퇴했고 남부개발은 붕괴, 공방전은 종료, 철도는 요금 인상 철회 등으로 마무리됐다. 철도회사가 남부개발 참여업체에게 리베이트를 제공한 결과, 석유지대에서 뉴욕으로 가는 석유제품 운임이 독립계열 업체는 배럴당 2.8달러였던 반면, 록펠러 진영의 운임은 그 절반에도 미치지 않는 배럴당 1달러 이하의 차별적 운임을 적용한 것이 드러났다. 수익률이 극히 낮은 업계에 이 운임이 적용되면 독립계열 업체들이 잠시도 버티지 못하리라는 것은 불 보듯 뻔했다. 스탠더드오일이 주도하여 업체를 선별해서 도태시켜 과잉생산을 해소하고 가격을 하락시키려는 의도에서 진행된 일이기도 했다.

표면적으로는 록펠러의 패배로 끝났지만 이를 계기로 록펠러는 클리블랜드의 정유소 26개 중 21개를 손에 넣었고 미국 전역의 정제 능력 5분의 1을 장악할 정도로 성장했다. 록펠러가 의도했던 시나리오대로 된 것은 아니지만, 남부개발을 지렛대 삼아 철도회사와 제휴한 전술은 거대 트러스트로 가기 위한 첫 계단이 되었다.

헨리 D. 로이드

〈국가에 반역하는 부 *Wealth Against Commonwealth*〉의 저자이자 타벨의 기사에 아낌없는 도움을 준 헨리 D. 로이드Henry Demarest Lloyd를 살펴보자. 타벨은 프랑스 유학 중이던 1894년에 영국인의 소개로 이 책을 이미 읽었다. 로이드는 명예훼손 등 소송이 두려워 기업 이름을 직접 거명하지는 않았지만 시장 제패를 목표로 하는 스탠더드오일 스캔들을 처음으로 비판한 사람이다. 독점의 폐해를 폭로하는 방식으로 거대 트러스트를 비판한 것이다.

이미 언급한 것처럼 당시 저널리즘은 기본적으로 기업이나 개인의 이름 등을 모두 익명으로 보도하고 있었다. 그래서 스탠더드오일과 록펠러가 비난의 화살을 맞긴 했지만 아프지도 가렵지도 않았다.

취재 과정에서 타벨은 로이드를 만났다. 타벨이 스탠더드오일의 간부 헨리 로저스Henry H. Rogers를 취재하고 있다는 것을 알자, 로이드는 비협조적인 태도를 보였다. 타벨을 스탠더드오일이 보낸 첩자라고 생각했기 때문이다. 하지만 타벨의 기사가 연재되기 시작되자 오해를 풀고 태도를 바꿔 적극적으로 협조했다. 자료와 메모 등도 듬뿍 전해 주었으며, 핵심적 취재처와 정보원도 소개해 주었다. 안타깝게도 로이드는 타벨의 연재 기사 마지막 글을 보지 못하고 세상을 떠났다.

로이드는 1847년 뉴욕의 가난한 목사 가정에서 태어났으며, 탐사보도를 자랑으로 여기는 미 혁신주의시대의 사회파 저널리스트 중 한 명이었다. 법을 공부한 덕분에 대학 졸업 후 법원 근무를 거쳐 시카고트리뷴지 기자가 되었다. 트러스트를 신랄하게 비판하는 기사를 썼으며 논설위원 등을 지낸 뒤 프리랜서 기자로 활동하였고 일리노이 주에서 정치활동도 했다.

로이드는 록펠러의 악행을 규탄하는 내용의 기사 "어느 거대 독점 기업의 이야기The Story of a Great Monopoly"를 월간 애틀랜틱에 기고하여

1881년 10월에 게재되었다. 거대 트러스트의 전체그림을 사례연구 case study를 통해 잘 묘사한 기사로 평가 받는다. 로이드는 시장독점을 위해 스탠더드오일이 다수의 정치인들에게 돈을 뿌리며 매수공작을 시도했다고 폭로했다. "(정치 정화를 제외하고는) 석유 트러스트는 펜실베이니아 주 의회와 모든 것을 함께 했다."고 지적했다. 그리고 "미국은 역사상 가장 위대하고 교활하며 비열한 것으로 알려진 독점을 세계에 제공한 것에 대해 자랑스러워하며 만족해 한다."는 시니컬한 표현으로 기사를 마무리했다.

로이드는 6년 뒤 주간통상위원회Interstate Commerce Commission에서 있었던 록펠러의 의회 증언을 취재하기도 했다. 잡지에 기고한 글에서 "록펠러는 부유층의 차르(황제)이며 인류로 하여금 자신이 가진 자본 권력을 숭배하게 했다."며 엄하게 단죄했다. 하지만 탐사보도에 정통한 스티브 와인버그 미주리대 명예교수는 로이드를 혹독하게 평가하기도 했다. 그는 저서 〈트러스트와의 공방〉에서 "이성이 아니라 감정으로 집필했다."고 적고 있다. 기업이나 인물의 이름이 구체적으로 등장하지 않았다는 것에 더해 ① 스탠더드오일을 취재하지 않았다, ② 사실 오인이 많다, ③ 구체적인 목표지점이 불명확하고 기사는 한 방이 부족하다 등의 이유를 들었다. 로이드의 논지가 필사적이거나 절실하지 않았기 때문에 사회개혁이라는 목표가 불발로 끝날 수밖에 없었다고도 말할 수 있을 듯하다.

맥클루어스 매거진 편집부 안에서 트러스트 관련 기사 기획 회의와 토론을 거듭하면서 타벨은 자극을 받았고 트러스트 문제에 대한 취재 의지는 점점 높아졌다. 록펠러의 따가운 공격 세례로 인해 독립 계열 업자들이 참혹한 상황에 몰리고 있었던 만큼 타벨의 의욕은 한층 더 커져갔다.

유럽으로

"먼저 조금 써 보면 어떨까?" 맥클루어스 매거진의 편집장 필립스 는 타벨에게 특집기사의 일부 중요한 부분만 먼저 작성해 보도록 조언했다. 맥클루어가 아내의 지병 치료를 위한 요양을 겸해 부부가 함께 스위스 여행을 떠났기 때문이다. 잡지사 규정상 오너의 승낙 없이 기사를 게재할 수 없었다.

도입 부분을 써서 유럽을 직접 방문해 게재 승낙을 얻어낼 요량으 로 타벨에게 집필을 시작하도록 조언한 것이다. 시리즈 중 3회분 원 고를 완성한 타벨은 1909년 가을 레만호 호반의 휴양지 로잔느 근교 에 있는 브베이를 방문했다. 몇 개월 만에 맥클루어를 만나 원고를 건네주자 "생각해 보겠다."는 반응이 돌아왔다. 그의 관심은 온통 아내의 요양과 건강 문제에 쏠려 있었기 때문이다. 맥클루어는 "아내 와 함께 셋이서 그리스에 가지 않겠느냐?"고 권했다. 결국 중세 교각 으로 유명한 관광지 루체른, 이탈리아의 밀라노와 베니스를 거쳐 그 리스로 향하는 여정을 함께 하게 됐다. 밀라노에 가까워지자 변덕스 러운 맥클루어는 중도하차를 주장하고 아내의 건강을 위해 진흙 목욕을 즐겼다. 더 이상 기다릴 수 없었던 타벨은 귀국할 뜻을 밝혔다.

맥클루어는 결국 특집기사 게재를 승인했고, 타벨은 귀국 후 본격적인 취재에 나섰다. 타벨은 자서전에서 유럽 여행을 회상하며 "맥클루어는 용기가 있다고 생각했다."고 적고 있다. 최대 최강의 트러스트 스탠더드오일을 초죽음 신세로 만들 수 있는 스캔들을 폭로하려는 일련의 기사 게재를 결단했기 때문이다. 상대는 오너와 맥클루어스 매거진, 타벨을 명예훼손으로 제소할 수도 있다. 최강의 변호사를 갖춘 스탠더드오일과 법정에서 다투게 되면 돈이 없어 변변한 변호사조차 고용하기 어려운 약소 출판사는 살아남기가 힘들거나, 경우에 따라서는 형사소송을 당할 수도 있었다.

그럼에도 불구하고 맥클루어는 타벨의 취재능력을 믿고 특집기사를 승인한 것이다. 무엇보다 당사자인 타벨과 현장의 저널리스트들은 두려워 하지 않았다. 합법적인 방법으로 역사적인 과업에 임하고 있다는 확신이 있었기 때문이다. "우리는 변명하는 사람들도 아니고 비평가도 아니다. 가장 완벽해 보이는 독점체제가 어떻게 구축될 수 있었는지 그 배경을 철두철미하게 밝혀내는 것을 목표로 하는 단순한 저널리스트다. 두려워할 필요가 어디에 있겠는가?"라고 기술하고 있다.

하지만 막상 취재를 시작하자 모두들 두려움에 움찔해 하고 있음을 느낄 수 있었다. 싸움을 시작하기 전부터 거인의 압도적인 힘과 정치력에 다들 두려움을 안고 있었던 것이다. 적대적인 내용의 집필 계획을 공개적으로 진행하면 반드시 거친 공격이나 보복을 당할 것으로 생각했다. 타벨은 고향 타이터스빌을 찾아가 오랜 친구들에게 협조를 구했다. 하지만 모두 정보 제공에 머뭇거렸다. 록펠러의 보복이 두려웠던 것이다. "한번 해봐. 하지만 결국 여지없이 당할거야."라는 충고를 몇 번이고 들어야 했다. "죽임을 당할 수도 있다."는 위협적인 경고도 받았다.

타벨은 전화를 발명한 그레이엄 벨이 워싱턴에서 주최한 파티에 참석했다. 록펠러 계열의 내셔널씨티은행 부사장 프랭크 밴더립이 말을 걸어 왔다. 조용한 곳으로 불러내더니 "중대한 관심을 갖고 주시하고 있습니다."라고 못을 박았다. "비판적인 기사를 쓰면 용서하지 않겠다."는 금융업계 측의 위협이었다.

타벨은 "네. 그렇죠. 대단히 죄송하지만 그렇다고 해서 제가 달라질 것은 없습니다."라며 가볍게 받아넘겼다. 록펠러와 전쟁을 벌이던 아버지 프랭크조차 "해서는 안 된다.", "놈들이 너와 잡지를 박살낼 것"이라고 충고했다.

마력

취재를 시작하자, "수상쩍음, 의심, 공포가 뒤섞인 짙은 안개가 자욱하다."(자서전)는 것을 실감했다. 자료를 찾으려는데 찾을 수가 없었고 최악의 상황이 계속되었다. 처음부터 거인 기업의 마력魔力이 느껴졌다.

1870년 설립된 스탠더드오일은 "1872년 석유전쟁"에서 앞서 소개한 방법, 즉 철도회사로부터 리베이트를 받아 자유로운 거래를 제한한다는 혐의로 연방의회와 공장이 있는 각 주 의회의 조사를 받았다. 1872~1876년 연방의회에서 스탠더드오일에 대한 조사가 실시되었고 1879년에는 뉴욕, 오하이오, 펜실베이니아 주에서 조사가 진행되었다. 1891년에는 오하이오 주 법정에서 트러스트 해체 판결을 내려 본사를 뉴저지 주로 이전해야 했다.

록펠러가 운영하는 사업은 항상 관심의 대상이었고, 그 결과 1887년에는 거래실태를 조사하기 위한 주간통상위원회가 설치되었다. 철도회사와의 직간접적인 관계를 면밀하게 조사하기 위해 소집된 것이다. 1888년 뉴욕 주와 연방의회 조사에서도 스탠더드오일은 가장 중요한 쟁점이었다. 오하이오 주에서는 1882년부터 1892년까지 법원과 주 의회에서 여러 차례의 증언이 있었고 이를 바탕으로 스탠더드오일에 대한 전쟁이 벌어졌다. 다른 주 의회들도 관련 증언에 지대한 관심을 갖고 있었다. 1892년에는 트러스트를 강제 분할하도록 요구하는 법률이 제정되었다. 하지만 조사는 끝나지 않았다.

맥킨리 대통령이 임명한 위원회가 대대적인 조사에 착수했고 스탠더드오일은 논란의 대상이 됐다. 위원회가 제출한 19권의 보고서 안에 수백 페이지에 걸쳐 증언이 담겼다. 방대한 분량의 증언 대부분은 선서 하에 이루어졌다. 스탠더드오일이 주도한 각종 계약과 합의, 수많은 철도, 정유소, 송유관 관련 계약과 합의, 1872년부터 1900년에 걸쳐 수집된 개인들의 관련 증언들도 포함되어 있었다.

폭로기사 집필을 목표로 한 타벨 입장에서 스탠더드오일 관련 스캔들과 사건에 관한 증언기록은 군침이 돌만한 정보였다. 기록에는 경영상의 내부 정보도 담겨 있었고 고비 고비마다의 개인적인 회고도 담겨 있었다. 목격자의 시점에서 만들어진 증언이기 때문에 중요한 것은 입장과 주장, 견해의 공정성에 있었다. 타벨은 "많은 작가들의 기억보다 더 신중하고 정확하다."며 이들 기록이 지닌 높은 가치를 중시했다. 증언에는 논란의 대상이기도 한 수많은 사업의 사실관계와 함께 소관부처 담당자의 관점을 고려한 설명도 포함되어 있었으며, 트러스트가 발전해 온 중요한 단계 단계를 총망라하고 있었다.

이처럼 선서 아래 이뤄진 증언 외에도, 스탠더드오일의 본거지인 이른바 석유지대에서 발행된 팸플릿, 수많은 일간지와 월간지 기사, 석유 관계자들 사이의 거래 내용이 담긴 보고서와 통계, 칼럼 등도 포함돼 있었다.

NY도서관

타벨이 맨 처음 찾아 나선 것은 126페이지 분량의 소책자 〈남부개발회사의 흥망*The Rise and Fall of the South Improvement Company*〉이다. 1873년 완성된 것으로 남부개발회사와 철도회사 사이에 맺어진 리베이트, 드로우백 전술, 경쟁회사의 운송에 관한 불법적인 정보 취득 방법 등에 관한 증언들이 담겨 있다.

앞에서 언급한 바와 같이 드로우백이란 경쟁회사가 운반한 화물의 리베이트까지 받아내는 지극히 불공정한 리베이트의 일종이다. 공정한 경쟁을 파괴하는 계약을 철도회사와 체결하여 막대한 이익을 챙기는 수법이 낱낱이 기재돼 있었다. 냉혹하고 무자비한 리베이트 상법에 정의감 충만한 타벨의 분노는 하늘을 찌르고도 남았을 것이다.

록펠러는 남부개발회사와 자신의 관계를 일절 부인했다. 이미 언급한 것처럼 타벨은 이 회사야말로 스탠더드오일의 원류이며, 그 수법을 기반으로 가격경쟁에 나서 중소기업을 삼켜버리고 혹은 걷어차 내면서 거대 독점화의 길을 걸어왔다고 확신했다. 조사 과정에서 스탠더드오일 및 관련 회사의 소송으로 인해 최신 자료는 모두 법원에 계류 중이었다. 이 상태로는 자료들을 이용할 수 없다. "자료를 어떻게 손에 넣을 수 있을까?" 곤혹스러운 타벨에게 "하나도 못 찾을 것이다. 놈들이 모두 다 망쳐 놓았다."는 말을 듣기도 했다. 필사적인 노력의 보람으로 찾아낸 자료를 눈앞에 두고도 자료의 주인들은 손대는 것조차 거부했다.

타벨은 당초 스탠더드오일의 활약 무대인 타이터스빌과 피트홀 등 이른바 석유지대에 관계자들이 많을 것으로 예상하고 이곳을 이 잡듯이 뒤졌다. 하지만 발견되는 것은 없었다. 그러던 중 "절대 없을 것"으로 알려져 있던 자료가 발견되었다. 뉴욕 맨해튼의 공공도서관에 문의해서 그 곳에 자료들이 잠들어 있다는 사실을 알아낸 것이다.

당시 도서관에는 아델레이드 하스라는 유능한 서지학 전문가가 있었다. 의회 증언을 모은 〈남부개발회사의 흥망〉 소장 여부를 문의

해 보니, 하스는 "언제든 오셔서 이용할 수 있습니다.", "지금까지 100부 인쇄되었는데 그 중에 한 권 남아 있는 보기 드문 자료입니다.", "완전판은 100달러에 판매되고 있습니다."라며 정중한 답을 보내 왔다. 타벨이 링컨 전기 등 베스트셀러를 집필한 능력 있는 신예 저널리스트임을 알아봤기 때문일까? 하스는 편지 말미에 "위원회 증언이 게재된 보고서는 주요 철도회사 사장이 구할 수 있는 만큼 모두 구매해 은폐해 버린 것 같습니다."는 말도 덧붙였다. "아, 그래서 구할 수 없었구나." 타벨은 묘하게 납득했다.

지기 싫어하는 타벨의 맹렬한 노력으로 증언집 인쇄본과 자료 등의 실체를 거의 찾아낼 수 있었다. 하지만 재판 소송 과정에서 나온 인쇄되지 않은 증언들이 있을 터였다. 고발 증언은 재판 파일에서 사라진 것일까? 로이드에게 문의해 보니, "증언은 내 책이 출간된 뒤 반납했다."는 답을 보내 왔다. 그렇다면 어딘가 분명 존재할 것이다. "어떻게든 찾아내야 한다." 타벨의 의욕은 한층 더 불타올랐다.

조수 시달

자료 수집을 위한 조사는 매우 바쁘게 진행되었다. "누군가 도와줄 동료가 있으면 훨씬 원활하게 진행될 수 있을 텐데..."라는 생각에 자료 수집을 도와줄 조수 채용을 고려했다. 가능하다면 스탠더드오일의 연고지인 오하이오 주 클리블랜드 출신이 좋을 것 같았다. 타벨은 뉴욕으로 돌아와 있던 오너 맥클루어와 편집장 필립스와 의논했고, "문제없다"는 반가운 답을 받았다. 처음에는 입수하기 어려워 곤란을 겪던 자료들이 잇달아 수집되고 있었으며, 계획했던 기사가 성공할 수 있다는 자신감 때문이라고 생각했다.

어떤 유형의 조수가 좋을까? 동료 링컨 스테펀스의 업무를 보면서 타벨은 ① 성실성이나 근면성보다 정확성, ② 퍼즐을 푸는 듯 사안의 실체적 진실을 찾아내는 열의, ③ 대학 졸업과 한두 해의 기자경험이 있으며 이지적이고 에너지 넘치며 호기심에 불타는 젊은 남성 등의 조건을 붙였다. 진실 추구를 즐길 줄 아는 인물이어야 한다. 보복이 예상되므로 입도 반드시 무거워야 한다. 타벨은 지인 중 클리블랜드에 사는 편집인에게 소개를 부탁했다. 얼마 안 있어 세 사람의 후보가 모였다. 면접 전에 리포트를 작성하도록 과제를 주고 그 결과물로 결정하기로 했다.

만나보니 세 번째 후보인 키 작고 통통한 남자에게 눈이 갔다. 에너지 넘치고 눈이 빛나고 있었다. 만난 순간 금방이라도 날아오를 것 같은 분위기여서 놀랐다. 이런 인상은 훗날 대통령이 될 시어도어 루즈벨트 말고는 없었다. 존 M. 시달이라는 이름의 청년이었다. 과제로 작성한 리포트도 나쁘지 않고, 자료 추적 방식과 넘치는 호기심이 요구 조건과 맞아떨어졌다. 즉시 채용을 결정했다. 알고 보니 시달은 타벨이 프랑스 유학 전 잠시 일했던 잡지 샤토칸의 편집부에 있던 프랭크 브레이의 동료였다. 잡지의 연고지를 클리블랜드로 옮겼던 것이다. 시달은 지역신문 기자를 겸하고 있었다.

타벨의 의중을 알아차린 시달은 곧바로 취재에 나섰고 정보 수집을 마칠 때까지 돌아오지 않았다. 지시받은 것에 대해서는 뉴욕 편집부에 편지로 보고했다. 시달의 업적 중 가장 큰 것은 다수의 록펠러 사진을 입수한 것이었는데, 그 사진은 맥클루어스 매거진의 지면을 화려하게 장식했다. 록펠러 이웃들이 며칠 동안 사진을 빌려줬고 시달이 그 사진들을 복사했다. 학교 동창들을 설득해 입수한 것도 있었다. 손녀를 안고 있는 록펠러와 아내, 자녀의 사진들이다. 타벨이 교회에 잠입해서 주일학교 교사이기도 했던 록펠러를 가까이서 관찰할 수 있었던 것 역시 시달의 공이라고 할 만하다.

연락은 전보를 활용했다. 한번은 어째서인지 전보가 사라진 적이 있었다. 스탠더드오일이 관여했을 가능성도 배제할 수 없었기 때문에, 연락 방식을 편지로 바꾸었다. 그래도 마음이 놓이지 않아서 극비 사항을 교환할 때는 비밀암호를 사용했다. 도중에 편지를 가로챘다고 해도 크게 문제가 되지 않을 것으로 생각했다. 시달은 총수 록펠러의 일일 동향, 석유 관련 통계, 오하이오 주 관련 사건 등등 타벨이 흥미를 끌만한 화제가 있으면 자발적으로 연락을 보내주었다. 그의 활약상은 편집부에서도 호의적으로 받아들여져 스탠더드오일 관련 업무가 종료된 후 편집부에 입성할 수 있었다. 시달의 활발한 활동성과가 타벨 기사에 반영되어 큰 반향을 불러일으킨 것이다.

헨리 H. 로저스

맨해튼 이스트 26번가 57번지

기사 연재 시작까지 2개월 동안 타벨은 정보 수집을 위한 나날을 보냈다. 연재가 시작되기 대략 1년 전인 1901년 12월, 맥클루어가 헐레벌떡 편집부에 뛰어들었다. 그리고 타벨을 보자마자 "마크 트웨인과 얘기를 하고 왔다."고 외쳤다. 〈톰소여의 모험〉의 그 트웨인이다.

이야기를 들어 보니, 맥클루어스 매거진에서 스탠더드오일 관련 기사 게재를 예고하는 광고를 냈는데, 스탠더드오일의 브레인으로 알려진 헨리 H. 로저스가 그 내용을 알아봐 달라고 부탁했다는 것이다. 트웨인은 맥클루어스 매거진의 기고자였고, 트웨인과 로저스 두 사람은 아주 친밀한 관계였다. 트웨인이 파산의 쓰라림을 겪고 있을 때 로저스가 큰 도움을 준 것을 계기로 시작된 교류가 깊어졌다고 한다. 트웨인은 기적의 인물 헬렌 켈러와도 알고 지내는 사이라서 그녀를 로저스에게 소개해 주기도 했다. 로저스는 헬렌이 래드클리프 칼리지(현 하버드대)에 다닐 수 있도록 자금을 지원해 준 독지가였다.

어쨌거나 트웨인이 그런 말을 꺼내자 맥클루어는 "타벨에게 물어보면 되지."라고 응대했고 트웨인은 "타벨 여사가 로저스를 만나줄까?"라며 다그쳤다. 결국 타벨은 "지옥의 파수견Hell Hound"이라는 별명을 자랑하는 록펠러의 측근 로저스를 1902년 1월에 만나게 되었다.

특집 〈스탠더드오일의 역사〉가 잡지에 게재되기 한 달 전의 일이다.

로저스의 놀라운 별명 지옥의 파수견은 무슨 뜻일까? 옥스퍼드 사전Oxford Concise Dictionary을 보면, 민화에 나오는 상상의 개로, 그리스 신화에서는 케르베로스라는 이름으로 등장하는 머리 세 개 달린 저승의 파수견이다. 죽은 사람이 지옥에 보내지면 그냥 안으로 들어가게 되지만, 그 사람이 밖으로 도피를 시도하면 잡아먹는 무서운 야수다. 탈옥을 막기 위해 눈을 번뜩이는 성가신 파수견인 것이다. 지옥 탈출에 성공하려면 이 괴물을 조용히 시키는 수밖에 없는데, 좋아하는 물건을 쥐어주고 길들이면 된다. 다행히 케르베로스는 단것이라면 사족을 못 써 달콤한 과자 같은 것을 주고 그걸 먹는 사이에 달아날 수 있다.

그 당시 로저스는 다른 재능으로 유명했다. 뉴욕 주식시장을 본거지로 하는 거물 투기꾼으로 알려져 있었다. 록펠러 제국의 막대한 돈을 투입해 시장을 교란시키는 투기 수법은 투자자들을 부들부들 떨게 했다. 지옥의 파수견이라는 별명은 피도 눈물도 없는 냉혹함으로 상대를 가차 없이 철저히 괴롭히면서 거액을 독점하는 방식에서 기인한 것 같다.

타벨은 맨해튼 이스트 26번가 57번지에 있는 로저스 자택을 방문했는데, 인터뷰에 자신이 없어 걱정스러웠다. 그동안 여러 인물들을 만나 인터뷰를 해 왔지만, 이번처럼 산업계를 대표하는 거물 비즈니스맨은 처음이었다. 여느 때와는 사정이 달랐다. "나는 사자 입 속에 손을 넣으려는 건가?'라고 자문했다. 하지만 그렇게 생각되지는 않았다. 트러스트의 거인이 나를 물어 버린다면 그건 최고로 어리석은 행위라는 결론에 다다랐다. 펜을 무기로 스탠더드오일과 싸우는 것과 임원을 인터뷰하는 것은 별개의 문제라고 스스로 결론지었음을 자서전에서 회상하고 있다.

노회한 비즈니스맨

로저스는 어떤 인물일까? 미국 시장의 95% 가까이를 지배하는 회사인 만큼 총수인 록펠러가 세계 최대 갑부라는 것에는 이론의 여지가 없을 것이다. 총수에는 미치지 못하겠지만 로저스도 상당히 부자였던 모양이다.

미국의 갑부 100명의 순위를 소개한 1996년 〈갑부 순위 100 *Wealth 100*〉에서 22위에 이름을 올렸다. 1위는 스탠더드오일의 창설자 록펠러, 2위는 해운업과 철도 산업으로 재산을 모은 코넬리어스 밴더빌트, 3위는 모피와 부동산으로 부를 이룬 존 J. 아스타, 4위는 은행을 경영하는 스티븐 지라드, 5위는 철강왕 앤드루 카네기 등의 순이었다.

흥미로운 것은 스탠더드오일의 임원 중에서 로저스 이외에, 24위 올리버 H. 페인, 35위 윌리엄 록펠러, 48위 헨리 M. 플래글러 등 총 4명이 순위에 올랐다는 점이다. 총수를 더하면 모두 5명이다. 게다가 스탠더드오일 임원으로 1888년에 요절한 스티븐 V. 하크네스의 자산을 물려받은 아들 에드워드 S. 하크네스도 47위에 올랐다. 거대한 미국 석유시장을 독점한 스탠더드오일이 믿을 수 없을 정도의 이익을 올렸으며, 임원들이 거액의 부를 나눠 가졌음을 알 수 있다.

〈갑부 순위 100〉에서는 로저스를 조직화와 비즈니스 운영의 천재라고 소개하고 있다. 금융 트러스트의 임원으로 군림했고 스탠더드오일에서는 석유 송유관 수송을 고안해 냈으며, 록펠러가 회사 경영에서 물러난 뒤에는 사실상의 경영자 역할을 했다. 가스, 구리, 철, 은행, 보험 등의 사업에도 손을 뻗쳤는데, 특히 구리 개발 사업에서는 비즈니스 확대를 위해 가차 없는 방법을 구사하여 거대 트러스트를 구축했다. 1907년 공황 때는 버지니아 주 서부의 탄전에서 노퍽까지 연결하는 버지니아 철도를 부설했다. 로저스는 이렇게 다방면에서 활발한 활동을 주도했던 사업가였으며 69세에 사망했다.

타벨의 자서전에 따르면, 로저스는 장신에 잘생긴 남자였다. 무자비하고 잔혹하다는 부정적인 형용사가 따라다니는 사업방식과는 대조적으로 개인적으로는 매우 관용적이며 재치 있고 매력적인 남자라고 평가했다.

두 사람의 인터뷰로 돌아가자. 인터뷰 전에 이런 저런 걱정에 짓눌릴 법한 타벨이었지만, 로저스 자택의 서재에서 이야기를 시작하는 순간 불안감은 한순간에 날아가 버렸다. 타벨이 로저스에게 호감을 느꼈다는 사실은 자서전을 읽으면 손에 잡힐 듯 생생하다. 타벨은 최고의 언어로 로저스를 칭찬했다. "모든 면에서 월가 최고의 미남, 걸출한 인물", "장신, 근육질, 인디언 같은 민첩함", "남다른 머리 손질"

등 이마, 입, 수염, 눈, 눈썹 등을 일일이 열거하며 한결같이 최상급 언어로 치켜세웠다.

헨리 H. 로저스

상대를 지루하게 하지 않는 노회한 비즈니스맨의 면모 중 하나다. 방문 전에 타벨의 신변조사를 충분히 마쳤을 것이고 두 사람이 동향 출신이라는 것도 이미 알고 있었을 것이다. 나름대로 각본을 머릿속에 그리고 있었을 터이다. 트웨인이 로저스와의 만남을 주선한 것에 대해 타벨은 "두 사람은 외모조차 비슷했다. 트웨인은 네바다 주, 로저스는 요람기의 펜실베이니아 주 석유지대 출신이었기 때문에 청년 시절 비슷한 경험을 했다는 강한 유대감도 갖고 있었다."고 논평하고 있다.

노림수

타벨은 2년 가까이 지속된 로저스와의 인터뷰에 대해 자서전 제11장 "A Captain of Industry Seeks my Acquaintance"에서 서술하고 있다. 타이틀을 직역하면, "업계의 거물 한 사람이 나와 지인이 될 것을 요청해 왔다" 정도가 될 것이고, 의역하면 "업계의 최대 거물이 나에게 접근" 정도가 적절할 듯하다. 고발 기사를 쓰기 위해 취재를 시작하자, 어찌된 영문인지 중진 헨리 H. 로저스가 연락을 해 왔고, 이후 본사나 자택에서 인터뷰를 한다는, 보통이라면 얻기 어려운 기회와 체험을 적고 있다. "악행을 폭로당하는 측, 그것도 중역이 솔선수범해서 취재에 응한다"는 것은 지극히 드문 기회이자 행운일 수밖에 없다.

무엇보다 지옥의 파수견으로 칭해지던 로저스인 만큼 목적이 있었다. "인간관계를 구축하여 기사 톤을 낮추고 싶다.", "당시 여론의 강력한 압박을 잘못된 정보로 인해 강화하고 싶지 않다."는 계산이 깔려 있었던 것 같다. 로저스가 타벨의 인터뷰와 취재를 통해 "논조를 나에게 호의적으로 끌어당기는 데에 성공했다."는 논평도 분명히 있다.

기사는 사회파 종합지로 높은 평가를 받으며 25만부 이상의 발행 부수를 자랑하고 있던 맥클루어스 매거진에 게재된다. 피를 말리고 있던 스탠더드오일 입장에서 보면 최대한 주의를 기울이는 게 당연했다. 더구나 담당 기자가 황제 나폴레옹과 대통령 링컨의 전기로 이미 높은 평가를 받고 있었기 때문에 만만하게 봐서는 안 된다.

인터뷰를 통해 록펠러 제국의 속사정과 논리, 의향을 떠볼 수 있으니 타벨 역시 만남을 거절할 이유가 없다. 새로운 정보를 얻게 되면 기사의 신뢰성이 높아질 것은 틀림없는 사실이다. 취재 대상이 인터뷰에 응해 주면 기사의 객관성도 담보될 수 있다. 타벨의 저서가 아직도 높은 평가를 받고 있는 것은 당시 철저한 비밀주의를 고수하던 스탠더드오일이 취재에 응한 결과 기사의 정확도가 더 높아지고 깊어졌다는 것을 들 수 있다.

동향

"언제 어디서 석유에 흥미를 갖게 되었습니까?" 로저스는 소파에 앉으며 부드러운 어조로 말했다. 타벨은 "타이터스빌 인근에 있는 로즈빌의 대지와 언덕입니다."라고 화답했다. 놀란 표정을 지은 로저스는 "그래요. 그래요. 타벨 탱크 상점이었죠. 아버지를 알고 있습니다. 상점이 어디 있었는지 지도에서 가리킬 수도 있어요."라고 외쳤다. 그 순간부터 두 사람은 취재를 떠나 20여 년도 훨씬 전의 고향 펜실베이니아 주 석유지대와 타이터스빌에 관한 이야기로 꽃을 피웠다.

로저스는 왜 석유 사업에 관여하게 됐는지 소년 시절의 이야기부터 시작했다. 그 후 로즈빌로 옮겨 석유정제업을 시작했다고 한다. 결혼 후에는 수천달러를 들여 언덕 비탈에 집을 지었다고도 했다. "지붕 끝이 뾰족한 흰 집이에요."라고 설명을 시작하자, 타벨은 "어머나, 기억하고 있습니다. 세상에서 가장 예쁜 집이라고 생각했어요."라며 칭찬했다. 동향 출신끼리의 즐거운 대화가 한동안 계속되었다.

이야깃거리가 거의 다 나왔다고 생각한 로저즈가 운을 뗐다. "그건 그렇고 뭘 기반으로 특집기사를 쓸 생각인가요?"라고 물었고 타벨은 "자료로 따지면 남부개발회사부터 시작할 겁니다."라고 답했다. 앞에서 몇 번이나 언급했지만, 남부개발을 은신처로 삼은 리베이트 상술이야말로 스탠더드오일이 거대 트러스트로 성장하여 미국 전역의 석유시장을 장악하게 해 준 열쇠이며, 타벨은 그 경영수법이야 말로 스탠더드오일의 원형이라고 보고 있었다. 그 비밀을 밝힐 수만 있다면 록펠러라는 괴물의 가면을 벗길 수 있었기에 이를 위해 본거지로 뛰어 들겠다는 각오가 있었다. 그 이야기를 듣기 전까지는 인터뷰를 절대 끝낼 수 없다는 사명감도 있었다.

타벨이 이야기를 계속하려 하자 이번엔 로저스가 이렇게 맞받았다. "그렇죠. 물론 그건 상식을 벗어난 비즈니스였습니다. 그곳에서 록펠러는 큰 잘못을 저질렀습니다." 이 말을 들은 타벨의 가슴이 철렁 내려앉았을 것이다. 사실 그때까지 스탠더드오일은 남부개발과의 관계를 좀처럼 인정하지 않으려 했기 때문이다.

로저스도 처음에는 남부개발과 적대관계에 있는 반 록펠러 계열 업자 중 한 명이었다. 1847년 로저스가 소속해 있던 찰스 플랫 앤드 컴퍼니사가 록펠러의 산하로 들어가게 되었고, 로저스의 협상 수완을 높게 평가한 스탠더드오일이 스카우트하여 록펠러의 한쪽 팔이 된 것이다. 로저스는 남부개발의 수법이나 내용을 숙지하고 있었다. 타벨은 자서전에서 "물론 나는 로저스가 처음에는 남부개발의 침공에 대항하여 전력을 다해 싸웠다는 것을 알고 있었다. 그리고 공모자가 된 것도 알고 있었다. 하지만, 그 일을 비난하지는 않았다."고 쓰고 있다.

첫 홍보맨

"우리는 회사 방침을 바꿨습니다. 외부에 정보를 내놓기로 했습니다." 앞에서 언급한 것처럼, 스탠더드오일의 비밀주의는 이미 널리 알려져 있었다. 이면의 리베이트 등 위법적 행위를 포함하여 모든 것을 철저하게 감추는 방식으로 규모를 확대해 온 경영 방식이다. 알리고 싶지 않은 것은 당연했을 것이다. 여기에 오너인 록펠러의 개인적인 성격도 작용했다. 소년 시절부터 자신에 대해서는 거의 말하지 않는 비밀주의를 관철해 왔고 직원들에게도 그것을 강요했다.

공식, 비공식의 리베이트를 비롯한 막무가내의 경영 방식이 시장 점유율을 높였다. 1870년대부터 주 정부와 의회, 연방 정부와 의회 등이 설치한 각종 위원회에서 스탠더드오일의 경영 방식이 문제가 되고 있었다는 사실은 앞에서도 언급했다. 임원들에게 증언을 요구하기도 했지만 성실하게 답변하는 경우는 일절 없었다. 록펠러가 증언장에 등장하면 모두 건망증이 생긴 듯 우물쭈물 답변했고 적극적으로 정보를 공개하려는 자세는 전혀 찾아볼 수 없었다.

그렇다면 스탠더드오일 측은 그 어떤 양심의 가책도 느끼지 않았던 것일까? 대니얼 야긴Daniel Yergin은 그의 책 〈포상The Prize: The Epic Quest for Oil, Money, and Power〉(1991)에서 "스탠더드 측은 이런 비판을 전혀 이해하지 못했다. 이는 싸구려 유언비어일 뿐이고, 잘 모르는 데서 오는 질투이자 특별한 애원이라고 생각했다.", "자신들은 자유경쟁으로 인한 재난을 감시하고 있을 뿐 아니라, 미국에서 일찍이 없었던 가장 위대한 진정한 건설자라고 확신하고 있었다."는 견해를 밝혔다.

이렇게까지 일반적 인식과 괴리가 큰 경우는 드물 것이다. 당시 스탠더드오일에 대한 일반적 인식은 고고함을 관통하는 유아독존이라는 것, 기업윤리가 완전히 결여되어 있을 뿐 아니라 탐욕과 냉혹함과 무자비함의 베일에 싸인 의문투성이의 오만한 거대기업이라는 것이었다.

스탠더드오일은 여론뿐 아니라 법원조차 조롱할 만큼 오만한 대응으로 일관했다. 오하이오 주 법원이 1892년 오하이오 스탠더드오일을 트러스트에서 분리하라는 판결을 내렸을 때, 스탠더드오일은 이 판결을 겉으로는 따르는 척했지만 실제로는 전혀 그렇지 않았다. 이에 대해 법정모욕죄 소송이 제기되었는데, 1898년 10월 재판 심문에 소환된 록펠러는 거의 아무것도 인정하지 않았다.

당시 신문왕 조셉 퓰리처의 뉴욕월드에서 "록펠러, 두 장짜리 조개가 되다"라는 제목의 기사로 이를 신랄하게 비판했다. 이 신문은 "잊어버렸다는 말은 독점 기업 총수가 반대 심문을 받을 때 가장 유용하게 활용된다. 록펠러는 이를 최대한 활용했다."고 혹평했다.

이야기를 다시 처음으로 돌려보자. "왜 처음부터 취재하러 오지 않았나요?"라는 로저스의 질문에 타벨은 "그럴 필요가 없었기 때문입니다."라고 대답했다. 그전까지 스탠더드오일에는 기업정보를 외부에 공개하는 업무를 담당하는 사람이 없었다. 트러스트에 대한 공격이 가열되고 법원에서 해체 판결을 내린 후인 1914년, 스탠더드오일은 미국 홍보의 선구자로 꼽히는 아이비 리를 첫 홍보전문관으로 고용했다. 필자는 학계 연구자로 변신하기 전 기자 시절에 국제석유자본 동향을 취재하려고 했으나 스탠더드오일의 후예인 현재의 엑슨모빌이 자사 홍보에 적극적이라는 평가를 들은 적은 없었다.

타벨은 자서전에서 약 2년간 계속된 인터뷰를 바탕으로 "아이비 리보다 10년 이상 앞선 시기, 로저스는 스탠더드오일 최초의 홍보관이었다."고 평가했다. 첫날 인터뷰는 두 시간 가까이 이어졌다. 로저스는 리베이트, 송유관, 중소업체와의 경쟁 등에 대한 자신의 견해를 밝혔다. 물론 자신들의 뛰어난 실적, 완벽한 서비스에 관한 이야기에서 시작하여 빈번한 재판과 동업자들의 '박해persecution', 로이드가 저술한 〈국가에 반역하는 부〉에서의 비판 등에 대해서도 자신의 생각을 설명했다. 타벨은 이야기를 나누면 나눌수록 허물없이 녹아드는 듯한 기분이 들었고 로저스에 대한 호감을 갖게 되었다. 마치 맥클루어와 필립스, 편집부 동료들과 이야기를 나누고 있는 것 같이 편안한 느낌이 들기도 했다.

이야기를 마치면서 두 사람은 몇 가지 약속을 교환했다. ① 타벨이 집필 중인 스탠더드오일 관련 원고 내용을 로저스와 협의한다, ② 로저스는 타벨의 이해와 판단을 돕기 위해 자료와 통계, 설명자료 등을 제공한다는 내용의 약속이었다.

헤어질 무렵 로저스는 "내 사무실로 다시 와 주시겠습니까? 다음에 만날 때는 좀 편안해지겠지요."라는 말을 건넸다. 놀랍게도 "록펠러를 만나실래요?"라는 제안도 나왔다. 타벨이 "물론이죠."라고 답하자 로저스는 "그럼 약속을 정해 보자."며 웃으며 말했다. 자서전에는 없지만 다른 책을 보면 타벨이 한때 스탠더드오일 내부에 자신의 책상을 가진 적이 있다는 기술이 있다. 로저스는 타벨이 숙적임에도 불구하고 그만큼의 편의를 봐준 것이다.

타벨과 맥클루어가 미국의 사회 및 정치 개혁을 위해서 필력을 휘두르던 1890년대부터 1920년대에 걸쳐 미국은 혁신주의 시대 Progressive Era로 불리는 질풍노도의 시대이기도 했다. 정치와 경제를 포함한 사회정화 운동이 확산되고 있었고, 타벨과 맥클루어스 매거진은 정치적 경제적 부패를 폭로하며 사회 대개혁을 지향하는 진보주의 운동의 선봉장이 됐다. 록펠러의 전기 〈타이탄〉을 집필한 론 처노가 "미국 비즈니스 역사상 최대 영향력을 가진 저작 중 하나", "스탠더드 오일을 다룬 최고 걸작"이라고 평가한 타벨의 작품은 이런 과정을 거쳐 집필되었다.

타벨의 격투

헨리 M. 플래글러

사업적으로 '피도 눈물도 없는 남자'를 떠올리게 하는 "지옥의 파수견" 로저스. 하지만 서비스 정신은 남달리 왕성했다. 타벨이 총수 록펠러를 직접 대면하는 일은 성사되지 않았지만 로저스의 소개로 스탠더드 오일의 고위간부 헨리 M. 플래글러Henry Flagler와의 인터뷰가 성사됐다. 록펠러의 은퇴 후 사실상 사장으로 지휘봉을 잡았던 존 D. 아치볼드John Dustin Archbold 다음의 유력 간부였던 만큼 타벨은 만족스러웠을 것이다. 다만 자서전에 의하면 수확은 거의 없었다.

미국의 〈갑부 순위 100〉에서 플래글러는 역대 제48위에 올라 있다. 지옥의 파수견이라는 별명을 지닌 월가의 투기꾼 로저스의 22위보다는 한 수 아래지만, 그래도 상당한 부자임은 틀림없다. 플래글러에 대해 이 책은 다음과 같이 소개했다.

록펠러 스탠더드오일 제국의 배후에 있는 브레인 플래글러는 미국의 리비에라로 불리는 플로리다 해안의 건물 구상을 시작한 것으로 가장 잘 알려져 있다. 플로리다 주를 부유층 휴양지로 탈바꿈시켜 가장 화려한 부자시민 중 한 사람이 됐다.

플래글러는 록펠러가 오하이오 주 클리블랜드에서 석유 사업에 뛰어들던 바로 그 시기에 만나 그대로 입사했으며, 총수의 신뢰를 얻어 가장 신뢰하는 조언자가 되었다. 클리블랜드 거주 시절에는 집도 가까웠고 다니는 교회도 같았으며 매일 아침 회사까지 걸어서 출근하는 길도 함께였다. 시간과 공간을 함께하고 있었다. 이 경험을 바탕으로 "우정에서 생겨난 비즈니스보다 비즈니스에서 생겨난 우정이 더 좋다"고 늘 말하기도 했다. 당시 플래글러는 사생활에서 스캔들을 겪고 있었다. 이혼을 여러 차례 했고 다음 여성과 결혼하기 위해 거액의 돈을 주지사에게 주고 관련법을 정비하도록 시킬 정도였다.

이러한 악평은 비즈니스에도 장애가 되어 월가의 금융관계자들 사이에서는 바람직하지 않은 인물로 평가되었다. 신앙심 깊은 록펠러도 난감하게 여겼던 것 같다.

타벨이 플래글러와의 인터뷰를 희망한 것은 스탠더드오일의 기초를 닦은 남부개발의 설립과 운영에 깊이 관여한 사람이기 때문이다. 록펠러는 실체가 불분명한 이 가짜 회사를 통해 펜실베이니아 주의 석유산업을 독식하는 데 성공했다. 남부개발의 비밀을 밝혀내면 록펠러 제국의 비밀도 규명할 수 있으리라 생각했다.

남부개발은 누구의 구상인가? 타벨은 인터뷰에는 성공했지만 "이 훌륭한 계획을 누가 입안했는지 알지 못한다."며 아직 규명해 내지 못했다고 자서전에서 밝혔다. 당시 자세한 것은 수수께끼에 싸여 있었다. 그래서 직접 만나 세부사항을 알아보고 싶었을 것이다. 타벨은 록펠러가 입안한 것이라는 입장을 바꾸지 않았다. 반면, 록펠러 자서전의 저자 론 처노는 스탠더드오일이 관계된 원자재나 제품을 운송하는 철도회사가 입안했을 것으로 봤다. 어느 쪽이든 록펠러가 깊이 관련돼 있었던 것은 틀림없다.

플래글러와의 인터뷰 때 받은 첫인상도 좋지 않았다. 로저스와는 전혀 다른 유형으로 타벨 앞에서 총수에 대한 불신감을 드러냈다. 경비원을 내보내더니 목소리 톤을 한층 높여 "록펠러는 오늘도 나에게서 1달러를 받아내려고 한다. 정직한 방식으로 하면 좋을 텐데……"라며 치받을 정도였다. 플래글러는 타벨에게 자신이 왜 석유업계에서 일하게 되었는지 신세타령을 거침없이 쏟아냈다.

아버지는 연수입 400달러의 가난한 목사였고 대가족이었다. 클리블랜드에 와서 록펠러를 알게 되기까지 성공한 적이 없었다고 역설했다. "우리는 풍요로워졌다.", "풍요로워졌다."는 말을 몇 번이나 반복했다. 남부개발에 관한 이야기로 넘어가지 않아 짜증이 치밀어 오른 타벨은 말을 가로막았다. "플래글러 씨, 당신은 남부개발이 누구의 아이디어이고 누구의 계획인지 아시잖아요." "석유지대에서 록펠러 씨가 관련되어 있던 게 분명한데, 석유지대 사람들의 고충이 얼마나 컸는지 아세요?"라며 대화에 찬물을 끼얹었다.

플래글러는 "인생에서 사람에 대한 평가가 그 사람의 진짜 성격character과 얼마나 같을까요? 역사상 가장 위대한 인물을 예로 들자면, 하느님이나 구세주가 살아 있을 당시의 평가는 우리가 지금 알고 있는 평가와 얼마나 달랐을까요?"라며 즉답을 피했다. 타벨은 깜짝 놀랐고, 더 이상 물어봐야 소용없다고 체념하고 물러섰다.

버펄로 사건

로저스와의 인터뷰가 시작된 지 1년 가까이 지났다. 맥클루어스 매거진은 스탠더드오일을 규탄하는 기사 연재를 이미 시작했다. 타벨은 "연재 시작과 동시에 로저스와의 인터뷰는 중단"해야겠다고 생각하고 있었다. 리베이트, 드로우백, 사기, 공동모의, 온갖 불법적 수단을 동원해 성장한 스탠더드오일의 범죄적 실상을 소상히 그려냈기 때문이다. 로저스가 좋아할 리 없다. 하지만 그렇지 않았다. 놀랍게도 어이없을 정도로 둔감했다. "집착이 좀 심하다"는 핀잔을 하긴 했지만 타벨을 우호적으로 맞아주는 태도는 그 후에도 계속되었다.

왜 그럴까? 타벨은 자문해 봤다. 뉴욕 주 버펄로의 독립계열 석유 정제소에서 발생한 폭발사고가 있었는데, 로저스와 관련된 사고였다. 로저스는 타벨이 이 사고에 관한 기사를 어떻게 쓰는지에 관심이 있기 때문이라는 확신을 갖게 됐다. 이에 대해서는 타벨이 쓴 〈스탠더드오일의 역사〉 제8장 제12절 "버펄로 사건"에 상세히 기술되어 있다.

이 사건에 관해서는 이 책 제7장 제12절에서 다시 소개하겠지만, 간략히 소개하자면 로저스, 넘버 2인 존 아치볼드, 그리고 뉴욕 주 로체스터에 있는 스탠더드계열 버큠사의 임원들이 경쟁업체의 시설을 파괴하는 공작을 공모했다는 의혹이 제기된 사건이다. 그리고 사건 주모자 중 하나로 기소된 것이 로저스였다.

첫 번째 인터뷰에서 로저스는 타벨에게 이 사건에 대해 정확하고 균형 잡힌 기사를 써 달라고 요청했고 이후에도 늘 그 말을 반복했다. 정이 들었는지 타벨은 기사를 게재하기 전에 로저스에게 먼저 보여줬다. 로저스는 "아치볼드와 내 입장에서 보면 불쾌한 사건이다. 철저하게 밝혀 주길 바란다.", "만일 아버지의 기억이 공격받는다면 그 부당함을 입증해야 한다고 내 자식들에게 말하곤 한다. 증언에 의해서 나에 대한 아이들의 평가가 좋아지기도 하고 나빠지기도 한다."고

간청하기까지 했다.

두 번째 인터뷰에서 로저스는 법원에서 자신이 했던 증언기록을 받아오기도 했다. 가지고 올 수는 없었지만 60페이지 정도를 읽을 수 있게 해 주었다. 타벨은 "간접적으로 관여는 했지만 기소될 이유는 없네요."라고 말했다. 다만, 버큠사 경영진의 기소는 당연하다고 생각했다. 타벨과 마찬가지로 판사도 로저스 기소를 기각했다. 이때 타벨은 의도를 직감했다. "로저스는 스탠더드오일이 공장을 고가로 매입하도록 하기 위해서 버큠사가 무슨 일을 했는지 나에게 알리고 싶은 것이다."

깊이 파고 들면 들수록 독립계열 업자 측에도 바람직하지 못한 여러 가지 관행이 있음을 알게 되었다. 스탠더드오일이 강하게 반대하는 한, 중소업체의 성공 가능성은 희박하다는 점도 확인됐다. 특허권 침해 문제에서도 마찬가지였다.

스파이행위에 관한 특종

독립계열 업자의 증언을 취재하는 동안 타벨은 불가사의한 일을 눈치챘다. 수송을 방해받고 있다는 독립계열업자의 비통한 외침이다. 석유를 가득 실은 독립계열업체의 기차가 모르는 사이에 선로 인입선으로 빠져나가 버려 구매자들이 주문을 취소할 수밖에 없는 상황이 수송현장에서 빈번하게 발생하고 있었다. 당연히 독립계열업체의 수입을 끊어버리려고 스탠더드오일이 관여하여 방해하고 있다는 의심이 들었다. 철도 담당자가 독립계열업체의 수송 내용을 스탠더드오일에 보고하는 방식으로 일종의 영업을 방해하고 있다는 이야기도 자주 들려 왔다. 취재를 해 보니 실제로 그런 사례가 급증하고 있었다. 한 독립계열 업체는 "그 패거리들은 모든 석유통이 어디로 운반되는지 알고 있다.", "기차의 절반 정도는 목적지로 가지 못한다."며 호소하기도 했다.

이런 이야기를 들은 타벨은 처음에는 "아무리 피도 눈물도 없는 스탠더드오일이라고는 하지만 그렇게까지 하지는 않을 것"이라며 정보의 신뢰성을 의심했다. 하지만 상황은 급변했다. 스탠더드오일이 직접 관여했음을 나타내는 명백한 증거가 발견된 것이다. 모두가 숨겨 왔던 록펠러 제국의 최대 오점이었다.

로저스와 인터뷰하면서 타벨이 따져 묻자, "우리보다 더 큰 무엇인가가 마치 스탠더드오일의 목덜미를 잡고 있는 것처럼 보인다."고 변명했다. 타벨은 자서전에서 "더 큰 무엇인가는 소년의 양심이었다."고 기록했다. 그것은 비리를 규탄하는 내부직원에 의한, 이른바 '내부 고발'이었다. 스탠더드오일의 정유소 사무실에 근무하는 10대 소년에게서 비롯된 일이다. 이 소년 직원은 월말이 되면 늘 대량의 기록을 소각하는 일을 했다. 소년은 초극비의 기밀자료를 소각하고 있다는 자각도 없었고, 서류 내용에도 전혀 관심이 없는 상태에서 몇 개월 동안 소각을 계속해 왔다.

그러던 어느 날 밤, 서류 속 글자에 문득 시선이 갔다. 오랜 친구이자 주일학교 선생님이며, 회사의 경쟁자이기도 한 정제업자의 이름이었다. 소각하던 손을 멈추고 확인해 보니 서류에 아는 사람의 이름이 있었다. 기분이 언짢았지만 서류를 붙여봤다. 소년의 회사가 마을의 여러 철도회사로부터 받은 정제업자 전체의 수송 관련 정보였다. 놀랍게도 소년이 다니는 회사 사무실에서 지역 철도회사 대표에게 경쟁자인 정제업자의 "수송을 중단하라.", "거래를 막아라."는 지령을 내리는 내용도 있었다. 서류에는 모든 지령이 수행되었다는 사실도 기록되어 있었다. 경쟁업체의 수송기록을 비밀리에 입수한 스탠더드오일이 방해공작을 실행하고 있음을 말해 주는 결정적 증거였다.

소년은 어떻게 대응했을까? 몇날 며칠 잠들지 못하는 밤을 보내다가, 결국 서류를 모두 모아 맥클루어스 매거진을 애독하고 있는 지인이자 석유정제업자에게 비밀리에 넘겨주었다. 그리고 그 정제업자가 스탠더드오일의 산업스파이 같은 사기행각을 고발하기 위해 타벨에게 서류를 가져왔다. 타벨의 입장에서는 경천동지할 만한 자료였다. 조사나 소송 과정에서 제기된 증언과 부합하는 것들이었기 때문이다.

이대로 게재하면 파급력이 너무 크다. 타벨은 실제 게재된 회사와 인물을 가공의 이름으로 수정해 게재하기로 결정했다. 정보원을 보호하기 위해 1차 자료를 수정하는 것은 지금도 언론에서 많이 사용하는 방식 중 하나인데, 100여 년 전 타벨의 시절에도 이런 방식을 활용하고 있었다.

직후 로저스와의 인터뷰 자리에서 타벨은 즉각 이 이야기를 꺼냈다. "독립계열 업체의 철도 수송을 추적하고 있었습니까?", "추적 과정에서 철도회사 직원의 도움을 받은 것입니까?", "모두 이야기해 주십시오." 로저스의 얼굴은 분노로 창백해졌다. 처음 있는 일이었다. 로저스는 "경쟁자의 동향을 법적으로 공정하게 조사하는 것은 어디서든 하는 일이다. 추적이라니 어처구니없다.", "아무리 하고 싶다고 해도 어떻게 그런 일을 할 수 있겠느냐?"고 반문했다. 로저스의 반박은 더 이상 이어지지 않았다.

"자료는 어디서 구했느냐?"고 다그치는 로저스에게 "그것은 말할 수 없습니다." "오랫동안 비판받아 온 산업스파이 행위에 대해 '진실이 아니다.' '합법적인 경쟁이다.'라는 말로 부정하는 것 이상의 그 아무것도 듣지 못한 이 상황에서 나의 노력을 생각해 주길 바랍니다.", "이 장부의 기록은 진실입니다."라고 답했다. 인터뷰는 짧은 시간에 끝났고 2년 동안 계속된 로저스와의 인터뷰도 이것으로 중단됐다.

하지만 마지막은 아니었다. 그로부터 4년이 경과했고 기사 연재는 종료되었다. 경제공황이 미국 전역을 휩쓸어 금융기관이 도산하는 등 어려운 경제 상황이 계속되던 1907년 11월 어느 날이었다. 5번가 거리에 타벨이 서 있는데, 달리는 차 안에서 이쪽을 향해 손을 흔드는 중년남자가 보였다. 차 안에는 언제나처럼 우호적인 표정으로 미소 짓는 로저스가 있었다.

사무실로 돌아와 필립스에게 그 얘기를 했더니 "왜 만나지 않느냐?" "스탠더드오일 내부에서 지금 무슨 일이 일어나고 있는지 알고 있을 거다.", "무슨 얘기를 할까?"라며 로저스와의 인터뷰를 권했다.

확실히 그동안 로저스에게도 여러 가지 일이 있었다. 업계에서는 경쟁업체와의 사이에서 피도 눈물도 없는 치열한 전쟁이 벌어지고 있었다. 동부 지역에서 가스 이권다툼이 벌어져 월가는 거의 괴멸할 정도의 타격을 입었는데 그 싸움을 로저스가 주도했다는 악평도 퍼져 있었다. 보스턴의 월간지가 "얼어붙는 금융"이라는 제목의 기사를 연재했는데 명성과 자존심이 크게 상한 로저스가 "기사를 게재하면 죽여버리겠다."며 잡지사를 협박했다는 소문도 나돌았다. 연방정부가 반트러스트법에 의거하여 스탠더드오일을 소추하였고 공판도 시작되었다. 심신의 피로가 겹친 탓인지 로저스는 심장마비로 쓰러졌다. 몇 주 후에 복귀하면 정부와의 소송에 맞서야 한다. 그리고 공황이다.

"로저스는 나를 만날 생각이 있을까?" 타벨은 회의적이었다. 하지만 과거에 그랬던 것처럼 1880년대, 1890년대의 추억을 솔직하게 이야기해 준다면 뭔가 기사를 쓸 수 있지 않을까라는 생각도 했다. 시도해 볼 만하다 싶어서 연락을 해 봤더니, 로저스는 "집으로 와 달라."는 회신을 보내왔다.

집을 방문하니, 로저스는 타벨을 반갑게 맞이해 주었다. 조금 살이 쪘고 근육은 찾아 볼 수 없었다. 로저스는 자신의 심장병 얘기를 꺼냈다. 대통령이 스탠더드오일 문제에 개입한 것에 대해 "루즈벨트 쇼크"라며 통렬하게 비판하기도 했다. 초기 석유지대 시절 이야기를 꺼내자 로저스는 "1859년에서 1872년까지 기록되지 않은 내용들이 있다."는 것을 강조했다. 이야기는 물 흐르듯 진행되었다. 하지만 도중에 관계회사 사장의 메모가 전달되어 방을 나와야만 했다. 4년 전처럼 구불구불한 복도를 걸어 밖으로 나왔다. "또 만납시다. 일주일이나 열흘 안에 해리슨 양에게 전화 주세요. 시간을 정하죠." 작별인사는 여느 때와 다름없었다. 하지만 그 약속은 지켜지지 못했다. 타벨을 만나는 것이 위험하다는 판단이었을까?

그 후 수개월 동안 로저스는 더욱 어려운 상황에 처하게 되었다. 사안은 더욱 복잡해졌고 시장에서 무적으로 일컬어지던 스탠더드오일의 신화도 흔들리기 시작했다. 그리고 1년 반 후인 5월 로저스는 급사했다. 미국 연방대법원이 스탠더드오일 해체를 명하는 판결을 내리기 2년 전이다. 로저스와의 이별은 마치 불완전 연소와도 같았다. 타벨은 로저스를 어떻게 평가했을까? 자서전에서 이렇게 적고 있다.

스탠더드오일의 위대한 정통성을 내가 깨달을 수 있도록 하기 위해서, 그리고 문제가 얼마나 거대하고 복잡한지, 그 문제들을 놀라운 통솔력으로 어떻게 처리하고 있었는지를 내가 이해할 수 있도록 로저스가 얼마나 많은 일을 해줬는지 그때 나는 알지 못했다.

타벨은 로저스의 대담한 상상력과 실행력과 천재성에 경의를 표했음에도 불구하고, 스탠더드오일과 로저스에 대해 여전히 비판적일 수밖에 없었던 핵심은 불법적 상행위에 대해 놀라울 정도로 책임감이 부족했다는 점이었다. 조사를 거듭할 수록 타벨의 경멸감은 더욱 커졌다. 타벨은 이렇게도 썼다.

나는 스탠더드오일의 기업 규모나 부에 반감을 가진 적이 결코 없다. 하물며 기업 형태에 반대하는 것도 아니다. 통합해서 가능한 큰 이익을 내는 것도 환영한다. 다만 이건 모두 합법적인 수단에 한해서다. 안타깝게도 이 회사는 한 번도 공정해 본 적이 없었고, 그것이 그들의 위대함을 망친 이유다. 이 회사의 눈부신 실적은 미국의 윤리규범을 저하시켰을 뿐만 아니라 경제적 건전성도 타락시킨 원인이었다고 확신한다.

록펠러의 실상

타벨은 거대 트러스트를 해부하면서 총수 록펠러에 초점을 맞춰 분석을 진행했다. 기존의 저작인 마담 롤랑, 나폴레옹, 링컨의 전기 집필 경험이 큰 영향을 미쳤다. 독자의 관심을 분산시키지 않기 위함 때문인지 타벨은 "한 사람의 인간에 초점을 맞추는 것이 극적"이라고 생각했다.

이런 경우 중요한 것은 주인공의 인물상이며 그것을 최대한 생생하게 묘사할 필요가 있다. 직접 만나서 주고받은 정보를 바탕으로 집필하는 것이 철칙이다. 첫 번째 인터뷰에서 로저스는 철저한 비밀주의자 록펠러의 인터뷰 가능성을 언급했지만 유감스럽게도 성사되지는 못했다. 직접 만나기 어렵다고 반쯤 체념하고 있던 참이었다.

그 때 수완 좋은 조수 시달이 놀라운 소식을 전해왔다. 총수를 취재할 수 있는 기회가 있다는 것이었다. 록펠러는 여름을 고향 오하이오 주 클리블랜드에서 보내고 가을이 되면 뉴욕으로 이동하는 것이 관례였는데, 이동하기 직전인 1903년 10월 11일에 교회의 주일학교에 인사차 방문한다는 것이다. 시달의 특종이었다. "갑시다. 교회 안으로 들어갈 수 있어요. 록펠러의 걷는 모습도 볼 수 있어요." 거절할 이유가 없었다. 클리블랜드로 발길을 옮겼다.

그날은 일찌감치 교회에 갔다. 교회 안으로 들어서자 어둡고 음울해 보이는 투박한 녹색 벽지 위에 커다란 금장식이 그려져 있었다. 값싸 보이는 스테인드글라스 창문에 가스등까지, 타벨은 "불편할 것까지는 없었지만 어리석어 보일 정도로 추하다."며 그때 받은 인상을 자서전에 적고 있다.

일행은 눈에 띄지 않게 구석에 앉았다. 곧 출입구에 특이해 보이는 초로의 남자가 모습을 드러냈다. 표정에는 무시무시할 정도의 나이가 새겨져 있었다. 타벨은 자신이 만난 노인들 중에서 "가장 나이 든 표정을 하고 있었다."고 표현했다.

그 순간 시달은 팔꿈치로 타벨의 옆구리를 세게 찌르며 "저 사람이에요."라고 속삭였다. 록펠러가 모자와 코트를 벗고 교회 관계자가 쓰는 테 없는 모자를 쓴 채 주위를 두리번거리며 벽을 등지고 털썩

앉았다. 주위에 감도는 위압감이 한층 강해졌다. 타벨이 주목한 것은 앞뒤로 펼쳐진 큰 머리다. 넓게 벌어진 이마에, 양쪽 귀의 뒷부분은 크게 부풀어 있었다. 반짝반짝 빛나는 것이 아니라 젖은 듯한 인상이었고, 피부는 그 또래의 누구보다 촉촉했다. 가늘고 날카로운 콧날은 마치 뿔 같기도 했다. 입술은 보이지 않았고 입이 치아 전체를 꽉 다물고 있는 것처럼 보였다. 깊게 파인 주름은 코에서 입 양쪽으로 퍼져 있었으며, 색깔 없는 작은 두 눈 밑에 주름 잡힌 혹이 있었다. 눈은 결코 차분하지 않았고 참석자 한 사람 한 사람의 얼굴을 확인하는 듯 했다.

록펠러가 일어서서 말을 시작하자 주위에 대한 위압감은 더욱 강해졌고 늙은 노인의 인상은 순식간에 사라졌다. "떨리는 듯한 목소리임에 틀림없을 것"이라고 믿은 타벨의 예상과는 달리, 그다지 나이 든 인상도 아니었다. 맑고 또랑또랑했으며 성실해 보이는 목소리였다.

강연은 정의의 배당에 관한 것이었다. 록펠러는 오른팔을 내밀어 꽉 움켜쥐며 "여러분이 뭔가를 꺼낸다면,", "여러분은 뭔가를 집어넣어야 합니다." 두 번째 손가락을 길게 펴면서 "뭔가를 집어넣어야만 합니다."라는 말을 몇 번이나 강조했다.

강연이 끝나자 타벨과 시달은 록펠러가 잘 보이는 자리를 찾아 조용히 이동했다. 주일학교가 끝난 뒤 록펠러는 곧장 교회 강당으로 왔다. 조금 앞쪽으로 구부정하게 앉아 가여워 보일 정도로 불편한 듯이 머리를 좌우로 절레절레 흔들었다. 일정이 끝나자 록펠러는 교회의 친절한 선생님으로 변신해 있었다. 신도들이 지나가는 통로까지 내려와 악수를 나누면서 "선생님 아주 좋은 설교였습니다."라며 연신 인사를 반복했다.

이 순간 타벨은 예상치 못한 기분에 사로잡혔다. 록펠러가 너무 안쓰러워진 것이다. 두 시간 만에 그런 생각이 급속도로 강해졌다. 타벨은 이처럼 두려움을 안고 있는 인물을 본 적이 없었다. 얼굴과 목소리, 몸에 아로새겨진 권력에도 불구하고 록펠러는 사람을 두려워하고 있었다. 타벨은 자서전에 그렇게 적고 있다.

동생 프랭크 록펠러

타벨의 기사가 큰 반향을 일으키며 연재를 끝낼 무렵, 맥클루어스 매거진의 발행 부수는 40만부에 육박할 기세로 확장되었다. 타벨은 나폴레옹과 링컨의 평전 방식을 활용하면서 신문, 서적, 재판 기록 등 공개 정보를 바탕으로 관계자에 대한 취재를 거듭하며 살을 붙여 기사를 작성하고 있었다. 로저스를 필두로 자천타천의 제보자는 거절하지 않았다. 제보자의 수는 연재를 거듭할수록 늘었고 타벨은 모두 성실히 대응했다.

그러던 중 놀랍게도 록펠러 가족 중에서 제보자가 불쑥 나타났다. 뜻밖의 일이기도 했다. 내부고발에 가까운 정보 제공자들 대부분은 정보 제공의 동기와 어떤 목적을 가지고 있었다. 협박, 복수, 시기심…… 등 다양했다.

가족 관계를 살펴보면 록펠러는 6남매 중 위에서 두 번째로, 두 명의 남동생 윌리엄과 프랭크가 있었다. 정보를 제공하겠다고 타진해 온 것은 작은 남동생이었다. 타벨은 그 때의 놀라움을 "내가 정보를 수집해야 할 세계에서 가장 불행하고 가장 부자연스러운 분노를 마지막 사람 록펠러의 동생 프랭크가 가지고 왔다."고 자서전에서 적고 있다. 프랭크는 "필요하다면 공개하고 싶은 자료를 갖고 있다." "클리블랜드 사무실로 비밀리에 와 주면 다 드리고 싶다."고도 했다.

타벨은 형제간에 재산 분쟁이 있다는 것을 알고 있었다. 가족들에게 재판에서의 다툼은 고통이다. 기본적으로 가족 내분이기도 해서 "스탠더드오일의 경영과는 거의 관련이 없다.", "관여하고 싶지 않다." 고 생각하고 있던 참이었는데 그 자료를 입수할 기회가 눈앞에 불쑥 다가왔다. 자료로써 가지고 있으면 나쁘지는 않다. 어떻게 할지 생각한 끝에 마음을 먹고 프랭크가 사는 클리블랜드로 향했다. 여기에서도 시달의 활약은 컸다. 타벨의 변장을 도와 신원 확인 없이 사무실에 잠입하는 데 성공한 것이다.

프랭크는 이상할 정도로 흥분해 형에 대한 복수심을 드러냈다. 입을 열자마자 "형은 나의 파트너인 제임스 코리건과 공동으로 소유하고 있던 상당한 양의 주식을 강탈했다."고 비난했다. 타벨에 따르면 두 사람은 초기 스탠더드오일에 관심이 많아 상당량의 주식을 취득했다. 그 후, 1880년대에 오대호 운송업, 클리블랜드에서의 금속제련 사업에 공동으로 진출하면서 스탠더드오일 주식을 담보로 내놓고 형 존에게 융자를 받았다. 그러나 1893년 공황으로 인해 채무 이행이 불가능해지자 존이 두 사람의 주식을 압류했다는 것이다.

프랭크와 이야기를 나누면서 형의 입장이 어렴풋이 보이기 시작했다. 동생 프랭크는 인심 좋고 너그러운 비즈니스맨이었지만, 돈벌이보다는 게임에 관심이 많았고 말을 좋아해 캔자스 주의 목장에서 직접 말을 키우기도 했다. 호기심이 많고 씀씀이도 헤펐다. 신념 깊은 검약가이던 형 입장에서 보면 동생은 경의를 표할 대상이 아니었고, 오히려 경박한 방면으로 재능이 흩어져 있어 경영을 맡기에는 너무나 위험한 존재였을 것이다. 타벨은 동생 프랭크에 대한 록펠러의 대응을 보고 "법적인 혹은 윤리상의 권리에 엄격하다"고 록펠러의 성격을 단정했다.

타벨이 더 깊이 파고들자 프랭크는 더 우울해졌다. 형제간의 거래로 말미암아 동생 프랭크의 정신과 마음에 형 존에 대한 추악해 보일 정도의 적대심이 남은 것이다. 타벨은 프랭크와 존의 사례를 모델삼아 희생자의 정신과 마음에 깊은 생채기를 남기는 록펠러의 수법을 "스탠더드오일 방식"이라고 명명했다.

제6장

미국 혁신주의 시대와 타벨

타벨이 살았던 시대는 산업혁명이 끝난 직후의 미국 자본주의 요람기였다. 속속 등장한 빅 비즈니스가 시장 독점을 지향하는 가운데 스탠더드오일 등 트러스트의 횡포가 너무 컸다. 상원의원과 주지사 등 정치인과 관료들을 돈다발로 움직이며 의회를 조종하는 등 윤리의식과 책임감이라고는 찾아보기 어려운 무절제한 대기업과 부패한 행정관료들의 문제가 가시화되었다. 미국 민주주의의 위기였다. 시민들의 거세진 불만은 미국 전역으로 불길처럼 확산됐고 이를 바로잡아야 한다는 사회운동이 등장했다. 미국 혁신주의progressivism의 태동이다.

타벨과 동료들은 사회개혁을 지향하는 저널리스트를 대표하는 시대의 총아로 주목받았다. 수구파와 선을 그은 정치인들이 혁신주의 운동을 주도했는데, 그 대표적 인물이 20세기 초 대통령에 취임한 시어도어 루즈벨트다. 루즈벨트는 정부 내에 트러스트 감시 조직을 설치하고 대기업 규제를 단행하면서 트러스트 퇴치와 부패한 정치 척결을 주도했다. 이러한 움직임은 루즈벨트의 노선을 이어 받은 윌리엄 H. 태프트 대통령을 거쳐 UN 창설을 제창한 우드로 윌슨 대통령의 뉴 프리덤(신자유주의)운동으로 이어졌다.

"도금시대"와 혁신주의

공정한 거래

셔먼 반트러스트법을 필두로 세계 최고의 엄격함을 자랑하는 미국의 독점금지 정책, 경영인의 높은 윤리 의식의 자각을 요구하는 풍토, 공정함을 요구하는 시민사회 등등을 생각해 보면, 이 시기에 스탠더드오일이 어떻게 악랄함의 극치로 여겨질 정도로 윤리의식이 결여될 수 있었는지, 어떻게 그토록 부정한 수단으로 기업 경영에 매진할 수 있었는지를 이해하기 어렵다. 6장에서는 20세기 초의 혁신주의 시대Progressive Era에 관해 살펴보자. 이 시기는 자유방임을 구가하던 미국 사회가 기업 횡포에 대해 유달리 엄격한 사회 체제로 이행하는 일대 전환기이기도 하다. 진보주의 시대로 부르기도 하지만 이 책에서는 혁신주의 시대로 통일했다.

미국 사회의 격변을 불러 온 혁신주의의 원동력이자 추진력은 당시 저널리즘, 그리고 탐사보도의 기수 타벨과 동료들에 의한 일련의 보도였다. 트러스트를 통해 굳건하게 결속된 빅 비즈니스가 자유방임이라는 미명에 집착하면서 공정, 공평, 윤리, 도덕을 무시하고 안하무인의 행위를 자행하고 있었다. 그리고 타벨과 동료들은 이를 고발하는 기사를 연속으로 게재했다. 재판기록, 공청회 증언집 등을 샅샅이 수집하고, 발품을 팔아가며 관계자들을 끈질기게 취재하는 탐사보도를 통해 정치권력과 경제권력, 사회 부패를 도려내어 전모를 밝혀낸 것이다.

악행에 관여한 주체들을 열거하고, 무엇이 문제이며, 왜 그런 일이 발생했는지 그 전모와 배경과 맥락을 밝혀내는 방식은 당시로서는 이례적인 것이었던 만큼 사회적 반향과 임팩트도 강렬했다. 일반 시민들 입장에서 보면 연재된 기사는 경천동지할 만큼 놀라움의 연속이었다. 17세기 메이플라워호를 타고 자유를 찾아서 영국을 떠나 대서양을 횡단하는 고난의 항해 끝에 신천지 미국에 도착했지만, 당시 직면한 현실은 자유로운 사회와는 정반대의 세계라는 것을 새삼 깨달았다.

타벨과 동료들이 일구어낸 일련의 보도를 통해 지켜야 할 것은 무엇이고 바로잡아야 할 것은 무엇인지, 미국 사회가 지향해야 할 방향이 무엇인지가 명확해졌다. 20세기라는 새로운 시대에 접어든 가운데 부패와 악습의 혼돈에 빠져 있던 당시 미국 사회가 대통령의 리더십 아래 개혁을 추진하는 원동력, 바로 탐사보도였다.

윌리엄 맥킨리 대통령이 암살된 후 그 후임으로 취임한 제26대 대통령 시어도어 루즈벨트는 공정한 거래Square Deal를 공약으로 내걸 었다. 대기업과 트러스트를 감시하는 기업국을 창설했고 새로운 규 제 도입과 입법으로 정부 권한을 극적으로 확대했다. 방자해 보이기 까지 했던 빅 비즈니스를 규제하기 위한 다양한 제도가 도입되었다. 정치 부패의 온상이 된 기업 헌금도 전면 금지했다.

정치, 경제, 사회의 전방위적 개혁 작업이 비약적으로 진전했으며, 반트러스트법, 독점금지법 위반 혐의로 트러스트 소추가 시작되었 다. 루즈벨트 대통령의 개혁 추진 방향을 예상하지 못했던 트러스트 는 그 동안의 행위에 제동이 걸렸고 공황 상태에 빠졌다. 자유를 최대한으로 인정하는 야경국가형의 작은 정부에서 사회의 공정과 평등을 중시하는 정부로 180도 전환한 것으로 볼 수 있다.

그때까지의 미국 사회는 이른바 "도금시대"로 일컬어지고 있었다. 정치 분야에서는 의원 매수 등 이른바 독직과 뇌물공여가 판치고 있었고, 금권부패와 탐욕주의가 지배하고 있었다. 그것이 위법이라 는 것도 모두 알고 있었지만, 이미 뇌물을 많이 받았기 때문에 극악무 도한 행위로 여기지 않았던 것이다. 경제면에서는 자유방임의 미명 아래 극단적인 개인주의가 횡행했다. 공익이나 기업의 사회적 책임이 구현되기는커녕, 시장 독점과 권력 남용이 계속되었다. 독점의 한 형태에 불과한 풀제, 협정에 의해 생산량과 판매량을 제한하여 가격을 조정하는 카르텔이나 담합, 그리고 이를 더욱 발전시킨 무수한 트러스트가 형성되어 시장을 독점하고 있었다. 중소업체를 내쫓는 한편 신규 참여는 방해 하면서 의도적인 가격 인상도 꾀하고 있었다. 트러스트는 세상의 봄을 구가하고 있었고 시민들은 트러스트의 위협에 떨고 있었다.

아메리칸 드림을 방불케 할 만큼 부를 축적한 대기업과 이에 착취 당하는 시민 간의 빈부 격차는 더욱 확대되었다. 리베이트를 바탕으로 거액의 부를 축적한 스탠더드오일과 이를 기반으로 세계 최초 자산 규모 10억 달러를 넘어선 록펠러와 같은 기업경영자가 등장한 것이다.

세계 거부들의 역대 순위를 매긴 〈갑부 순위 100〉에서는 1위 록펠러의 자산을 14억 달러 이상으로 평가했다. 참고로 컴퓨터 소프트웨어 분야의 성공 신화를 쓴 빌 게이츠가 36위, 투자의 귀재 워런 버핏이 39위다. 1996년에 출판되었기 때문에 최근의 IT 분야 거부들이 포함되지 않았다는 것을 감안 하더라도, 트러스트가 믿기 어려울 만큼의 이익을 창출했고 엄청난 자산을 형성해왔음을 확인할 수 있다. 시장을 지배하면서 가격을 마음대로 조종할 수 있는 수단만 있다면 거액의 부를 창출하는 요술방망이를 가지고 있는 셈이었다.

당시 미국 저널리즘 분야에서 권력과 기업의 부정행위를 폭로하는 탐사보도가 성행했던 것에 대해 스티브 와인버그 미주리대 명예교수는 저서 〈트러스트와의 공방〉에서 타벨의 다음 세대 격이자 미국 저널리즘의 거물 월터 리프먼의 말을 인용했다. "비즈니스 업계에 속해 있는 사람은 공인이며, 그들의 생활에 공적 기준이 적용되기 시작했다.", "보도가 시작되자 비즈니스맨들이 말로 다 표현할 수 없을 정도로 당황했던 것은 비즈니스에 대한 개입이 필요하다는 관점이 이제는 당연시 되었다는 것이다.", "더 이상 사기업이 아니다." 기업이 사회에 미치는 영향력이 커진 만큼, 기업은 이제 '공적'인 존재가 된 것이다.

신자유주의를 표방하며 혁신주의의 종언을 장식한 제28대 대통령 우드로 윌슨도 "비즈니스 업계에서 기업이 차지하는 부분이 그다지 중요하지 않았던 시절이 있었다. 그러나 지금은 중요한 부분을 차지하고 있다. 대부분이 기업의 하인"이라고 말하기도 했다. 리프만과 거의 비슷한 관점이다. 타벨과 동료들의 역할에 대해 와인버그 명예교수는 "이와 같은 사회변혁에 앞장섰다.", "사회에서 과소평가되고 있던 새로운 사실을 파헤쳐서 심원한 의식을 제공하는 동시에 부패를 폭로하는 저널리즘의 소명이 시작되었다."고 소개했다.

노무라 다쓰로野村達郎가 편저한 〈아메리카합중국의 역사〉에 따르면, 당시 미국의 사법, 행정, 입법 중에 "가장 약체였던 것이 행정부의 수장인 대통령이었다. 실권이 부족해서 기껏해야 관직을 분배하는 역할에 불과"했고 "국가권력은 존재하지 않았다."는 지적도 있었다.

정부의 강력한 권한이 결여되어 있었음이 확실해 보인다. 셔먼법 등 기업의 독점행위와 트러스트를 제한하는 법률도 분명 있었지만 기업의 횡포에 놀라울 정도로 무력하기만 했다.

당시 미국 사회가 목표로 설정했던 공정이나 공평이란 도대체 무엇인가? 대기업의 횡포를 시정할 길은 없는가? 위기감을 느낀 시민들이 들고 일어났고 분별 있는 정치인들도 이에 호응했다. 그리고 파도와 같이 개혁을 추진하는 혁신주의 시대가 도래했다. 이 과정에서 먼저 채찍을 휘두른 것이 정의감과 공분에 충만한 맥클루어스 매거진의 타벨과 동료들이기도 했다.

금권부패, 배금주의, 탐욕주의

20세기에 들어서면서 미국의 혁신주의가 시작되기 직전, 즉 록펠러가 시장 제패에 성공한 미국 초기 자본주의의 요람기는 대문호 마크 트웨인이 당시 세태를 반영하여 저술한 〈도금시대〉에 잘 나타나 있다.

미 산업혁명으로 경제성장이 가속화하였고 공업생산고는 비약적으로 성장하였다. 이 물결을 타고 철강왕 앤드루 카네기, 미술품 소장으로 유명한 역시 철강산업 분야의 헨리 C. 프릭, 해운업과 철도산업 분야의 코넬리어스 밴더빌트, 금융재벌을 형성한 존 P. 모건 등의 가문이 제1대 갑부 목록에 이름을 올렸다.

이 시대를 묘사한 "도금시대"라는 명칭은 금권부패가 횡행하는 탐욕주의와 배금주의, 벼락부자의 세상을 의미하였다. 이 무렵 제18대 대통령으로 취임한 율리시스 그랜트(1822~1885)는 남북전쟁을 승리로 이끈 북군 장군이라는 빛나는 평가와 더불어, 의혹투성이의 무능한 부패 장군이라는 평가를 받았다. 역대 미국 대통령 순위에서는 언제나 최하위권을 벗어나지 못하고 있다. 정치인 중 최고의 권좌에 있던 대통령까지 금권부패에서 자유롭지 못했음을 알 수 있다. 일본의 다나카 가쿠에이田中角榮 총리가 1970년대에 뇌물 수수 혐의로 체포되어 유죄 판결을 받은 것이나, 한국의 박근혜 전 대통령이 2017년 탄핵되고 뇌물 수수 혐의 등으로 체포되어 유죄 판결을 받은 것을 상기해 보면, 정치인들이 모두 결백하다고 말하기는 어려울 듯하다.

마크 트웨인의 소설은 정치인의 부패, 자본가의 대두 및 서민과의 격차 확대를 꼬집는 내용이다. 이른바 도금시대는 약육강식의 원시 자본주의 시대가 도래하여 자본가가 급속히 성장하고 정치와 경제의 부패가 극단적으로 심화된 1865년 남북전쟁 종전 후부터 1893년 경제공황까지 주로 1870년대와 1880년대를 가리킨다. 1890년은 미국 정부가 프런티어의 소멸을 선언한 하나의 전환점이기도 하다.

이 기간 동안 미국 경제의 성장세는 미증유다. 나가누마 히데요長沼秀世와 신카와 겐자부로新川 健三郎가 쓴 〈미국 현대사〉에 따르면 1900년 미국의 국민총생산GNP은 187억달러로 일곱 개 바다를 지배한 대영제국의 100억달러보다 거의 두 배 가깝게 많았다. 미국의 산업생산량은 세계의 약 4분의 1(23.6%)을 차지해 영국(18.5%)을 훨씬 앞서고 있었다. 하지만 미국 인구가 7,609만 명으로 4,116만 명이던 영국의 두 배에 가까웠기 때문에 국민 1인당 생산을 포함하여 경제 규모 면에서 명실상부 세계 제일이 된 것은 제1차 세계대전 후이다. 그런 의미에서 보면, 이 시대야말로 미국이 세계 최강대국으로 변모하는 이륙기이자 출발기로 자리 매김하는 시대다.

1890년대 들어서자 점점 심각해지는 사회적 모순에 반발하는 움직임이 가시화되었다. 포퓰리스트populist로도 일컬어지는 농민 중심의 인민당People's Party, Populist Party의 등장이다. 메어리 베스 노튼Mary Beth Norton 등이 집필한 〈미국의 역사 ④: 미국 사회와 제1차 세계대전〉은 네브래스카 주 오마하에서 1892년 7월에 열린 인민당 결성대회의 강령 서문을 인용하면서 다음과 같은 주장을 기술하였다.

이 나라는 도덕적 정치적 물질적 붕괴에 몰리고 말았다. 부패가 투표소, 주 의회, 연방의회는 물론이고 법원까지도 지배하고 있다. 수백만 인민에 의한 노동의 과실은 소수 사람들의 막대한 재산을 쌓기 위해 사정없이 도둑맞고 있다.

우리는 정치적 부정의를 다산한 자궁 속에서 두 개의 큰 계급집단, 즉 거지와 백만장자를 만들어내고 있다.

제19대 대통령 러더퍼드 B. 헤이스, 제20대 대통령 제임스 A. 가필드에서 제25대 대통령 맥킨리까지 이어지는 이 시대는 대체로 "무기력한 대통령의 시대'라고도 일컬어진다. 각종 사회문제들은 점차 심각해지고 있었지만 연방정부는 좀처럼 문제를 해결하지 못했고, 대중에 의한 민주화운동, 즉 농민 반란이 고조되고 있었다.

기계화로 인해 생산성은 향상되는 반면, 농산품 가격은 확실히 하락하고 있었다. 여기에 소작제도나 철도회사의 횡포 등이 더해지면서 농민들의 불만은 더욱 높아갔다. 텍사스 주 등에서 형성된 농민운동을 주축으로 각 지역에서 수백만 명 규모의 농민동맹이 결성되었다. 동맹에 참여한 주지사, 주의회 의원 등도 탄생했고 이것이 인민당(포퓰리스트당)이 되어 대통령 선거에서 후보를 배출하게 된다. 이들은 철도와 은행 그리고 공익사업에 대한 규제, 누진과세 등 사회개혁의 깃발을 내걸고 독자적인 활동을 계속했다. 안타깝게도 1896년 대통령 선거에서 인민당은 공화당과 민주당의 힘에 미치지 못하고 패배했다.

1893년부터 4년간 계속된 심각한 경제공황을 통해 거대 기업에 의한 지배 체제는 한층 강화되었다. 사회 모순은 더욱 심해졌고 체제비판의 흐름은 더 가속되었다. 사회주의 운동마저 출현했다. 그 가운데 등장한 것이 새로운 시대를 알리는 혁신주의운동이었는데, 과거 자유방임주의에 대한 반작용이기도 했다. 혁신주의운동의 주축은 공업화의 진전으로 새롭게 등장한 도시 중산층이었으며, 거대 트러스트에 의한 지배체제 규제 도입 등 사회개혁을 지향했다.

트러스트 정벌자

"공정한 비즈니스를 확보하기 위해 지난 6년간 통과된 법률에 대해 그들은 모두 적대적이다." "(스탠더드오일의 임원은) 우리나라 최대의 범죄집단이다." 이런 신랄한 주장을 계속하면서 트러스트 정벌 과정에서 큰 공을 세운 것이 제26대 시어도어 루즈벨트 대통령이다. 그는 어떤 인물이었을까?

그의 에너지 넘치는 개성은 자유를 누리는 트러스트나 대기업이 갉아먹은 미국 사회를 크게 탈바꿈시켰다. 또한 그는 미국 역대 대통령 가운데서도 탁월한 리더십을 바탕으로 한 개혁파라는 점에서 높은 평가를 받고 있다. 상류계급 출신이지만 1902년 미·스페인 전쟁에 의용군을 조직하고 전장에 나가 실제 전투에 참가하여 일약 애국심 높은 국민적 영웅으로 부상했다. 대통령 시절에 발발한 러일 전쟁에서는 열강의 복잡한 이해관계를 잘 조정해 포츠머스 강화 조약 성립에도 기여했다. 이 공로로 미국인 최초로 노벨평화상을 수상하기도 했다.

미국 내에서는 트러스트의 만연으로 매수, 협박, 부패 등 각종 비리가 소용돌이치던 당시, 사회의 부패 체질을 뿌리째 바꾼 혁신주의운동의 리더이자 민주주의를 바로 세우고 인도주의를 관철하며 투명 사회로 이행하는 데에 능력을 발휘했다. 문학과 미술에도 조예가 깊었으며, 사파리를 좋아해 아프리카 여행도 자주 다녔다. 100년도 더 된 과거의 정치가임에도 불구하고 노예 해방으로 유명한 링컨, 사돈

관계이기도 한 태평양 전쟁 당시의 프랭클린 루즈벨트 대통령 등과
함께 미국 역대 대통령에 대한 각종 평가와 인기도 조사에서 늘 5위
이내의 상위권 순위에 이름이 오른다.

네덜란드 출신의 아버지 가문은 17세기 개척자로서 뉴암스테르담
(현재의 뉴욕)으로 이주했고 후에 맨해튼에 정착했다. 루즈벨트는 자
산가인 상인 아버지의 둘째 아들로 1858년 1월 뉴욕에서 태어났다.
천식이 심해서 학교를 제대로 다니지 못했기 때문에 가정교사에게
의존했지만 1876년에 명문 하버드 대학에 진학했다. 대학 시절에 교
지 편집에 관여하는 한편, 복싱에도 열심이었고, 졸업 후에는 컬럼비
아 로스쿨에 진학했지만 정치에 대한 관심으로 중도에 학교를 그만
두었다. 1882년 뉴욕 주의회 선거에 출마하여 당선 되어 하원의원으
로서 정치의 길을 걷기 시작한다. 정치인이지만 틈틈이 책을 집필하
여 일생 동안 30권 이상의 저작을 남긴 문화인이기도 하다. 뉴욕
지사, 미국 부통령 등을 거쳐 1901년 9월 암살된 매킨리 대통령의
후임으로 미국 역사상 최연소(42세 10개월) 대통령에 취임하였다.

루즈벨트는 상류층 출신이었지만 부통령 취임 당시 미국 보수파의
신임이나 추천을 받은 것은 아니었다. 오히려 그 반대에 가까웠다.
당시 보수파는 록펠러 등 트러스트 경영인들과 가깝게 지내고 있었기
에, 금권부패의 시정을 강력히 주장하는 루즈벨트의 입장에 위화감을
느끼는 분위기가 대세였다. 자기 과시를 위한 개인플레이grandstand
play나 대중 선동가 이미지가 너무 두드러져 '언제 무슨 일을 저지를지

알 수 없는 위험인물'로 여겨진 것이다.

이처럼 기가 세고 정치에 대한 태도가 유별나 보였기 때문에 보수 파로부터 소외되었고 명예직에 가까운 부통령직에 추천받은 것으로 볼 수 있다. 설마 59세의 한창 나이인 맥킨리 대통령이 사망하여 대통령 유고 상황이 발생할 지는 그 누구도 상상하지 못했을 터이다. 그런데 맥킨리 대통령이 뉴욕 주 버펄로에서 열린 박람회에 참석하여 지지자들과 악수를 나누던 중 총성이 울렸고, 총알이 대통령의 복부를 명중하여 8일 만에 숨을 거두었다. 범인은 28세의 무정부주의자였다. 이 사건 이후 미국 대통령 비밀 경호 서비스가 생겼다.

루즈벨트의 이름이 일약 유명해진 것은 미·스페인전쟁 때다. 당시 대통령이 임명하는 해군 차관보로 취임하여 재직하던 중 전쟁이 발발했는데 쿠바 공략을 위해 사임한 뒤 의용군 부대 "러프 라이더스 Rough Riders"를 지휘하여 산티아고시를 함락시키면서 국민적 영웅이 된 것이다. 미국 전역에서 애국적이고 용감한 행동이라는 열광적 찬사를 받았고 귀국 후에는 열렬한 환영을 받았다. 이 여세를 몰아 뉴욕 주지사 선거에 출마하여 당선됐다.

루즈벨트는 지사 시절부터 트러스트와 기업 독점에 엄격하고 비판적인 입장을 보였다. 대통령 당선 직후에는 모건, 록펠러, 해리먼 등 당시 재벌 주도로 창설된 철도 지주회사 노던 시큐리티스를 셔면 반트러스트법 위반으로 고소하여 미국 재계를 발칵 뒤집어 놓았다. 법원은 해체 명령을 내렸고 당시 트러스트 위협을 뼈저리게 느끼고 있던 미국 시민의 갈채를 받았다. 루즈벨트는 7년의 재임 기간 동안 록펠러의 스탠더드오일, 아메리칸 타바코 등 40여개가 넘는 기업을 반트러스트법 위반으로 고발하여 트러스트 정벌자라는 별명을 얻었다.

루즈벨트의 자서전에 대기업과 트러스트에 대한 루즈벨트의 견해가 명시되어 있다. 루즈벨트의 이름이 미국 전역으로 알려지게 된 미·스페인 전쟁 당시의 의용군 부대 이름을 차용한 자서전 〈러프라이더스〉의 제12장에 그 내용이 담겨 있다. 제12장의 제목은 "몽둥이와 공정한 거래The big stick and the square deal"다. 대기업과 트러스트의 지배를 철저하게 뒤집어버린다는 의미가 그대로 담겨 있다. 루즈벨트의 외교 방침인 "몽둥이 외교big stick diplomacy"의 '몽둥이' 그리고 트러스트와 대기업의 횡포에 제동을 거는 '공정한 거래'를 조합한 제목이다.

루즈벨트의 외교 방침을 단적으로 보여주는 표현 중 하나로 "몽둥이를 들고 조곤조곤 말하면 해결될 것speak gently, and carry a big stick: you will go far"이라는 말이 있다. 한 손에 무기를 들고 상대방에게 양보를 강요하는 일종의 강경외교책인데, 몽둥이로 위협을 가하여 원하는 대로 외교를 펼친다는 의미다. 신중파라기보다는 적극적이고 과감하게 행동하는 유형의 정치인이었다.

루즈벨트는 재임 중에 해결하려고 했던 과제에 관하여 자서전의 서두에서 "대통령으로서 처리하지 않으면 안 되는 지극히 중요한 문제 중 하나는 대기업에 대한 국가의 대응"이라고 단언했다. "대기업 규제가 없었기 때문에 금융자본가와 산업자본가가 경이적으로 성장하는 결과로 이어졌다. (대기업의) 엄청난 자산 형성은 세계 어느 나라에서도 찾아볼 수 없는 일이고, 그런 인물이 권력을 장악한 것도 세계적으로 찾아보기 어렵다."고도 말했다. 나아가 트러스트 측에서 연방정부 개입은 주정부의 권한을 침해하는 것이며, 주정부의 개입은 연방정부의 권한을 침해하는 것이라고 반발한 것에 대해, "트러스트 이면에서 벌이는 일련의 행위들은 언제나 일반 대중의 이익에 반하는 적대적인 행위"라고 조목조목 반박했다.

트러스트에 대한 규제는 대법원의 판결로도 지지 받았다. 최종적으로 미국 전역의 철도를 지배하겠다는 야심을 지니고 있던 노던 시큐리티사에 대해서도 "독점금지법 위반으로 소추하여 해산 판결을 이끌어 그 야망을 깨는 데에 성공했다."고 강조하고 있다. 트러스트를 감시하는 기업국을 정부 부처 내에 설치한 것에 대해서도 기업은 "법을 엄격하게 준수해 대기업이든 중소기업이든 관계없이 경쟁자를 포함한 다른 회사의 권리를 성실히 존중하게 됐다."며 자신의 업적과 성과를 역설했다.

루즈벨트는 당시 법무장관 찰스 J. 보나파르트에게 보낸 편지를 소개하면서 트러스트 소추에 대한 자신의 생각을 다시 한번 드러내기도 했다. 편지의 앞부분에서 루즈벨트는 트러스트가 정부의 엄격한 규제를 공격하기 위해 거액의 돈을 기부하는 방식으로 신문사와 출판사, 상원의원, 주지사, 거물 정치인 및 대학 관계자들을 매수해 캠페인 활동을 계속하고 있다고 지적했다. 그리고 철도 운임 차별을 시정하기 위해 1906년 제정된 헵번법Hepburn Act에 대해서도 정권은 악덕 기업들에게 타격을 가하는 동시에 정직한 철도회사를 지원할 것이라는 입장을 강조했다.

편지 후반부에서는 우리가 싸워야 하는 것은 꼭두각시가 아니라 힘이 세고 교활한 무리들이자 배후에 숨어 있는 악마를 위해 일하는 강력한 집단이라고 전제하며, "우리는 먼저 그 악행을 방지해야 하고, 그 다음에는 복수심에 불타는 급진주의를 피하기 위해 법을 무시하는 부유계급을 규제하려 노력하고 있다." "노동조합이 나쁜 짓을 하면 거기에 반대하고, 기업이 나쁜 짓을 해도 두려움 없이 똑같이 대응한다. 우리는 임금 노동자와 부자의 권리를 위해 동일한 대담함으로 일어서 맞설 것이다. 우리는 악행을 중지시키기 위해 노력하고 있다. 이를 끝내기 위해 필요한 것이 악행에 가담한 자들을 처벌하는 것이다. 우리는 비즈니스맨이든 임금 노동자든 관계없이 정직한 모든 사람의 마지막 지원자다."라고 선언하고 있다.

편지의 마지막은 에이브러햄 링컨의 유명한 격언을 인용하며 끝을 맺었다. "우리는 에이브러햄 링컨의 정신으로 권리를 위해 분투하고 있다. '희망을 갖고 신에게 기도하자.' 이 강력한 처벌이 조속히 끝날 수 있도록……", "누구에게도 악의를 품지 말고 모든 이에게 관대한 마음을 갖고 신께서 우리에게 주신 정의를 보듯이 올바른 것에 대해 확고한 마음으로 지금 우리가 하고 있는 일을 완수할 수 있도록 노력하자." 정의가 통용되는 미국사회를 건설하기 위한 루즈벨트의 결의를 느낄 수 있다.

저널리스트가 선도자

나카야 겐이치中屋健一가 쓴 〈미국 현대사〉에 따르면, "혁신주의운동은 이상해 보일 만큼 저널리즘에 매우 크게 의존했다."

19세기 후반 미국은 저널리즘의 시대이기도 했다. 헝가리에서 이민 온 조셉 퓰리처Joseph Pulitzer가 1883년 뉴욕을 본거지로 하는 뉴욕월드를 창간하여 대중신문 개척의 길을 열었다. 퓰리처는 지면을 통해 ① 서민에게 헌신한다, ② 모든 사기와 속임수를 적발한다, ③ 공공에 대한 악행과 권력 남용에 맞서 싸운다, ④ 민중에게 봉사하고 민중을 위해 싸운다 등을 선언했다. 당시 급증하던 이민과 노동자를 중시하는 보도 자세를 견지하면서 컬러 인쇄의 강렬한 제목, 사진, 일러스트, 간단하고 짧은 기사 등을 담은 선정적 지면으로 이민자를 중심으로 한 대중들의 시선과 관심을 모았다. 뉴욕월드는 발행 부수 100만부를 돌파하면서 인기를 끌었다. 권선징악, 사회정의 관철, 스캔들 폭로 등의 과격한 기사들이 주를 이루는 보도, 이른바 황색저널리즘yellow journalism으로 지칭되는 대중지 시대의 막이 올랐다. 파자마풍의 헐렁한 노란색 나이트 셔츠를 입은 남자아이가 등장해 인기를 끌었던 옐로 저널리즘도 컬러풀한 지면을 바탕으로 한 것이다.

미국 캘리포니아 주에서의 성공을 바탕으로 뉴욕에 진출한 또 다른 신문왕 윌리엄 랜돌프 허스트William Randolph Hearst 역시 신문을 인수하여 퓰리처와 동일한 노선을 취했고, 스포츠 기사와 여성 소구 appeal 기사를 늘리면서 부수를 확장해갔다. 이 시기에 미국 전역의 가구당 구독신문 수는 정점을 맞았다. 신문의 황금기 도래였다.

이러한 움직임은 대중잡지에도 영향을 미쳐 1890년대부터 저렴한 가격의 대중잡지가 등장하여 발행부수도 급격히 늘어났다. 문예나 논설 위주의 고급잡지와 달리, 대중잡지는 도시 중산층까지 독자층을 확장해 갔다. 기술혁신도 발행부수 확장을 도왔다. 윤전기와 자동식 자기 등 기계화가 이루어지면서 저렴한 가격으로 제작 판매할 수 있게 되었다.

대중잡지에는 미국 사회를 좀먹는 정치부패, 독직, 위법한 부정행위, 비리 등을 폭로하는 기사가 속속 등장해 미국 사회의 부패와 결함을 명확히 드러냈다. 그 전과는 달리 기사에 등장하는 인물은 대부분 실명으로 작성되었기 때문에 시민들의 공분을 불러 일으켰고 정치개혁, 경제개혁, 사회개혁의 필요성을 일깨웠다. 혁신주의 선도자 역할을 하게 된 것이다.

그 중심에 타벨, 베이커, 링컨 등 맥클루어스 매거진 소속의 개혁파와 이들을 주축으로 한 탐사보도 전문 저널리스트들이 있었다. 물론 이들이 혁신주의를 내세워 운동을 선도했다고 보기는 어렵다. 다만, 이들의 보도가 혁신주의운동의 기폭제가 되었고 그것이 미국 전역으로 확대되는 결과를 이끌어내었다. 특히 주도적 역할을 한 것으로 평가되는 타벨은 스스로를 탐사보도 저널리스트라기보다 역사가로 규정했다. 나중에 루즈벨트는 탐사보도 저널리스트들을 "머크레이커 muckraker"로 칭했는데, 타벨은 이렇게 분류되는 것을 극도로 싫어했다. 머크레이커는 퇴비 등을 긁어모으는 곰의 손을 의미하는 용어로 야비하다는 뉘앙스가 담겨 있기 때문이다.

타벨과 시오도어 루즈벨트

루즈벨트가 스탠더드오일에 대한 타벨의 연재기사를 애독했다는 사실은 잘 알려져 있다. 세 번째 연재기사가 게재된 1903년 1월 루즈벨트는 연재기사를 지지하는 편지를 보냈다. 이때 보낸 것과 동일한 편지는 아니지만, 인터넷에서 검색해 보면 루즈벨트가 타벨에게 보낸 편지들을 열람할 수 있으며, 두 사람의 우호적인 관계를 읽을 수 있다.

캐서린 브래디가 쓴 〈아이다 타벨〉에 따르면, 루즈벨트는 언론 특히 맥클루어스 매거진 기자들의 환심을 사기 위해서 부단히 노력했던 것 같다. 타벨의 동료인 베이커에게는 자신의 연설 초고를 사전에 보내 주기도 했다. 스테펀스에게는 상담을 요청하여 마치 루즈벨트의 고문 역할을 하고 있는 듯한 기분을 느끼게끔 했다. 타벨을 포함해 각각의 동료들을 개인적으로 점심 식사 등에 초대하기도 했다.

도리스 굿윈의 책 〈훌륭한 설교단: 시어도어 루즈벨트, 윌리엄 하워드 태프트와 저널리즘의 황금시대〉를 보면, 루즈벨트가 당시 빈발했던 파업 파괴 공작 등 노동분쟁 문제에 관해 베이커와 자주 상의하는 등 맥클루어스 기자들에게 의존한 사실이 자세히 소개돼 있다. 굿윈의 책 부제에 있는 "저널리즘의 황금시대"라는 표현은 저널리즘이 주도하여 최대 규모의 사회개혁이 실현되었음을 지칭하는 것이다.

개인적인 매력과 특출한 홍보전략 솜씨, 화려함 등 루즈벨트의 인기 요인은 열거하자면 끝이 없지만, 가장 큰 인기 요인은 시대를 앞선 혁신주의 정책에서 비롯한 것이다. 맥클루어스 매거진의 보도가 루즈벨트의 인기를 뒷받침한다는 인식도 있었을 것이다. 언론의 지원을 받는다는 것은 루즈벨트에게 중요한 우선사항이었다. 단, 루즈벨트가 매거진을 전폭적으로 지원했느냐 하면 반드시 그렇지는 않았다.

"우리는 르포르타주에 관심이 있을 뿐, 혁명 같은 건 생각하지 않는다."고 주장한 타벨에게 루즈벨트는 "당신과 베이커는 현실적이지 않다."고 반박한 것으로 알려져 있다. 백악관 내에서 있었던 일이라고 한다.

혁신주의운동은 루즈벨트의 대기업 규제와 보조를 맞추면서 한층 더 고양되었고, 그 흐름은 태프트 대통령에게 계승되었다. 대기업의 횡포에 철퇴를 내리는 정책은 태프트 대통령 시절 더욱 강력해졌다. 일례로, 임기 중 트러스트에 대한 소추 건수가 루즈벨트의 2배가 넘는 90건에 이르렀다. 이 무렵 대기업과 트러스트는 거의 동의어처럼 여겨지고 있었다. 허스트의 뉴욕저널도 트러스트를 규탄하는 다수의 기사를 지면에 게재했다.

　루즈벨트는 업튼 싱클레어가 〈정글〉이라는 책에서 고발한 식육공장의 비위생적 환경을 개선하기 위해 식육검사법을 통과시키기도 했다. '선견지명'이라고 해야 할지 모르지만, 미국 전역의 환경보호를 위해 천연자원 보존정책을 추진하기도 했다.

탐사보도와 혁신주의운동

탐사보도가 혁신주의 시대에 갑자기 시작된 것은 아니다. 이른바 "도금시대"에 기업과 정부, 정치인들의 뇌물과 매수, 부패가 횡행했고, 이를 고발하는 보도는 단발적이기는 했어도 이미 1870년대부터 반복되고 있었다.

　예를 들어 형 헨리와 동생 찰스의 애덤스 형제는 에리 철도 인수를 둘러싼 부정의혹을 고발하기 위해 1871년 〈에리 철도 사건 Chapters of Erie〉을 저술했고, 뉴욕타임스는 뉴욕을 본거지로 한 아일랜드계 이민 정치단체 타마니 협회가 자행했던 부정 경리의 난맥상을 폭로했다. 타이타닉호에 승선하여 바다 속으로 사라진 영국의 저널리스트 윌리엄 T. 스테드William T. Stead는 1894년 〈예수님이 시카고에 온다면 If Christ Came to Chicago〉을 집필하여 부패한 지방정치와 지하경제의 실상을 폭로했다. 같은 해 로이드가 출판한 책 〈국가에 반역하는 부〉는 타벨의 〈스탠더드오일의 역사〉의 중요한 참고자료가 되기도 했다. 록펠러와 철도 트러스트의 범죄적 경영 수법을 통렬히 비판한 책이다. 앞에서 언급한 것처럼 퓰리처가 사회정의 실현을 최우선으로 두고 사회악을 폭로하는 고발기사를 뉴욕월드에 게재한 것도 이와 같은 연장선상에 있을 것이다.

1900년대에 들어서면서 이러한 움직임은 본격화되었고 미증유의 규모로 고조되었다. 1902년 말 시작된 타벨의 맥클루어스 매거진 연재기사, 스테펀스의 지방자치 부패 관련 보도, 1905년 말 베이커의 노동문제 추적 기사 등이 있다. 이를 계기로 에브리바디, 코스모폴리탄, 코리아, 디인디펜던트 등도 폭로 기사를 다루는 탐사보도에 나섰다. 당시 저널리즘은 탐사보도 일색이었다고 해도 과언이 아니었다. 사회의 부정부패를 고발하여 경종을 울린다. 사회악의 실상을 독자들에게 알린다. 부정부패의 실상을 시민들에게 알린다. 그럼 시민들이 일어나 개혁을 이룰 수 있을 것이다. 이런 믿음이 있었던 것이다.

주디스 & 윌리엄 셸린Judith Serrin & William Serrin의 편저 〈머크레이킹!: 미국을 변화시킨 저널리즘Muckraking!: the Journalism that Changed America〉에서 당시 기사를 해설과 함께 소개하고 있다. 에브리바디는 1908년 6월 찰스 에드워드 러셀의 기사 "수업 중의 강도"를 게재했다. 코스모폴리탄은 1906년 9월 에드윈 마크햄의 아동 노동 실태에 관한 기사를, 같은 해 3월에는 데이비드 그레험의 "상원의원은 어떻게 매수되었는가?" 등의 기사를 게재했다. 타벨과 동료들이 1906년 맥클루어스 매거진을 떠나 창간한 아메리칸 매거진The American Magazine은

1911년 3월 제철공장 노동자의 가혹한 노동 실태를 고발한 존 A. 피치의 기사 "40세"를 게재했다. 1908년 3월 코리아는 의회 의장의 실태를 그린 윌리엄 허드의 기사 "조 아저씨", 1908년 9월 디인디펜던트는 인종 문제를 다룬 윌리엄 잉글리슈 워링의 기사 "북부의 인종전쟁" 등을 게재했다.

앞에서 소개한 싱클레어는, 그 외에도 〈석탄왕〉(1907), 〈배금예술〉(1911) 등 다수의 작품을 통해 미국 자본주의의 불공정과 부정의를 파헤치며 사회주의를 설파했다. 루즈벨트 대통령의 역린을 언급한 데이비드 G. 필립스의 〈상원의 배신〉(1906), 토마스 W. 로손의 보험업계 비리 관련 기사, 앞서 소개한 베이커의 남부 흑인 차별 문제나 경영진에 의한 노동자 파업 파괴 공작의 실태 관련 기사, 조지 킵 터너의 매춘조직 실태 폭로 기사도 유명하다.

사회적 모순과 부패를 보도하는 탐사보도에 의해 그동안 감추어져 왔던 각종 비리가 파헤쳐졌다. 정치인을 매수해서 공공재산을 유리한 조건으로 불하받아 철도, 전기, 가스 등 공공사업의 독점적 영업이라는 특권을 누려 왔음이 밝혀졌다. 지방의회에서는 돈으로 힘을 과시하는 대기업과 소수의 보스가 정당 내 정치를 지배하고 있으며, 법원이나 경찰에서도 유사한 부패가 자행되고 있음이 밝혀졌다. 개혁을 요구하는 목소리는 미국 전역으로 확산되었다. 혁신주의운동의 출발이다.

이상에서 알 수 있듯이 저널리즘이 기폭제가 되어 지방정치에서 연방정치로 이어지는 개혁과 각종 운동으로 발전했다. 당초 개혁의 핵심은 지방정치 개혁, 정치부패 척결, 그리고 대기업 규제였다.

정치인으로는 위스콘신 주에서 보스정치 타도와 대기업 횡포 규제를 주장한 로버트 M. 라폴렛이 1900년 주지사에 당선되어 철도요금 규제, 보스정치 타파를 위한 선거제도 개혁을 단행했다. 아이오와 주에서는 1901년 앨버트 커민스가 철도회사와 결탁한 정치가를 누르고 주지사에 당선되어 철도 규제에 착수했다. 뉴욕 주, 뉴햄프셔 주 동부, 오레곤 주, 캘리포니아 주 등에서도 혁신주의를 표방한 주지사가 당선되었다. 이러한 조류에 힘입어 1913년에는 미국 내 대부분의 주에서 어떤 형태로든 공기업을 규제하기 위한 위원회가 설치되어 대기업 규제에 착수했다.

혁신주의운동은 확고한 정치기반을 배경으로 등장한 것이 아니다. 풀뿌리 기반의 다양한 세력들이 광범위하게 결집한 시민운동으로 볼 수 있다. 맥클루어스 매거진을 비롯한 탐사보도 전문 저널리스트들의 기사에 시민들이 호응하고 행동하기 시작한 것이다. 당시 운동 주체는 주로 도시 중산층, 법률가, 목사, 저널리스트, 개인 사업가들이었다. 트러스트 등 대기업과 노조의 대두로 자유, 개인주의, 평등의 기회 등 미국의 전통적 가치체계가 위협받고 있는 현실에 위기감을 느끼고 운동에 나선 것이다. 저널리즘은 개혁운동의 추동력이 되었고 구체적인 개혁 목표를 제시하는 역할을 맡았다.

아쉽다고 해야 할까? 탐사보도를 중심으로 활약했던 잡지들은

1912년 즈음에 돌연 오도 가도 못하는 신세가 되고 말았다. 폭로기사를 두려워하던 기업이나 은행이 광고나 융자를 중단한 탓이 크다. 경영기반이 충분하지 못했던 약소출판사와 신문사들은 일순간에 타격을 입었고 도산하는 수모를 당했다. 독자들이 이러한 폭로성 기사에 피로감과 싫증을 느끼게 된 것도 원인 중의 하나로 지적되고 있다.

제7장

〈스탠더드오일의 역사〉를 해부하다

7장에서는 타벨의 역작 〈스탠더드오일의 역사〉를 본격적으로 분석할 것이다. 미국 연방대법원이 록펠러 제국 해체 판결을 내리기까지 가장 큰 원동력이 된 기사를 맥클루어스 매거진에 연재한 후 단행본으로 묶어 출간한 책이다. 기사는 최대 최강의 트러스트가 어떻게 구축되었고 부의 원천은 무엇인지를 파헤쳤으며, 거대 트러스트의 비윤리적이고 범죄적인 경영 수법을 미국 전역의 시민들에게 처음으로 고발했다. 이 기사를 계기로 반독점 여론은 거세졌고 정치인들 역시 규제 필요성을 절감하게 되었다. 그리고 미국 사회에서 혁신주의운동이 거세게 불타오르는 계기가 되었다. 석유지대의 독립계열 중소업체들도 갈채를 보냈다. 타벨은 탐사보도의 일인자로 각광받으면서 혁신주의운동의 일약 스타로 떠올랐다.

단행본은 상권과 하권 두 권을 겹치면 두께가 5센티미터를 넘는다. 지금도 구해서 읽어볼 수 있다. 유사한 종류의 다른 책들과 비교했을 때 주석이 많다는 것도 특징적이다. 필자가 입수한 것은 1904년 초판본의 재판再版이다. 상권은 모두 406쪽인데, 그 중에 후반부 부록만 141쪽이다. 앞부분에는 사진과 일러스트를 풍부하게 수록하여 시각화에 공을 들였다. 생생한 현장감과 박진감을 살려 독자들이 쉽게 이해할 수 있도록 했을 것이다. 주석의 대부분은 스탠더드오일 간부들의 의회 증언 기록, 사내 문서, 록펠러의 비즈니스 모델이라고 할 수 있는 남부개발회사 관련 문서들을 담고 있다. 하권도 마찬가지다. 록펠러나 스탠더드오일에 관한 연구를 위해서라면 여전히 필독서 중 하나다. 정확성은 물론이고 풍부한 자료가 수록되어 있기 때문이다.

스탠더드오일을 전신으로 하는 엑슨모빌은 국제석유자본 중 하나다. 엑슨모빌을 다룬 베스트셀러 〈석유 제국Private Empire: ExxonMobil and American Power〉(2012)의 저자 스티브 콜Steve Coll 역시 책의 서두에서 타벨의 이름을 거론했다. 워싱턴 포스트 기자 출신이자 미국 컬럼비아대학 저널리즘 대학원 원장이기도 한 저자 콜은 엑슨 모빌이 "독립적 혹은 반항적인 자세를 관철해 왔다. …… 80년이 지난 지금도 엑슨 간부들이 워싱턴과 관계를 피하려 하고 혹은 적대심을 품고 있는 이유는 (해체의) 아픔에서 여전히 헤어 나오지 못하고 있기 때문"이라고도 말한다. 반사회적인 록펠러의 DNA와 비밀주의의 사풍이 한 세기가 지난 지금도 여전히 남아 있다는 말인가? 만일 그렇다면 두려운 일이다.

타벨의 기사는 맥클루어스 매거진 1902년 11월호에 게재되기 시작하여 약 2년 동안 연재되었다. 필자가 가지고 있는 재판본 표지에는 석유의 성지 타이터스빌의 당시 풍경을 촬영한 것으로 추정되는 사진이 실려 있다. 가파른 산을 따라 석유 채굴을 위해 설치된 망루들이 즐비하다. 석유산업 요람기의 풍경이다. 여기서 채굴된 원유는 정제를 거쳐 미국 전역에서 소비되거나 혹은 수출되었다. 석유산업의 발흥기였던 이 시기, 아직 비행기는 물론 자동차나 오토바이도 발명되기 전이다. 석유의 대부분은 램프 조명 혹은 난로의 연료로 이용됐다.

〈스탠더드오일의 역사〉는 모두 18장으로 구성되어 있다. 이 책의 진수는 독점 체계를 실현한 록펠러의 경영기법을 폭로한 것에 있다. 당시 경영 실태에 관해서 알려진 것이 거의 없었는데, 내용을 들여다보면 1911년 미국 연방대법원에서 해체 판결을 내릴 만큼 위법 행위의 대행진이다. 경쟁업자를 파멸시키기 위해 철도 수송운임이나 리베이트를 록펠러에 유리하게 설정하였고 여기에 대항하기 위한 비장의 카드가 될 송유관 부설 현장에는 무장 요원을 파견해 방해했다. 이익에 열을 올리는 록펠러의 가격정책에 관해서도 날카로운 메스를 들이댔다.

여기에서는 타벨의 글을 중심으로 필자의 해설을 추가하고, 전체 맥락 속에서 어떤 의미를 갖는지 고찰하는 방식으로 정리했다. 요약이 아님을 양해 바란다.

각 장의 개요를 먼저 간단히 정리해 보자. 제1장은 19세기 중반 북미 지역에서 탄생한 석유산업의 풍경을 묘사하고 있다. 록펠러가 등장하는 것은 제2장부터다. 석유정제 부문을 독점하면 고수익이 가능하다는 것을 일찍이 감지하고 철도회사와 공모한 차별운임을 축으로 북미에서 독점을 확대해 갔다. 이 과정에서 발발한 것이 1872년의 석유 전쟁이다. 제3장에서는 혈투의 전쟁을 재현하면서 철도회사와 공모한 가공할 리베이트 전술을 다루었다. 제4장에서는 석유전쟁에서의 패배를 교훈 삼아 대화노선으로 전환하고 권토중래를 기약했던 록펠러를 다뤘다. 독립계열 업체와 재격돌하고도 교활한 전술에 패퇴하는 모습을 그렸다.

제5장, 제6장, 제7장, 제11장에서는 록펠러 부의 원천이기도 한 리베이트의 구체적 사례를 들어 철저히 해부했다.

제8장은 당시 스탠더드오일이 연방정부 및 주정부와 다투었던 소송에 대한 고찰이며, 제9장은 록펠러의 송유관 전술 전환에 관한 이야기다. 록펠러는 단기간에 송유관 장악에도 성공하여 완전한 시장 제패를 눈앞에 두었다. 송유관을 둘러싼 분쟁에 관해서는 제15장에서도 다루었다. 가격정책은 어떤가. 제10장과 제16장에서는 미국 전역을 뒤흔들며 시장을 제패하게 된 열쇠와 과정을 분석했다. 대항하

는 업자는 저가 공세로 파멸에 몰아넣어 강제로 굴복시킨 다음에 손실을 보충했다. 악랄한 산업스파이 공작도 폭로했다.

경쟁기업 파괴에 관한 내용들도 있다. 제12장에서는 뉴욕 주의 공장 폭발사고를 다루었다. 제13장은 의회와 정계를 대상으로 한 공작에 관한 내용이다. 불리한 법안 성립을 저지하기 위해 거물급 상원의원을 포섭한 사례를 소개하고 있다. 제14장에서는 스탠더드오일의 해체 판결을 다루었다. 스탠더드오일은 두 차례의 해체 판결을 받았다. 처음 해체 판결을 받았을 때는 상대적으로 규제가 느슨한 뉴저지 주로 본사를 이전하는 방식으로 피해 갔다. 제17장은 경제 경영학적 관점에서 본 스탠더드오일의 함의다. 타벨이 제시한 장점은 ① 근대적 경영 도입 ② 탁월한 경영전략이다. 제18장은 결론이다. 속임수와 궤변 등으로 대표되는 비윤리적 경영수법을 강도 높게 비판하고 있다.

타벨의 연재기사는 모두 18회로 일단 종료되었다. 열아홉 번 째 기사 "존 D. 록펠러: 캐릭터 분석John D. Rockefeller: A Character Study"은 단행본 출간 이후인 1905년 7월 맥클루어스 매거진에 별도로 게재되었다. 열아홉 번째 기사에 관해서는 이 책의 제8장에서 별도로 살펴보겠지만, 록펠러는 자신을 이중인격자로 단정하고 혹평한 이 기사를 읽고 큰 충격을 받은 것으로 알려져 있다.

타벨은 단행본 목차 앞에 1904년에 촬영된 신사복 차림의 록펠러 사진을 게재했는데, 머리카락은 거의 없고 의자에 앉아 오른쪽으로 몸을 약간 기울인 채 카메라 렌즈를 응시하고 있다.

어떤 산업의 탄생

아름다운 장미

"미국의 아름다운 장미는 처음에 주변의 꽃봉오리를 희생시켜야만 멋진 향기를 낼 수 있다." 타벨의 역사적 작품 〈스탠더드오일의 역사〉 제1장 서두에 쓰인 문장이다. 스탠더드오일을 주제로 한 문헌에는 거의 언제나 이 문장이 등장한다. 존 록펠러 2세가 아이비리그 중 하나인 미국 동부의 명문 브라운대 학생들에게 연설을 하면서 던진 말이다. 총수 록펠러의 후계자가 된 장남의 말을 왜 인용했을까?

향기로운 장미를 만들기 위해서 다른 수많은 장미가 솎아지고 희생된다는 의미다. 여기에서 향기로운 장미는 초우량기업 스탠더드오일을 지칭하는 것이며, 향기로운 장미를 만들기 위해 다른 수많은 장미, 즉 수많은 중소업체가 희생되었다는 비유로 해석되고 있다. 록펠러 2세는 거대 트러스트 스탠더드오일의 역사를 돌아보면서 궁극에 가까울 정도의 시장 독점에 성공한 이면에서 수많은 중소업체가 도태되었다는 것을 말하고 싶었을 것이다. 그리고 그 말을 인용한 타벨의 의도 역시 그러했을 것이다.

같은 페이지에서 미국 독립전쟁 당시의 사상가 랄프 W. 에머슨 Ralph W. Emerson의 책 〈자기신뢰*Self-Reliance*〉 가운데 "하나의 조직은 한 사람의 인간이 연장된 그림자"라는 말도 인용했다. 스탠더드오일 이라는 조직은 록펠러가 연장된 그림자, 즉 분신이라는 것을 말하고 싶었을 것이다.

타벨은 서문에서 이 회사를 분석 대상으로 선정한 이유를 상세히 설명했다. 맥클루어스 매거진의 편집회의에서 미국 전역에 걸쳐 맹위를 떨치고 있는 트러스트를 다루기로 결정했는데, "그 중에서 누구를 취재할 것인가?"를 토론한 끝에 스탠더드오일로 좁혀졌다. 취급하는 제품은 시장을 거의 완벽하게 지배하면서 가장 완전한 형태의 트러스트를 발전시켰다는 것이 선정 이유였다. 엄청난 이익을 발판 삼아 철도, 수송, 가스, 구리, 철, 은행 등 다양한 부문을 산하에 편입하여 거대 석유 트러스트를 구축하고 있었다.

방대한 자료

타벨은 스탠더드오일의 활동이나 경영기법을 분석할 수 있는 자료가 풍부했다고 언급하고 있다. 탐사보도를 한다면 확실히 자료가 많으면 많을수록 좋으며, 당국의 객관적 입장을 담은 자료가 있으면 더 좋다. 시간을 들여 방대한 자료를 읽고 분석하고 해부한다. 그럼 전체의 그림과 맥락이 보이기 시작한다. 신뢰할 만한 문서로 성장과정을 추적할 수 있는 몇 안 되는 기업 중 하나였다는 점도 스탠더드오일을 선택한 이유 중 하나다.

여기서 신뢰할 만한 문서는 연방정부, 주정부, 지방지방단체 등 당국에서 공개한 자료를 의미한다. 1911년 반트러스트법(독점금지법)

위반으로 미국 연방대법원으로부터 해체 선고를 받은 스탠더드오일의 경영기법은 40여 년 전 설립 초기부터 사회적 비판을 받고 있었다. 철도회사에게서 불투명한 리베이트를 받고 다른 회사와 공모하여 경쟁기업들의 자유로운 거래를 제한한다는 혐의로 연방정부와 주정부로부터 조사를 받기도 했다.

조사위원회에는 록펠러와 고위 간부들의 방대한 증언 기록이 남아 있었다. 신문이나 잡지 기사는 그 이상으로 많았다. 증거인멸을 시도한 흔적이 보여 애를 먹기도 했지만 타벨은 세심하게 대응하면서 범죄적 경영수법에 접근했다. 조사광으로 알려진 타벨은 공문서를 찾아보면 반드시 뭔가 발견할 수 있다는 확신이 있었다. 당시 저널리스트들은 읽는데 시간이 걸리는 정부 또는 지자체의 공문서를 바탕으로 이런 종류의 기사를 쓰는 습관이 없었던 것 같다.

하지만 타벨은 새로운 시대를 열기 위해 공공기관이나 관공서에서 공개한 정보를 바탕으로 고발형 기사를 집필하는 새로운 방식을 탐사보도에 도입했다. 타벨이 이전에 집필했던 링컨 전기와 나폴레옹 전기에서 그 방법을 구사했다는 사실은 앞에서 소개했다. 정보 수집 과정에서 독점의 폐해를 추적한 선구자 헨리 D. 로이드와 스탠더드오일의 임원 헨리 로저스의 협력도 이끌어 냈다. 실명은 거론하지 않았지만 타벨은 스탠더드오일의 협력을 받을 수 있었던 이유도 간단히 언급했다.

석유지대의 역사

"어떤 산업의 탄생The Birth of an Industry"이라는 제목에서 알 수 있듯이 제1장에서는 세계 최초로 석유 채굴에 성공한 타이터스빌, 이른바 석유지대 발전의 역사와 함께 석유 산업이 펜실베이니아 주, 오하이오 주, 뉴욕 주로 확장되어 일대 산업으로 성장해 가는 과정을 다루었다. 석유산업의 요람기 역사 편에 해당한다. 독자들이 알아보기 쉽도록 세계 최초로 석유 채굴에 성공한 드레이크, 제1호 유정이 있는 판잣집, 록오일의 광고증서, 석유지대 거리를 촬영한 사진이 실려 있다. 유정 망루가 늘어선 곳 아래에서 성장한 타벨의 입장에서 보면, 석유 산업에 관해 이야기하는 것은 자기 자신의 성장 내력을 있는 그대로 이야기하는 것이기도 했다.

저서의 각 장 첫머리에 각각의 내용을 설명하는 소제목이 있다. 독자의 이해를 돕기 위해 붙인 것으로 추측된다. 다음은 제1장의 소제목이다. 소제목을 보면 각 장의 내용을 어느 정도 짐작할 수 있다.

① 석유는 처음에는 진기한 상품, 나중엔 의약품 ② 진정한 가치의 발견 ③ 대량생산이 된 이유 ④ 석유의 큰 흐름 ⑤ 해결해야 할 수많은 문제 ⑥ 보관과 수송 ⑦ 석유 정제와 마케팅 ⑧ 사업 지역의 급속한 확대 ⑨ 많은 자금과 노동자 ⑩ 대가가 큰 실패의 연속 ⑪ 모든 난국과 대치하여 극복 ⑫ 각자의 노력에 대한 새롭고 놀랄만한 기회의 전개

제1장은 전체 내용의 개괄이다. 록펠러가 시장제패에 나서기 이전, 연료와는 다른 형태로 이용되고 있었던 석유제품의 활용방법, 철도나 송유관 등에 의한 수송방법, 정제방법, 굴착법, 지역의 석유버블 붕괴 역사 등이 간략하게 정리되어 있다.

첫머리는 "펜실베이니아 주 북서부의 석유지대는 50마일(80킬로미터)이 채 안 되는 황무지였고 주민은 대부분 나무꾼이었다."로 시작한다. 많은 남자들이 미국 전역에서 몰려 온 것은 1859년 8월 "대령colo-nel"이라 불리는 40세의 에드윈 L. 드레이크가 석유를 캐낸 것에서 시작되었다.

드레이크가 군인이라거나 직함이 대령이었던 것은 아니다. 투자액이 방대한 석유 채굴은 위험이 매우 큰 사업이다. 잘되면 이익도 크지만 실패하면 무일푼이 될 수도 있다. 드레이크도 말년은 불우했다. 황야에서 석유 채굴에 도전하는 드레이크의 평판을 좋게 하기 위해 투자자들이 굳이 대령이라는 직함으로 불렀다. 지위가 높으면 신뢰받을 수 있고 친근하게 느낄 수도 있기 때문이다.

지하에 매장되어 있는 석유를 채굴하기 위한 시설이 타이터스빌에만 있었던 것도 아니다. 동유럽에도 이미 소규모의 시설이 있었던 것 같다. 또한 제대로 된 본격적인 시설이라고 보기도 어려웠다. 드레이크가 채굴에 성공하기 전까지는 지하에서 용출되어 강의 수면에 떠 있는 석유(록 오일)가 알려져 있었는데, 식물성 기름이나 동물성 지방과 구분해서 병에 담아 의약품으로 판매됐다. 처음에는 세네가

기름, 그 다음에는 미국산 의료용 기름 등의 이름으로 아시아와 유럽에 수출되었다. 드레이크가 채굴에 성공한 순간부터 양상이 변했다. 소식을 접한 미국 전역의 채굴업자들이 일확천금을 꿈꾸며 타이터스빌로 몰려들어 골드러시 아닌 오일러시가 시작됐다. 타벨의 아버지도 그 중 한 사람이었다.

당시 원유를 채굴할 수 있는 것은 미국뿐이었다. 현재 매장량은 물론 채굴량에서 최대 규모를 자랑하는 아라비아 반도에서조차 석유는 발견되지 않았다. 당연히 등유 등 석유제품이 유럽 등지로 수출됐다. 수출은 1871년 이미 1억 5,200만 갤런(1갤런=3.785리터)까지 확대되어 미국의 대외 수출 품목 중 4위로 부상했다. 한동안 세계 1위 자리를 유지했고, 러시아에서 석유가 채굴될 때까지 말 그대로 미국은 석유산업의 세계 중심지였다.

샘에서 솟아나거나 암염에서 채굴되어 간혹 발견되는 땅 속 석유가 난방용 등유나 조명용 램프 연료로 유용하다는 사실은 이미 전문가들의 연구로 알려져 있었다. 하지만 채굴되는 양은 얼마 되지 않았다. 드레이크는 유용하다고 알려진 석유의 대량 발견을 목표로 하고 있었다. 드레이크가 채굴에 성공한 이후, 제2 제3의 시굴이 시작되었고 처음에는 하루 25배럴 정도였던 산출량이 1년 만에 하루 2,000배럴 정도까지 확대되었다. 그 다음에는 몇 배로 늘어났다.

운송수단

처음에는 나무로 만들었던 수송용 탱크가 오래지 않아 단단한 철제로 바뀌었다. 수송수단은 타이터스빌 인근의 알레게니 강으로 이어지는 수로와 철도였다. 유전에서 집적지까지는 주로 마차로 운반했다. 가축은 인근 농가에서 제공받았지만 이 역시 철도 거점을 연결하는 송유관을 부설한 지 얼마 되지 않아 사라졌다.

이제 대량 운반이 가능한 철도가 운송의 중심이 되었다. 철도는 록펠러가 거대 트러스트 제국을 구축하기 위해 필수불가결했던 부의 원천이기도 했다. 철도를 끌어들여 리베이트를 강요하고, 더 악질적인 제2의 리베이트, 즉 드로우백을 지렛대 삼아 경쟁 중소업체를 몰아내거나 휘하로 편입하여 독점체제를 구축하는 데 성공한 것이다.

록펠러가 기지를 발휘하여 구축한 효율성 높은 경영방식에 의해 스탠더드오일은 석유시장 중 정제부문의 약 95%를 장악할 정도의 믿기 어려운 초고수익 기업으로 거듭났다.

당시 석유산업의 아킬레스건은 업스트림(상류) 부문, 이른바 석유 채굴 부문의 취약성과 불안정성이었다. 이를 싫어했던 록펠러는 업스트림 부문의 진입을 피했다. 원유의 고갈 가능성이 중요 쟁점으로 부상한 현재의 석유산업 상황과는 좀 달랐다.

확인된 원유 매장량을 채굴량으로 나눈 것이 채굴 가능 기간이다. 최근에는 그 기간이 50년 정도로 알려져 있는데, 새로운 매장량이 발견되지 않고 현재 수준의 채굴량을 유지한다면 반세기 후에는 지상에서 석유가 사라지거나 고갈된다는 것을 의미한다. 실제로는 석유회사들이 필사적으로 새로운 유전을 찾아내기 때문에 50년 후 지상에서 석유가 사라진다는 것은 거의 상상하기 어렵다. 그러나 석유회사에게 고갈은 지금도 여전히 커다란 과제다. 국제석유자본을 포함한 석유업계에서 아직도 계속되고 있는 합종연횡의 목적 중 하나 역시 지하에 잠자고 있는 원유를 확보하는 것이다.

당시 가격의 급등락은 상식을 벗어난 것이었다. 1859년 1배럴(약 159리터) 당 20달러였던 원유가 1861년에는 약 40분의 1에 해당하는 평균 52센트까지 하락했다. 1863년에는 16배인 8달러 15센트로 상승했으며, 4년 후인 1867년에는 그 4분의 1에 가까운 2달러 40센트로 다시 하락했다. "해외에서 매장된 원유가 발견된다면 관련 산업은 어떻게 바뀔까?"라는 기사가 나오자 원유 가격은 폭락했다.

왜 이렇게 급등락이 격렬했을까? 석유의 단기 수요는 그리 크게 변하지 않지만, 채굴이 성공하여 생산량이 급증하면 자연스럽게 공급 과잉으로 이어진다. 그럼 가격은 폭락한다. 아무리 캐내도 생산량이 예상외로 적으면 공급 부족으로 인해 가격은 상승한다.

석유 발견과 병행하여 펜실베이니아 철도, 에리 철도 등 대기업 3사가 1870년대 들어 석유지대에 노선을 부설하여 확장해 갔다. 석유 수송을 위해서다. 인근의 알레게니강이나 수로를 이용한 수송 방식도 있었다. 석유 수송 경쟁은 치열했고 경쟁에서 승리하기 위한 권모술수가 차례차례 자행되고 있었다.

악마의 손

규모의 경제라고 해야 할지, 규모면에서 우세한 철도가 수송량 확보에 성공했다. 이면에 비밀 리베이트 제공이 있었다. 철도회사 3개사의 입장에서 선도기업인 스탠더드오일과의 거래 성사 여부는 최우선순위 과제였다. 수송량이 확보될 뿐 아니라 경로도 단순해서 화물열차의 재조합도 필요 없었고 높은 효율성이 보장되기 때문이다. 결과적으로 이익 또한 컸다.

한 치 넘어 두 치, 세 치 앞을 내다볼 만큼 기지가 넘쳤던 록펠러는 결국 대량 수송을 미끼로 삼아 철도회사 3개를 장악하는 데 성공한다. 개미지옥에 빠진 3개사에게 짜낼 때까지 짜내는 리베이트를 강요했으며, 공정운임은 정직한 중소업체에만 적용되었다. 리베이트를 내지 않았으니 운송요금이 비싸졌음은 물론이다.

당시 석유산업의 중심지였던 타이터스빌에서 매매업자가 조직화되었고 시장도 만들어졌다. 인구도 약 만 명까지 늘어났다. 드레이크의 성공 이전에는 숲을 제외하고 텅 비어 있던 산간지역에 병원, 경찰, 학교, 소방서 등 각종 서비스가 정비됐고 오락을 위한 오페라하우스도 만들어졌으며 신문사도 두 개나 생겼다.

원유의 생산 과잉, 철도회사에 의한 중소업체 운임 차별 등 해결해야 할 난제가 산적해 있었다. 타벨에 따르면 주민들은 이런 복잡한 문제를 어떻게든 해결하여 세계에서 가장 살기 좋은 마을로 만들어 가고 싶었다.

주민들이 행복의 절정기를 누리고 있던 바로 그때, 석유지대의 장래를 위태롭게 할 거대한 악마의 손이 갑자기 나타났다. 공격의 날렵함과 음습함은 공정한 경쟁의식에 가득 차 있던 주민들을 나락으로 떨어뜨렸다. 지역주민들의 분노는 극에 달했고 업체들은 궐기했다.

이 악마의 손이야말로 록펠러가 아닐까 독자들은 추측하게 된다. 첫 회를 다 읽은 독자들은 다음 기사에서 타벨이 록펠러의 악행을 낱낱이 폭로하리라는 기대감을 품게 된다. "무슨 일이 있어도 다음 기사를 꼭 읽어야지." 독자들의 설레는 마음은 점점 고조되었다.

스탠더드오일의 융성

클리블랜드

천적 록펠러의 악질적 상술에 대한 타벨의 분석은 제2장에서 시작된다. 사업을 확장시켜 반석 위에 올라선 트러스트 제국 구축의 원동력 리베이트를 중심으로 경쟁기업을 쫓아내고, 폐업하거나 혹은 산하로 들어가도록 만드는 록펠러의 비즈니스 모델 남부개발회사South Improvement Company가 등장한다. 제2장의 소제목은 다음과 같다.

① 존 D. 록펠러의 석유 사업과 최초의 관계 ② 클리블랜드에서의 초기 생활 ③ 첫 번째 파트너 ④ 1870년 6월 스탠더드오일 조직 ⑤ 록펠러의 유능한 동료들 ⑥ 석유 사업에서의 철도요금 차별의 최초 증거 ⑦ 대규모 화물에 대한 리베이트 제공 판명 ⑧ 최초의 비밀연합 계획 ⑨ 남부개발회사 ⑩ 리베이트와 드로우백 제공을 위한 철도회사와의 밀약 ⑪ 록펠러와 그 일당이 클리블랜드 정유회사들에게 매각 또는 산하 입성을 강요 ⑫ 계획에 대한 석유지대에서의 소문

제2장은 록펠러가 거점으로 삼았던 오하이오 주 클리블랜드에 관한 소개로 시작된다. 1860년대부터 석유정제회사 20~30개사가 설립되어 타이터스빌 등 석유지대와 어깨를 나란히 할 정도의 규모로 석유정제업에 주력하고 있었다.

공업 입지 조건으로는 원자재 입수의 용이성이 중요하다. 철광석이 채굴되는 광산 부근에서 철광업이 생성되는 것도 원자재 운반에 비용이 덜 들기 때문이다. 석유정제업 역시 원유를 얼마나 손쉽게 입수할 수 있는지가 중요하다. 클리블랜드에서는 원유가 채굴되지 않았으며, 원유가 채굴되는 석유지대에서 북서쪽으로 300킬로미터 정도 떨어져 있다. 그렇다면 왜 이곳에서 석유정제업이 발전했을까?

클리블랜드는 또 다른 의미에서 공업 입지 최적의 지역이었다. 석유지대에서 원유를 수송하기 위한 철도와 수로가 정비되어 있었기 때문이다. 정제한 석유제품을 소비지역으로 수송하기 위한 철도는

물론, 에리호를 이용하는 선박으로 저렴하게 수송할 수 있었다. 조선업 중심의 대도시이기 때문에 노동력도 풍부했고 에리호의 물은 충분한 공업용수이기도 했다.

수송은 일반적으로 선박이 철도보다 저렴하다. 소비지역 뉴욕까지 여러 개의 철도 노선이 있다는 것은 큰 이점이었다. 록펠러의 입장에서 보면 복수의 업자에게 대량 수송을 경쟁하게 함으로써 운임을 마음껏 깎을 수도 있었다. 이것이 클리블랜드가 석유정제센터로서 우위에 설 수 있는 이유였다.

1866년 말 정유소는 이미 50개를 넘어섰다. 그리고 석유사업 진출을 결단한 1839년 7월 8일생의 젊은 록펠러가 있었다.

의지 강한 경영자

타벨은 당시 자료를 인용하면서 어려운 처지에서 태어나 어렵게 자란 록펠러의 유년 시절을 소개했다. 록펠러의 인물상은 이 책의 제4장 등에서 이미 자세히 소개했기 때문에 중복되는 부분은 생략하고 간략하게만 살펴보겠다.

록펠러는 자서전 〈사람과 일에 대한 이런저런 회상*Random Reminiscences of Men and Events*〉에서 "13~14세 때 아침부터 밤까지 하루 10시간을 일했다." "저축을 배웠고 뉴욕에서는 위법적 수준인 연 7% 이자를 받아 내는 법을 배웠다." "돈의 노예가 되지 않고 돈을 노예로 삼을 수 있게 되어 다행이다." 등과 같이 회상했다.

운이 트이기 시작한 것은 스스로 생계를 꾸려야 했던 1855년 9월이 었다. 운 좋게 부기 담당 사무원 자리를 찾았고, 재능을 발휘하여 순조롭게 승진했다. 1858년에는 12살 연상의 영국인과 상사 비즈니스를 시작했다. 남북전쟁 발발과도 맞물려 군수산업이 호조를 보이면서 이익을 올려 갔다.

그러던 중, 석유 정제업의 장래성을 보고 진출을 결심했다. 사업은 처음부터 순조로웠고 평생의 친구가 될 협상력 뛰어난 헨리 플래글러도 합류했다. 뉴욕에 판매 거점도 마련했다. 1870년에 그때까지 운영하던 회사를 통합하고 자본금 100만 달러를 들여 스탠더드오일을 설립했다.

이 무렵, 록펠러는 의지 강한 신진 경영인으로 주목받았다. 다만 기자회견에 응하지 않고 언론의 취재를 철저히 피하는 등 일찍부터 비밀주의자로 알려져 있었다. 타벨은 이 무렵의 록펠러를 "음울하고 조심스러운 비밀주의. 사물 속에 내재해 있는 모든 기회와 모든 위험의 가능성을 내다보고 있었다." "체스 선수처럼 자신의 우월성을 위태롭게 할 수 있는 조합도 연구하고 있었다."고 묘사했다. 동업자를 놀라게 한 것은 업태를 급속도로 확장시키는 보기 드문 재능이었다. 그 비결은 무엇일까? 석유를 효율적으로 정제해도 한계가 있다. 원료를 사들여도 마찬가지다.

베일에 싸인 제국의 계략이 수송을 중심으로 진행되고 있다는 것을 처음 폭로한 것이 타벨의 연재 기사다. 여기서부터 시작이다. "설마 그렇게 까지 할까?' 기업경영자를 놀라게 할 정도의 난폭하고 비윤리적인 범죄적 수법이었다. 거대 독점을 형성하고 원하는 만큼의 이익을 챙기는 악랄한 상술에 미국 전역이 깜짝 놀랐다.

악덕상술

당시 록펠러는 주일학교 교사로 일하는 독실한 종교인으로 알려져 있었다. 그런 그가 부도덕하기 짝이 없는 상술에 손을 대고 있다는 사실과는 그 간극이 너무 컸다. 탐사보도로 폭로된 사실은 놀라움으로 다가왔다. 당대 제일의 부호인 청년 실업가의 일대 스캔들이었다.

타벨이 밝혀낸 것은 비밀주의와 카르텔을 기반으로 하여, 공공서비스인 철도회사에게서 범죄에 가까울 만큼 파격적인 리베이트를 독점적으로 받았다는 점이다. 실질적으로 운임할인을 강요한 것이다. 철도회사는 뱀의 눈 밖에 난 개구리처럼 반항도 못하고 마른 걸레를 짜듯 리베이트를 제공했다. 경쟁자인 중소업체는 운임 차별에 관해 전혀 알지도 못했다. 중소업체들은 공정하지 못하다며 리베이트 수령을 거부하는 지극히 정상적인 윤리관을 갖고 있었다. 록펠러 역시 표면적으로는 이에 동의하고 있었지만 내가 안 받아도 누군가가 받을 것이라는 논리로 은밀하게 리베이트를 챙겼다.

타벨은 중소업체를 취재하여 남김없이 폭로했다. 최강의 트러스트 스탠더드오일의 사업 모델은 불법적 색채가 짙은 카르텔을 기본으로 공동모의와 거래방해, 리베이트, 드로우백, 스캔들의 은폐, 비밀주의로 성립되었다.

타벨은 제2장에서 이런 거래를 소개했다. 록펠러에게 리베이트를 제공한다는 사실을 알게 된 경쟁 업체가 철도회사로 가서 "다른 업체에 싼 운임을 적용하는 것 같은데, 그러면 (다른 업체와의) 경쟁에서 이길 수 없다."고 불만을 제기했다. 철도회사는 기죽지 않고 그 사실을 인정했고 그 업체에게도 리베이트 제공을 약속했다. 놀랍게도 수송량 중 배럴당 40센트 운임의 약 40%에 해당하는 15센트를 리베이트로 제공한 것이다. 단, 리베이트가 적용되는 것은 클리블랜드로 수송되는 원유뿐이고 뉴욕 등 동부 해안 지역으로 수송되는 제품은 제외됐다. 왜 클리블랜드로 수송되는 원유에만 리베이트가 적용됐을까? 이는 수로 등 철도와 경합하는 다른 수송수단이 있느냐 없느냐의 문제와 관계있다.

이게 과연 가능할까 싶은, 약탈적인 드로우백도 받고 있었다. 록펠러의 전기 〈타이탄〉을 집필한 저자 론 처노는 이렇게 표현하고 있다. 예를 들면, 펜실베이니아 주 서부에서 클리블랜드까지 석유를 수송할 때 스탠더드오일은 석유 1배럴당 40센트의 리베이트를 제공 받을 뿐 아니라, 경쟁업체가 클리블랜드로 발송하는 화물에 대해서도 40센트의 드로우백을 제공 받았다. 리베이트의 일종으로 가장 질 나쁜 유형인 드로우백은 "산업계에 잔인한 경쟁을 불러온 유례를 찾아볼 수 없는 수법"이라는 논평도 보태고 있다. 경쟁사가 수송한 제품에 대해 근거도 불분명한 드로우백을 받는 것에 대해서 "받지 않는 업체가 잘못한 것이니, 그만큼을 내게 넘기라."는 논리였을까?

타벨은 다른 중소업체의 발언을 인용해 완전히 썩은 상술을 언급했다. 성실한 독자라면 잘 알겠지만 공공교통기관에게서 리베이트를 받는 것은 물론 그 보다 더 악질적인 드로우백 역시 정당화될 수 없다. 불투명한 뒷거래에 의한 것이어서 더욱 그렇다. 그것도 만만치 않은 거액이었다. 그 결과 록펠러는 경쟁 중소업체보다 압도적으로 유리한 고지를 선점했다. 이윤 폭이 크지 않은 상황에서 경쟁해야 하는 정유업자에게는 치명적이다. 같은 비용으로 정제해도 경쟁을 시작하기 전에 이미 완벽한 패배다.

록펠러는 경쟁자들을 무너뜨리기 위해 가격경쟁도 벌였다. 채산을 도외시한 가격 인하로 장기전에 돌입하게 되면 경쟁자는 신음할 수밖에 없다. 선택지는 폐업할 것인지, 아니면 록펠러의 권유을 받아들여 그 산하로 편입될 것인지 뿐이었다.

스탠더드오일이 전성기에 미국 전체 석유시장의 95%를 지배할 수 있었던 것은 이런 유형의 갖가지 전술을 배경으로 한다. 이런 범죄적 수법이 미국 전역의 반감을 사게 되었고 최종적으로는 반트러스트법(독점금지법) 위반으로 1911년 미국 연방법원에 의해 뿔뿔이 해체하라는 판결을 받게 되는 것이다. 악덕 상술이 문제가 되어 록펠러를 비롯한 스탠더드오일 경영진은 후에 연방정부와 주정부에서도 크게 질책을 받았다. 하지만 위원회 증언대에서도 건성으로 대답할 뿐,

상세한 내용은 좀처럼 밝히려 하지 않았다.

타벨은 방대한 공문서 속에서 리베이트와 드로우백에 관한 증언을 찾아냈다. 그리고 의회에서의 선서 진술서를 인용하여 그 내용들을 공개했다.

당시 펜실베이니아 주의 클리블랜드, 피츠버그, 석유지대 등 3대 석유정유지는 센터로서의 반석에 올라 살아남기 위한 경쟁에 혈안이 돼 있었다. 이는 석유 관련 제품 수송에 의존하는 철도 3사에게도 최대의 관심사였다. 경영에 결정적인 영향을 미치는 중대한 문제였기 때문이다.

철도회사 사이의 경쟁은 가열되었고 무조건 리베이트를 제공해야 했다. 록펠러의 요구는 갈수록 대담해졌다. 화물을 대량으로 발주하는 스탠더드오일에 대한 철도 리베이트는 더욱 커졌다.

레이크쇼어 철도회사의 부사장 데브로 장군에 따르면, 클리블랜드에서 최대 수송량을 자랑하는 스탠더드오일은 특별한 리베이트를 받고 있었다. 록펠러의 관심은 이익 저하에 관한 것이었다. 정제업으로 돈을 벌 수 있다고 생각한 신규 진입자들이 급속히 증가했기 때문이다. 순조롭게 성장하던 석유제품에 관세가 부과되어 수출 둔화도 염려되는 상황이 시작되었다.

남부개발 구상

이러한 곤경을 타개하기 위해 1871년 가을에 시작된 수뇌회담 끝에 등장한 것이 악명 높은 남부개발회사였다. 지역의 석유정제회사를 비밀리에 통합하여 창설한 회사다. 철도회사로부터 특별한 리베이트나 드로우백을 받아 사업을 확대하면서 시장 제패를 노렸다. 그 중심이 바로 남부개발이다. 여기에 참여하지 않은 업체는 비용 면에서 도저히 대적할 수 없었다. 남부개발만이 살아남는다는 계산이다. 단일화하여 경쟁을 없애면 과잉생산의 우려는 확실히 해소될 수 있었고, 생산을 줄이면 비싼 값을 유지할 수 있다. 독점의 묘미였다. 미국 전역의 석유산업을 완전히 독점하겠다는 록펠러의 전술이었다.

타벨에 따르면, 록펠러와 헨리 플래글러 등 임원들은 이 구상에 회의적이었다. 이 구상을 현실에 도입할 수 있었던 것은 철도 회사 임원들의 찬성이 있었기 때문이다. 1872년 1월, 필라델피아에서 회담이 열렸다. 남부개발의 1,100주를 배분하여 록펠러와 플래글러 등에게 180주, 사장에 취임하는 변호사이자 레이크쇼어 철도의 임원인 피터 왓슨에게 100주씩 각각 배당했다.

산하에 편입되면 어떻게 되는 걸까? 협정에 따르면 철도회사는 우선 독립계열 업체의 운임 인상을 단행한다. 남부개발 산하 업체에게는 리베이트와 함께 드로우백을 제공한다. 이 때문에 실질적인 운임은 이전보다 상당히 저렴해진다.

록펠러 진영은 리베이트를 제공받아 우위를 점할 뿐 아니라 드로우백도 받을 수 있기 때문에 경쟁에서 압도적으로 유리한 입장에 설 수 있다. 심지어 산하로 편입되는 것을 거절한 경쟁업체의 석유제품 수송 정보를 철도회사로부터 제공받는다.

철도회사가 엄격하게 보호해야 할 고객의 수송 정보를 다른 경쟁업체에게 유출하는 것은 사업상의 규칙을 위반하는 행위다. 철도회사 입장에서는 그런 금지된 방법을 써서라도 록펠러의 환심을 사고 싶었던 것이다. 록펠러 역시 그 정보를 경쟁업체의 사업 방해와 자사의 이익 확대를 위해 최대한 이용했다.

이처럼 터무니없는 리베이트를 수령하거나 경쟁업체의 정보를 제공하는 것은 독점 금지 정책에 반할 뿐 아니라, 산업 스파이 행위의 일종이다. 도저히 용납될 수 없는 성질의 것이며, 당시에도 공동모의에 해당하여 엄격하게 단죄되어야 하는 것이었다. 민사소송을 제기하면 승소도 당연했고 거액의 배상금도 받을 수 있었을 것이다.

그러나 그런 부정행위의 전모가 드러난 것은 독립계열 업체가 록펠러의 휘하로 들어가 경쟁업체들이 이미 석유지대에서 사라진 뒤였다. 소 잃고 외양간 고치는 격이었다. '무엇이든 가능'했던 초기 자본주의 시대, 교활하고 위법할 뿐 아니라 윤리와 도덕에도 어긋나는 협정이 이면에서 체결되고 있었다.

남부개발구상의 내용에 관해 타벨은 당시 뉴욕 트리뷴이 게재한 기사를 인용하여 상세하게 규정된 비밀엄수 조항을 소개했다. ① 모든 거래를 비밀로 한다. ② 예비 거래는 엄격하게 비공개로 진행한다. ③ 가격을 공개하지 않는다. ④ 승인 없이는 공표하지 않는다.

석유지대를 통과하는 레이크쇼어 철도, 애틀랜틱 & 그레이트 웨스턴 철도, 펜실베이니아 철도, 에리 철도, 뉴욕의 센트럴 철도가 모두 협정에 서명했다. 말 그대로 기업들의 담합, 카르텔이다.

1872년 1월, 남부개발이 계획했던 절차가 완료되어 스탠더드오일의 자본금을 200만 달러로 높였다. 록펠러는 당시 클리블랜드에 연고지를 둔 정유회사 26개를 한 곳씩 방문해 전열에 합류할 것을 권유했다. 기사에서 타벨은 록펠러의 업자 설득 공작을 재현했다. "석유사업을 완전히 지배하기 위한 구상이 움직이기 시작합니다." "바깥의 사람에게는 기회가 없습니다." "당신의 시설을 감정에 내놓으면 웃돈을 얹어서 주식이나 현금을 제공합니다." "주식을 추천합니다." 등 정중하면서도 위압적인 말로 상대를 굴복시키려 했다.

거절하는 업체에게는 최종적으로 "저항해도 소용없다." "수용하지 않으면 모두 망가뜨리겠다." "마지막 4~5개사만 남았다." 등 강압적인 협박으로 일관했다. 당근과 채찍을 혼합한 설득이었다.

그 결과, 클리블랜드를 거점으로 하는 26개 정유소 중 21개사가 매각을 결정했다. 이로써 록펠러는 미국 전역의 석유정제 능력 5분의 1을 장악하는 데에 우선 성공했다. 불과 3개월이라는 단기간 내에 이루어졌다는 점에서 보면 대단한 협상력이다.

모든 공작은 비밀리에 결행되었고 현지 언론들도 눈치 채지 못했다. 하지만 악행은 천리를 걷는다는 말이 있다. 나쁜 소문은 순식간에 석유지대에 전해졌다. 처음에는 믿지 않던 독립계열 업자들oil men 도 그 계획이 사실이라는 것을 차츰 알게 됐다.

구상이 점차 현실화되는 가운데, 철도회사와 남부개발 사이에서 운임에 관한 비밀 협정이 이미 체결되었다는 사실도 확인되었다. 1872년 2월 26일 아무런 예고도 없이 새로운 운임 계획이 실행되었다. 독립계열 업체의 석유제품 운임이 갑자기 두 배 가까이 인상된 것이다. "이래서는 장사가 될 턱이 없다." 중소업체들의 분노가 순식간에 불타올랐다. 용의주도한 공동모의를 기반으로 실행된 철도회사의 가격 인상이다. "이로 말미암아 어떤 대혼란이 발생했을까?" 독자들의 흥미를 불러일으키는 방식으로 제2장이 끝났다.

타벨은 이 장에서 록펠러가 단기간에 제국을 구축하기 위해 활용한 상술의 치부를 가차 없이 고발했다. 록펠러가 용의주도하고 철저하게 은폐공작을 시도한 것은 죄의식 때문이었을까?

타벨은 관공서에 남아 있던 방대한 관련 자료와 증언기록을 분석하여 초기 스탠더드오일이 업계를 정복하기 위해 실행했던 공작의 전모를 규명하는 데 성공했다. 여기에 서술된 남부개발의 리베이트와 드로우백을 축으로 한 사업 모델은 록펠러 제국이 쌓아 올린 부의 원천이기도 했다.

기사에 현장감을 더하기 위해 정장 차림의 1872년 록펠러와 그의 한쪽 팔 역할을 했던 플래글러, 찰스 록하트, 철도 경영자인 코모도어 C. 핸더빌트 등 기사에 등장하는 아홉 명의 얼굴 사진, 에리호 남부의 석유지대를 표시한 지도, 록펠러 이름이 처음 기재된 클리블랜드의 거주인 명부 사본도 게재했다. 아홉 명 모두 볼에 수염을 기르고 있는 모습이 인상적이다.

1872년 석유전쟁

조합 결성

제3장에서는 1872년 2월 석유지대에서 발발한 록펠러와 독립계열 업자들과의 치열한 혈투를 그리고 있다. 이 싸움에서는 록펠러가 참패했지만 최종적으로는 클리블랜드의 정유소 다수를 거느리게 된다. '살을 베고 뼈를 자른다'는 말처럼, 이를 기회 삼아 전미 제패가 시작된다.

누구나가 깜짝 놀랄만한 록펠러의 경영기법은 지금까지 이미 몇 번이나 언급한 바 있다. 전대미문의 드로우백이다. 제품의 해외수출과 관련해서는 환급세로도 번역된다. 여기서 말하는 드로우백은 리베이트의 일종으로 추가 환불을 의미한다. 경쟁업체가 운송한 화물에 대한 리베이트의 일종으로 드로우백을 비밀리에 철도회사에게서 받아 내 자신의 호주머니에 넣는 것이다. 카르텔, 공동모의, 스파이 행위, 사기, 기타 등등 생각할 수 있는 모든 악랄한 수법을 구사한 록펠러.

트러스트 왕자에 의한 사업의 어두운 치부를 당시 인기 제일의 월간지 맥클루어스 매거진이 폭로했다. 뉴욕의 신문왕 퓰리처와 허스트 역시 노동자 편에 서서 사회악 규탄에 열의를 불태우고 있던 때다. 처음부터 그런 결심이 있었는지 여부와는 별개로, 타벨은 탐사보도를 통해 이른바 캠페인 저널리즘Crusading journalism을 전개했다. 철저한 은폐공작과 비밀주의로 반석 위에 올라선 록펠러에게는 경천동지할만한 기사였다. 록펠러는 기사에 반발했을까? 그는 기사에 아무런 반응도 보이지 않았고 반론도 없었으며 무시로 일관했다.

록펠러는 시장 제패를 목표로 남부개발 구상을 내비치며 위협적인 태도로 경쟁업체에 접근했다. "이제 승산은 없다"며 단념시키고 매각을 하든 산하로 들어오든 결단을 재촉했다. 그리고 차근차근 사업을 확대해 갔다. 독자들의 이해를 돕기 위해 서두의 소제목을 먼저 소개한다.

① 남부개발회사에 대한 석유지대의 궐기 ② 석유생산자조합 결성 ③ 남부개발 가입자와 관련된 철도회사에 공급 차단 ④ 1872년 의회 조사와 보고서 공표 ⑤ 남부개발에 대한 일반적 비난과 공개협의 ⑥ 철도 담당자와 석유생산조합 위원과의 협의 ⑦ 왓슨과 록펠러의 회의 참석 거절 ⑧ 철도회사가 남부개발과의 계약을 취소하고 석유생산조합과 계약 체결 ⑨ 남부개발에 대한 봉쇄 해제 ⑩ 석유전쟁의 공식 종료 ⑪ 록펠러는 여전히 리베이트를 받는다 ⑫ 장대한 계획의 현존

전쟁은 록펠러의 그림자 전사 역할을 한 남부개발, 실질적으로는

철도회사 및 록펠러의 연합군과 석유지대 독립계열 업체와의 대결구도다. 원유 저장용 목제 탱크를 만들던 타벨의 아버지 역시 이 싸움에 참전했기 때문에 어린 시절부터 이 지역에서 자란 타벨에게 남의 일만은 아니었다. 당시 15세의 다정다감했던 소녀는 아버지의 친구들이 자신의 일을 지키기 위해 반 록펠러로 단결하여 궐기하는 모습을 지켜보았다. 결국 연합군의 공격에 패퇴하고 말았던 아버지에 대한 마음이 기사 속에서 배어 나오는 것을 피하기는 어려웠을 것이다.

연합군에 맞서기 위해 독립계열 업체는 대동단결했고 석유생산자 조합도 조직했다. 조합은 남부개발에 참여한 업체에 원유 공급을 중지했고 자율적으로 생산량을 감소해 갔다. 이 전략은 성공했으며 타벨의 아버지와 독립계열 업체들은 승리했다. 하지만 기쁨은 오래가지 않았다.

아나콘다

"철도회사가 운임을 인상한다는 소문이 같은 해 2월 중순부터 석유지대에 퍼지기 시작했다."는 문장으로 제3장이 시작된다. 가격 인상은 이윤이 많지 않은 석유정제 사업을 어렵게 만들 뿐 아니라, 독립계열 업체들을 중심으로 한 석유지대에 막대한 타격을 줄 우려가 있었다. 소문에는 덤도 붙어 있었다. 일부 업체에게는 가격 인상이 적용되지 않는다는 내용이다.

새로운 운임은 2월 26일 현지 지역신문 조간에 게재되었다. 예외는 남부개발에 참여한 업체다. 위기를 감지한 독립계열의 중소 중개인, 채굴업자, 석유정제업자 등 3,000여명이 타이터스빌의 오페라하우스에서 집회를 열었다. "공모자를 쓰러뜨리자." "타협하지 않겠다." "항복하지 않겠다."는 외침이 오페라하우스를 가득 메웠다.

사흘 뒤에는 인근 오일시티에서 대규모 집회가 열렸다. 타벨은 그 열기가 "전쟁 같았다"고 썼다. 집회에서는 ① 석유생산자조합 결성 ② 업체 지원을 위해 일요일 포함 60일간 새로운 유정은 채굴하지 않는다 ③ 남부개발 참여 업체에게는 원유를 판매하지 않는다는 것을 결의했다.

반 록펠러 진영의 활동은 철저했다. 주 의회에 대표단을 파견해서 남부개발의 설립 인가서 파기를 요청하고 연방 의회에는 남부개발의 거래 방해 행위에 대한 조사를 요청했다. 그리고 미국 전역 법원의 판사, 상원의원, 연방의원과 주의원, 철도업체와 대기업 간부 등에게 편지를 보내 대대적인 공세를 펼쳤다. 무료 송유관 부설을 요청하는 진정서를 의회에 보냈으며, 주의 수도state capital 해리스버그까지 1,000여명의 데모 행진도 기획했다. 업자들은 남부개발을 "거대한 아나콘다", "괴수"로 부르며 록펠러의 책동을 깨뜨리기 위해 일손을 놓고 기세를 올려 몰두했다.

남부개발 구상의 전모가 밝혀지자 모두 깜짝 놀랐다. 석유지대로부터의 운임이 시세차익을 넘어 두 배 이상 인상되었기 때문이다.

인상분의 대부분은 철도회사가 아니라 남부개발이 챙겨 가는 구조였다. 남부개발은 자사에서 석유를 수송할 때 경쟁업체에 비해 배럴당 평균 1달러는 저렴하게 수송할 수 있게 되었다. 그리고 경쟁자가 수송한 석유에 대해서도 같은 금액의 달러를 드로우백으로 받게 된다. 배럴당 '1 달러 + α'의 이익 계산식이 만들어지는 것이다.

연방의회가 설치한 조사위원회에 출석한 관계자는 운임 차별로 인한 수입이 연간 600만 달러에 이를 수 있다는 계산을 공표했다. 철도회사는 150만 달러의 수입 증가를 예상했다. 차액 450만 달러가 연합군에게 돌아가는 셈이다. 이에 따라 독립계열 업체의 도매가격은 갤런 당 최소 4센트 인상됐다. 조사위원장은 "남부개발의 성공은 산하에 들어오기를 거부하는 모든 정유사들의 파멸을 의미한다.", "모든 생산자를 하나의 권력 아래 두게 된다.", "누구도 건드릴 수 없는 독점을 형성하게 된다."고 단언했다.

독립계열 업체는 여기에 굴복할 생각이 털끝만큼도 없었으며, 지금이야말로 리베이트 문제를 매듭지을 때라고 생각했다. 철도회사에 의한 독점, 운임차별, 리베이트, 드로우백을 엄격하게 단죄하고자 조합은 주와 주 사이의 거래도 규제해 줄 것을 요구했다. 궁지에 빠진 독립계열 업체를 달래기 위해 철도회사는 새로운 운임체계 실시를 보류했다.

회담

같은 해 3월 25일, 조합과 철도회사의 회담이 에리 철도 사무실에서 열렸다. 철도회사 간부들이 집결한 이 회담에 남부개발의 왓슨과 실질적인 주모자로 지목된 스탠더드오일의 총수 록펠러가 참석을 희망했다. 막판까지 반대파를 설득해서 계획을 강행하여 돌파하고자 한 록펠러의 마지막 발악으로 여겨졌다. 하지만 조합의 강경한 반대로 록펠러의 참석은 결국 무산됐다.

회담에서는 철도회사가 남부개발과 체결한 협정을 폐지하고, 독립 계열 업체들의 요구를 담은 새로운 계약을 체결한다는 것에 최종 합의하고 계약서에 서명했다. 합의서에는 ① 전체 수송은 생산자와 정제업자 등 모든 업체를 완전히 공평하게 취급한다. ② 리베이트 및 드로우백 등 운임 차이나 차별을 초래하는 그 어떤 거래도 용인하지 않는다. ③ 조합 수뇌부의 양해 없이 가격을 인상도 인하도 하지 않는다는 내용이 담겼다.

3월 28일 철도 회사는 남부개발과 체결한 계약을 무효화 했다. 독립 계열 업체는 워싱턴으로 가서 연방 의회의 조사위원회에 출석하고 그랜트 대통령과도 면담했다. 대통령은 "독점이 진행되고 있다는 것을 알고 있었고 정부가 개입해서 국민을 보호해야 한다고 확신해 왔다." 며 관심을 보였다. 같은 해 5월에는 조사위원회에서 최종보고서를 공표했다. 보고서에서는 남부개발 구상이야 말로 미국이 경험해 온 것 중에 가장 거대하고 충격적인 공동모의였다는 결론을 내렸다.

이에 따라 미국 전역의 석유시장 독점을 목표로 한 괴물, 즉 남부개발 구상은 붕괴되었고 독립계열 업체는 승리했다. 하지만 평안이 찾아온 것은 결코 아니었다. 록펠러는 남부개발 수법을 응용하여 불과 3개월 사이에 클리블랜드에 있는 26개 정유소 중 20개 이상을 손에 넣었다.

독립계열 업체들의 결속력이 록펠러 연합군의 계획을 성공적으로 분쇄했고, 형평성을 중시한 철도회사는 리베이트와 드로우백 폐지를 선언했다. 하지만 7년 후, 모두 거짓말이었음이 판명된다. 회담 결과 리베이트 폐지와 공정 경쟁을 약속하고 새로운 계약이 체결되었음에도 불구하고, 1872년 4월부터 11월까지 철도회사에게서 여전히 비밀리에 리베이트를 받았다는 사실이 오하이오 주 조사위원회에 출석한 스탠더드오일의 임원 플래글러의 증언으로 밝혀진 것이다. 이 지점에서 독자들은 록펠러가 업자간의 신의, 공정과 공평, 정의, 윤리 등의 이념이 전혀 통하지 않는 비즈니스맨임을 새삼 깨닫게 되었다.

3장에는 "블랙리스트"라는 제목 하에 독립계열 업체와의 싸움에서 분투한 1872년의 젊은 존 D. 아치볼드, 헨리 H. 로저스, 그리고 독립계열 업체의 눈엣가시가 된 남부개발 임원 일곱 명, 여기에 관여한 철도회사 6개사 이름이 담긴 목록이 게재되었다.

더러운 동맹

전술 전환

첫 경기에서 패퇴한 록펠러는 퇴각했을까? 제4장에서는 다시 힘을 길러 돌아와 석유지대 업자들에게 싸움을 건 불굴의 경영자상을 접할 수 있다. 첫머리에 실린 소제목을 먼저 소개하자. 이를 통해 록펠러가 웬만한 경영자와는 거리가 먼 상당한 전략가임을 알 수 있다.

① 록펠러 일파가 비밀이 아닌 공개적 연합체를 제안 ② 피츠버그 계획 ③ 계획의 주요 강점 리베이트가 석유지대에서는 허용되지 않았다 ③ 록펠러는 낙심하지 않았다 ④ 3개월 후 전미정제업자협회 회장으로 취임 ⑤ 미 석유정제업의 5분의 4에 해당하는 이익이 록펠러에게 ⑥ 석유지대의 궐기 ⑦ 생산자조합이 원유 가격 하락에 제동을 걸기 위해 30일간 폐쇄 및 채굴정지를 명령 ⑧ 석유생산을 통제하기 위해 석유생산자연합 조직 ⑨ 록펠러가 경쟁자보다 앞서 석유정제업자와 생산자와의 연합을 강요 ⑩ 생산자연합과 생산자협회의 소멸 ⑪ 전미석유정제협회 해산 ⑫ 록펠러는 착실하게 세력을 확대

철도회사가 주도하고 록펠러가 연출하는 시장제패 구상이 물밑에서 다시 추진됐다. 석유지대의 업자들은 그 내용을 알 수 없었다. 두 번째 강경한 반대운동이 전개되는 과정에서 그 전모가 점차 밝혀졌고 분노는 더욱 커졌다. 첫 번째 패배를 교훈으로 삼았는지 록펠러

가 내세운 것은 상대의 불안감을 조금이라도 덜어주고 이해를 얻고자 하는 방식이었다. 경쟁자를 포섭해서 시장을 제패하는 전술로 전환한 것이었다.

4장의 제목을 "더러운 동맹Unholy alliance"이라고 한 것은 록펠러와 경쟁해야 할 석유지대 중소업체가 고도의 교활한 전술에 넘어가 동맹을 체결하는 뜻밖의 전개를 가리킨다. 뜻을 굽히지 말아야 할 독립계열 업체가 이익에 눈이 어두워져 록펠러의 달콤한 속삭임에 넘어갔고 소비자를 도외시한 불공정 카르텔 체결에 합의하고 말았던 것이다.

록펠러가 가격 안정과 수익 확보를 통해 달성하고자 한 목표는 시장 독점이다. 시장을 100% 독점하게 되면 마음대로 가격을 결정할 수 있다. 손해 볼 일도 없고, 매수 시장이기 때문에 원자재 구입에서 두들겨 맞을 일도 전혀 없다. 오히려 자기가 우위에 설 수 있다. 철도회사로 하여금 리베이트뿐 아니라 드로우백마저 토해내게 만든 것은 록펠러의 초일류 협상력이었다. 그것을 뼈저리게 깨닫게 된 것이다.

이번에도 록펠러는 실체가 거의 없는 남부개발을 축으로 단숨에 공세에 나섰다. 클리블랜드의 정유소 인수에 성공한 록펠러가 지난번 석유지대에서 눈물을 삼킨 이유는 무엇이었을까? 운임표가 신문에 게재되어 공정성과는 거리가 먼 악랄한 리베이트 전술이 사전에 드러났기 때문이다. 사태를 파악한 철도회사가 자발적으로 계약을 파기하고 퇴각한 것이다.

그럼 록펠러도 철수했을까? 그렇지 않았다. 넘어져도 그냥 일어난 것이 아니다. 오히려 시장 제패라는 목표 달성을 위해 권토중래의 과감한 도전을 재개한 것이다.

끝없는 야망

이번에 등장하는 것은 시장독점을 포기할 수 없는 록펠러가 석유지대에서 다시 설계한 계획이다. 독립업체들은 록펠러가 되돌아왔다고 판단하고 반 록펠러 전선에서 다시 뭉쳤다. 이것을 감지한 록펠러는 강행 돌파가 아니라 상대에 맞추어 유연하게 움직이는 전략에 나섰다. 자신의 장기인 카르텔 전술이다. 반 록펠러 진영에 선 업자들의 눈앞에 갑자기 맛있는 당근을 매달아 놓은 것이다. 뜻을 관철할 것인가, 실리를 우선할 것인가? 타벨이 말한 "더러운 동맹"이 탄생하기 직전까지 갔다.

먼저 확인해 둘 것이 있다. 왜 록펠러는 석유지대를 고집했을까? 타벨은 이렇게 설명하고 있다. 당시 석유 채굴지역의 대부분은 미국에 있었다. 세계 석유산업의 중심지도 미국이었다. 등유 등 정제유는 유럽과 아시아로 수출됐다. 석유정제의 중심지는 원유가 채굴되는 펜실베이니아 석유지대, 클리블랜드, 피츠버그, 필라델피아, 그리고 소비가 많은 뉴욕 등이었다. 클리블랜드를 제패한 록펠러는 제2의 석유정제지인 석유지대를 정조준했다. 시장 독점을 목표로 한다면 석유지대는 피해 갈 수 없는 곳이다.

타벨은 록펠러와 남부개발 임원이 타이터스빌에 갑자기 모습을 드러낸 장면으로 글을 시작했다. 1872년 석유전쟁을 거친 끝에 철도 회사가 록펠러에게 리베이트를 지급하기 위해 설정했던 차별운임 계획을 철회하고 2개월 정도 지난 5월의 일이다. 채굴업자와 석유제품 취급업자들을 만나기 위해 그들의 사무실은 물론, 거리 구석구석을 방문하기 시작했다. 방문은 며칠 동안 계속됐다.

"여러분은 우리의 의도를 오해하고 있습니다." "이것은 사업을 구제하기 위한 것이지 파괴하기 위한 것이 아닙니다. 그래서 이곳에 온 겁니다." "석유업계에 질서 없는 경쟁이 있다는 걸 아시지요? 제휴하면 어떨지 생각해 봅시다." "실험해 봅시다. 그 뿐입니다. 제 기능을 못한다면 그때 원래 방식으로 다시 돌아가면 됩니다."

붙임성 있게 설득해 갔다. 불굴의 정신이다. 나중에 타벨이 타이터스빌을 방문해 당시 있었던 일을 취재한 바에 따르면, 록펠러는 얼굴을 내밀기는 했지만 말은 거의 하지 않았다. 얼굴에 손을 얹고 흔들의자에 몸을 묻고 있을 뿐이었다. 설득에 나선 것은 다른 임원들이었다. "즉시 계획에 참여하여 협력해서 가격을 조정하고 다른 업체의 진입을 막아야 한다."고 설득했다. 미국 석유정제산업의 5분의 1을 이미 지배하고 있던 록펠러는 나머지도 휘하에 거느릴 수 있는 시장 지배 체제를 구축하겠다는 야망을 갖고 있었다.

5월 중순에 독립계열 업체에 대한 설명회를 개최하여 일명 피츠버그 계획을 공표했고, 설득 공작이 종료된 지 3개월이 지난 8월부터는 계획 실행 단계에 들어갔다. 계획은 잠정적일 뿐이며 더 좋은 아이디어가 있다면 받아들이겠다고도 천명했다.

록펠러는 전미정제업자협회를 설립하고 스스로 회장에 취임했다. 이것이 리베이트 제도의 부활을 의미한다는 것을 깨달은 독립계열 업체들은 맞불을 놓기 위해 석유채굴업체연합을 설립했다. 1년 전의 석유전쟁과 마찬가지로 양자 간의 격돌이었다. 독립계열 업자들 사이에서는 6개월간 신규채굴을 중지한다는 지령이 발표되었다. 석유지대의 상당수 업체가 여기에 서명했다. 협정 위반을 적발하기 위한 자경단도 설치했고 30일간의 유정 폐쇄 제안도 나왔다. 록펠러를 물리치기 위한 방안들이었다.

양동작전

"결코 노예가 되서는 안 된다." 석유지대 원유를 지배하는 독립계열 채굴업자연합과 정제부문 독점을 지향하는 록펠러 진영의 대립이 한동안 계속됐다. 채굴된 원유를 독점하는 독립계열 업자들은 배럴당 4.75달러라는 높은 가격에 원유를 사들이라고 록펠러 진영을 압박했다. 석유정제업자는 원유를 구하지 못하면 입이 바싹 마른다. 채굴업자연합의 결속이 단단하다고 봤는지 일단 구입에 응하는 자세를 보였다. 타협에 의한 "더러운 동맹" 형성의 태동이었다.

타벨에 따르면 독립계열 업체들이 설립한 새로운 조직은 시장 독점을 꿈꾸는 록펠러 진영에게 위협으로 비쳤다. 이 조직의 책동을 어떻게든 진정시키지 않으면 두 번째 패배로 남을 것이다. 하지만 록펠러 진영의 우려와 의기양양 했던 독립계열 업자들의 기대와는 달리, 원유 가격은 고공행진을 계속했다. 채굴업자들의 협정 위반이 속출했고 원유 생산은 다시 과잉 상태가 되었다. 석유지대에서는 원유가 계속 생산되었으며, 채굴을 중지하여 생산량을 수요에 맞추려고 했던 독립계열 채굴업자들의 노력은 효과가 거의 없었다. 정제업자에게 팔리지 않아 남아도는 원유가 탱크에 넘쳐났다.

기회 포착에 능한 록펠러가 춤을 춘 것은 말할 것도 없다. 채굴업자에게 원유 구입을 제안했고, 압도적인 다수가 그 제안을 받아들였다. 체결된 협정 조항 중에 정제업자는 철도회사로부터 리베이트를 일절 받지 않는다는 내용이 들어 있었다. 타벨에 따르면, 이것은 속임수 전술이었고 실제로는 뒤에서 리베이트를 받고 있었다. 사람 좋은 채굴업자들이 감쪽같이 속아 넘어간 것이다.

제휴 초기에는 정제업자측이 배럴당 3.25 달러라는 고가로 20만 배럴을 구입하겠다고 요청하는 등 순조롭게 진행되었다. 하지만 몇 달이 지나자 생산 과잉을 이유로 가격 후려치기가 시작됐고, 제휴는 공중 분해되었다. 원유 가격이 폭락하면서 채굴업자들은 공멸했다. 록펠러 측의 완벽한 승리였다. 저가의 원유를 입수할 수 있었던 스탠더드오일이 이 해에 거둔 이익은 37%라는 어마어마한 고액 배당율로 이어졌다.

록펠러는 시장 제패를 위해 차근차근 움직였다. 원활한 제품 수송을 위해 철도용 탱크차를 갖추어 놓았고, 뉴욕의 터미널 시설 지배권도 확보하여 독립계열 업체의 수송을 좌지우지할 수 있게 되었다. 터미널 시설의 지배권 획득은 이후 독립계열 업체의 수송을 방해하는 결정적인 계기가 된다. 첫 번째 싸움에서 패하여 후퇴했던 록펠러가 두 번째 싸움에서 취한 전략은 마치 패배한 것처럼 가장하고 막판에 가서 채굴업자를 굴복시키는 것이었다. 독립계열 업자들의 결속력이 위태위태하다는 취약점을 록펠러가 속속들이 알고 있었기 때문이다. 이후 독립계열 업체들은 조금씩 후퇴할 수밖에 없었다.

제4장에서는 이른바 '더러운 동맹'에 관여한 여덟 명의 얼굴 사진이 실려 있다.

트러스트의 기반 구축

윤리 없는 경영

두 번째 싸움에서 승리를 거둔 록펠러는 시장 제패를 향한 암약을 계속해 갔다. 제5장의 소제목은 다음과 같다.

① 협정이 서명된 3월 25일 직후 리베이트 부활의 증거 ② 공공교통기관의 의무에 반하여 대량화물주를 소량화물주보다 유리하게 취급하는 원칙 확립 ③ 동부 지역으로 수송할 때 3개 철도 비율을 고정하는 협정 작성 ④ 석유지대의 지리적 우월성 상실 ⑤ 럿터 서한 ⑥ 록펠러는 석유정제

분야를 개인적으로 지배하겠다는 꿈을 비밀리에 계획 ⑦ 중앙협회의 조직 ⑧ 헨리 H. 로저스가 계획을 방해 ⑨ 록펠러가 정유업체와의 은밀한 연계를 성공적으로 제안 ⑩ 리베이트가 무기 ⑪ 통합은 설득 또는 강제력으로 ⑫ 움직임에 대처하기 위해 연계해서 노력하고 보다 많이 협의한다

타벨은 제5장에서 록펠러가 시장 지배를 위해 재시동을 걸었다는 사실을 다시 한 번 다뤘다. 과거와 마찬가지로 윤리의식에 전혀 구애되지 않는 피도 눈물도 없는 경영 수법이었다. "자본주의의 요람기였기 때문에 어쩔 수 없었다."는 견해도 있을 것이다. 하지만 타벨은 당시에도 선량한 중소업자는 수없이 많았고 그들은 뒤통수를 얻어맞고 발을 동동 구르며 석유지대에서 사라졌다는 사실을 강조했다.

현재 시점에서 보면, 1872년에 채굴업자 측과 정제업자 측이 체결한 생산량 규제 협정은 위법한 카르텔이다. 록펠러가 첫 번째 싸움에서 패한 같은 해 3월, 리베이트를 일체 인정하지 않는다는 내용의 협정을 철도회사 3개사와 체결했기 때문에 석유지대 독립계열 업자들은 리베이트는 물론 드로우백과 같은 뒷거래가 모두 없어졌다고 믿고 있었다.

철도회사 총수인 밴더빌트 등은 같은 해 3월 석유 채굴업자와 "모든 수송업자, 채굴업자, 정제업자는 완전히 평등하고 리베이트나 드로우백, 기타 그 어떤 유형도 작성 또는 용인되어서는 안 되며 운임의 근소한 차 혹은 그 어떤 종류의 차별도 있어서는 안 된다"는 내용의

협정에 서명한 바 있다. 그러나 록펠러와 철도회사는 협정을 완전히 무시했다. 철도회사는 앞장서서 리베이트를 제공했고 록펠러는 아무런 죄책감 없이 이를 수령하고 있었다. 이런 사실은 나중에 스탠더드오일의 간부 헨리 플래글러가 출석한 의회 증언에서 드러나게 된다. 증언에 따르면 1872년 4월 1일부터 11월 15일까지 배럴당 25센트의 리베이트를 받았다고 한다. 록펠러에게 리베이트를 제공한다는 내용의 협정을 별도 체결한 것이다.

왜 그런 거짓말을 했을까? "이미 거대 기업으로 팽창한 스탠더드오일의 거대한 양의 화물을 수송하는 것은 그 무엇보다 달콤한 유혹"이었다고 타벨은 지적했다. 기업윤리의 결여, "비밀만 지키면 아무도 모를 것"이라며 고집을 부린 거대 기업 특유의 오만한 태도가 작동했을 것이다.

스탠더드오일이 취급하는 화물의 양은 하루 60대, 4,000배럴을 넘어서고 있었다. 몇 배럴, 몇 십 배럴을 취급하는 중소업체와는 전혀 다른 세상이다. 스탠더드오일과 거래하면 석유전용열차를 매일 운행할 수 있었고, 클리블랜드에서 뉴욕까지 30일 소요되던 화물차 수송 기간을 10일로 단축할 수 있었다. 이 협정을 체결하면 같은 분량의 화물을 여러 고객이 각각 의뢰했을 때보다 화물차 투자비용을 약 3분의 1로 줄일 수 있다. 센트럴 철도가 리베이트를 제공하지 않았다면 틀림없이 스탠더드오일의 화물 운송에서 제외됐을 것이며, 에리 철도나 에리호 경유 선박으로 대체되었을 것이라고 타벨은 단언했다.

계산에 밝은 록펠러는 에리호를 이용해 선박으로 대체 운송할 수 있다는 것을 슬쩍 흘렸고, 철도 3개사는 자진해서 리베이트와 드로우백을 제공했다. 철도회사는 스탠더드오일의 화물주가 되고 싶어 보다 많은 리베이트와 드로우백을 제공하며 개미지옥으로 빨려 들어갔다. 말 그대로 자멸하는 구도였다. 타벨의 아버지와 동생을 포함한 독립계열 업자들에게 불똥이 튀었다.

이 개미지옥에 앞장서 뛰어든 것은 에리 철도였다. 밴더빌트의 센트럴 철도에 비해 규모가 작았던 에리 철도는 1874년 4월 스탠더드오일의 화물 절반을 수송하는 계약을 체결했다. 계약 체결의 결정적 요인은 "서부 지역의 석유정제업자가 뉴욕으로 화물을 운송할 때 경쟁 중인 철도회사보다 비싸지 않은 운임"으로 결정한다는 운임 규정이었다. 최저가 요금을 제시하는 파격적인 거래였다. 뉴욕 근교에 소유하고 있는 석유 터미널 시설을 무료로 대여하겠다고도 제안했다. 터미널을 자유롭게 이용하게 된 록펠러는 예상했던 것 이상의 이득을 취할 수 있었다. 경쟁업체의 화물 관련 정보를 미리 알아낼 수 있었으며, 독립계열 업체의 수송을 방해하고 고갈시킬 수 있는 다시없는 기회였다.

경쟁업체의 모든 동향이 손에 들어오면 게임을 유리하게 진행할 수 있다. 이보다 더 좋은 것은 없다. 마치 포커 게임에서 상대방 카드를 보면서 승부하는 것과 같은, 절대 질 수 없는 게임이다. 기밀정보를 활용하여 경쟁업체의 사업 방해, 특히 수송을 방해하는 행위까지 감행했다. 범죄성과 반사회성을 보여주는 이만한 사례가 또 있었던 가? 록펠러는 철도회사와 손을 잡고 중소업체를 시장에서 몰아내거나 무너뜨리며 시장을 독점해 갔다.

같은 해 9월, 철도회사 3사는 뉴욕 등 거대 소비지역으로 수송하는 비율에 관해 카르텔을 체결했다. 지금처럼 수송 지역과 상관없이 동일 운임이 적용되는 체계와 비교해 보면, 당시 새롭게 등장한 운임 체계는 도저히 생각도 할 수 없는 터무니없는 내용이었다. 철도회사는 스탠더드오일과 산하 업체가 클리블랜드에서 뉴욕 등지로 운송할 때 최대한의 편의를 제공했다. 스탠더드오일의 이익을 최우선시하는 규정을 내놓고 그야말로 왕 대접을 한 것이다.

새로운 운임 협정은 록펠러가 고안한 것으로도 알려져 있는데, 뉴욕 센트럴 철도의 제임스 럿터가 같은 해 9월에 보낸 서한Rutter circular에 그 내용이 담겨 있다. 타벨이 소개한 일명 럿터 서한에 따르면, 정제유를 동부로 운송할 때 운임을 배럴당 50센트 인상하기로 했지만, 록펠러를 배려해서 클리블랜드와 피츠버그에서 운송하는 것만큼은 모두 가격 인상에서 제외됐다. 물론 이 서한에서도 모든 업자를 평등하게 다루도록 규정하고 있었으나, 실제로는 차별적 운임을 적용하였고, 이는 석유지대의 독립계열 업체를 저격하는 것과 다르지 않았다. 이로써 석유 채굴지에 근접해 있는 석유지대 업자들만의 지리적 우위성이 완전히 사라진 셈이 되었다.

결정적인 권력

록펠러는 1874년 10월 석유정제업을 하는 찰스 플래츠 앤 컴퍼니사를 인수하고 새로운 단계 돌입을 선언했다. 그토록 원했던 뉴욕 진출이다. 인수 절차는 극비리에 진행되었다. 19세기 말 인구 200만 명을 돌파한 뉴욕이 미국의 3대 석유정제지역 중 하나였다는 점에서, 뉴욕이라는 거점을 확보한다는 것은 록펠러의 다음 야망을 실현하기 위한 첫걸음이기도 했다. 이를 위해 증자도 단행했다.

1875년 3월에는 석유정제업자에 의한 또 다른 조직 중앙협회Central Association를 설립하고 록펠러가 회장으로 취임했다. 협회 가입을 원하는 회사는 기간을 구분하여 자사 설비를 협회에 대여했다. 협회 수장인 록펠러는 협회가 마치 하나의 회사인 것처럼 구매량, 생산량, 철도운임 및 송유관 이용요금 등을 결정했다. 1872년 석유전쟁 당시 등장했던 남부개발의 재탄생인 셈이다.

타벨은 헨리 로저스가 뉴욕 트리뷴 기자에게 했던 말을 인용하면서 "석유지대만이 협회의 진정한 의미를 알고 있었다."고 지적했다. 당시 로저스는 찰스 플래츠 앤 컴퍼니사에 소속해 있었지만, 나중에 스탠더드오일 중역으로 스카웃 된다.

미국에는 피츠버그, 클리블랜드, 석유지대 등 다섯 곳의 석유 정제지가 있었다. 각각의 지역들은 각자의 장점이 있었다. 피츠버그에서는 저렴한 원유를 구할 수 있었고, 뉴욕은 최고의 시장이었다. 석유 공급량이 수요

대비 3~4배나 많았기 때문에 정유소가 풀가동되면 재고가 쌓일 수밖에 없었다. 사업에는 편차가 있었다. 시장이 활발할 때는 모두 바쁘고 번영을 누린다. 2년 전에 석유정제업자가 조합을 조직하려고 했지만 이익을 공유하지 못했고 협정은 지켜지지 않았다. 지금은 그 당시 움직임의 재림이다. 상당수가 이 움직임을 환영하고 있다. 투자한 자본을 지키고 싶은 것이다. 생산 감량에 합의할 수 있다면, 모두에게 적당한 이윤을 보장할 수 있도록 시장을 조정할 수 있을 것이다. 원유 가격이 현재 갤런당 15센트이지만 20센트가 될 것이다.

로저스는 당시 미국 석유산업의 구조와 취약성을 적확하게 지적했다. 석유산업이 내포하고 있는 취약점을 재빨리 간파한 록펠러는 가격 불안정성에 의해 리스크가 높은, 이른바 원유를 채굴하는 업스트림upstream 부문에는 진출하지 않고, 시장 통제가 상대적으로 용이한 중간 과정 이후의 다운스트림downstream 분야를 장악하는 데에 주력했다. 이 분야의 지배자가 된다면 높은 이익을 거둘 수 있다고 판단한 것이다.

실제는 어땠을까? 석유지대 독립계열 업체들은 가격이 하락하면 수요가 늘어난다고 강력히 주장했다. 더욱이 "이익 감소를 감수할 수밖에 없다"는 것도 자각하고 있었던 것 같다. 타벨은 이 세계에서 오랫동안 경험을 축적해 온 석유정제업자의 말을 인용해 "가장 중요한 것은 중앙협회 이사회가 원유 및 정제유 수송에 관여하고 철도회사와의 협정에 독점적인 힘을 갖게 되었다는 점"이라고 지적했다. 록펠러가 회장을 맡고 있는 중앙협회 이사회가 리베이트를 기반으로 특별 할인요금을 받아내기 위해 모든 거래에 간섭할 수 있게 된 것이다.

자유를 중시하는 독립계열 업체들은 당연히 중앙협회 가입을 거부했다. 록펠러가 협회를 결성한 목적은 원유 가격 인하와 정제유 가격 인상을 통해 이익을 증대하는 것이었다. 핵심은 거대 소비지역인 동부 해안으로 제품을 수송할 때 스스로에게 가장 유리하도록 차별적인 철도 운임을 설정하는 것에 있었다. 생산량의 90%를 통제하는 협회는 석유산업 운송 부문에서 새로운 양상을 만들어냈다. 운임 교섭 과정에서 록펠러에게 결정적인 권력을 부여한 것이다. 펜실베이니아 철도는 10%의 리베이트를 요구받았고 압박감을 감지했다.

철도회사들은 1874년 결정된 철도운임에 관해 협의하기 위해 회담을 개최했다. 그 자리에서 에리 철도는 경쟁업체 2개사가 10%의 리베이트를 제공하고 있다는 것, 스탠더드오일이 약속한 화물 할당 비율이 계약 당시의 50%가 아니었다는 것을 알게 되었다. 그동안 록펠러에게 속아 왔음을 뒤늦게 깨닫고 아연실색했다. 록펠러는 철도 특별 요금을 설정하면서 놀라운 힘을 축적해 가고 있었다.

독립계열 중소업체들은 자유로운 사업 운영 방식을 선택지 중 상위에 두고 리베이트는 악습이라며 거부해 왔기 때문에 록펠러를 이해할 수 없었다. 하지만 록펠러는 리베이트 기반의 염가 판매를 지속하면서 경쟁자들을 차례차례 무너뜨리고 승리를 이끌어냈다. 여기에 화물 터미널을 확보하고 철도회사에게서 경쟁업체에 관한 정보도 제공받을 수 있었다. 보다 강압적인 수단이 활용되었다. 경쟁회사가 원자재인 원유를 수송하기 위해 필요한 화물차를 구하지 못하도록 방해한 것이다. 원자재가 없으면 설비를 가동할 수 없고, 제품을 소비자에게 전달하지 못하면 수입도 없다. 타벨은 "독립계열 업체는 록펠러가 자신들의 목덜미를 쥐고 있다는 심리적 압박감을 더욱 깊이 느끼게 되었다."고 지적했다.

존 D. 아치볼드

"1875~1879년 오일 크리크의 석유정제 역사는 평범하지 않았다." 타벨은 이렇게 적고 있다. 처음에는 27개 설비가 양호한 상태로 가동되었지만, 1872년에 수출이 거의 두 배로 증가했고 1873년에는 석유 수요가 크게 확대되었다. 1874년 전반기는 불황이었다. 럿터 서한에 따르면, 수송비용이 상승하면서 독립계열 업체들은 어려운 상황에 직면했다. 제품 수송을 위한 화물차도 구할 수 없었고 중소업체 시장은 경쟁자에게 넘어갔다.

1875년, 록펠러의 명을 받은 젊은 존 D. 아치볼드가 타이터스빌에 등장하여 독립계열 업체를 흡수하기 위해 정력적이고 과감한 행보에 나섰다. 너나 할 것 없이 스탠더드오일의 그림자 무사라고 의심했지만 증거는 없었다.

1878년까지 3년 동안 타이터스빌에 있던 독립계열 업체 대부분이 매각 또는 폐업, 아니면 스탠더드오일 계열사 진입을 결단하도록 재촉 당했다. 어쩔 수 없이 스탠더드오일 휘하로 들어가는 업체들도 있었다. 타벨에 따르면, 지난 4년 동안 석유지대에서 스탠더드오일 계열이 아닌 업체는 모두 사라졌다. 그 과정에서 발생한 일들은 지역민들의 마음에 결코 잊을 수 없는 깊고 추악한 상처를 남겼다.

운하를 이용해 원유를 수송하던 피츠버그에서도 유사한 일이 발생했다. 독립계열 송유관 업체가 피츠버그까지 원유를 운반하려 했는데, 그러자면 펜실베이니아 철도의 선로 아래에 송유관을 부설해야 했다. 부설 허가를 요청했지만 철도회사는 거부했고, 양자 간의 작은 전투가 발발했다. 결과적으로 독립계열 송유관 업체는 철도회사에 굴복했다.

원자재 입수 과정에서도 중소업체들은 방해를 받았으며 결국 스탠더드오일의 휘하로 들어갈 수밖에 없었다. 터무니없을 만큼의 헐값으로 공장을 매각하는 업체도 등장했다. 시장 제패를 노리는 록펠러의 은밀한 행보는 갈수록 가열되었다.

제5장에는 네 명의 등장인물 사진, 그리고 당시 현장 모습을 생생하게 전하기 위해 석유지대 운하에 부유해 있는 대량의 석유통 사진이 게재되었다.

기반 강화

록펠러가 원유 및 석유제품 수송망을 완전히 장악하기까지의 분투를 정리한 것이 제6장이다. 아직 자동차가 널리 보급되기 전이었던 이 시기, 부피와 중량이 큰 석유의 운송 수단은 철도나 송유관에 한정돼 있었다.

수송망을 장악하면 경쟁업체의 제품 생산 및 판매에 압박을 가할 수 있다. 공장에서 제품을 제조하기 위해 필요한 원자재 수송을 제한할 수 있으며, 생산된 제품을 소비자에게 전달하기 위해 판매점으로 수송하는 것도 방해할 수 있기 때문이다. 시중에 공급되는 제품 생산량을 줄이면 가격이 인상될 것이고 수익을 안정적으로 확보할 수 있다고 생각한 록펠러는 운송망을 장악하기 위해 온 힘을 쏟고 있었다. 실제로 록펠러는 철도회사를 자신의 휘하에 둔 것과 다름없이 자유롭게 조종하면서 경쟁업체의 움직임을 방해했다. 사면초가에 몰린 독립계열 업체들의 선택은 록펠러의 산하로 들어가거나 시장에서 철수하는 것밖에 없었다.

제6장에서 타벨이 폭로한 것은 스탠더드오일이 목적을 달성해 가는 과정에서 희생당한 석유정제업자의 유족과 피해자들의 현실이다. 록펠러는 무자비하고 잔혹한 인물이라는 부정적 이미지가 형성되었다. 타벨의 기사와 책에서 익명으로 등장했던 유족이 백커스 부인이라는 사실은 이후 조사과정에서 확인되었다. 여기에서는 백커스 부

인의 사례를 실명으로 소개했다.

　론 처노가 쓴 〈타이탄〉에서도 스탠더드오일과 백커스 부인 사이에
서 있었던 일들을 소개했는데, 처노는 이 책에서 "타벨의 실수", "통상
적인 상거래이므로 록펠러의 잘못은 없다."고 주장했다. 록펠러 역시
자서전에서 "백커스사 인수The Backus Purchase"라는 제목의 장을 별도
로 만들어 부인과 주고 받은 편지를 게재하는 등 전체 97페이지 가운
데 8페이지를 할애하여 타벨의 주장을 반박했다.

철도 리베이트

제6장의 소제목을 먼저 확인해 두자.

① 최초의 주간통상법안 ② 스탠더드오일의 분투로 법안 묵살 ③ 독립계
열 업자, 송유관 건설 제안으로 구제 모색 ④ 동부 해안 지역으로 향하는
최초의 송유관 계획 ⑤ 스탠더드오일, 철도회사의 반대와 경영 실패로
계획이 좌절되다 ⑥ 엠파이어운송회사의 발전과 석유정제사업과의 관계
⑦ 스탠더드오일, 에리 철도, 센트럴 철도, 엠파이어운송회사 및 그 배후
인 펜실베이니아 철도와의 전쟁 ⑧ 펜실베이니아 철도, 치열한 싸움 끝에
최종적으로 포기 ⑨ 엠파이어 철도, 스탠더드오일에 매각 ⑩ 석유지대의
모든 송유관시스템은 이제 록펠러의 휘하 ⑪ 철도회사 4사에 의한 새로운
풀제 ⑫ 록펠러가 타사의 운송에 드로우백 부과 개시 ⑬ 경쟁사 흡수
작업에 바로 돌입

타벨은 제6장 서두에서 앞 장에 등장한 중앙협회는 스탠더드오일의 은신처이며, "경쟁업체를 통제 하에 두거나 혹은 업계에서 축출하는 역할을 하고 있다."고 먼저 설명했다.

주간통상법州間通商法, Interstate Commerce Act은 각 주의 경계를 넘어 수송할 때 철도 요금의 질서를 갖추도록 규제할 목적으로 1887년 제정되었다. 철도회사에게서 비밀리에 리베이트를 받고 있던 록펠러 입장에서 보면 자신에게 부를 가져다주는 원천을 빼앗는 용납할 수 없는 법이다. 스탠더드오일은 법안 상정에서 의회 통과에 이르기까지 총력을 기울여 저지에 나섰다.

이 시기 석유 대량 수송은 철도에 의존하고 있었다. 대륙 간 횡단철도로 대표되는 미국 전역의 철도망을 정비할 때 철도회사는 연방정부와 주정부로부터 토지 제공과 보조금 지원 등 다양한 혜택을 받은 공공기관이나 다름 없었다. 그러나 공공기관이라는 이름과 달리 뒤에서 거액의 리베이트를 제공하고 사실상 운임을 차별 하는 등 불투명한 부분이 너무 많았다. 이렇게 한 눈을 파는 기업에 엄격한 규제를 가해야 할 정부는 힘이 없었고 자유방임이라는 이름을 내세운 기업들의 횡포가 허용되는 시장은 그야말로 무법천지였다.

여기에 흠뻑 맛을 들인 것이 록펠러다. 철도회사의 과당경쟁에서 기인하는 약점을 속속들이 알고 있는 록펠러는 철도회사들을 쥐고 흔들며 운임 차별을 강요하고 거액의 리베이트를 챙겼다. 이를 발판으로 경쟁 우위를 점하고 독립계열의 중소업체를 압박하며 독점을 밀어붙였다. 곳곳에서 불합리한 차별을 받을 수밖에 없는 독립계열 중소업체들은 분노했다. "록펠러가 리베이트 없이 공정한 경쟁을 했다면 유례를 찾기 어려운 그 야망을 과연 실현할 수 있었을지 의심스럽다."는 것이 타벨의 지론이기도 했다.

석유정제업체를 회원사로 두고 록펠러가 그 수장으로 취임한 중앙협회에 대해 회원들의 의구심이 커져 갔다. 협회의 설립 목적은 물론, 협회와 스탠더드오일과의 관계조차 불분명했다. 협회와 철도회사 3사가 체결한 비밀 협정은 물론, 거액의 리베이트에 관해서도 다른 회원사들은 전혀 알 수 없었다.

석유지대 독립계열 업자와 록펠러가 대치하고 있던 "1872년 석유전쟁" 당시에도 스탠더드오일에 대한 의회 조사는 계속되고 있었다. 그리고 주간통상법을 제정하려는 기운이 무르익고 있었다. 스탠더드오일의 절조 없는 행동에 규제가 가해지는 듯 했고, 독립계열 업체들의 기대감도 높아지고 있었다.

연방의회 상원에 설치된 윈덤위원회에서 1874년 보고서를 완성했다. 보고서에서는 "모든 운임이나 드로우백 등은 그 시점에 공표돼야 하며 적절한 고지 없이는 부과되지 않는다."고 명기했다. 하지만 그것이 실현된 것은 30년도 더 지나서다.

위원회는 보고서에서 "신뢰를 유지하면서 철도회사 사이의 효과적인 경쟁을 확보하는 유일한 방법은 국가 또는 주에서 철도를 소유하는 것"이라며 문제의 본질을 적확하게 지적했다. 하지만 주정부는 이를 시행하지 않았다. 록펠러는 부하 직원들에게 증언에 응해서는 안 된다는 지령을 내렸고 주간통상법의 성립을 저지하기 위해 철저히 대응했다. 록펠러의 시도는 성공했고 법안 성립은 보류되었다. 정계를 대상으로 한 빈틈없는 공작의 결과로 추정된다.

　석유정제업자들이 운임 규제에 관심이 전혀 없었던 것은 아니다. 하지만 리베이트가 얽힌 철도를 이용하는 것보다 송유관을 건설하는 것에 관심이 쏠려 있었다. 석유지대에서 스탠더드오일의 본거지이자 석유정제사업이 번성한 클리블랜드까지 철도로 원유를 수송하고자 한다면 이미 차별 대우가 시작된 상황이었기 때문이기도 하다. 송유관으로 원유를 수송할 수만 있다면 철도회사의 차별 운임은 더 이상 문제가 되지 않는다는 점에서, 송유관 부설 계획에 거는 기대감이 크게 부풀어 올랐다.

송유관 소동

그 제1탄이 콜롬비아 도관 파이프라인이었다. 펜실베이니아 주 버틀러 지역에서 채굴된 원류를 송유관으로 피츠버그까지 수송하고 다시 동쪽 지역의 볼티모어까지 연장시키는 계획이다. 물론 록펠러 진영의 참여는 거부했다.

　이 계획을 가로막은 것이 철도회사의 방해 공작이다. 송유관 부설 계획이 실현되면 철도회사는 심대한 타격을 받을 가능성이 컸기 때문이다. 현지 지자체의 허가는 받았지만 펜실베이니아 철도가 선로 횡단을 불허했다. 무장요원을 출동시켜 송유관을 파괴하기도 했다.

그 결과 당초의 계획은 실현되지 못했고 그 구상은 타이터스빌의 독립계열 업자 세 명에게 인계되었다. 세 사람은 철도회사의 방해를 극복하기 위해 일단 탱크에 원유를 담아 마차로 운반한 후 다시 송유관으로 보내는 번거로운 방식을 선택했다. 효율성이 떨어질 수밖에 없었다. 주 의회에서 주간통상법안이 부결되었고 구상하고 있던 계획은 희망의 끈이 끊어져 버렸다. 만사가 끝장난 셈이다.

산을 넘어 볼티모어까지 원유를 수송하는 방식의 계획도 등장했다. 이 계획이 실현만 된다면 스탠더드오일 진영과 결별할 수 있다. 위기감을 감지한 록펠러 진영은 현지 언론을 끌어들여 철저히 방해했다. 농촌 지역을 대상으로 하는 지역신문들이 록펠러의 뜻에 따라 "기름이 파이프에서 새어나와 토지가 오염되고 식수는 물론 가축과 가축이 제공하는 유제품에 영향을 미친다."며 절대 반대한다는 입장의 논지를 펼쳤다.

이 구상을 진행하던 펜실베이니아 철도 계열의 펜실베이니아 트랜스포테이션의 경영에도 화살이 미쳤다. 분식회계를 한다는 소문이 돌았고, 실제로 조사해 보니 경영상의 문제가 밝혀져 계획은 다시 좌절되었다. 타벨은 이 역시 록펠러의 음모와 방해 공작일 것으로 생각했다.

록펠러에게 반기를 드는 철도회사도 등장했다. 당시 미국 전역에서 최고의 이익을 올리고 있던 펜실베이니아 철도 산하의 엠파이어 철도다. 타벨은 피를 피로 씻어 내는 듯 보이는 양 측의 냉혹한 경쟁을 상세하게 묘사했다. 포츠 대령이 사장으로 있는 엠파이어 철도는 1865년 설립되었다. 타벨에 따르면 800킬로미터의 송유관과 1,000개의 석유 운송용 화물차, 배송소를 보유하는 등 미국 전역에서 가장 우수한 석유 운송 회사였다. 포츠 사장은 일대의 정유정제회사들이 스탠더드오일 산하로 속속 편입되어 가는 모습을 보면서 "결국 우리 회사를 이용할 정유정제회사가 없어질 수도 있다."는 위기감을 느꼈다. 실제 포츠는 "석유산업을 구성하는 생산, 수송, 판매 부문 중에서 어느 하나라도 절대적으로 지배하는 자가 나타나면 다른 나머지 분야도 결국 지배당할 수 있다."고 말한 바 있다.

이 때문에 1876년 운송업과는 별도로 석유정제사업에 진출하기로 결심했다. 이를 눈치 챈 록펠러는 "엠파이어는 분명 운송회사였다.", "공정하지 않다."며 격앙했다. 양측은 '전면전'에 돌입했다. 록펠러는 이 싸움이야말로 시장 제패를 위한 분기점이라고 판단하고 온 힘을 다해 엠파이어 철도와 펜실베이니아 철도의 연합을 무너뜨리기 위한 섬멸 작전에 나섰다. 타벨은 포츠 사장의 의회 증언을 인용하면서 격돌의 양상을 재현했다.

경쟁업체인 에리 철도와 센트럴 철도의 지원을 받은 록펠러는 "손을 떼지 않으면 용서하지 않겠다."며 펜실베이니아 철도에 대한 석유 운송 위탁을 전격 중단했다. 두 철도회사는 록펠러를 지원하기 위해 고객 리베이트를 확대하고 실질적인 운임 인하를 단행했다. 이에 맞선 펜실베이니아 철도 역시 리베이트를 증액할 수밖에 없었고 막대한 손해로 이어졌다. 가격 경쟁 전략도 들고 나왔다. 엠파이어 진영이 석유를 판매하자 스탠더드오일은 그보다 낮은 가격을 제시해 판매를 방해했다. 엠파이어사가 원유 구입에 나서자 스탠더드오일은 더 높은 가격을 불러 가로채며 원유 구입 경로를 철저히 봉쇄했다. 요금 경쟁도 계속 격화되었다. 필라델피아로 운반되는 원유의 양이 3분의 1 수준까지 격감했다.

매일매일 격렬한 싸움이 계속되었다. 스탠더드오일은 이 싸움에서 이기기 위해 전시戰時 예산을 수립하고 있었다. 밀려드는 적자를 감당하지 못한 펜실베이니아 철도는 결국 여름이 되자 굴복했다. 록펠러는 펜실베이니아 철도를 휘하에 두는 것에 다름 아닌 성공을 거두었다. 스탠더드오일과 포츠는 340만 달러에 정유소와 송유관을 포괄 매수하는 것에 합의했다. 엠파이어사의 송유관 및 차량을 수중에 넣은 록펠러는 모든 철도회사를 지배하는 위치에 서게 되었고 미국 최대 석유 운송업체로 발돋움하게 되었다. 이는 대량 운송의 요체였던 철도를 마음대로 조종할 수 있는 지위에 올랐음을 의미했다. 지역 운송망을 완전히 지배할 수 있는 체제 구축에 성공하게 되었고 록펠러의 동의 없이는 독립계열 업체들조차 1배럴도 운송할 수 없는 상황으로 이어졌다.

타벨은 록펠러가 운송망을 제패한 10월 중순부터 4개월 후에 드로우백 제도가 시작되었다는 사실도 밝혀냈다. 이것이 거액의 이익을 보장하는 또 다른 배경이었다. 록펠러의 운송망 지배체제가 구축된 결과 독립계열 정제업자에게는 중대한 사태가 발생했다. 원유를 확보할 수 없을 것이라는 우려가 부상한 것이다. 타벨은 기사에서 남편을 잃은 헌트 부인 등 석유정제업 경영자를 등장시켰다. 어쩔 수 없이 그때까지 이익의 고작 절반 정도에 공장을 임대하고 스탠더드오일에 경영을 맡길 수밖에 없었던 사례를 소개했다.

백커스 부인

포위망을 깔고 사면초가로 몰아넣는 냉혹한 수법으로 시장 확대를 추진하는 록펠러 전술 중 하나로 소개한 것이 백커스 부인의 윤활유 공장 인수 사례다. 남편이 세상을 떠난 후 물려받은 회사를 터무니없이 싼 값에 팔게 만들어 록펠러 산하로 편입시킨 사례로, 1878년 클리블랜드에서 있었던 일이다. 타벨의 책에서는 실명을 밝히지 않고 B부인으로 소개했다. 타벨은 부인이 의회에서 선서를 하고 진술한 내용을 인용하면서 거래 경위를 설명했다.

1860년부터 석유 사업을 시작한 남편이 1874년 부인과 세 명의 자녀를 남겨 두고 사망했다. 부인은 정유소를 운영하여 연간 2만 5,000달러의 수입을 올리고 있었다. 1878년 11월 스탠더드오일과 회사 매매를 위해 가진 교섭 과정에서 부인은 20만 달러를 청구했으나 록펠러가 지불한 것은 그 절반에도 미치지 못하는 7만 9,000 달러였다. 부인은 "록펠러 씨는 눈물을 글썽이며 이 거래에서 부인 편에

서겠다고 확약해 줬다.", "불리하거나 부당하게 대우하지 않겠다고도 말해 줬다.", "하지만 록펠러 씨의 약속은 아무 것도 지켜진 것이 없다."고 증언했다. 타벨은 록펠러가 부인에게 보낸 편지도 함께 게재하면서 그 불성실함을 꼬집었다.

이 주장에 대해 록펠러는 사례를 들어가며 반박했다. 하지만 타벨은 부인의 회사에서 연간 3~4만 달러에 달하는 수입을 올리면서 약 두 배에 불과한 7만 9,000달러만을 지불한 것은 부당하다고 판단했다. 이 사례에서도 록펠러가 시장을 제패하기 위해 사기에 가까운 상술을 발휘한 것으로 묘사되었다. 록펠러의 피도 눈물도 없는 상술에 독자들은 새삼 반감을 느끼게 되었다.

제6장에서는 록펠러와 사투를 벌인 요셉 D. 포츠 등 네 명의 사진을 게재했다.

1878년의 위기

채굴업자와의 두 번째 싸움

석유지대 채굴업자와의 공방이 제7장에서 다시 전개된다. 록펠러는 엠파이어 철도와 펜실베이니아 철도 연합의 대항을 완벽하게 굴복시키고 거대 철도회사 모두를 조종할 수 있는 권력자가 되었다. 그리고 막강한 힘을 발판 삼아 또 다른 진격에 나섰다.

남은 것은 오로지 록펠러의 뜻대로 되지 않는 석유 채굴업자들뿐
이었다. 그들을 자신의 발밑에 두고 자유롭게 조종하기 위해서 어떤
잔혹하고도 불합리하며 비윤리적인 채찍을 휘둘렀을까? 이 장에서는
1878년 전후, 피도 눈물도 없어 보이는 초토화 작전 동향을 다루고
있다. 채굴업자들이 벌레처럼 걷어차여 나락으로 굴러 떨어지는 가
혹하고 비참한 이야기의 제목은 "1878년의 위기The Crisis of 1878"다.

록펠러는 정제 부문을 장악하고 가격을 조정할 수 있게 되었다.
이제 제품을 제조하기 위해서는 원자재인 원유를 구해야만 한다. 높
은 수익을 올리려면 원유를 마음껏 사들여 최고 수익을 올릴 수 있는
체제를 정비해야 했지만, 좀처럼 생각대로 되지 않았다. 결국 처음에
는 원유 채굴 부문 진입을 회피했던 록펠러도 이 부문 진출을 가속화
했다.

제7장 전반부에서는 록펠러의 지배를 꺼리는 채굴업자와의 사이에
서 송유관 부설을 둘러싸고 벌어진 싸움을 소개했고, 후반부에서는
이미 몇 번인가 언급된 적 있는 록펠러 사업모델의 원형 남부개발에
대해 상세하게 분석했다. 소제목은 다음과 같다.

① 석유의 융성 ② 수출 봉쇄 ③ 자기 몫의 이익을 챙기지 못한 생산자들
④ 은밀하게 석유생산자조합을 조직하고 독립계열의 송유관 지지를 약속
⑤ 워싱턴(연방정부)에서 주간통상법안 부결 ⑥ 즉시 출고 ⑦ 독립계열은
화물차 입수 문제로 갈등 ⑧ 폭동의 전조 ⑨ 주지사에게 탄원 ⑩ 유나이티

드 파이프라인, 펜실베이니아 철도 등에 소송 제기 ⑪ 다른 주에서 조사 ⑫ 헵번위원회와 오하이오 주의 조사 ⑬ 스탠더드오일이 남부개발의 연장 이라는 증거 ⑭ 결국 생산자들이 스탠더드오일을 제소 ⑮ 록펠러와 8인의 동료가 공동 모의

타벨은 7장 첫머리에서 "1878년이 시작될 무렵 록펠러는 석유정제 분야에서 그 어떤 심각한 문제도 두려워할 필요가 없어졌다."고 언급하며 시장독점을 거의 완수한 것으로 판단했다. 펜실베이니아 철도 계열인 엠파이어사의 계획을 완벽하게 봉쇄함으로써 철도회사가 석유정제 사업에 진출할 염려가 사라졌기 때문이기도 하다. 송유관 부설도 어려워졌고, 스탠더드계열 이외의 정제업자들은 이제 폐업 할 것인지 록펠러 산하로 들어갈 것인지를 판단해야 할 시점이 되었다. 시간문제일 뿐이었다. 하지만 석유채굴업체는 록펠러에게 여전히 눈엣 가시로 여겨졌다.

1876년 여름 재고 부족으로 인해 원유가격이 급등했다. 배럴당 1달러대였던 가격이 3달러대로 인상됐고, 제품가격도 상승했다. 가격이 급등하자 수출업체들은 거래에 신중을 기했다.

높은 가격을 유지하기 위해 스탠더드오일이 설비 작동을 중단하고 생산량을 줄일 것이라는 소문까지 나돌았고, 언론은 가격 폭등이 "스탠더드오일의 음모"라고 규정했다. 하지만 록펠러는 일반 대중이 고유가를 지지한다면서 "수출업자는 가격을 인정하고 받아들여야 한

다."고 못 박았다. 수출업자들은 결국 이에 굴복하고 제시된 가격으로 구입할 수밖에 없었다.

독립계열 업자들은 반 록펠러로 결집했다. 하지만 반기를 들었던 펜실베이니아 철도연합이 록펠러에 완패했다는 사실이 업자들에게 미친 영향은 컸다. 록펠러에게 대항하고 궐기해도 승산이 별로 없다는 것을 깨달은 것이다. 게다가 독립계열 업체들이 믿고 의지하던 엠파이어사의 송유관마저 이미 스탠더드오일에 매각된 상태였다.

채굴한 원유는 어떻게 판매할 것인가? 냉혹한 사기꾼에게 다시 농락당할 것인가? 석유지대의 업자들이 받은 충격은 컸고, 1872년에 있었던 석유전쟁이 다시 시작되었다.

독립계열 업자들은 회담을 거듭했다. 과거와 마찬가지로 생산자 조합이 조직되었다. 1877년 11월 제1회 석유의회가 소집되었고, 172명의 대의원이 출석했다. 4일 동안 개최된 회의에 2,000명 이상이 출석했으며, 회의 내용은 외부로 유출되지 않았다. 12월에는 제2회 비밀회의가 열렸다.

회의 결과, 전력을 다해 동부 해안 지역으로 가는 운송수단을 확보하기로 결의했다. 록펠러 계열 철도에 의지한다는 것은 처음부터 논외였고, 그 대신 떠오른 것이 송유관 부설 계획이었다. 어떤 회사는 에리호반의 버펄로까지 연결되는 송유관 건설을 계획했다. 거기까지만 석유를 보낼 수 있다면 그 다음부터는 오대호를 이용해 동부 해안까지 운송할 수 있다. 애팔래치아 산맥을 넘어 볼티모어까지 운송하는 방안도 나왔다.

　계획 실행을 위한 구체적인 작업이 시작되자 록펠러는 다시 방해 공작에 나섰다. 이전과 마찬가지로 송유관에서 새어나온 기름으로 인해 주변 농지가 오염되고 가축의 발육에도 나쁜 영향을 미쳐 손도 쓸 수 없는 사태가 발생할 것이라는 정보를 의도적으로 흘렸다. 동시에 송유관 부설이 예정되어 있던 토지를 매수하는 방식으로 독립계열 업자들의 계획을 방해했다.

　송유관에서 활로를 찾으려 했던 독립계열 업자를 지원하기 위해 주간통상법안이 마련되어 하원에서는 가결되었지만, 결국 상원에서 부결되었다. 헵번 위원회에서 작성한 보고서에서는 법안 부결 이유로 록펠러가 돈다발로 정치인을 움직인 것 같다는 뉘앙스를 풍겼다. 자유송유관법을 제정하여 독립계열 업자를 지원하고자 연방정부도 움직였지만 결국 실현되지 못했다.

즉시 출고

1877년 12월 석유채굴업자는 성가신 규칙을 알게 되었다. "즉시 출고"다. 스탠더드 계열의 송유관 업체들이 저장용 탱크 부족을 이유로 저장을 위한 운송을 거부하는 전술을 들고 나온 것이다. 생산자들은 채굴한 원유를 가격에 상관없이 즉각 판매해야만 했다. 터무니없이 싼 가격으로 판매해야 할 게 불 보듯 뻔했다. 생산업자들에게 이보다 더한 악몽은 없다.

원유 구매자는 스탠더드 계열의 유나이티드 파이프라인이었기 때문에 생산업자에 대한 그 어떤 배려도 없었다. 100명 이상의 원유 채굴업자가 유나이티드 파이프라인 앞에 줄 지어 서서 몇 시간씩을 기다린 끝에 교섭이 이루어졌다. 채굴업자들은 대부분 일주일 안팎은 지나야 구매자 측의 답을 받을 수 있었으며, 구매자측은 즉시 출고 규칙을 내세워 마구 사들였다.

이는 기본적으로 펜실베이니아 주의 브랫드포드 지역에서의 과잉 생산에 대응하기 위해 취해진 조치였다. 적자를 피하려면 유전을 폐쇄하거나 채굴을 중지하는 수밖에 없었지만, 생산자들 입장에서는 그럴 수 없었기에 유가는 급락했다.

1878년 봄, 록펠러는 쐐기를 박는 새로운 책략을 내놓았다. 철도로 수송하며 활로를 모색하던 원유 채굴업자들에게 "대여해 줄 화물차가 없다"는 이유를 들어 배차 거부에 나선 것이다. 저장탱크는 부족하고 화물차도 없으며 송유관도 이용할 수 없다. 록펠러는 이 전략으로 독립계열 채굴업자를 섬멸할 수 있을 것으로 생각했다. 가격은 더 하락했다. 갈 곳 없는 원유가 브랫드포드 지역의 대지 위로 흘러나왔다. 폭동이 일어나기 직전이었다.

하지만 사태는 의외의 방향으로 전개되었다. 독립계열 업체가 펜실베이니아 주의 수도인 해리스버그에 가서 강력하게 항의한 것이다. "유나이티드 파이프라인사는 공공기관으로서의 의무를 다하라!", "철도회사는 리베이트와 화물차 배차 차별을 중지하라!"고 주장했고, 주지사에게는 이 상황을 시정할 수 있도록 즉시 조치를 취하고 관련 입법에 나서도록 요구했다. 주지사는 격노했고 현장 조사를 시작했다. 위법사항이 발견되면 소추하고 시정 조치를 강구하겠다는 의지도 표명했다. 타이터스빌에서 열린 공청회에서는 "화물차 여유가 있는데도 철도회사들이 배차를 거부했다."는 이야기도 나왔다. 그 결과, 공공운송서비스의 의무 일탈이 명백하다는 독립계열 업자들의 호소가 받아들여졌다.

하지만 이 문제를 해결해야 할 당사자인 주 내무장관은 보고서에서 "업자들의 청구는 실증되지 않았고 무엇인가 행동을 취해야 할 정도는 아니다."라는 결론을 내렸다.

석유지대 업자들은 격노했다. "아첨꾼" 내무장관의 거대한 인형이 하루 종일 거리에 매달렸다. 인형에게 욕설이 퍼부어졌다. 주머니에는 "록펠러가 발행하고 펜실베이니아 철도가 이서"한 2만 달러짜리 수표가 걸려 있었다. 업자들은 장관이 보고서에 서명한 대가라고 주장했다.

이듬해인 1879년 철도회사에 대한 의회 조사가 시작되었다. 뉴욕 시 상공회의소가 주 의회에 뉴욕의 철도회사 조사를 요청한 것에서 비롯된 조사다. 호출에 응하지 않고 출석하지 않거나 증언을 거부하는 경우도 있었지만, 조사가 진행되면서 불출석이나 증언 거부는 점차 줄어들었다. 같은 해 3월 스탠더드오일의 로저스와 아치볼드, 찰스 록하트 등 쟁쟁한 고위급 임원들도 의회에 호출되었고 철도회사와의 관계에 대한 청문이 실시되었다. 석유 채굴업자들도 현장에 나와 증언했는데, "펜실베이니아 철도는 스탠더드오일의 앞잡이"라는 발언도 나왔다.

이와 별도로 철도 운임을 조사하기 위한 헵번위원회가 열려 센트럴 철도의 밴더빌트, 에리 철도의 임원, 스탠더드오일의 로저스와 아치볼드 등이 소환되어 심문을 받았다. 오하이오 주 소송에서는 플래글러가 출석하여 리베이트에 관해 증언하기도 했다.

이상과 같이 여러 가지 조사가 진행되었고 수많은 증언을 통해 "스탠더드오일은 남부개발의 부활에 지나지 않는다."는 결론에 도달했다. 그리고 연방의회 위원회는 "남부개발은 공동모의에 해당"하며, 생산자도 스탠더드오일도 공동모의에 가담했다는 결론을 내렸다. 이는 생산자들이 처음부터 기대했던 결론이었으며, 법원에서 스탠더드오일 임원들에게 유죄 판결을 내리고 형무소로 보낼 것이라고 믿고 있었다.

철저한 비밀주의자 록펠러는 석유정제회사를 인수한 뒤에도 이 사실을 결코 밝히지 않고 인수 전과 같은 이름으로 회사를 운영하게 했다. 이는 독립계열 업자를 속이기 위한 것이었으며 직원들에게도 회사에 관한 비밀 엄수를 요구하고 있었다. 거대 기업 매수 과정도 다르지 않았던 것 같다. 위원회에 출석하여 증언대에 선 스탠더드오일 임원들 역시 제대로 증언하지 않았다. 회사가 유죄 판정을 받지 않도록 하기 위함이었다..

그럼에도 불구하고 조사 결과, 스탠더드오일 계열 회사의 최종 목적은 전 세계 석유정제사업을 장악하는 것에 있다는 결론이 도출되었다. 목적 달성을 위한 수단은 운송 요금의 특별 취급에 중점을 두었던 남부개발과 동일했다.

드로우백 분석

타벨은 제7장 후반부에서 록펠러 경영수법의 대표적 상징인 드로우백을 다시 분석했다. 냉혹하기 짝이 없고 윤리의식은 전혀 찾아 볼 수도 없는 악질적인 리베이트다. 당초 3회 특집으로 기획되었던 기사가 인기를 끌면서 최종 19회 연재로 늘어난 결과, 이미 다룬 바 있는 주제들을 두 번, 세 번 반복해서 채택할 수밖에 없었기 때문으로 추측된다.

다시 한 번 정의해 보자면, 드로우백이란 독립계열 업체로부터 운임을 지불받은 철도회사가 그 운임 중 얼마를 록펠러에게 제공하는 할증분을 가리킨다. 경쟁 업체들은 스탠더드오일에 제공된 할증분이 자신들이 지불한 운임에서 나온다는 것을 전혀 모르고 있었다. 타벨은 록펠러가 남부개발과 동일한 방법으로 드로우백을 받았다고 밝혔다. 독립계열 업체가 지불한 운임의 일부를 록펠러에게 환류한 것이다. 철도회사에 압도적인 영향력을 미칠 수 있는 록펠러이기에 이런 불합리한 상관행이 형성될 수 있었다. 명분도 목적도 불분명한 일종의 포섭금이었다.

석유 관련 업자의 총비용 가운데 상당 부분을 차지하는 것이 운송비다. 그 비용의 일정 비율을 거대 트러스트의 철도회사에 제공하고 있었다. 달리 말하면 록펠러는 석유정제업을 경영하는 한편, 철도노선을 보유하지도 않고 경영에 일체 관여하지도 않으면서 철도회사로부터 거액을 챙겼다는 얘기다. 유례를 찾아보기 어려운, 록펠러만의 전무후무한 수수료 지불 강요 사업이다.

록펠러는 어느 정도의 드로우백을 받았을까? 타벨에 따르면 당시 계약에 따라 경쟁업자인 독립계열 업자들의 석유지대에서 뉴욕까지 약 500킬로미터를 수송하는 데에 배럴당 1.06달러의 드로우백을 받고 있었다. 이 무렵 두 지역 간 운송비가 통상적으로 3달러 정도였다. 운송비의 약 3분의 1을 자릿세로 수령했던 셈이다. 록펠러가 이 금액의 리베이트를 비밀리에 수령하고 있었다는 사실을 나중에서야 알게 된 석유지대 중소업체들의 분노는 하늘을 찌르고도 남았을 터다.

주목할 부분은 센트럴 철도가 약 3만 배럴의 수송분에 대해 배럴당 20센트의 드로우백을 지급해 왔다는 사실을 독립계열 업자인 H. C. 올렌의 실명으로 폭로했다는 점이다. 단순 계산으로 약 6,000달러 규모의 드로우백을 스탠더드오일에 지급한 셈이다. 물론 올렌은 리베이트를 받지 않았다. 남이 지불한 운임의 일부를 받아내는 이 놀라운 상술은 석유지대 업자들을 다시 한 번 발칵 뒤집히게 만들었다.

타벨은 스탠더드오일 및 남부개발에 대해 다음과 같이 정리했다.

① 스탠더드오일은 남부개발과 동일한 비밀조직이다. ② 양사는 같은 그룹으로 구성된다. ③ 목적은 석유정제 산업의 이익을 완전히 지배하는 것에 있다. ④ 양사의 결속력을 자신들의 운송에 대한 리베이트와 다른 업체 운송에 대한 드로우백을 확보하는 데에 활용했다. ⑤ 모든 경쟁자가 시장에서 퇴장하게 만들기 위해 철도회사에 운임 인하를 강요하는 계약을 마련했다. ⑥ 생산자에 대한 이익 배분을 허용하지 않았고 정제유 가격 인상을 지향했다.

1879년 4월 펜실베이니아 주 클라리온 카운티의 대배심은 록펠러, 동생 윌리엄 록펠러, 플래글러 등 스탠더드오일 임원들을 기소했다. ① 원유 판매 및 석유정제 사업을 독점하기 위한 방해 공작과 이익 확보를 위한 공동모의 ② 철도회사로부터 납득하기 어려운 리베이트 및 수수료 사취 ③ 부정한 수단과 방법으로 원유 및 정제유의 시장가격 지배 ④ 자신들을 위한 시장독점 획책 등이 기소 이유였다. 타벨은 "'석유 사업의 장점'이 분명 위기 국면으로 치닫고 있었다."고 끝을 맺었다.

송유관 부설 업체와 철도회사와의 공방을 설명하기 위해, 제7장 말미에 화물차에 실린 거대한 목제 저장탱크, 보일러 탱크 화물차, 산비탈에 놓여 있는 석유 저장용 목제 탱크, 초기 송유관이 부설되어 있는 철도 터미널 등의 사진을 게재했다.

1880년의 타협

행정부가 록펠러 진영에 제기한 소추 공방이 제8장의 핵심 주제다. 펜실베이니아 주정부는 상식에서 벗어난 록펠러의 행보에 강한 자세로 대응했고, 록펠러는 뇌물공세로 어떻게든 버티려고 했다. 그동안 쌓아 올린 무적의 제국이 행정부 개입으로 제약을 받게 되면 본전도 못 찾는다는 위기감 속에서 임원들은 일제히 진압에 나섰다.

행정부의 강경한 대응으로 록펠러 제국은 심각한 위기에 빠진 것일까? 그렇지는 않았다. 작가 마크 트웨인이 소설 〈도금시대〉에서 묘사했듯이 당시는 금권부패의 시대였고 대기업의 돈다발 공세에 푹 젖어 있었다. 행정부의 부질없어 보이는 대응 방식에 석유 생산자들의 분노는 극에 달했다. 소제목을 보자.

① 록펠러 일파에 대한 생산자 소송을 자기 방위에 이용 ② 운송회사들에 대한 소송 연기 ③ 록펠러 일파의 공모에 대한 재판 연기 ④ 스탠더드오일과 펜실베이니아 주가 생산자에 대한 관행 중지를 합의한 대가로 모든 소송 철회 ⑤ 제2차 석유생산자조합 해산에 타협 ⑥ 생산자들은 자신들의 지도자를 지지하지 않는다며 비판 ⑦ 스탠더드오일이 생산자에 대한 이의 제기 명령을 재차 강요 ⑧ 석유지대에서 또 다른 반란 ⑨ 조직적 반대를 잠재운 록펠러가 개인들의 불만을 잠재우기 위한 행보에 나서

피소

1879년 봄 펜실베이니아 주 클라리온 카운티의 대배심에서 록펠러 일파의 공모행위에 대한 소송이 제기되었다. 타벨은 제8장 첫머리에서 록펠러는 이 소송을 "악의나 원한 이외의 아무것도 아니라고 생각했을 것"이라고 언급했다.

석유 생산자들은 철도회사의 리베이트를 조사하던 헵번위원회에 "독점을 구축하기 위해 의도적으로 차별대우를 했다."고 지적했다. ① 철도회사를 설득하여 위법적 혜택을 유일하게 수용했고 ② 전례 없는 불공정 관행을 강요했으며 ③ 놀랄만한 금액의 리베이트를 받았을 뿐 아니라 다른 업체의 수송분에 대한 수수료를 지불하도록 철도회사를 설득했고 ④ 업계 발전을 방해한 혐의(책임)가 있다고 주장했다. 다른 업체의 수송분에 대한 수수료 요구가 바로 드로우백을 의미한다.

관련 증거에 대한 분석은 이미 끝난 상태였고, 공모행위에 대한 소송이 제기되었다. 펜실베이니아 주가 4개 철도회사 및 스탠더드오일 계열 송유관 회사에 소송을 제기하기까지는 수개월이 걸렸다. 펜실베이니아 철도, 유나이티드 파이프라인이 공모했다는 증언도 있었다.

재판이 진행되자 이를 지연시키려는 공작이 시작되었고, 유나이티드 파이프라인, 레이크쇼어 철도, 사우스미시간 철도 등 네 건의 사례에 관한 증언이 끝날 때까지 재판 절차는 중단되었다. 복수의 재판이 걸려 있으면 동시에 진행하지 않는다는 규칙이 록펠러 진영에게 매우 유리하게 작용한 것이다.

생산자조합에게는 커다란 타격이 됐다. 시간이 경과함에 따라 주 정부는 스탠더드오일 계열 기업들의 공모행위 입증 작업에서 발을 빼려고 했다. 생산자조합은 공화당의 헨리 H. 호이트 주지사에게 지사 선거 전에 철도 등 공공교통기관에 대해 어떤 입장을 가지고 있는지를 묻는 질의서를 보냈다. 주지사는 "정책은 올바르고 공평해 야 한다.", "철도회사는 공공기관으로서 공정하고 평등하며 차별 없 이 봉사해야 한다는 의무를 다하도록 요구한다.", "요청이 들어 오면 필요한 대응에 적절히 임하겠다."는 답변서를 보내 왔다.

하지만 주지사는 재판을 연기하려 했을 뿐 아니라, 록펠러와 플래 글러 등 기소된 7명의 신병 인도를 몇 번이나 주저했다. 생산자조합 장은 신병 인도를 재촉하는 서한을 송부했으나 주 사법장관은 질병으 로 인해 대응하기 어렵다는 답변을 보내왔을 뿐이다. 재판은 8월이 돼서야 겨우 시작될 참이었다. 그런 공작행위 속에서 록펠러는 생산 자와 화해하는 방향으로 움직이기 시작했다.

"함께 논의해 보자." 언제나 이렇게 말을 걸어왔다. 압력을 가하는 것이 아니라 설득했고, 싸우는 것이 아니라 조용한 의견 교환을 시도 했다. 소송이 시작되자 평화로운 해결 방식을 요구해 온 것이다. 독 립계열 업체들 사이에서는 "계약은 지켜진 적이 없다." "마약과 같은 것"이라며 경계하는 목소리가 터져 나왔다. 지금까지 수 차례 뜨거운 맛을 본 업자들 입장에서는 당연한 반응이다. 석유 생산업자들은 록펠러가 제안한 회담 참석을 공식 거부했다.

그럼에도 불구하고 11월말 뉴욕에서 석유생산업자, 석유정제업자, 스탠더드오일이 모여 비밀 회담을 가졌다. 록펠러의 목적은 3자 간의 불만을 해소하여 임박해 있는 소송을 확실하게 철회토록 하는 것이었다. 회담 개최 소식은 석유지대에도 즉각 알려졌고 생산자조합 측은 관련 사실을 부인했다. 스탠더드오일은 평온함을 가장하고 있었지만, 실제로는 뒤에서 개별 조합원과 접촉하고 있었던 것이다.

1879년 3월까지는 록펠러와 타협해야 한다는 목소리가 오일시티에서 특히 강하게 나왔다. 공모행위에 대한 소추는 록펠러와 화해하려는 노력을 헛되게 한다는 판단 때문이었다. 이에 대해 생산업자 측은 여전히 강경했지만, 가을이 되자 록펠러는 생산자조합 고문에게 화해를 제안했고 캠벨 조합장은 록펠러의 제안에 호의적이었다. 그 결과, 10월 말로 예정되어 있던 록펠러의 공모행위 관련 재판이 12월로 연기되었다. 록펠러가 생산자조합 측에 금방 무엇인가를 제안해 오지 않을까 싶었지만, 록펠러는 아무런 대응도 하지 않은 채 약 1개월 반을 보류 상태로 흘려 보냈다.

타협

양측의 면담이 성사된 것은 1879년 11월말 뉴욕에서였다. 이때 조합 측은 스탠더드오일의 지연 공작을 비판하면서 더 이상의 제안은 받아들일 수 없다며 재판 속행을 천명했다. 스탠더드오일은 주 대법원에서 다뤄야 한다고 청원하면서 또다시 지연 공작에 나섰다. 조합 측은 이런 방법으로는 정의가 확보될 수 없다고 반발했고, 비선조직이 암약하는 것 아니냐며 법관들을 비난했다. 스탠더드오일의 공모행위를 다루는 안건은 결국 이듬해 초까지 다시 연기되었다.

12월에는 유나이티드 파이프라인이 즉시 출고 조치 폐지를 선언했다. 1880년 1월에 뉴욕 5번가에 있는 호텔에서 양자의 법률고문이 참석하는 회담이 개최되었고, 그 결과 공모행위에 대한 재판은 다시 연기되었다. 그 후에도 양자 회담은 계속되었으며, 생산자조합은 같은 해 2월 타이터스빌에서 총회를 개최하기에 이른다.

생산자조합 총회에서 캠벨 조합장은 2년여에 걸친 스탠더드오일 관련 소송에서 손을 떼는 대신 스탠더드오일과 펜실베이니아 철도가 생산업자의 불만과 두려움을 초래해 온 각종 상관행을 중지하는 내용의 계약서에 서명했다고 설명했다. 캠벨이 공개한 계약서에는 록펠러와 관계자 16명이 서명했고 회사 방침을 담은 서류가 첨부돼 있었다. 계약서 내용은 다음과 같다.

① 앞으로 석유의 철도 운송과정에서 리베이트, 드로우백, 비밀운임제도의 완전한 폐지에 반대하지 않는다. ② 비밀리에 진행되는 운임 결정에 대한 반대를 철회한다.(철도회사가 앞으로 그 어떤 리베이트와 드로우백을 수령하지 않겠다고 약속) ③ 유나이티드 파이프라인의 경영 목표와 관련 방침을 모두 중지한다.(화물주를 차별하지 않고 운임 인상 시에는 30일 전에 공지한다) ④ 품질 차이를 제외하고 지역에 따른

원유 가격 차이를 두지 않는다.

록펠러는 이 계약서를 작성하면서 그동안의 소송비용으로 4만 달러를 석유생산자조합에 지급하기로 합의했다. 석유지대의 독립계열 업자들이 결국 록펠러의 지구전에 뒤통수를 맞은 셈이다. 타벨은 이 합의에 대해서 "4만 달러와 비밀 리베이트와 열심히 추진해 온 송유관 설치를 막은 것 등으로 록펠러는 무엇을 얻게 되었나? 공모행위에 대한 재판을 받지 않아도 되게 된 것"이라고 신랄한 평가를 내렸다.

소송 취하와 관련해서 펜실베이니아 철도와 계약이 체결됐다. 내용은 ① 화물주의 석유에 부과하는 전체 수송 운임을 공표한다, ② 석유 화물주는 화물차 배당에 대해 어떤 차별도 받아서는 안 된다, ③ 대량으로 운송하는 화물주에게 허용되는 모든 리베이트는 합리적이었다 등이었다.

이 내용이 총회에서 발표되자 굴욕감과 원망의 소리가 드높았다. 2년 동안 정열적으로 싸운 끝에 획득한 것은 "리베이트는 악이며 절대 타협해서는 안 된다"는 주장이었고 이는 협상 과정에서 모두에게 잘 알려진 기본 원칙이었기 때문이다.

이처럼 계약 내용이 불만스럽기는 했지만, 독립계열 업자들이 소송을 위해 캠벨 조합장을 적극 지원한 것도 아니었기 때문에 소 취하에 대한 적극적인 반대도 없었다. 조합장의 진정성과 정력적인 활동이 높이 평가되어 계약 체결과 소송 취하에 관한 보고서는 승인되었다. 리베이트 제도에 대한 비난도 잊지 않았다. 총회는 법원과 주정부를 비판하며 폐회했고, 생산자조합과 록펠러의 싸움은 종결되었다.

이 소식을 접한 석유지대 사람들은 분노했다. 독립계열 업자들은 주정부의 말단관리와 부패체질의 기업 탓에 이렇게 되었다며 씁쓸해했다. 타벨은 "모두가 자기 본분을 다했다면 이런 타협은 없었을 것"이라며 비판했다. 1878년 11월에 열린 제1차 조합 회의에 200명 가까운 대표가 출석한 반면, 1880년 2월 마지막 회의에 참석한 것은 겨우 40명 정도였다. 당시 절실함과 결속력이 이 정도뿐이었다.

마지막으로 확인하고 싶은 것은 제목을 "1880년의 타협"으로 정한 이유다. 공모행위에 대한 소송과 대항 전략을 내세워 스탠더드오일을 벼랑 끝까지 몰아붙이는 데 성공했음에도 불구하고, 약삭빠르고 교활한 록펠러의 지연 공작 앞에서 생산자조합의 자금력은 바닥났고 조직은 와해되었으며 독립계열 업자들은 타협과 화해를 강요당했다는 의미가 내포되어 있다. 결속력과 자금력이 약한 독립계열 업체의 취약점을 속속들이 알고 있는 록펠러에게 속수무책으로 당한 것이다. 그 배후에 주정부의 무책임한 체질, 돈다발 공세로 정치가와 관료들을 조종하는 록펠러의 악랄한 상술이 있었다는 것도 간과할 수 없는 사실이다.

제8장에서는 기사에 등장하는 로저 셔먼 등 네 명의 얼굴 사진이 게재되었다.

동부 해안으로 향하는 송유관 싸움

상하 두 권으로 구성된 〈스탠더드오일의 역사〉 하권은 제9장부터다. 필자가 제9장의 원문 제목 "The Fight for the Seaboard Pipeline"의 'Seaboard'를 '동부 해안'으로 번역한 것은 펜실베이니아 주의 석유지대에서 채굴 또는 정제된 원유가 송유관으로 운반되는 대량소비지역 뉴욕 등이 동부에 있기 때문이다.

당시 원유와 정제유는 동부 해안 지역까지 철도로 운송되고 있었다. 그러나 록펠러에 의해 철도회사가 좌지우지되는 현실에 직면한 독립계열 업자는 스스로 운송 수단을 구축하는 것 외에 다른 길이 없었다. 즉시 출고해야 한다면서 마음대로 가격을 인하하는 것은 막아야 했기 때문이다. 타벨은 독립계열 업자들이 록펠러의 방해 공작에 번민하는 모습을 묘사하기 위해 제9장의 소제목을 이렇게 달았다.

① 독립계열 업체가 동부 해안으로 향하는 송유관 계획을 추진 ② 타이드워터 파이프라인 설립 ③ 산을 넘어 처음으로 석유를 펌프로 운송 ④ 철도로부터의 자유를 약속한 타이드워터와 독립계열 업자들의 제휴 ⑤ 스탠더드오일은 새로운 문제에 직면 ⑥ 장거리 석유 운송 수단으로써 철도의 종언 ⑦ 내셔널 트랜지트 설립 ⑧ 타이드워터의 싸움 시작 ⑨ 신용 훼손 계획과 매수 ⑩ 록펠러가 타이드워터의 주식 3분의 1을 매입 ⑪ 스탠더드오일과 타이드워터의 연합 ⑫ 이제 내셔널 트랜지트가 모든 송유관을 지배 ⑬ 석유 운송 사업 분할을 위해 펜실베이니아 철도와 합의

타이드워터와 방해공작

1878년 11월, 록펠러 계열에 참여하지 않은 생산업자들이 자본금 62만 5,000달러를 투자하여 타이드워터 파이프를 설립했다. 이 회사를 중심으로 석유를 가장 많이 소비하는 동부 해안 지역까지 석유를 운반하기 위한 송유관을 맹렬한 기세로 건설했다. 릭스포드에서 윌리엄스포트까지 109마일(약 174킬로미터)에 직경 6인치(약 15센티미터)짜리 파이프를 부설하고, 그곳에서 뉴욕과 필라델피아까지는 레딩 철도로 운송한다. 지금까지 석유를 수송하지 않았던 레딩 철도 입장에서 이 계약 체결은 기쁜 일이었다.

첫 번째 해결해야 할 일은 송유관을 부설할 노선의 권리를 획득하는 것이었다. 비밀스럽고 신속해야 했다. 독점에 대한 도전으로 판단한 스탠더드오일은 당연히 방해공작에 착수했다. 당시 송유관을 자유롭게 부설할 수 있는 법률은 없었다. 송유관은 부설되자마자 곧 가동되었다. 하지만 그때까지 30마일(48킬로미터) 이상 운송된 적도 없었는데 이번에는 그 세 배 이상인 109마일이었다. 게다가 해발 2,600피트(약 792미터)의 산을 넘는 운송이었다. 관계자가 숨을 죽이고 지켜보는 가운데, 5월에 조업을 개시했다. 석유가 송유관을 흐르는 속도는 사람이 걷는 속도와 비슷했다. 누수 여부를 감시하는 담당자도 있었다. 새로운 시대의 새로운 사업의 시작을 알리는 것 같았다. 소비지역인 뉴욕까지의 부설도 이제는 시간문제로 보였다.

하지만 이는 록펠러 제국의 붕괴를 목표로 하는 타이드워터와 독점 체제를 사수하려는 스탠더드오일과의 전면 대결이 시작되는 순간이기도 했다. 여러 가지를 계산해 보면 송유관으로 운송하는 것이 압도적으로 유리했기 때문에, 철도로 석유를 운송하는 시대의 종언을 암시하는 것과 같았다.

록펠러는 그야말로 나폴레옹과 같이 전광석화로 결단을 내렸다. 브래드퍼드에서 뉴저지 주의 베이온까지 연결되는 파이프 부설 권리를 확보하고 스탠더드오일의 본거지인 필라델피아, 클리블랜드, 피츠버그 등까지 권리를 확장했다. 송유관만 완성된다면 원유 수송을 철도에 의존할 필요가 없어진다.

독립계열 업체들은 타이드워터에 의존했고, 그 결과 독립계열로부터 정제유 공급이 급격히 확대되었다. 공급 과잉은 곧 가격 하락을 의미한다. 록펠러는 이 상황을 간과할 수 없었다. 어떻게 대응했을까? 방해공작의 시작은 타이드워터가 운반하는 원유를 이용하는 석유정제소를 없애는 것이었다. 즉각적으로 석유정제회사를 매수하거나 혹은 리스 형태로 그 권리를 취득했다. 대부분 성공적이었다.

타이드워터의 설립 초기 운영은 순조로웠고 규모를 확대하기 위해 금융기관에 200만 달러의 자금 조달을 요청했다. 조사 끝에 회사채 매입에 합의했지만, 그 정보가 유출된 것인지 합의 직후 대주주가 금융기관을 방문해서 타이드워터는 "경영 위기 상황"에 있어 "협력은 위험"하다는 정보를 귀띔해 줬다. 회사채가 발행됐지만 재무 상태가 양호하지 못하다고 알려지면서 당초 예상했던 만큼 충분한 자금을 조달받지는 못했다. 그 결과 타이드워터의 신용은 갑자기 추락했고 경영 부진이 계속 되었다. 이후에도 스탠더드오일의 집요한 방해는 계속되었고, 최종적으로 타이드워터는 스탠더드오일 산하로 편입될 수밖에 없었다.

1883년 10월 동부 해안 지역으로 운송할 물량의 11.5%를 타이드워터가 담당하고, 그 나머지는 스탠더드오일이 운송한다는 내용의 계약이 체결되었다. 정제유 생산량이 제한되면서 가격 인하로 이어졌다. 석유지대에서는 "타이드워터가 록펠러 진영으로 돌아섰다"는 비판이 제기되었다.

록펠러의 이익이 다시 확보되었고 동부 해안 지역으로 향하는 송유관을 중심으로 제국을 재구축하는 작업에 착수했다. 특히 철도에 의존하는 사업 부문을 재검토해야 했다. 송유관이 석유 사업의 중요 요소로 자리매김하는 시점에 스탠더드오일은 이미 채굴된 원유를 저장하거나 수송 거점까지 운송하기 위한 모든 시스템을 소유하고 있었다. 그 시스템들은 같은 계열의 유나이티드 파이프라인 명의로 보유하고 있었고, 사업 범위와 제공하는 서비스의 폭과 규모도 엄청나게 컸다.

양사가 동맹을 체결한 결과, 1883년 말 기준으로 펜실베이니아 주에서는 한 달에 150만 배럴의 원유가 채굴되었고 석유지대의 유정 수천 개를 연결하는 송유관의 길이는 무려 3,000마일(4,800킬로미터)까지 확장되었다. 송유관이 부설되면서 운송비용은 격감했다.

90% 독점을 완성

1884년 4월, 록펠러는 송유관 사업을 내셔널 트랜지트로 일원화했다. 그 결과 1878년 "세계 시장에서 매매되는 석유를 모두 정제하기 위한 계약에 들어갈 준비가 됐다"고 예고한 록펠러는 이제 생산업자가 채굴한 원유뿐 아니라, 세계 시장이 요구하는 모든 원유를 수집하고 저장하여 운송할 준비가 됐다고 선언했다.

새로운 단계에 들어서면서 철도회사와의 관계도 달라졌다. 이제 경쟁상대가 된 것이다. 송유관 이용료는 뉴욕까지 45센트, 필라델피아까지 40센트였지만 실제 비용은 10센트 이하로 추정되었다. 어찌 되었든 록펠러는 송유관 지배에도 성공했다. 가격 폭락으로 이어질 위험성, 즉 경쟁이 배제된 것이다. 1884년 8월에는 불안정 요소를 완벽하게 제거하기 위한 새로운 협정이 체결되었다. 록펠러의 내셔널 트랜지트가 펜실베이니아 철도를 통해 동부 해안 지역으로 운송하는 물량의 26%에 해당하는 비용을 부담하는 내용이었다. 그동안 리베이트를 수령하는 입장이었던 록펠러가 이번엔 리베이트를 제공하는 입장이 되었다.

펜실베이니아 철도회사의 협력으로 경쟁을 배제하는 데에 성공한 트러스트 스탠더드오일의 운송부문은 효율성이나 시장독점 면에서 이제까지 없었던 거의 완벽한 조직으로 변모했고 독립계열의 송유관 업자가 탄생할 여지는 거의 없어졌다. 이제 스탠더드오일의 제품은 시장의 90%를 지배하게 되었고 완전 독점이라는 목표에 한 발짝 더

다가섰다. 독립계열 송유관 업자들도 석유정제업자에게서 석유 주문이 들어오면 배송은 했지만 요금은 스탠더드 계열 업자보다 4배 이상 비쌌다. 시장에서는 독립계열 업자가 골칫거리이자 없어져야 할 것으로 여겨졌다.

제9장에서는 기사 내용과 관계 있는 8명의 경영자 사진, 타이드워터의 송유관이 지형상의 높낮이 차이를 어떻게 넘어 가며 석유를 운송하는지 확인할 수 있는 일러스트도 게재하고 있다.

말살을 위한 가격 인하

탐사보도의 여왕 타벨의 치밀한 취재력을 바탕으로 스탠더드오일의 무자비하고 냉혹한 가격정책을 훌륭하게 부각시킨 것이 제10장이다. 미국 전체를 뒤흔들 만큼 놀라운 록펠러의 시장 독점 책동이 명확하게 드러난다. 원서의 32페이지에 이를 만큼 상세하게 기술하여 다른 장보다 분량이 약간 많다. 타벨이 힘을 기울인 장 중의 하나이기도 해서 수준 높은 탐사보도를 체감할 수 있다.

록펠러는 "시장 완전 제패가 고수익의 원천"이라는 신조를 지니고 있었고, 시장에서 경쟁자를 밀어내고 섬멸하기 위해 당근과 채찍에 의한 강온수법을 활용했다. 경쟁 사업자들은 제물이 되었으며, 선택지는 스탠더드오일의 산하로 들어가거나 매각하는 길밖에 없었다.

제10장에서는 첩보망을 종횡무진 구사해 포위망을 치고 경쟁자를 자멸시키는 수법을 폭로했다. 그래도 굴복하지 않는 상대는 가격전쟁을 걸어 파멸로 몰아 넣었다. 완력으로 압박해서 경쟁자가 사라지고 나면 기존 가격보다 크게 인상하여 손해를 메꾸는 방식의 가격정책 전략도 소개하고 있다. 소제목은 다음과 같다.

① 운송과 정제 부문을 조직한 록펠러가 이번에는 석유 판촉 활동(마케팅) 조직을 계획 ② 놀랄 만큼 효율적이고 경제적인 제도를 도입 ③ 기묘한 관행 도입 ④ 철도 대리점에서 경쟁업체의 사업정보를 입수 ⑤ 경쟁업체 직원들을 협력자로 확보 ⑥ 철도회사와 선박회사가 모든 운송 기록을 스탠더드오일에게 제공 ⑦ 스탠더드오일은 이 정보를 경쟁업체와의 싸움에 이용 ⑧ 헐값 판매로 경쟁업체를 축출 ⑨ 미국 전역에서 들어오는 증거 ⑩ 스탠더드오일에 의한 독립계열 업체의 위장공작 개시 ⑪ 모든 관행에 대한 스탠더드오일의 설명은 불충분 ⑫ 일시적 가격 하락은 일반의 이익이 될 수 없다 ⑬ 경쟁이 없어지면 가격 급등

록펠러가 당시 판매하던 것은 주로 조명용 기름이었다. 잡화점에서 판매되고 있었는데, 이들을 전속 대리점으로 만들었다. 스탠더드오일 지역사무실에서는 대리점에 조사원을 파견하여 판매상황은 물론, 석유탱크의 마개가 잘 닫혀 있는지, 파이프 누출은 없는지, 석유탱크 주변의 풀은 깨끗하게 깎아 놓고 건조하게 관리하고 있는지, 조사원은 몇 시에 조사를 시작했고 점심식사는 몇 시에 끝마쳤는지

등등 세부사항을 꼼꼼하게 조사하여 보고하도록 했다. "등유 사업은 우리 것"이라는 록펠러의 슬로건 하에 대리점 경영 상황을 파악하여 지역 내 평판도 제고할 수 있었다.

스파이공작

지금까지도 언급했지만 독립계열 업체들은 오래 전부터 운송 제품에 관한 상세 정보가 철도회사를 통해 스탠더드오일에게 누설되고 있다고 주장해 왔다. 아무리 냉혹하다고 알려진 스탠더드오일이라고 해도 "설마 그렇게까지 악랄한 책략을 취하지는 않을 것"이라고 생각했기 때문에, 타벨은 처음에는 그런 주장을 심각하게 받아들이지 않았다.

하지만 이를 증명하는 증언과 내부고발이 차례차례 전해져 왔다. 경쟁자의 최고 기밀 기업 정보를 빼내는 악랄한 뒷공작이었다. 록펠러에 의한 전대미문의 산업스파이 사건을 미국 전역에 전한 것 역시 타벨이 처음이었다. 그 중 하나가 본거지인 클리블랜드의 석유정제업자 존 티글이 1888년 의회 위원회에 출석해서 증언한 내용이다.

티글은 1883년 어느 날, 회사의 장부 담당자가 털어놓는 얘기를 들었다. 장부 담당자에 따르면 스탠더드오일에서 근무하는 친척이 "용돈 필요하지 않아?"라고 말해서 "무슨 소리야?"라고 물어 보니 "회사 정보를 알려 주길 바란다."고 했다는 것이다. 장부 담당자의 말에 넘어간 척하면서 구체적으로 들어 보니, 정제 비용, 가솔린, 나프타 총량 등 각종 기밀정보를 넘겨주는 대신 돈을 주고 있다는 것이다.

이렇게 빼 낸 정보는 록펠러 산하의 클리블랜드 우체국 사서함으로 전달된다는 사실도 밝혀졌다. 록펠러의 더러운 첩보작전의 전모를 알게 된 업자들은 이 회사 담당자를 고소했고 사건의 전모를 여러 신문사에 알렸다.

의회 공업위원회에서는 독립계열 업체들이 출석하여 이와 유사한 일이 상시적으로 발생하고 있다고 증언했다. 타이터스빌 업자들의 모든 거래가 감시되고 있다는 증언도 나왔다. 스탠더드오일은 운송 업체에게서 보고를 직접 받았다고 한다. 관련하여, 오랫동안 록펠러 의 천적이었던 브래드퍼드 지역의 루이스 에머리 2세는 그런 방식의 경영수법은 남부개발의 계약을 바탕으로 한다고도 지적했다.

그 외에도 여러 가지 방해 행위가 보고됐다. 캐나다 업체들도 스탠 더드오일이 운송량, 운송처, 제품종류 등에 대해 유사한 스파이 행위 를 하고 있다고 증언했다. 이와 별도로 거리에서 만난 철도회사 직원 은 스탠더드오일에게서 화물 운송 정보 전체를 알려달라는 요청을 받았지만 이를 거절했다고 증언해 줬다. 어떤 정제업자에게는 독립 계열 업체의 모든 운송 정보를 비밀리에 알려달라는 접촉이 있었고, 모 업자가 비밀리에 관련 정보를 알려줬다는 사실이 훗날 드러나기도 했다.

이처럼 타벨은 스탠더드오일에 의한 스파이 활동이 북미 전역에서 행해지고 있음을 최초로 폭로했다. 1903년에는 철도회사나 선박회사 가 자신들이 운송한 석유에 관한 모든 정보를 스탠더드오일에게 정기적으로 보고하고 있음을 말해 주는 대량의 증빙서류도 입수했다. 그 내용은 이 책의 제5장에서 소개했다. 타벨이 스탠더드오일의 대부 헨리 로저스와의 인터뷰에서 그 내용을 거론하자 로저스가 얼굴이 창백해지며 화를 내기 시작하여 인터뷰가 단시간에 끝나고 말았다는 내용이다.

내부고발을 통해 스탠더드 진영의 기밀서류를 입수하는 데에도 성공했다. 철도회사와 선박회사에게서 경쟁업체의 석유제품 수송정 보 전체를 넘겨받은 것이 드러났다. 서류에는 서명도 없었는데, 이는 누가 봐도 의도적이었다. 타벨은 보내는 사람의 이름을 보고 누가 서류에 사인했는지 특정할 수 있었다고 한다.

타벨의 기사에는 그 서류를 수정한 복사본이 나열되었다. 입수한 자료를 그대로 게재하면 누가 제공했는지, 내부고발자가 누구인지 특정될 우려가 있기 때문이다.

스탠더드오일은 수집한 정보를 도대체 어떻게 했을까? 이 지점에 서 록펠러가 평범한 경영자가 아니라는 것이 다시 드러난다. 타벨에 따르면 록펠러는 정보를 목적별로 정리해서 독점과 트러스트를 강화 하기 위해 활용했다. 이른바 데이터베이스를 구축한 것이다.

독립계열 업체가 운송한 제품의 상세 목록이 본사에 정기적으로 도착하면, 화물차 머리글자부터 번호별로 행선지를 모두 정리했다. 판매업자별로 카드를 만들어 카탈로그를 작성했고 코멘트도 덧붙여 놓았다. 독립계열 정제업자나 중간상인의 연도별 사업 실태에 관한 기록도 정리해 두었다. 특히 자세하게 정리된 정보는 지역의 모든 독립계열 업체의 동향이었다. 스탠더드오일은 경쟁자인 독립계열 업체의 동향을 조사하기 위해 탐정도 고용했다. 제품을 어디에 얼마만큼 보내고 있는지, 미국 전역의 석유 판매점에서 무엇을 얼마나 팔고 있는지도 모두 알고 있었다. 높은 가격을 유지하고 싶은 록펠러가 가장 싫어하는 경쟁지역이 어디인지도 알 수 있었다.

타벨은 이런 행위가 경쟁 과정에서 발생하는 부정행위보다 더 심각하다고 지적했다. 록펠러에게 운송 데이터를 제공하는 것은 우체국이 경쟁업체의 사적 편지를 보여주는 것과 마찬가지라며 신랄하게 비판했다.

록펠러 입장에서 보면 미국 전역의 석유시장을 정복하기 위해 필요한 전술의 하나이며, 중국 춘추시대의 병법서 〈손자〉에 등장하는 명언 "적을 알고 나를 알면 백전백승"을 실천한 것 아니겠는가? 여기에 뇌물공세도 더해졌다. 당시 미국에서는 뇌물공여가 기소될 만큼 큰 죄는 아니었던 것 같다. 독립계열 사업자들이 무력함을 통감한 것은 당연해 보인다.

약탈적 경쟁

스탠더드오일은 경쟁업체의 화물을 가로채려는 계획도 세웠다. 타벨은 앞서 소개한 존 티글 등 다양한 업자들의 증언을 바탕으로 관련 내용을 소개했다. 1898년 티글은 스탠더드오일 직원들이 딜러에게 접근하여 낮은 가격을 제시하며 매매를 중간에 가로챘기 때문에 회사 경영이 어려워졌다고 증언했다. 이를 입증하는 편지 내용도 기사에 게재했다.

록펠러는 화전양면 작전을 펼치면서 경쟁업체에 대한 판매를 철회하지 않으면 약탈적인 방식의 싸움을 걸어 왔다. 타벨은 스탠더드오일이 경쟁자를 축출하기 위해 켄터키 주에서 "가격전쟁"을 벌인 사실에 대해서도 언급했다. 상대를 굴복시키기 위해 2.6달러였던 가격을 1.5달러로 40% 넘게 인하했다. 단위는 언급되어 있지 않다. 제목 그대로 "(상대방을) 죽이기 위한 약탈적인 가격인하"였다. 비용이 얼마가 소요되든 상관 없이 상대가 지칠 때까지 계속했다. 만만치 않은 상대와의 경쟁은 "석유전쟁"으로 발전했다.

비글의 사례처럼, 록펠러와 경쟁하는 정제회사의 수송량 등 기밀 정보를 수집하도록 매수되어 관련 정보를 빼내다 해고되는 사례도 적지 않았다. 록펠러 최대의 호적수이기도 했던 독립계열 업체 루이스 에머리오일의 사례를 소개했다. 흑인 직원에 관한 이야기인데, 타벨은 "상식을 벗어났다"고 혹평했다.

스탠더드오일 계열 회사에서 "해고되면 이쪽에서 고용해 주겠다"는 달콤한 말을 걸어 왔다. 이 직원은 가격 목록 외에도 에머리오일의 모든 정보를 빼돌려 스탠더드오일에 보냈다. 흑인 직원에게 지급된 사례금은 90달러에 이르렀지만, 7개월 후 부정행위가 발각되어 해고되었다. 그럼 발각 후 약속은 지켜졌을까? 그렇지 않았다. 배반자를 감싸주고 채용하는 일은 전혀 없었다. 타벨은 "록펠러는 조직 내에서 성실하게 일하는 것이 중요하다는 것을 알고 있었기 때문"이라고 지적했다.

이어 타벨은 석유제품 가격을 거론하면서 경쟁이 가져다주는 "놀라운" 의미를 새삼 설명했다. 캘리포니아 주에서 경쟁업체가 없는 지역에서는 갤런 당 가격이 26.5센트이지만 경쟁업체가 있는 지역에서는 갤런 당 17.5 센트였다. 갤런당 9센트의 차이는 30%이상 저렴하다는 것을 의미한다. 시장경쟁이 있는 지역에서도 이익은 발생할 것이기 때문에 록펠러는 추가로 9센트를 더 벌게 된다는 계산이다. 가격전쟁이 있었던 콜로라도 주 덴버의 경우, 시장경쟁이 없는 지역에서는 갤런 당 25센트, 또 다른 지역에서는 갤런 당 7센트로 3분의 1 이하 가격이었다. 가격전쟁이 끝난 후 덴버에서는 25센트 가격을 회복했다. 같은 시기, 뉴욕에서는 동일한 수출용 석유 가격이 갤런 당 6.1센트였다. "경쟁을 없앰으로써 록펠러가 얼마나 많은 돈을 벌고 있는지 알 수 있을 것"이라고 타벨은 지적했다.

스탠더드오일은 시장경쟁을 없애기 위해 사내 비밀조직도 활용했다. 경쟁업체가 있는 지역에서는 상대가 지칠 때까지 "약탈적 싸움"을 걸며 위협했다. 그래도 안 되면 "석유전쟁"으로 발전시켜 상대방을 길거리에서 헤매게 만들었다. 전쟁이 끝난 뒤에는 가격을 원래 수준 또는 그 이상으로 인상했다. 이와 관련해서는 1898년 공업위원회에 출석한 아치볼드도 인정했다.

가격 인하의 냉혹함과 집요함은 독립계열 업체들을 절망으로 몰아넣었다. "스탠더드오일이라면 무슨 일이든 한다." 과장처럼 보이는 이런 시각이 석유지대에 널리 퍼져 있었고 록펠러와 그 주변에 대한 증오는 정점에 달했다. 대중의 불신, 경멸, 적개심도 증폭되었다. 법원 판결 과정에서는 판사와 배심원의 부패도 밝혀졌다.

제10장에서는 1880년 당시의 록펠러 사진, 철도회사와 스탠더드오일이 스파이를 매수하여 수집한 경쟁업체의 철도 운송기록 등 참고 자료 네 장을 게재하고 있다.

리베이트 전쟁

스탠더드오일의 압도적인 경쟁력 중 하나는 효율경영이다. 하지만 그 대부분이 철도회사에게서 받은 리베이트였다는 사실은 누구나 알고 있는 바다. 그 정점에 드로우백이 있다는 것도 여러 차례 언급했다. 타벨은 제11장에서 리베이트 전술을 다시 정리했다.

① 록펠러의 침묵 ② 석유지대에서 록펠러에 반대하고 결속한다는 신념은 무의미 ③ 개인의 반대는 여전히 현저 ④ 스코필드 등 세 사람에 대한 스탠더드오일의 소송 ⑤ 정제유 생산 제한을 위해 기업 협정 집행을 모색하다 ⑥ 세 사람이 스탠더드오일 및 리베이트로부터 독립적인 사업을 기획 ⑦ 정세의 엄중함이 판명되다 ⑧ 세 사람은 차별대우를 이유로 레이

크쇼어 철도와 서던미시건 철도를 고소 ⑨ 유명한 일례와 철도의 손실 ⑩ 리베이트에 관한 또 다른 개인 간 다툼에서 스탠더드오일은 여전히 드로우백을 수령해 왔음이 판명 ⑪ 신시내티철도와 마리에타 철도의 수령인에 대한 조지 라이스 사례

당연한 일이지만, 1880년 록펠러와의 타협 후, 석유 지대에는 무기력과 권태감이 감돌았다. 몇 년에 걸쳐 지속된 싸움 끝에 패배했다는 굴욕감 때문이었다. 독립계열 업자들은 상대방은 초인이고 그와의 싸움은 무의미하다는 확신을 갖게 되었다. 1884년 무렵까지는 록펠러에 대한 경외심마저 갖고 있었다. 타벨은 19세기 초 일반 영국인들이 프랑스 나폴레옹에 대해 가지고 있던 이미지, 즉 무서운 힘, 무자비, 전지전능, 상시임전태세 등의 이미지가 록펠러의 이미지와 유사하다고 설명했다. 게다가 담대한 행동력과 판단력을 지닌 석유사업의 달인으로 칭송받기까지 했다.

타벨은 그 첫 번째 이유로 스스로를 봉인한 결과 만들어진 신비주의를 들었다. 록펠러는 선천적으로 사람들 앞에 나서기를 싫어했다. 자신의 모습을 드러내는 곳은 교회, 자택, 사무실뿐이었다. 뉴욕의 자택도 외부에는 거의 알려지지 않았고, 석유 지대에도 나타나지 않았으며, 24년간 살았던 클리블랜드에서도 자취를 감춘 것으로 여겨졌다. 뉴욕의 대중지 선은 스탠더드오일에 관한 기사를 쓰기 위해 1882년 민완기자 한 명을 동원했지만 인터뷰조차 이뤄지지 않았고 모든 정보

는 봉인돼 있었다. 수백 명의 직원들도 취재에 응하지 않았다. "침묵을 유지한다.", "아무것도 말하지 말라."라는 철학이 직원들에게도 침투되어 있었던 것이다.

록펠러가 두려움의 대상이 된 두 번째 이유는 아무도 본 적 없고 이야기를 한 적도 없으며 관련 정보도 없다는 것 때문이다. 그러면서도 록펠러는 광범위한 정보수집망을 조직하고 비열하기 짝이 없는 방법으로 보잘 것 없어 보이는 소소한 정보들까지 수집해 모두 숙지하고 있었다.

그 웅장한 계획은 놀랍게도 철도회사의 조작에 의해 가능했다. 트러스트를 형성하게 만들어 준 리베이트야 말로 록펠러 최강의 무기였다. "그것만 없었다면 독립계열 업자들도 대적할만 했을 것"이라고 타벨은 생각했다.

여론과 법 정신은 리베이트를 반대하는 것이었다. 철도회사는 운임 차별 등이 공표되는 것을 두려워했다. 이에 관해 타벨은 1876년 록펠러와의 합병으로 시작된 이야기를 가장 흥미롭고 영향력 있는 사례로 제시했다. 스코필드 등 세 사람의 이야기인데, 스탠더드오일이 가격 조작을 위해 생산량을 제한했다는 내용이다.

4년간의 사업은 성공했고 창출되는 이익도 막대하여 세 사람은 제한 범위를 넘겨 가며 정제유를 생산했다. 스탠더드오일은 초과분의 이익을 모두 지불하라고 세 사람에게 요구했지만, 세 사람은 초과분 이익의 절반만 지불했다. 그 이후에도 물량을 초과해 생산했다는 이유로 록펠러는 원유 공급을 중단했다. 세 사람은 이 상황에 과감히 대응했다.

그런데 갑자기 철도 운임이 껑충 인상되었다. 1880년 클리블랜드-시카고 노선의 운임이 스탠더드오일은 배럴당 60센트, 세 사람은 80센트였다. 1881년 4~7월에는 스탠더드오일의 55센트 대비 80센트였다. 이런 차별적 취급이 3년간 계속되자 결국 오하이오 주 법원으로 소송이 들어갔다. 최종적으로 주 대법원은 리베이트가 "건전한 공공정책에 반한다.", "독점을 낳고 조장한다."며 차별을 멈추라는 판결을 내렸다.

여론을 들끓게 한 리베이트에 대해 타벨은 또 다른 흥미로운 사례를 제시했다. 다른 업체가 지불한 운임의 일부를 스탠더드오일이 받기로 하는 이례적이고 불공정한 계약을 철도회사와 여전히 체결하고 있다는 내용이다. 이른바 드로우백이라는 냉혹한 수법이다. 석유지대 독립계열 업자들과의 사이에서 벌어진 석유전쟁. 그 원인이기도 했던 드로우백이 남부개발 계약서 중 한 항목으로 포함되어 있다는 사실이 1877년에 폭로되었다.

오하이오 주 마리에타에서 1873년 석유정제소를 설립한 독립계열 업체의 운임이 그로부터 6년 후에 갑자기 두 배로 인상되었다. 반면 경쟁자이기도 한 스탠더드오일 계열 업자의 클리블랜드 지역 운임은 인상되지 않았다. 제대로 된 경쟁도 한 번 해 보지 못하고 사실상 정제소를 폐쇄할 수밖에 없었다. 차별의 전모는 1879년 주 당국의 조사를 통해 밝혀졌다.

1883년 마리에타 지역에서 스탠더드오일과 마찬가지로 오하이오 주의 원유를 운송하고 정제하고 있던 독립계열 업체 역시 철도운임을 차별받고 있었다. 배럴당 운임이 스탠더드오일은 10센트, 독립계열 업체는 35센트였다. 게다가 스탠더드오일은 철도회사에게 독립계열 업체가 지불한 추가운임 25센트를 자신에게 지불하도록 요구했다. 드로우백이다.

정제소를 폐쇄할 수밖에 없었던 마리에타 지역의 업자는 이 사실을 알고 발끈했다. 소송에 들어가기 위해 증거를 찾아 다녔고 마침내 10월 순회 재판에 소송을 제기했다. 담당 위원으로 전 주지사가 선정되었고 방대한 인원의 증인이 재판에 출두하여 심문이 시작되었다. 철도회사 측은 좀처럼 시인하지 않았지만, 그 지역의 다른 독립계열 업자들 역시 운임 차별이 있다는 사실을 증언하면서 소송을 제기한 업체의 정당성이 입증됐다. 드로우백이 사실로 드러나면서 스탠더드 오일은 이를 반납했다.

트러스트를 조사하고 있던 당시 의회의 위원회가 보고서를 공표하자, 록펠러는 1890년 3월 29일자 뉴욕 월드와의 인터뷰에서 "우리 변호인은 협정이 위법이라는 것에 동의하지 않았다.", "우리는 법원이 문제 삼기 전에 계약을 철회했고 모두 보상했다."고 해명했다. 하지만, 1900년 공표된 공업위원회 보고서에 따르면 록펠러가 주장한 것처럼 소송 전에 반환했다는 사실은 없었으며, 엄밀히 보면 계약을 철회했다는 주장도 정확하지 않았다. 계약 유효기간은 8개월이었는데, 재판에서 계약 유효 사실이 확인된 날로부터 12일이 지난 후까지 보상은 이루어지지 않았다는 것이 타벨의 지적이었다. 이처럼 타벨은 록펠러의 악질적이고 위법한 리베이트 상술을 다시 한 번 단죄했다.

제11장에는 기사 속에 등장한 스코필드 등 네 사람의 사진을 게재했다.

버펄로 사건

이른바 버펄로 사건은 뉴욕 주 버펄로에 있는 석유정제시설 폭발사고다. 앞에서도 언급했지만, 타벨이 맨해튼 스탠더드오일 본사 등에서 인터뷰를 할 때 로저스가 가장 신경 쓴 것 중 하나다. 로저스가 이 사건에 연루되었다는 혐의로 기소되었고 가족들이 혐의 내용을 사실이라고 믿을 것을 로저스가 걱정하고 있었기 때문이다.

당시 여론은 피도 눈물도 없는 냉혹한 기업 스탠더드오일이 경쟁사를 궤멸시키기 위해 관련 회사들과 함께 총력을 다해서 폭파사건을 일으킨 것으로 보고 있었다. 법정에서는 로저스와 아치볼드 등 스탠더드오일 고위급 임원의 법적책임이 제기되었다.

이 사건에 관해서 어떤 기사를 쓸지 궁금해 하던 로저스에게 타벨은 기사 초고를 먼저 보여 주기도 했다. 소제목을 먼저 살펴보자.

① 스탠더드오일이 로체스터의 버큠오일 지분 4분의 3을 인수 ② 버큠오일 두 명이 버펄로오일 윤활유 회사를 설립, 버큠오일의 증류장치 담당자를 데려가다 ③ 버펄로오일은 폭발사고를 일으키고 증류장치 담당자는 갑자기 사라지다 ④ 버큠오일이 특허침해 혐의로 버펄로오일에 소송을 걸다 ⑤ 매슈즈는 버큠오일의 에베레스트 등이 고의로 회사를 망치려 한다는 이유로 제소 ⑥ 첫 번째 소송에서 매슈즈 승리 ⑦ 매슈즈는 두 번째 손해배상 소송을 제기하고, 스탠더드오일의 몇몇을 범죄적 공동모의로 고발 ⑧ 로저스와 아치볼드 등 3명은 무죄 ⑨ 에베레스트 일가는 벌금

시장 제패를 노리는 록펠러가 독립계열 업체 인수에 나서자 업계에서는 곧바로 소유주를 축출하려 한다는 소문이 나돌기 시작했다. 그 수법은 주로 차별 운임, 원유 공급 중지, 가격전쟁 등이었는데, 설비 파괴 공작도 거론되기 시작했다. 그 중 유일하게 새판에서 다루어진 사건이 버펄로오일의 사례다. 정확성에 집착하는 타벨답게 기사 서두에서 "투명성을 확보하기 위해 사건의 해설은 재판 증언기록을 인용한다."며 출처를 밝혔다.

1879년 스탠더드오일은 자신의 야망을 실현하기 위해 로체스터 소재 석유정제회사 버큠오일을 소유한 에베레스트 부자에게 접근했다. 처음에는 난색을 표했지만 결국 설득에 넘어간 에베레스트 부자는 스탠더드오일의 로저스 등 세 명에게 회사 주식 4분의 3을 20만 달러에 매각했다. 그리고 이를 계기로 분쟁이 시작되었다.

자동차용 윤활유 등을 취급하는 버큠오일은 유용한 특허를 소유하고 있기도 해서 오랜 세월 경영은 순조롭기만 했다. 에베레스트 부자는 주식을 매각한 후에도 회사에 남아 연봉 1만 달러를 받는다는 것, 향후 10년 동안 관련 업계에 종사하지 않는다는 것 등을 조건으로 계약을 체결했다. 계약은 뉴욕 스탠더드오일 본사에서 열린 이사회에서 이루어졌다.

분쟁은 1880년, 버큠오일의 J. 스콧 윌슨이 회사를 그만두고 자신의 회사를 설립하겠다고 결심한 것에서 시작되었다. 판매담당이자 고객도 많은 동료 찰스 B. 매슈즈에게도 함께 할 것을 제안했다. 새로 설립할 회사에는 증류장치 담당자도 필요했기 때문에 또 다른 동료 앨버트 밀러에게 협조를 요청했고 밀러도 새로운 회사에 합류하기로 했다. 그 회사가 버펄로오일이다. 윌슨과 밀러는 3월초 아들 에베레스트에게 버펄로오일 설립 사실을 알렸다. 에베레스트 부자는 전력을 다해 새로운 회사 버펄로오일의 설립을 막아야 한다고 생각했고, 약 두 달 뒤 아버지 에베레스트가 밀러에게 "새 회사는 결코 성공하지 못할 것이다." "특허 침해로 고소할 것이다."라고 위협하면서 버큠오일로 돌아올 것을 요청했다. "가지고 있는 돈을 모두 잃을 것"이라는 말을 들은 밀러는 동요하기도 했다.

새로운 회사 버펄로오일의 증류장치가 완성되어 곧바로 가동을 시작했다. 그런데 장치가 가열되어 고열 상태가 되자 밀러는 자취를 감추었다. 열기로 인해 장치 주변 벽돌에 금이 갔고 안전밸브가 날아

갔다. 가스와 수증기는 외부로 분출되었다. 인근의 정유소 감독자가 달려와 소방관에게 위험한 상황이라고 알렸다. 자취를 감춘 밀러를 찾아냈지만, 안전밸브를 조정해서 재점화하는 동시에 밀러는 다시 사라졌다. 안전판은 또다시 날아갔고 기름이 외부로 유출됐다. 불행 중 다행으로 부상자는 없었고 화재도 발생하지 않았지만 이 폭발을 단순사고로 생각하는 관계자는 아무도 없었다.

사고 직후 에베레스트 부자의 조언대로 밀러는 버펄로오일에서 손을 뗐다. 에베레스트에게 특허 침해 소송을 당한 윌슨도 버펄로오 일을 떠났다. 정제를 담당해야 할 밀러가 자취를 감춘 상태에서 버펄로오일은 버틸 수 없게 되었다. 매슈즈는 특허침해 고소를 당했고, 폭발사고와 관련해 에베레스트 부자에게 10만 달러의 민사소송을 제기했다.

얼마 후 실종되었던 밀러가 돌아왔다. 매슈즈는 밀러에게 버펄로오일로 오도록 했다. 밀러는 새로운 회사에서 손을 떼라는 압박을 받았고 행방불명 중에 연봉 1,500달러와 보너스 1,000달러를 받았다고 했다. 매슈즈는 공장 폭파 의혹을 제기했으며 스탠더드오일의 로저스 등 세 명은 공모죄로 기소되었다. 이 사건은 미국 전역의 주목을 받았다.

스탠더드오일은 매슈즈 등 버펄로오일이 비싼 값에 회사를 매각하기 위한 술책이라고 주장하면서 기소된 혐의에서 벗어나려고 했다. 그리고 매슈즈의 부하 직원을 매수하여 수개월 동안 회사 내 동향 정보를 수집해서 매일 매일 보고하도록 하고 그 내용을 본사에서 회람했다. 밀러도 감시 하에 두었다.

1886년 5월에 재판이 시작되었다. 스탠더드오일의 변호사는 기소된 세 명이 관여한 사실이 없다며 무죄를 주장했다. 검사는 세 사람이 버큠오일의 주식 4분의 3을 보유하고 있고 임원회의에 항상 출석했다며 유죄를 주장했다. 최종적으로 판사는 이들 세 명에게 무죄 판결을 내렸다.

에베레스트 부자는 처음부터 버펄로오일을 훼손하려 한 것이 입증되어 유죄가 인정되었고 250달러의 벌금이 부과되었다. 타벨은 창업가 정신을 발휘해 설립된 새 회사가 여러 가지 횡포로 인해 좌절된 사례로 버펄로오일을 소개했다. 그리고 스탠더드오일이 경쟁사를 제거하기 위해 공장 설비 등을 파괴하기까지 했다는 사실을 독자들에게 폭로했다.

이상에서 알 수 있듯이, 로저스에 대한 타벨의 논조는 그다지 비판적이지 않았다. 호의적이라고 해도 좋을 듯하다. 로저스는 타벨이 사건 관련 기사를 집필한다는 사실을 알고 자청해서 인터뷰에 나섰는데, 소기의 목적을 달성했다고도 볼 수 있을 듯 하다.

론 처노 역시 록펠러의 전기 〈타이탄〉에서 이 사건을 다루었는데, 매슈즈는 "말썽을 일으키는 간사한 공갈범"이라는 록펠러의 발언을 인용했다. 또한 정유소를 10만 달러에 매각하려고 했지만 이를 거절당하자 귀찮은 소송을 일으킨 것이라는 견해를 밝히기도 했다.

제12장에서는 복잡한 석유정제 설비를 이해하기 쉽도록 표백탱크와 건설 중인 철제탱크 등 네 장의 사진을 게재하고 있다.

스탠더드오일과 정치

록펠러는 당연히 정치에도 관여했다. 불리한 법안은 정치인을 매수해 완력으로 막아냈다. 제13장에서 아치볼드의 이름은 등장하지 않지만 정계에 대한 공작은 주로 아치볼드가 맡았다. 소제목은 다음과 같다.

① 독립계열 업자들은 스탠더드오일이 국가와 주의 정치에 간섭한다는 이유로 고발 ② 1884년 오하이오 수 상원 의원 선거에서 페인에게 뇌물 공여 의혹 ③ 미 상원 선거위원회가 페인 의혹에 대한 전면 수사를 부인 ④ 페인 자신은 조사를 요구하지 않아 ⑤ 스탠더드오일에 대한 여론 악화 ⑥ 펜실베이니아 주 의회의 빌링스리법안 ⑦ 스탠더드오일에 대한 강제법안 ⑧ 독립계열 업자들의 분투 ⑨ 법안은 부결 ⑩ 반대를 위해 돈을 썼다는 이유로 스탠더드오일을 고발 ⑪ 각 사례에 대한 스탠더드오일의 정보공개 요구 높아져

경쟁업체를 배제하기 위해 각종 싸움을 걸어 온 록펠러. 뉴욕 주의 버펄로오일 사례를 보면, 제대로 진행이 안 될 때는 탈법행위조차

마다하지 않을 만큼 준법정신이 결여된 위험천만한 체질이 폭로되었다. 독립계열 업자들이 주장했던 공동모의도 그렇다. 제13장에서 타벨은 시장제패에 유리한 환경을 정비하기 위해 연방정부와 의회, 주정부와 의회를 대상으로 록펠러가 행한 정치공작을 소개했다.

구체적으로는 철도회사의 운임차별을 규제하기 위해 1876년에 진행된 조사와 규제 내용을 담아 최초로 상정된 주간통상법안에 관해서다. 주간통상법안은 의회의 주요 의원 두 명의 정치력에 의해 부결됐다. 두 명의 의원은 스탠더드오일 계열의 석유 회사 수장인 서버지니아 주 출신 J. N. 컴던과 스탠더드오일에서 재무부문을 담당하는 올리버 페인의 아버지 H. B. 페인(오하이오 주)이다. 타벨에 따르면, 수면 아래에서 진행된 정치 공작행위를 입증하는 데에 "충분하고도 남을 만큼 다양한 증거가 있었다."고 한다.

자신들의 권익 확보를 목표로 하는 스탠더드오일은 경쟁자인 독립계열 업체에 유리한 법안, 즉 석유 운송용 송유관을 자유롭게 부설할 수 있도록 하는 내용의 법안을 저지하기 위해서도 오래전부터 의원들을 이용하고 있었다. 1878년과 1879년 독립계열 석유생산자조합이 스탠더드오일과 철도회사를 고발하려고 하자 이를 지연시키기 위해서도 정치적 영향력을 이용했다.

스탠더드오일은 석유지대, 오하이오, 뉴욕, 펜실베이니아 등 소비 지역의 모든 의회선거에서 정치공작을 적극적으로 전개하면서 유능하고 젊은 정치인이나 법률가들과 우호적인 관계를 맺었다. 몇 가지

구체적인 사례를 소개했는데, 그 중 하나가 소제목에서도 언급한 1884년 1월 오하이오 주 상원의원 선거와 페인에 관해서다.

클리블랜드 명문가 출신인 페인은 현지에서 교육을 받은 뒤 상원의원이 되었고 민주당에서 오랫동안 활약했다. 1880년에는 민주당 대통령 후보에도 이름을 올렸다. 처음에 출마한 상원 선거에서는 민주당 추천도 받지 못했고 인기도 그다지 높지 않았다. 하지만 스탠더드오일 재무담당으로 근무한 이력이 있고 남부개발의 설립 멤버이기도 했던 아들 올리버 등이 선거 유세 지원에 나서자 급속도로 인기가 치솟았다. 10만 달러를 뿌렸다는 소문이 나돌았고 6만 5,000달러짜리 수표가 현금화되어 콜럼버스 시에서 사용되었다는 고발도 있었다. 이 사실이 알려지자 미국 전역에서 분노의 목소리가 터져 나왔다. 스탠더드오일이 의회 공작에 나섰다는 의혹도 제기되었다.

기업이 선거에 개입한다는 것은 심상치 않은 문제다. 결국 다음 선거에서 이 문제가 주요 쟁점으로 부상했으며, 1886년 초 주 의회가 열리면서 조사가 결정되었다. 55명의 증언이 있었고 연방의회에서도 조사를 진행했지만 결국 뇌물공여를 입증할 수 있는 확실한 증거는 찾아 내지 못했다. 이 건은 상원 선거위원회에 회부되었고 주 정부의 요청도 있었지만 수많은 반대에 직면하여 재조사는 보류되고 말았다.

의회에서는 스탠더드오일의 이름이 공공연히 언급되었다. "위대한 스탠더드오일, 미국 최대의 독점 권력을 미국 전역 어디서나 느낄 수 있으며, 그 권력이 비즈니스, 철도, 사람, 물건을 지배하고 의회도 지배할 것이다.", "의회에도 손을 뻗쳐 지배에 착수했고, 실제로 지배하면서 연방의회의 상원의원도 뽑았다.", "조사에서 진짜 증언을 들을 때까지 묵묵부답으로 앉아있을 수만은 없다."는 등의 의견들이 들려왔다.

1887년 페인은 철도회사의 운임차별을 금지하는 내용의 주간통상 법안에 반대표를 던졌다. 이듬해 트러스트 문제는 의회의 쟁점이 되었으며, 공화당은 반트러스트를 공약으로 내걸었다. 민주당은 트러스트에 대한 과세를 주장했다. 당연한 일이지만, 스탠더드오일은 트러스트에 반대하는 모든 입법과 관련 조사에 영향력을 행사하면서 민주당에 힘을 실어주었다.

이때 상원의원들로부터 스탠더드오일과의 관련성을 추궁 받은 페인은 의회에서 "처음이자 마지막"이라고 전제한 뒤 "스탠더드오일은 매우 주목할 만한 훌륭한 조직"이며, "(스텐더드오일에게서) 그 어떤 이익이나 주식 1달러도 제공받은 적 없으며 그 서비스에 보답한 적도 없다."고 말했다. 결국 스탠더드오일이 선거에 관여했다는 사실은 입증되지 않았고 의혹만 남았다.

스탠더드오일은 석유 운송용 송유관을 자유롭게 부설할 수 있도록 하는 빌링스리Billingsley 법안 통과를 저지하기 위한 정치공작에도 전력을 다했다. 송유관으로 운송하면 철도 운임 차별은 적용될 수 없다. 독립계열 업체가 지불한 수송운임 중 일부를 철도회사가 스탠더드오일에게 제공하는 드로우백도 받을 수 없다. 독립계열 사업자에게 단연 유리한 법안이다. 타벨은 이 문제에 대해서도 언급했다.

1887년 4월, 이 법안은 펜실베이니아 주 의회에 상정되었지만 최종 결론은 부결이었다. 법안 성립을 기다리던 업자들은 일제히 반발했고, 주의 수도인 해리스버그에서 격렬한 항의에 나섰다. 스탠더드오일에 호의적인 진영의 지도자에게 거액의 헌금이 흘러 들어갔다는 소문도 있었다. 독립계열 업자들은 스탠더드오일이 의회를 지배하고 있고 뇌물공여 공작으로 인해 법안이 부결됐다고 비판했다.

타벨은 페인의 사례와 마찬가지로 리베이트에 그치지 않고 정치판까지 이어진 스탠더드오일의 정치공작을 이렇게 폭로했다. 적지 않은 방해도 있었지만, 철도운임 등을 규제하는 주간통상법은 결국 1887년에 성립되어 효력을 발휘하였다.

이 상의 마무리에서 타벨은 이렇게 썼다. "록펠러는 세계에서 그 유례를 찾기 어려울 만큼 가장 완벽한 비즈니스의 형태 중 하나를 완성했다. 공장은 완벽했고 엄격한 경제성을 바탕으로 운영되고 있었다. 석유를 운반하는 송유관은 완벽해서 중국, 아프리카, 남미, 유럽, 미국 등 새로운 시장을 적극적으로 개척하며 정제유를 수출했다. 록펠러는 세간의 눈을 피해 하루 종일 집무실에 있었다. 그리고 유능한 부하직원들이 차례차례 다른 기업들을 인수하면서 사세를 확장해 갔다. 회사에는 의욕이 없는 사람, 도움이 되지 않는 사원, 어리석은 인재는 없었으며, 모두 열심히 업무에 임하고 있었다. 그 결과 누구도 이루지 못했던 부를 창출해 내는 조직을 만들어 냈다."

스탠더드오일이 미국 비즈니스에 위협적이라는 비판이 없었던 것은 아니다. 타벨은 록펠러가 석유 사업에서 성공한다면, 다음에는 다른 업계를 공격할 것이고, 그럼 미국은 50년 안에 극소수의 인간에 의해 지배당할 것이라고 경고했다.

록펠러가 자신을 비판하는 여론에 대응하는 방식은 그저 무시하는 것이었다. "말을 많이 하지 않는 것이 좋다. 우리는 숲을 본다."고 주위에 말하곤 했다. 자신에 대한 비판을 과소평가하고 있었던 것이다. 회사 내에서는 비판 여론에 대한 반론도 준비했지만 "침묵을 지키라."는 록펠러의 지시로 발표하지는 않았다.

제13장에서는 다소 어두운 방에서 의자에 앉아 손과 다리를 꼬고 조용히 포즈를 취하고 있는 콧수염을 기른 록펠러 사진 한 장이 게재되었다.

트러스트 해체

세계 최대 거부로 알려진 록펠러. 그 부의 원천은 완벽한 시장독점을 거의 실현한 트러스트 제국이었다. 하지만 그의 경영수법은 비판을 불러왔고, 반트러스트법 위반으로 인정되어 1911년 연방대법원의 해체명령에 따라 분할된 것으로 알려져 있었다. 하지만 실제로는 그이전에 오하이오 주 법원에서 해체 판결을 먼저 내린 바 있다. 록펠러는 규제가 상대적으로 느슨한 뉴저지 주로 본사를 이전하여 분할을 피하고 있었던 것이다. 타벨은 이에 관한 경위와 뒷이야기를 제14장에서 다루었다.

① 1888년에 잇따른 트러스트 조사 ② 뉴욕 주 상원에서 스탠더드오일을 조사 ③ 록펠러의 놀라운 증언 ④ 수수께끼에 쌓여 있는 스탠더드오일 트러스트의 본질을 조사 ⑤ 스탠더드오일 트러스트의 첫 번째 협정이 밝혀져 ⑥ 1888년 의회에서 스탠더드오일을 조사 ⑦ 협정이 공개된 결과, 오하이오 주 사법장관 왓슨이 스탠더드오일에 대한 정보공개 행동을 개시 ⑧ 마커스(마크) 한나가 소추를 연기하도록 왓슨을 설득 ⑨ 왓슨의 고집 ⑩ 법원이 최종적으로 스탠더드오일과 트러스트에 대한 명백한 해체를 결정

록펠러의 비밀주의는 철저했다. 1874년과 1875년 뉴욕을 본거지로 하는 대형 석유회사 인수에 관해서도 비밀을 유지하고 있었다. 직원들에게는 "아내에게도 발설해서는 안 된다."며 입단속을 시켰고, 국내외 연락 과정에서 가명을 사용하는 등 철저했다.

스탠더드오일의 성공은 다른 대기업이 트러스트로 이행하는 계기가 되었고 트러스트는 마치 전염병처럼 미국 전역으로 확산됐다. 뉴욕시 상원의원의 지시로 1888년 2월 첫 조사가 실시되었고, 의회 위원회는 스탠더드오일에 대해 의문을 느끼고 사장을 소환했다. 의회의 관심사는 ① 트러스트는 무엇이며 공익은 보호되고 있는지, 법률

의 테두리 안에 있는지, ② 시장의 80~90%를 지배하는 우월적 지위가 철도 운임차별 등 특권으로 이어지고 있는 것은 아닌지, ③ 생산량이나 가격을 조작해서 석유 산업 시장의 신규진입을 방해하고 있는 것은 아닌지 등이었다.

소환된 록펠러는 "할 말이 전혀 없다."며 언급을 회피했다. 남부개발에 관해서는 "그런 회사가 있다고 들은 적은 있다." 하지만 "나는 그 속에 없었다."고만 답했다. 염가로 제공되는 것으로 알려진 철도운임에 대해서도 "그런 일 없습니다."라고 답했다. 그러나 실제로 철도회사 3사는 1878년부터 1888년까지 록펠러에게는 저렴한 운임을 제공하고 경쟁업체에게는 비싼 요금을 강요하고 있었다.

경쟁업체들이 경영부진에 몰려 록펠러의 산하로 들어가거나 시장철수를 결정하도록 압박한 것 아니냐는 질문에도 "그런 일 없습니다." "경쟁자와의 관계는 지금도 양호합니다."라며 나무랄 데 없는 대답을 계속할 뿐이었다. 1882년 협정을 체결하고 상호이해 충족을 통해 강고하게 유착되어 있었지만, 6년 동안 그 실상을 감추는 일에 성공했던 것이다.

록펠러는 트러스트에 관해서 "아홉 명의 신탁자가 주식의 대부분을 보유하고 모든 자산을 지배한다." "신탁자 중 한 명은 트러스트의 거의 모든 정유소와 조직을 담당하는 임원" "신탁자는 보고서나 연락을 통해 속사정을 알고 있으며 뉴욕에서 빈번하게 열리는 회의를 통해 경영상황을 알고 있다."고 말하면서 역할의 일부를 처음 밝혔다.

타벨은 "협정으로 묶여 있는 39개사는 법적 존재임에도 불구하고 모든 권위로부터 독립해 완전한 어둠에서 운영되고 있다."고 단언했다.

록펠러의 증언에 따르면, 트러스트의 가치 1억 4,800만 달러 이상이 유능한 아홉 명의 수중에 있었다. 미국에서 가장 훌륭한 권력 중 하나였고, 거액의 부는 향후 6년 동안 몇 배로 증가할 것이 예상되었다. 이 대부분이 법률의 테두리 밖에서 실현되었다.

뉴욕 상원도 1888년 2월 트러스트에 대한 조사를 시작했다. 같은 해 3월 연방의회의 하원 제조업위원회 역시 같은 조사에 착수했다. 스탠더드오일은 가장 중요한 조사 대상이었고 최종적으로 작성된 1,500페이지의 보고서 중 1,000페이지가 스탠더드오일에 관한 분석 결과였다. 설탕 트러스트의 다섯 배, 위스키 트러스트의 열 배에 해당하는 분량이다.

보고서에는 버펄로 사건 증언, 남부개발 구상, 펜실베이니아 주와 펜실베이니아 철도의 갈등, 운임 차별로 인해 철수한 업체 사례 등을 조사한 결과가 담겨 있었다. 위원회는 보고서에서 협정은 "책임 회피를 위한 빈틈없이 교활한 수법"이라고 지적했다. 1888년에 조사는 종료되었다. 트러스트 협정의 존재 사실이 확인된 것 외에는 개선과 구제를 기대했던 사람들을 크게 실망시키는 결과였다.

타벨은 반트러스트법 위반으로 록펠러 제국이 해체되는 1911년으로부터 약 20년 전, 이를 예감케 하는 오하이오 주에서의 획기적인 해체 판결을 소개했다. 록펠러는 언제나처럼 어슬렁거리는 지연전술을 구사하는 동시에 본사를 인근의 다른 주로 이전함으로써 해체를 피할 수 있었다.

해체 판결의 주역은 30대의 오하이오 주 사법장관 데이비드 왓슨이다. 왓슨은 1887년 콜럼버스에 있는 자신의 사무실 근처 서점에서 한 권의 책을 손에 들고 있었다. 윌리엄 쿡이 쓴 〈트러스트〉를 50센트에 구입한 것이다. 집에 돌아와 읽어보니 책 말미에 스탠더드오일의 트러스트 협정이 첨부되어 있었다. 협정을 본 것은 처음이었다. 스탠더드오일은 주 바깥에 거주하는 중역 대부분에게 경영을 맡기고 있었고, 이 협정이 진짜라면 스탠더드오일은 이미 7년 전부터 오하이오 주법을 위반하고 있다는 사실을 눈치 챘다.

왓슨은 몇 주 후에 재임되면서 즉시 이 문제를 검토하기 시작했고, 1890년 5월 주 대법원에 제소했다. 대부분의 주식을 오하이오 주 바깥에 거주하는 트러스트 신탁자에게 이동시켜 협정을 작성했고, 스탠더드오일 오하이오 임원을 선임하여 회사를 운영하는 것은 주법을 위반하는 것이며, 따라서 해체돼야 한다고 주장했다.

소송을 제기한 이유와 배후 등에 관해 각종 억측이 난무했다. 장관 스스로가 스탠더드오일에 반발하고 있다거나, 반트러스트법에 관심이 있는 셔먼 상원의원 등의 이름도 회자되었다. 아니나 다를까. 각계로부터 소송을 취하해야 한다는 주장이 나왔다. 동시에 이 문제로 왓슨에게 뇌물 공작이 시도되었다는 사실이 표면화되었다.

그 중 한 사람이 스탠더드오일의 지원을 받아 당선된 것으로 알려진 공화당의 중진 상원의원 마크 한나(오하이오 주)다. 한나는 왓슨에게 고소 취하를 요청했는데, 그 서한의 일부가 퓰리처의 뉴욕월드 1897년 8월 11일자 지면에 폭로되었다. 한나는 서한에서 록펠러가 소송 취하를 위해 영향력을 행사하도록 요구하지는 않았다며 "늘 당신의 승진을 염두에 두고 있다."고 강조했다. 그리고 소추를 취하하지 않으면, "(왓슨은) 스탠더드오일에 의해 영원한 보복의 대상이 될 것"이라고도 경고했다. 채찍과 당근을 활용한 위협이었다. 한나는 마지막으로 "당신의 공직 세계는 길 것이기에 일반인에게 지킬 의리는 아무것도 없다는 것을 알고 있을 것"이라고도 말했다.

이 내용이 미국 전역에 보도되면서 "지킬 의리는 아무것도 없다"는 말이 한나의 정치적 태도 및 스탠더드오일과의 유착을 상징하는 표현으로 회자되었고, 정적들에게서 죽을 만큼 공격 받게 된다. 무엇보다 강골파인 왓슨은 이런 협박에 전혀 동요하는 일 없이 신념에 따라 고소를 진행했다. 재판에서는 미국 전역에 있는 최강의 변호사들이 스탠더드오일의 변호인으로 등장했다. "스탠더드오일에 의해 (석유제품의) 품질도 향상되고 가격도 인하되었다."며 트러스트의 효용을 역설했다.

1892년 3월 판결이 내려졌다. 초일류 변호사들이 만들어 낸 변명에도 불구하고 회사 존속은 용인되었을지언정 트러스트 협정에 대해서는 유죄가 인정되었다. 스탠더드오일의 오하이오 책임자는 본사에서 신탁자들과의 협의를 거쳐 "트러스트의 모든 관계를 포기할 뿐만 아니라, 모든 트러스트를 멈추는 단호한 조치를 조속히 취하겠다."는 서한을 주 대법원에 발송했다.

법원은 유예 시간을 부여했다. 신탁자들은 해산을 위해 발 빠르게 움직였다. 록펠러는 97만 2,500주의 주식 가운데 25만 6,785주를 보유하고, 산하 20개사의 주식을 그 비율만큼 입수했다. 트러스트를 해산한 첫해 말에는 47만 7,881주의 주식이 청산되지 않고 남았다. 그 후에도 마찬가지였다. 4년 후에도 변하지 않았으며 해체는 더 이상 진행되지 않았다. 록펠러는 자신의 특기이기도 한 지연전술을 발휘하면서 트러스트 존속을 꾀하고 있었다. 타벨은 "법원보다 막강한 권력이 작동하고 있다."고 지적했다.

제14장에서는 스탠더드오일에 소송을 제기한 왓슨과 독립계열 업자를 위해 송유관 부설에 분투한 루이스 에머리 2세 등 네 명의 사진, 록펠러의 본거지 클리블랜드 포레스트 힐에 있는 록펠러 저택에서 1896년 7월 마크 한나 등과 함께 찍은 록펠러 사진을 게재했다.

자립을 위한 전쟁

석유제품의 초기 운송수단은 철도 중심이었다. 하지만 비용이 저렴하고 효율도 좋은 송유관이 부설되면서 운송의 중심축은 송유관으로 이동했다. 제15장의 하이라이트는 송유관을 둘러싸고 독립계열 업체와 록펠러가 생존을 위해 벌인 치열한 공방이다. 소제목을 먼저 보자.

① 생산자보호협회를 조직 ② 자신의 석유를 취급하기 위해 독립계열 비밀조직을 계획 ③ 생산량 감축을 위해 스탠더드오일과 협정 체결 ④ 협정 결과는 예상했던 것처럼 생산자에게 불리 ⑤ 생산자들이 생산자석유 회사 설립을 지속 ⑥ 독립계열 정제업체는 이 움직임을 지원하기로 합의 ⑦ 생산자와 석유정제업자의 회사 설립 ⑧ 동부 해안 지역으로 향하는 송유관에서 루이스 에머리 2세의 분투 ⑨ 유나이티드스테이트 파이프라인 ⑩ 스탠더드오일의 필사적인 반대 ⑪ 독립계열 정제업자는 거의 피폐 상태 ⑫ 퓨어오일 설립에 도움을 받다 ⑬ 최종적으로 독립계열의 수장이 되다 ⑭ 자립은 가능하지만 경쟁 상태는 회복되지 않아

석유업계에서 록펠러가 유일하게 화해할 수 없었던 적은 독립계열 업자들이었다. 1872년 최초의 석유전쟁에서 독립계열 석유채굴업자 들이 결속하여 최대의 강적이 된 것이다. 록펠러는 처음부터 업계에 서 독립계열 업체들을 몰아내고 독점을 구축하겠다는 목표를 설정했 었다. 대부분을 지배할 수 있게만 되면 공급 부족으로 인해 가격이 상승할 것이라고 생각했기 때문이다.

철도, 석유정제시설, 시장을 지배하면서 업계에 처음 등장했을 때, 원유 생산은 급격히 확대되었고 재고분은 1885년 3,350만 배럴까지 증가했다. 수수료 수입도 늘어나 큰 이익이 됐다. 반면, 원유에서 발생하는 이익은 일관되게 감소했다. 스탠더드오일은 다른 업체가

이익을 내는 것을 허용하지 않았던 것이다.

석유지대에서는 독립계열 업체의 활로를 열어 줄 송유관을 자유롭게 부설할 수 있도록 하는 내용의 빌링스리 법안을 지지하는 움직임에 불이 붙었다. 스탠더드오일의 방해 때문이었을까? 1887년 4월 법안 통과는 좌절되었다. 성난 생산자들이 새로운 조직을 꾸려서 생산을 중단하고 재고를 처분한다는 계획을 구상했다. 하지만 이 계획이 실행되면 원유 가격은 직격탄을 맞게 되고 대량의 재고를 가지고 있는 록펠러만 큰 이득을 볼 것이다. 감산 계획은 중지되었다. 생산자보호협회는 록펠러와 협의하여 생산자가 원유를 일정 부분 감산하고 록펠러가 고가로 인수하는 내용의 거래를 성사시켰다. 처음에는 거래가 잘 진행되는 듯 했지만 오래가지는 못했다.

록펠러는 원유 채굴에 따르는 위험이 크다는 판단을 내리고 1887년까지는 원유 구매와 정제에만 손을 대고 있었다. 하지만 상황은 바뀌었고, 원유 채굴 사업에도 진출할 결심을 굳혔다.

펜실베이니아 주 서부에서는 새로운 움직임이 나타났다. 록펠러가 적대시 하고 있던 루이스 에머리 2세가 원유와 정제유 수송용 송유관 두 개를 부설하겠다는 야심 찬 계획 실행에 나선 것이다. 스탠더드오일의 강점은 운송에 있었다. 에머리의 계획이 실현된다면 스탠더드오일에게는 심각한 위협이 되기 때문에 이를 사전에 막아 낼 필요가 있었다. 수개월 동안 집요하고도 음산한 방해공작을 펼쳤다. 송유관이 뉴욕 주 핸콕까지 연결되어 에리 철도를 가로지르며 부설되려

할 때, 철도회사 사장이 부설을 양해했음에도 불구하고 무장한 철도원들이 현장에 나타나 큰 싸움이 벌어졌다. 참호를 파고 텐트를 치고 야영을 하면서 현장을 점령했다. 대치는 3개월간 계속 되었다.

이 사이 에머리는 다른 방향의 통행권을 확보하기 위해 분주히 움직였고 새로운 통행권 확보에 성공했다. 그리고 1893년 두 개의 송유관이 완성되었다. 독립계열 업자에게는 획기적인 사건이다. 석유 운송 과정에서 발생할 것으로 걱정했던 문제도 없이 송유관 운행이 시작되었다.

스탠더드오일이 우려했던 일들이 현실화된 것을 계기로 "죽이기위한 가격 인하cutting to kill"와 같은 잔인하고도 막강한 무기가 독립계열 업자들을 공격했다. 시장지배력을 이용해 가격을 억지로 조작하는, 이른바 "발한요법發汗療法"을 활용한 것으로 1893년 가을부터 2년동안 계속된 지구전이었다. 1월 원유는 배럴 당 53.5센트, 수출용 정제유는 갤런 당 5.33센트에 판매되었다. 1년 동안 원유가는 조금씩 상승하여 같은 해 12월에는 배럴 당 가격이 50% 가까이 상승한 78.375센트가 되었다. 반면 정제유 가격은 하락했다. 1894년 들어 원유 가격은 더욱 상승했지만 정제유 가격은 연 평균으로 갤런 당 5.19센트까지 하락했다. 참고 견뎌야 하는 상황이 계속되었다.

수출을 그만둘 수밖에 없는 상황이었고, 실제로 독일에서는 독립계열 업체가 사라졌다. 독립계열 업체는 20개월간 계속 적자였다. 석유를 저렴하게 수송할 수 있는 송유관이 있었기 때문에 어떻게든 견딜 수 있었지만 이런 상황은 오래갈 수 없다. 곤경에 처한 독립계열 업자가 1894년 스탠더드오일 측과 면담을 했다. "시장이 호전될 가망은 없는가?" "우리는 어떤 선택을 해야 하는가?" 등을 질문 했더니, 스탠더드오일은 "매각할 수밖에 없다." "우리가 설비와 주식을 매입하겠다."며 여전히 냉담한 반응을 보였다.

직후, 석유지대에서 독립계열 업자들의 집회가 열렸고 석유를 판매하는 회사 퓨어오일 설립을 결정했다. '순수'를 의미하는 '퓨어pure'를 회사 이름에 붙인 것은 '표준'을 의미하는 '스탠더드'에 대항하기 위해서였으며, 제품의 품질에서는 우리가 앞서기 때문에 "경쟁에서 지지 않겠다."는 각오를 담고 있었다.

독립계열 업체의 수출을 담당하고 있던 헐 포스가 스탠더드계열 업체에 의한 잘못된 정보를 믿고 사업에서 철수했고, 그 직후 갑자기 사망하는 일이 발생했다. 독립계열 업자들에게는 충격적인 소식이었다. 에머리는 급히 유럽으로 날아가 판매체제를 재구축해야 했다. 하지만 이것으로 스탠더드오일과의 싸움이 끝난 것은 아니었다.

스탠더드오일은 퓨어오일 및 유나이티드스테이트 파이프라인의 주식을 비밀리에 취득하기 시작했다. 싸움을 유리한 방향으로 끌고 가기 위해 경쟁업체 내부에 스파이를 투입하는 것 역시 록펠러의 상투적인 수법 중 하나였다. 1895년 여름에 개최된 유나이티드스테이트 파이프라인 주주총회에 주식을 보유한 스탠더드오일 대표가 참석하려 했지만 입구에서 "스파이 활동이 목적"이라는 이유로 제지

당했다. 결국 법정까지 가서 독립계열 업체가 패배했고, 최종적으로 스탠더드오일은 유나이티드 파이프라인에 임원을 꽂아 넣는데 성공했다. 타격은 컸다. 동부 해안 지역까지 송유관을 연장하는 과정에서 스탠더드오일이 다양한 방식으로 방해를 하게 된다.

철도와의 합류지점에 송유관을 설치하면 얼마 지나지 않아 갈기갈기 찢겨졌다. 감시당하고 있음을 깨달은 에머리는 밤중에 철도 아래 배수구에 50명을 데리고 가서 송유관을 부설한 후 돌을 깔고 무거운 목재로 단단히 조인 뒤 쇠사슬로 고정시켰다. 철도 양쪽에서 야영을 하며 예상되는 싸움에 대응할 준비를 하고 있었다. 얼마 지나지 않아 곡괭이 등으로 무장한 철도원들이 습격해 왔고 싸움이 시작되었다.

에머리는 1899년 공업위원회에 출석해서 당시 상황을 증언했다. "우리는 그 패거리들의 어깨와 바지를 붙잡고 막아 냈다." 다음 날 250명을 태운 두 대의 해체작업차가 공격해 와서 다시 몰아냈다.

이 건은 양측의 합의로 법정으로 넘어 갔지만, 이번에는 기관차 두 대로 뜨거운 물과 가열된 석탄을 이용해 공격 해왔다. 이때는 분노한 현지 주민도 함께 싸웠다. 철도직원까지 개입하여 방해에 나선 패거리들의 배후에 스탠더드오일이 있다고 확신했다. 지원을 요청해 대략 50정의 총도 제공받았다. 에머리는 라이플총을 약 20정 구입한 뒤 야영지에 방어벽을 쳤다. 부설해 놓은 파이프를 지켜냈고 법원에서도 송유관 허가가 나왔다. 배수의 진을 친 에머리가 마지막의 마지막까지 가서 승리한 것이다.

그 결과, 송유관의 자유로운 부설을 허용하는 법안이 뉴저지 주 의회에 제출됐다. 법안만 통과하면 동의 없이도 철도 선로 아래에 파이프를 부설할 수 있었다. 신문 등은 스탠더드오일과 철도회사의 방해공작으로 인해 법안이 통과되지는 못할 것이라고 대서특필했다. 심의가 시작되자 법안 통과를 담당해야 할 상원의원이 사라졌고 의회는 정회되었다. 유나이티드 파이프라인의 고문 로저 셔먼은 대담하게도 셔먼 반트러스트법으로 스탠더드오일을 고소하기 위한 준비를 시작했다. 하지만 두 달 후 셔먼이 사망하는 최악의 사태가 벌어진다.

　그 결과, 건설 중이던 송유관은 자유로운 부설을 허용하고 있는 펜실베이니아 주를 통과하도록 계획을 변경했다. 법정 싸움을 위해 25만 달러를 사용하면서 수많은 방해를 극복하며 9년을 보낸 1901년 5월, 드디어 석유지대에서 동부 해안 지역의 필라델피아까지 연결되는 송유관이 부설되었다.

　에머리는 1899년 열린 공업위원회에 출석하여 송유관을 설치하는 데 스탠더드오일의 방해 때문에 어려움을 겪었다고 밝혔다. 1900년에는 퓨어오일과 유나이티드스테이트 파이프라인이 합병하여 자본금을 1,000만 달러로 늘리고, "석유 사업은 스탠더드오일의 것"이라고 주장하는 록펠러에 대한 대항 태세를 한층 더 강화하였다. 독립계열 업체들은 성공적으로 싸웠고 지금도 존속되고 있다. 현 시점에서 하루 평균 8,000배럴의 원유를 생산하고 있으며, 원유 수송용 송유관은 1,500마일(2,400킬로미터), 정제유 수송용 송유관은 400마일(640킬로미티)까지 연장되었다. 유조선, 그리고 영국, 독일, 네덜란드 등 주요국 거점을 통해 유럽에서도 판매되고 있다.

퓨어오일이 강력한 조직이 될 수 있었던 것은 스탠더드오일의 집요한 방해 행위 때문이었다고 타벨은 지적했다. 스탠더드오일은 최대 규모의 업체를 여러 개 인수하고 생산자 보호를 위해 만들어진 조직을 해체하기 위해 심혈을 기울였다. 철도회사를 이용한 록펠러의 밀어내기 공작에 맞서기 위해 독립업체들은 결속했다. 철도회사와 스탠더드오일의 송유관을 이용할 때 부과되는 높은 운송료는 독립계열 업자들로 하여금 동부 지역으로 가는 독자적인 송유관 부설에 힘을 쏟게 만드는 원동력으로 작용했고 심지어 유럽 시장 개척에 나서도록 만들기도 했다. 퓨어오일의 성공은 강한 인내심을 갖고 품질 경쟁력만 갖추면 독립계열 업자리도 석유 사업을 할 수 있다는 것을 증명해 냈다. 그 결과, 업계의 경쟁구도가 부활하였고 석유 가격은 현저하게 인하되었다. 1876년 이후 스탠더드오일이 유가를 장악하고 있었다는 사실이 증명되었다고 타벨은 결론지었다.

제15장에는 독립계열 업체가 결속하여 설립한 퓨어오일의 임원 네 명의 사진, 송유관을 땅 속에 부설하기 위해 작업하는 노동자들을 그린 삽화, 펜실베이니아 주에 퓨어오일이 부설한 송유관 노선도, 석유제품의 가격표 등이 게재되었다.

석유 가격

제16장에서는 시장을 거의 장악한 록펠러가 세계 제일의 부자로 올라설 수 있게 만든 원동력, 즉 거액의 이익을 창출하기 위해 구축한 고가정책에 대해 분석했다. 탄탄한 트러스트 제국을 형성하고 시장을 지배하면서 석유가격을 마음대로 조종할 수 있게 만든 비밀을 풀어내기 위해 미국 전역의 석유 가격을 샅샅이 조사하여 풀어내었다. 키워드는 경쟁이었다.

록펠러는 자신이 고안한 트러스트 기법을 활용하여 산하 기업의 지배력을 결집했다. 보다 강력한 시장지배력을 행사하면서 생산량과 가격을 자유롭게 조종하며 거액의 부를 끌어 모았다. 타벨은 그 악랄한 수법을 상세하게 분석하여 독점에서 기인하는 폐해와 해악을 색출해 내는 데에 성공했다. 곳곳에서 탐사보도의 진면목이 드러난다고 해도 과언이 아닐 것이다. 소제목을 살펴보자.

① 초기 제휴계획은 가격유지 목적을 포함 ② 남부개발도 동일한 계획 ③ 1872~73년의 제휴로 가격 상승 ④ 계획 실패로 가격 하락 ⑤ 두 번째 통합의 성공으로 스탠더드오일은 1876~77년에 거액의 이익 확보 ⑥ 경쟁 후퇴로 가격 하락 ⑦ 1880년 스탠더드오일이 1876~77년의 공격을 반복했지만, 이는 쓸모없는 시도 ⑧ 스탠더드오일, 유가를 인상하면 시장 약화와 경쟁 격화로 이어질 것이라고 확신 ⑨ 1879~89년에 거액의 이익 ⑩ 경쟁으로 인해 1889년 이후 수출 차익 저하 ⑪ 눈에 띄는 국내가격 조작 ⑫

스탠더드오일의 해외 경쟁을 위한 대가를 국내 소비자가 지불 ⑬ 스탠더드오일의 동일 제품 국내 가격은 천차만별 ⑭ 경쟁 없는 지역은 고가, 경쟁 있는 지역은 저가

타벨은 록펠러에 의한 시장 지배의 원형으로 남부개발을 자주 거론해 왔다. 여기에서도 첫머리에 남부개발에 관해 다시 쓰고 있다. 그 이유에 대해 "그것은 단순히 모든 업체를 석유정제시장에서 내쫓기 위한 신속하고 효과적인 방법이었을 뿐 아니라 생산량을 지배하고 가격을 올릴 수 있었기 때문"이라고 설명했다.

남부개발 구상이 실패하고 4년이 지난 후, 록펠러는 유사한 사업을 시작했다. 스탠더드오일의 고위간부는 그 이유를 "가격 인상, 그것뿐"이라고 말했다. 이익을 유지하기 위해 분투하는 것은 당연지사지만, 록펠러가 성공을 거둔 것은 미국 전역의 정제업자를 산하에 거느릴 수 있었기 때문이다.

1872~1873년, 록펠러는 생산 카르텔을 체결하였지만 곧 실패했다. 3년 후인 1875년에 생산량의 90% 지배를 목표로 새로운 도전을 시작했고 4년 만에 그 목표를 실현시켰다. 이후에도 80% 이상을 지배했으며 지금도 변함없다. "일용품 시장의 70% 이상을 지배하면 가격을 조종할 수 있다." 스탠더드오일은 이를 완벽하게 실현했고 본사에서 원유와 정제유 가격에 관한 지령을 내려 보냈다. 창업 후 8년 동안 경쟁업체를 대상으로 대담한 방식의 싸움을 걸면서 해외시장을 개척

해 윤활유 등의 수출이 증가했고, 원유의 장거리 수송을 위한 송유관도 등장했다. 하지만 일반 소비자를 위한 혜택은 없었다.

록펠러는 "석유사업은 모두 송유관에 의존한다. 이것이 없으면 석유사업은 모두 폐쇄될 것이다. 해외시장도 마찬가지"라고 말했다. 1879년부터 1889년까지 시세차익이 하락하기는커녕, 종종 상승했다. 석유사업의 새로운 부가제품이 확대되었고, 10%에 달하는 폐기물도 대부분 유용하게 활용되었다.

스탠더드오일이 10년 동안 경쟁을 봉쇄하여 거액의 이익을 벌어들인 것은 분명한 사실이다. 조명용 기름 약 50억 갤런을 수출하면서 시장의 약 90%를 지배하였다. 여기에 가격 조작도 가해졌다.

1879년에 자본금 350만 달러에 배당금 315만 달러, 총수익은 1885년 800만 달러, 1886년 1,500만 달러, 그리고 1888년에는 1,600만 달러를 넘어섰다. 1889년 들어서는 차익이 하락하기 시작되는데 경쟁이 시작된 결과였다.

뉴욕에도 거점을 두고 있던 독일 기업이 큰 규모의 저장 탱크를 유럽 내에 건설하고 판매처를 스위스 등지로 확장했다. 이를 위해 여러 척의 유조선을 확보하고 펜실베이니아 주 등의 독립계열 업자와 제휴를 체결했다. 같은 해 러시아산 석유가 처음으로 서유럽 국가에 유입되기 시작했다. 그리고 치열한 판매경쟁이 시작되었다. 이는 미국산 석유에 대한 잠재적 위협이 되었다. 1892년이 되자 정제유 가격이 하락했고 그 하락세는 약 3년간 지속되었다.

1889년 유럽시장에서는 판매경쟁으로 인해 가격을 인하한 반면, 미국 내 가격은 여전히 고가에 머물러 있었다. 러시아, 루마니아, 아시아 등지에서 생산되는 석유와의 판매경쟁을 위해 미국 내 소비자들은 값비싼 석유를 구입해야 하는 상황이 된 것이다.

1888년 연방의회 위원회에 제출된 자료에 따르면, 정제유의 배럴당 가격은 아칸소 주에서 8~18센트, 테네시 주에서 8~16센트, 미시시피 주에서 11~17센트 정도였다. 가격 폭이 두 배 이상이다.

가장 상세한 자료는 1901년 2월 연방의회 공업위원회에서 실시한 조사결과다. 5,000건의 소비자 대상 판매점을 조사했는데 위원회에 보내온 답변은 1,578건이었고, 그 결과는 놀라웠다. 조명용 기름의 도매가격은 콜로라도 주 13~20센트, 델라웨어 주 8~10센트, 일리노이 주 6~10샌드, 엘라배마 주 10.5~16센트, 미시간 주 5.5~12.5센트, 미주리 주 7.5~12.5센트, 켄터키 주 7~12.5센트, 오하이오 주 5.5~9.75센트, 캘리포니아 주 12.5~20센트, 유타 주 20~22센트, 메인 주 8.25~12.75센트 등이었다.

도매가격이 오리건 주에서는 8센트, 로드아일랜드 주에서는 1.5센트로 그 폭의 차이가 컸다. 버몬트 주에서는 4.5센트, 뉴햄프셔 주는 겨우 1.75센트, 델라웨어 주에서는 2센트 정도였다. 최고가와 최저가의 격차가 두 배 이상인 주도 있었다. 물론 이전에도 운송요금에 따라서 2.3센트 정도의 차이는 있었다.

타벨에 따르면, 당시 미국에서 운송요금과 배달요금을 감안해도 조명용 기름처럼 안정적인 가격과 이익을 확보할 수 있는 생활용품은 없었다. 지금은 그 어떤 생활용품이라도 공정한 방식으로 이익을 올리는 것이 소비자들에게도 유리하다는 사실을 대부분 인정할 것이다. 운송요금과 배달비용을 고려하더라도 텍사스 주든 오하이오 주든 똑같은 이윤으로 판매되어야 하고, 이를 위해서는 자유롭고 일반적인 판매경쟁이 있어야 한다는 것이 타벨의 입장이었다.

하지만 스탠더드오일은 시장지배력을 활용해서 이윤을 높여 가며 판매했다. 1879년 이후 판매경쟁은 없었고, 같은 해에 스탠더드오일은 미국 전역 정제유의 95%, 1888년에는 약 80%, 1893년에는 약 83%를 지배하였다. 시장점유율이 5~17%에 불과했던 독립계열 사업자에게 판매 경쟁을 기대할 수 있는 지역은 제한적이었다. 타벨은 이 점을 지적하고 있다.

흥미로운 것은 스탠더드오일의 장부목록 가운데 유일하게 손해를 본 점포가 하나 있었다는 점이다. 이상하게 생각되어 조사해 보니, 독립계열 사업자와 경쟁하고 있던 지역의 점포였다. 공업위원회가 조사한 일람표를 체크해 보면, 가격이 저렴한 지역은 판매경쟁이 있는 곳임을 확인할 수 있다. 인디애나 주의 인디애나폴리스에서는 경쟁업체가 있는 지역의 갤런 당 도매가격이 5.5센트였고, 경쟁업체가 없는 지역에서는 8~10.5센트였다. 1904년 4월 같은 주의 조사에서도 경쟁업체가 있는지 없는지에 따라서 놀랄 만큼의 가격 차이가 확인되었다.

타벨은 공업위원회 보고서에 수록된 내용 중에서 1896년과 1897년 지역에서 발생한 "석유전쟁"의 흥미로운 사례를 인용했다. 1896년 3월, 뉴욕 시내에 독립계열 회사인 퓨어오일이 석유를 가득 채운 세 대의 탱크차를 설치하였다. 같은 날 스탠더드오일의 석유 가격은 퓨어오일과 마찬가지로 9.5센트였는데, 1주일도 지나지 않아 8센트로 하락했고, 같은 해 4월에는 7센트, 12월에는 6센트, 그리고 이듬해에는 5.4센트까지 떨어졌다.

　시장 경쟁으로 인해 저렴한 가격이 유지된 것이다. 25년 동안 경쟁자가 없는 캔자스 주의 석유 가격이 판매 경쟁이 계속 되던 켄터키 주보다 평균 약 4센트 더 비쌌던 이유는 무엇일까? 경쟁자가 없는 콜로라도 주의 평균 석유 가격은 16.9센트, 경쟁자가 있는 캘리포니아 주에서는 14.6센트였다. 자세히 살펴보면 스탠더드오일이 시장지배력을 이용해 가격을 끌어올리고 있다는 결론에 도달한다. "그 결과 (경쟁이 없으면) 우리는 자유로운 경쟁상황에서보다 항상 더 높은 가격에 정제유를 구입하게 된다."는 것이 타벨의 결론이었다.

　이것이야말로 트러스트와 같은 기업결합의 주목적이다. 스탠더드오일은 결합을 통해 얻은 이윤을 소비자에게 어떻게 환원할 것인지를 화두로 올리는 일이 결코 없었다. 스탠더드오일의 임원 로저스는 1899년 공업위원회에 출석하여 가격을 인하하지 않는 이유에 대해 "사업은 건강을 위해서가 아니라 돈을 벌기 위한 것"이라고 솔직하게 답변했다.

소비자들이 제품을 비싸게 구입하고 있을 뿐 아니라, 석유사업 말단에서의 경쟁은 점점 더 어려워지고 있었다. 남부개발을 설립한 것은 판매경쟁을 없애기 위해서였다. 운임 차별도 마찬가지다. 일련의 송유관 회사를 설립한 것도, 경쟁자들의 정보를 수집하기 위해 스파이망을 정비한 것도 모두 같은 이유에서다. 석유 전쟁도 마찬가지였다. 경쟁사의 사업을 어렵게 만들기 위한 완벽한 수법이었다.

하지만 스탠더드오일이 석유 가격을 저렴하게 만드는 데에 기여했다는 시각도 여전히 존재했다. 1860년대 말과 1870년대를 되돌아보면, 석유의 갤런 당 가격이 50~60센트였던 것에서 현재는 12~15센트까지 하락했는데, 기업결합(트러스트)의 성과라는 해석이다. 록펠러 역시 뉴욕 상원 위원회에서 "1861년에 석유는 갤런 당 64센트에 팔리고 있었지만, 지금은 6.25센트"라고 증언하기도 했다.

이에 대해 타벨은 "비교가 잘못됐다"는 사실을 간파하고 있었다. 1861년 석유지대에는 철도가 없었고, 선착장까지 석유를 옮기는 데 3~10달러의 비용이 소요되었다. 석유 정제 과정이 조잡하고 낭비가 너무 많았으며 시장도 정비되지 않은 상황이었다. 따라서 록펠러가 가격 인하를 주장하려고 한다면 1861년 61.5센트에서 25.625센트로 하락했다고 하는 것이 정확하다고도 지적했다.

타벨은 가격이 하락한 이유가 동부 해안 지대로 향하는 송유관 부설과 부속제품의 개발, 대량수송으로의 전환 등 효율화의 결과라고 반박하였다. 그리고 가격 하락이 트러스트 효과라는 록펠러의 주장은 "석유의 역사를 배운 적이 없기 때문"이라고 단언했다.

타벨은 "많은 사람들이 철도의 의미를 모른다."고도 지적했다. 1866년부터 1876년에는 판매경쟁으로 인해 가격이 하락했고, 판매경쟁이 없어진 1876년부터 1877년까지는 가격이 상승했다. 그러나 생산자와 독립계열 정제업자들이 조합을 결성하여 시장 경쟁이 시작된 1877년부터 1879년에는 가격이 하락하였다. 시장에서의 경쟁업체들이 스탠던드오일의 휘하로 들어가자 스탠더드오일은 마침내 최고 권력이 되었고, 이 후 10년 동안 차익의 1% 이하로 가격이 내려간 적이 없었다. 1879년 들어 10년 만에 가격이 하락한 이유는 경쟁구도가 돌아왔기 때문이라는 것이 타벨의 분석이다. 타벨은 마지막에 다음과 같이 결론을 제시했다.

스탠더드오일의 결합체가 경쟁 이외의 방법으로 석유 가격을 내린다고 믿는 것은 죽이려고 하거나 속고 있는 것이다. 인류의 오랜 역사적 경험을 통해 정부나 교회에 독재 권력을 부여하면 인민을 억압하거나 속이기 일쑤였음을 알 수 있다. 수세기 동안 일반 대중이 국가와 싸워 온 것은 공정하고 안정적인 정부를 형성하기 위함이었다. 이를 위해 우리들은 왕, 황제, 대통령에게 1,000개 이상의 제약을 부과하고 속박해 왔다. 교회에 대해서도 마찬가지다. 그럼에도 불구하고 미국에서는 아직도 상업적 비즈니스에서 사실상의 독재적 권력을 인정하고 있다. 법률정신과 철도운송강령이 이러한 특권을 금지하고 있음에도 불구하고 운송 영역에서 경쟁자를 말살하는 특권을 용인하고 있다. 우리들은 주를 아우르는 거대한 통합을 용인하고 있으며 강령이나 정보공개도 요구하지 않는다. 제휴관계로 맺어진 사람들, 기업, 사업을 위한 공동조직의 권한은 제한되어야 하며 합리적인 조사와 정보공개 하에 두어야 한다.

놀랍게도 생활필수품 가격을 스탠더드오일의 남자 아홉 명이 지배하고 있다는 사실이 드러났다. 아홉 명은 탁월한 능력으로 가격지배력을 행사해 왔다. 법정 배당금 이외에 엄청난 배당을 받아내는 확실한 수단이기도 했고, 일반인을 속이기 위한 가장 설득력 있는 방식이었으며 판매경쟁의 숨통을 끊어놓는 가장 잔혹한 무기였다.

제16장에는 석유제품의 가격 추이를 확인할 수 있는 꺾은선 그래프 여섯 장이 실렸다.

스탠더드오일의 위대함

타벨은 위법성이 농후한 록펠러의 사업 모델을 풀어냈다. 그렇다면 경제학적 경영학적 관점에서는 스탠더드오일을 어떻게 평가했을가? 타벨이 냉정한 관점에서 스탠더드오일의 위대함을 설명한 것이 제17장이다.

① 권력의 중앙집권화 ② 록펠러와 다른 여덟 명의 신탁자가 파트너처럼 사업을 운영 ③ 신탁자들 입장에서 가치 있는 모든 정보를 수집하기 위한

뉴스 수집 조직 ④ 록펠러는 모든 자리에 선발된 인원을 배치하여 서로 경쟁하도록 강구 ⑤ 설비는 적절히 배치 ⑥ 작은 지출도 꼼꼼하게 체크 ⑦ 새로운 상황이 발생하면 신속하게 대응 ⑧ 제품 공급을 통한 절약 도입 ⑨ 이익은 누구에게도 지불하지 않아 ⑩ 제품 및 부속생산물의 이익 확대 ⑪ 큰 것을 이해하기 위한 일반적인 능력과 그것을 지배하는 대담함

록펠러의 성공은 업계를 사실상 독점한 것이나 다름없었다. 그 결과 처음부터 특별한 혜택을 누리고 있었지만 이것만으로는 그의 성공을 설명할 수 없다. 위법행위를 통해 유리한 입장에 선 것 역시 트러스트 형성에 도움이 되었다.

타벨은 에너지, 스파이 행위 등 죄에 찌든 거대 트러스트는 늘 탐욕스럽고 교활했으며 절조도 없었지만, 인내심을 갖고 모든 것을 차분하게 조망한 총수야말로 철도를 급습하여 성공리에 성과를 거둘 수 있게 만들었다고 분석했다. 이런 유형의 영속적인 안정과 성장을 가져온 인물로 평가받은 것은 록펠러뿐이다. 대범한 위법성과는 별도로 록펠러의 위대한 정통성을 분석해 보면, 가톨릭교회 혹은 나폴레옹 정부처럼 "완벽하게 중앙집권화 된 기반을 창설했다."고 타벨은 분석했다.

앞에서 소개한 것처럼, 사업은 록펠러를 중심으로 아홉 명의 신탁자에 의해 운영되고 있었다. 경영에 관여한 아홉 명은 회사의 경영과 발전에 주력한 파트너였다. 사내에는 각종 위원회가 설치되어 중국

에서 러시아산 석유와 판매 경쟁을 하는 것에서부터 미국 내 원유 채굴 상황에 이르기까지 모든 문제를 협의했다. 원유위원회에서는 세계 원유 상황이 보고되었고, 제조위원회에서는 정제유 연구와 폐기물 이용, 신제품 개발에 관해 토론했으며, 국내외 곳곳에서의 판매 경쟁을 검토하는 시장판매위원회도 있었다. 위원회에는 세계 각지에서 수집한 정보가 들어왔고, 그 속에는 경쟁자들에 대한 정보도 담겨 있었다. 운송위원회에서는 철도회사의 운송운임에 관한 정보가 보고되었다.

신문사와 마찬가지로 미국 전역의 석유지역과 세계 각지의 수도에 통신원을 폭넓게 배치하여 정보를 수집했다. 유럽에서는 현지 고급지의 저널리스트, 외교관, 비즈니스맨들에게 관련 정보를 보내 주도록 의뢰했다. 석유가 채굴되는 지역에서도 마찬가지다. 아홉 명은 석유사업의 모든 것에 정통했다. 이익 창출을 위해 석유 관련 정보를 이렇게까지 수집하고 이용한 것은 아마도 최초일 것이다. 총수 록펠러가 미국 전역의 석유정제에 관한 모든 시설을 정확하게 통제한 것이다.

록펠러의 위대한 업적 중 또 하나는 공장을 설립한 경영자를 고용해 스탠더드오일의 경영 방식에 어울리도록 양성한 것이다. 그 경영자들이 여기에 협력한 것은 스탠더드오일과 같은 저렴한 철도 운임이 적용되면 자신들도 이익을 창출할 수 있다는 사실을 알고 있었기 때문이리라. 스탠더드의 산하에 편입된 정유소는 매달 상세한 보고를 올려야 했다. 보고 내용의 비교 결과가 통지되었고, 전체 정유소의 수준을 끌어올렸다. 아직 주먹구구식 경영방식이 통용되던 당시, 록펠러는 숫자를 제시하면서 주먹구구식의 조잡한 방식을 지적해 내고 이를 근대적인 경영방식으로 변신시킨 것이다. 이것이야 말로 록펠러가 남긴 가장 큰 공적이라는 것이 타벨의 평가다.

혁명적인 경영기법도 있었다. 취득한 시설의 채산이 맞지 않으면 정리를 하거나 채산성 향상을 위한 입지조건 등을 다시 검토했다. "다른 누구도 돈을 벌 수 있도록 하지 않겠다"는 록펠러의 신념에 따라 경영 효율화에 매진한 것이다. 소소해 보이는 절약이더라도 회사 전체로 보면 막대한 금액의 합리화로 이어졌다.

타벨은 사소한 일에도 신경을 쓸 줄 아는 천재 록펠러의 전략적 우월성을 프랑스 혁명의 혼란을 수습하고 독재정권을 수립하여 유럽 대부분을 세력 하에 두었던 군대 업무의 천재 나폴레옹에 비유했다. 일단 이렇게 하겠다고 결정하면 절대 주눅 드는 일 없이 즉각적으로 행동을 개시했다. 다만, 펜실베이니아 철도로부터 송유관 회사를 빼앗은 것처럼 그 수법은 약탈적이었다.

송유관 독점체제를 구축한 다음에는 원유가 발견되는 곳이라면 어디든 찾아 움직였다. 독립계열 송유관이 부설되어 철도를 대신해 주요 운송 수단이 되자, 철도회사가 나서 근거리 운송조차 방해하며 트러스트 제국을 구축하는 데에 큰 공헌을 했다. 하지만 얼마 지나지 않아 철도는 대량 운송 수단에서 제외됐다. 철도회사의 차별운임을 금지하는 주간통상법이 성립된 것도 중요한 배경으로 작동했다.

록펠러는 해외시장을 적극적으로 개척해서 유럽, 아시아 등에 도독자적인 거점을 속속 마련했다. 대형 유조선을 건조하고 시장개발도 적극 추진했다. 유황 함유량이 많아 조명용으로는 부적합한 것으로 알려져 있던 페루 리마의 원유를 활용하기 위해 거액의 자금을 투입해 새로운 정제법을 개발해 내기도 했다.

제품의 폭도 확장되었다. 윤활유를 예로 들자면, 수출량이 1872년에는 50만 갤런 이하였지만 25년 후인 1897년에는 그 100배에 달하는 5,000만 갤런 이상으로 증가했다. 윤활유를 독점 지배하면서 시장 연구와 제품 개발에 탁월한 능력을 발휘했다. 재봉틀, 전기, 증기기관 등 거의 모든 제품에 광범위하게 사용할 수 있는 윤활유도 제조해 냈다.

록펠러의 강점은 탁월한 전략, 미래를 내다보는 눈, 통찰력이 전부였다. 가공할 만한 비전과 확고한 목적은 록펠러의 야망을 실현하는데에 필수요소다. 손과 발이 되어 줄 인재들을 끌어들이지 않았다면 제국은 결코 이 정도까지 발전할 수 없었을 것이다. 록펠러의 한쪽 팔 역할을 한 찰스 록허트, W. G. 월든, 헨리 H. 로저스 등은 스탠더드오일이 아닌 다른 어떤 회사에서라도 핵심적인 역할을 담당했을 것이라고 타벨은 단언했다.

트러스트 조직 및 종업원의 주식 보유를 계기로 스탠더드오일의 효율성은 비약적으로 높아졌다. 배당은 30~48%. 여기에 반대세력의 존재는 트러스트의 결속력을 더욱 강하게 만드는 요인으로 작동했다. 무엇보다 석유지대 주민들은 스탠더드오일의 무절제함, 비밀주의, 통찰력, 인색함, 파렴치함 등에 반발하고 있었다.

어떻게 독점을 유지할 수 있었을까? 타벨은 그 성공 비밀을 ① 작은 조직으로 이룬 조화 ② 구성원의 능력 ③ 견고한 운영능력 ④ 과거의 일을 쉽게 털어버리는 성격 등에서 찾았다. 마지막으로 타벨은 다음과 같이 분석했다.

록펠러는 승리의 과실을 아직도 누리지 못하고 있다. 개인적 원한에 의한 끊임없는 비판은 훌륭한 계획을 망쳐 버리고 조사위원회에 종종 소환되게 만들었다. 록펠러의 트러스트 설립 이후 독립계열 업체들의 끊임없는 노력은 원유를 동부 지역으로 운송하는 송유관 부설로 이어졌다. 원유 가격의 인하는 '이런 사업자들의 노력을 기반으로 한 경쟁이 있었기 때문이었다.'

결론

드디어 마지막이다. 타벨이 혼신의 힘을 다해 집필한 결론이다. 어둠 속에 묻고 싶었던, 하지만 여론을 뒤흔드는 스탠더드오일의 각종 스캔들을 잇달아 폭로했지만 록펠러 제국은 여전히 건재했고 타벨은 격노했다. 타벨의 마지막 연재이자 결론에 해당하는 만큼 그 내용을 좀 자세히 소개하겠다. 기사의 소제목은 다음과 같다.

① 1892년 트러스트 해체를 명한 법원 명령을 따르지 않는 오하이오 주의 스탠더드오일, 1897년 법정모독 혐의로 소추 시작 ② 반트러스트 법을 위반한 스탠더드오일 산하 4개사를 추방하기 위한 소송 개시 ③ 모네 법무장관의 임기 만료로 인해 모든 소송 각하 ④ 스탠더드오일에게 뉴저지 주로 피할 것을 설득 ⑤ 스탠더드오일의 뉴저지 자본은 증가, 모든 스탠더드오일 사업은 새로운 조직으로 ⑥ 뉴저지 주의 약한 법규제 ⑦ 이익은 거대하며 스탠더드오일의 사업 지배는 거의 절대적 ⑧ 스탠더드오일은 본질적으로 남부개발 구상의 실현 ⑨ 항상 그렇지만 궁극적인 문제는 운송 ⑩ 운송 문제가 해결되지 않는 한 트러스트 문제는 계속된다 ⑪ 여러 가지 윤리 문제를 내포하고 있다

스탠더드오일의 목적과 수법은 생산량을 통제하여 원유와 정제유 가격을 지배하고자 1870년대에 계획했던 남부개발 구상과 같았다. 그 구상을 유지할 수 있었던 것은 운송을 통제하고 저렴한 운임을 제공 받을 수 있었기 때문이다.

당시 스탠더드오일은 어떠했나? 1892년에 해체되어 더 이상은 트러스트가 아니었다. 주식의 3분의 1은 록펠러가 소유하고 있었고, 14명의 임원으로 구성된 이사회 체제로 운영되고 있었다. 이익은 방대했으며, 배당금이 5년간 평균 4,500만 달러로 배당률 50%에 가까웠다. 막대한 금액의 연간 수익 중 3분의 1이 록펠러에게 돌아갔고,

90%는 스탠더드오일 일가를 구성하는 몇몇의 수중에 들어가는 것으로 보였다. 이익은 가스업계, 철도, 구리, 철강, 은행에 재투자되었고 금융 분야에서도 세계 최강이었다. 기업체질을 강화하기 위해 해마다 4,500만 달러의 자금도 투자하고 있었다.

석유시장을 어느 정도 지배하고 있었을까? 1898년 기준으로 2,400만 배럴 규모의 미국에서 약 2,000만 배럴의 석유제품을 스탠더드오일에서 생산했다. 80%가 넘는 시장지배력은 가격을 조절하는 힘이기도 했다. 10년 전까지만 해도 미국산 석유 가격이 비교적 저렴했기 때문에 해외에서 심각한 위협에 노출되는 일은 없었지만, 1885년 러시아산 석유가 유럽 시장에 등장하면서 유력한 경쟁자로 부상했다. 미국산이 여전히 경쟁력 우위를 유지할 수 있을지는 알 수 없는 노릇이었다. 스탠더드오일이 지배하던 아시아 시역에서는 러시아산 석유를 취급하는 영국의 셸 트랜스포트 앤드 트레이딩, 수마트라산 석유를 취급하는 네덜란드의 로열더치계열 회사 등을 중심으로 가격전쟁이 벌어지고 있었다. 이 전쟁에 종지부를 찍기 위해 같은 해 체결된 양자 간 협정으로 석유제품들의 가격이 저렴해 지면서 스탠더드오일의 영역을 넘보고 있었다.

스탠더드오일에게 가장 중요한 것은 리베이트, 드로우백, 스파이 행위, 약탈적인 판매경쟁 등의 수법이 언제까지 계속될 수 있을지 여부였다. 동부지역에서 거의 90%에 육박하는 송유관을 보유한 스탠더드오일은 유전과 저장 탱크를 연결하여 각지의 정유소로 운송하고 있었다. 공적 사명감을 갖고 모든 고객의 요청에 응해야 함에도 불구하고, 독립계열 업자의 집배 혹은 배송을 거부하고 송유관을 철거한 적도 있었다.

수송운임에서도 스탠더드오일 계열 회사는 운송에 소요되는 회계상의 비용을 지불한 반면, 독립계열 회사는 25년 전과 동일하게 상대적으로 비싼 요금을 지불해야 했다. 스탠더드계열과 독립계열 업체가 동일한 요금을 지불할 수 있도록 이 문제를 재판에 넘겨야 한다고 주장하는 법률가도 적지 않았다.

타벨은 "제소해 보면 재미있는 결과가 나왔을 것"이라고 썼다. 독립계열 업체들이 모두 불리한 조건에 놓여 있었기 때문이다. 철도 운임이 스탠더드오일에 유리했을 뿐 아니라, 화물차 비용에서도 몇 배의 차이가 났다. 화물을 싣고 내리기 위해 필요한 시설 이용은 거부당했고 소량 운반은 선불제였다. 철도회사들이 스탠더드오일의 분노를 살 것을 우려해서 차별적으로 대우했기 때문이다. 철도 운임을 규제하는 주간통상위원회가 설치된 이후에도 경쟁자들의 사업은 방해받았다. 스탠더드오일은 수많은 기업 이사회에 이름을 올려놓고 있었기 때문에 석유 이외에도 막대한 화물 운송에 영향을 미쳤다. 철강이나 구리 등 다른 업계 회사들과도 연계했고, 연계에 응하지 않는 업체들은 운송에서 제외됐다.

스탠더드오일은 금융시장에서도 큰 영향력을 행사하고 있었기 때문에 철도회사에 자금을 지원할 수도 방해할 수도 있었다. 주식 시장에서는 주가를 하락시킬 수도 상승시킬 수도 있었다. 이처럼 철도회사는 스탠더드오일과의 관계가 악화될 것을 두려워했기 때문에 1887년 이후에도 이전과 동일한 효과가 있는 운임차별제도를 존속시키려 했다.

1889년 5월과 1892년 12월에 운임차별 청문회가 개최되었고, 청문위원회는 철도회사에게 탱크와 통으로 운반되는 석유에 동일한 운임을 부과하도록 명령하였다. 철도회사는 이에 응하지 않았고 5년 후인 1894년 5월 청문회가 다시 열렸다. 그 결과, 10여개의 회사에게 약 10만 달러를 보상하라는 명령이 내려졌다. 하지만 철도회사는 위원회 요구를 거부했고 재판에 회부되었다. 이처럼 정의 실현을 위해 위원회가 조직되었고 세 번의 청문이 있었지만 결론은 나오지 않았다. 위원회가 명령을 내려노 철노회사는 응하지 않았고 12년이 지나도 문제는 해결되지 않았다. 운임 차별은 여전히 심각한 문제였고, 이 문제를 해결하지 않고는 트러스트 문제도 해결될 수 없는 상황이었다. 거대 트러스트에게 독립계열보다 저렴한 운임이 적용되는 한, 시장에서 경쟁자를 몰아내기 위한 염가 판매를 범죄로 규정하는 법률이 제정된다 해도 의미가 없어 보였다. 판매경쟁 이전에 시장 진입이 먼저 가능해야 했기 때문이다.

독립계열 업자들도 정부와 의회가 설치한 위원회를 신뢰하지 않았다. 이 때문에 석유 지대의 독립계열 업자들은 스스로 결집해서 활동했고 퓨어오일 설립에 이르렀다.

타벨은 이런 방식의 운송 통제가 지속되는 한 스탠더드오일은 계속해서 석유업계의 지배자로 군림할 것이며, 미국 국민은 이에 대한 무관심과 어리석음의 대가를 치르게 될 것이라고 경고했다. 또한 천연자원과 수송시스템이 스탠더드오일에 집중되는 정도가 해마다 확대되고 있음도 확인하게 될 것이라고 지적했다.

만약 모든 나라가 이런 방식의 경쟁으로 인한 공격을 받게 되고 사업은 200~300명에게 한정되어 언제나 값비싼 정제유를 구매해야 된다면 심각한 문제가 될 것이다. 그보다 더 큰 문제는 윤리적인 대가에 대한 우려였다. 사업 성공이 신성시되고 이를 위한 경영수법이 많은 사람에 의해 정당화된다면, 법 정신과 여론에 반하는 모든 유형의 속임수, 궤변, 중상모략 등이 스탠더드오일의 특권을 설명하는 데에 이용될 것이다.

록펠러는 1872년 실적이 양호한 정유소를 클리블랜드에 세웠다. 남부개발회사를 설립한 것은 경쟁자들을 말살하기 위해서였다. 1877년 엔바이어 트랜스포텐션사를 석유업계에서 몰아낸 것은 자신의 회사를 구하기 위해서가 아니라 미국 전역의 정유소를 손에 넣기 위해서였다. 타이드워터와의 전쟁도 경쟁에 의해 운송비용과 정제유 가격이 하락하는 것을 막기 위해서였고, 유나이티드스테이트 파이프라인을 방해한 것은 독점을 유지하기 위해서였다. 목적은 모두 독점 구축에 있었다.

록펠러를 옹호하는 사람들은 이런 조직이 형성되지 않았다면 석유

산업은 우수한 인력이나 자본이 부족하여 실패했을 것이라고 주장했다. 타벨은 그런 의견이야말로 유치하다고 단언했다. "업계의 제품들은 세계가 필요로 해서 만들어 진다. 저렴한 조명이 새롭게 등장하고 그 필요성과 가치가 인식되던 시기에 석유가 등장했고, 그 이전부터 등유는 문화가 발달한 세계 곳곳에 널리 퍼져 있었다. 1872년 석유사업의 진짜 장점은 석유를 저렴하게 한 것이며, 가격이 저렴해 지면 온 세상에 퍼져 나갈 것이다."

록펠러만이 사업에 필요한 충분한 자본을 얻을 수 있었다는 주장도 있었다. 실제로 막대한 투기성 자본이 처음 10년 동안 업계에 유입되었다. 하지만 석유지대에서 동부 해안 지역으로 향하는 최초의 송유관은 록펠러 이외의 자금으로 부설되었다. 석유 산업의 역사를 보면 저렴한 석유를 제공하는 데에는 드러스드와 같은 집합체가 필요 없다는 것을 알 수 있다. 판매경쟁이 벌어지면 원유와 정제유 사이의 차익이 줄어들었다. 권력과 부정행위를 동원해 "이것이 비즈니스"라고 정당화하는 록펠러의 주장은 특권, 교활한 꾀, 냉혹한 상술의 변명으로 이용되었고, 비즈니스에는 도덕이 적용되지 않는다는 주장이기도 했다.

타벨이 우려한 것은, 결국 록펠러의 비밀주의와 경영기법을 다른 다양한 비즈니스맨들도 이용해 왔고, 발각되면 "이건 장사야."라며 핑계를 댄다는 점이다. 기독교 교리의 품으로 돌아가 "사람은 실수를 하는 법이고, 누구나 서로의 잘못을 용서해야 한다"며 억지를 늘어놓기도 했다. 비즈니스에서의 성공이 찬미되거나 혹은 스탠더드오일 트러스트처럼 성공한 인물은 국가적 영웅이 되기도 했다. 트러스트 조직의 역사는 실용적인 돈벌이의 교훈이 되었고 이에 대항하여 싸운 사람들의 결과는 비참했다. 트러스트와 경쟁하면서 시달리고 뒤통수를 맞고 스파이행위의 대상이 되었다.

타벨에 따르면, 스탠더드오일은 스스로에게 필요하지 않다면 공공의 문제에는 관여하지 않았다. 사업가들은 종교나 정치 문제에 등장해서는 안 된다는 원칙도 지적으로나 도덕적으로나 타락해 버렸다는 지적이다. 1872년 이후, 스탠더드오일은 자신들에게 불리한 입법에 반대하기 위해서만 정치에 관여했다. 당시 석유업계는 신흥 산업으로 등장하여 지나치게 급격히 성장했고 투기 문제에 어떻게 대응해야 할지에 부심하고 있었다. 철도 부문에서는 요금 차별이 해결해야 할 매우 중요한 과제 중 하나였다. 물론 독립계열 업자들은 차별요금에 반대하기 위해 연대했다.

1872년 당시 석유전쟁에 관한 신문이나 잡지 기사를 보면 운송문제가 얼마나 심각했는지를 알 수 있다. 석유지대에서는 리베이트에 반대했고 모든 운임은 동일해야 하다는 내용에 합의하여 철도회사와 협정도 체결했다. 그 이전까지 록펠러는 리베이트를 수령했고 리베이트는 다른 분야에도 널리 퍼져 있었다. 기업 활동에 관한 정보공개, 운송의 자유, 동일 운임 등을 실현하기 위해 철도회사를 규제하는 주간통상법이 논의되었지만, 1876년부터 1887년까지 록펠러는 그 입

법을 방해하기 위해서 워싱턴에서 적극적으로 의회공작을 전개하고
있었다.

타벨은 이 책의 제5장에서도 거론했던, 가장 한심한 도덕적 퇴폐
사례를 다시 한 번 거론했다. 스탠더드오일이 아무것도 모르는 철도
회사 운송 담당 소년에게 얼마 안되는 용돈을 쥐어 주고 산업스파이
행위를 시켰던 사례. 타벨은 월 5달러 혹은 10달러의 용돈을 쥐어
주고 독립계열 업자의 정보를 비밀리에 보고하도록 지시 받은 젊은
사무원이 처음으로 배우게 된 교훈이 아마도 기업 윤리였을 것이라고
지적했다. 그 젊은이가 교회 주일학교에 앉아 우연히 록펠러의 설교
를 들었다면 과연 무엇을 배웠을까? 사업이라는 것은 평화적인 방식
으로 추구되어야 하는데, 많은 젊은이들이 사업은 전쟁이며, 도덕의
실천과는 아무런 상관이 없다고 생각하며 성장하고 있다는 것은 매우
놀라운 일이라는 우려를 표했다.

그럼 어떻게 해야 하는가? 타벨은 자신을 포함한 미국 국민이 스탠
더드오일의 성장 과정을 사례로 삼아 산업 구조의 잘못된 상황과
문제를 제거해야 한다고 지적했다. 제일 먼저 해야 할 일은 철도와
송유관 등 자유롭고 동일한 운임을 확보하는 것이며, 지극히 심각한
수술이 필요할지도 모른다고 역설했다. 운송문제가 적절한 방식으로
해결될 때까지 독점적인 트러스트는 주변에 더욱 가까이 있을 것이며
모두의 노력을 가로막는 장벽이 될 것이라고 단언했다.

타벨은 공정 경쟁을 경멸하는 방식의 사업을 교정하기 위해 필요

한 윤리가 점점 조롱거리가 되고 있다는 것도 언급했다. 공정한 방식과 규칙을 어긴다면 승리한다고 해도 가치가 없다. 경쟁자를 배제하고 특권을 획득하기 위해 싸우는 비즈니스맨이 프로답지 못하다는 불명예를 안게 될 때, 비즈니스를 젊은이들이 추구하기에 걸맞은 목표로 만들기 위해 그동안 먼 길을 걸어왔다고 할 수 있을 것이라는 말로 글을 마무리 했다.

타벨의 불후의 명저 〈스탠더드오일의 역사〉의 소개는 여기까지다. 사실, 스탠더드오일에 대한 기사의 마지막은 이것이 아니다. 총수 록펠러를 논평한 기사가 얼마 후 맥클루어스 매거진에 실리게 된다. 록펠러가 충격을 받은 것도 18회까지 이어진 연재 기사보다 자신을 논평한 마지막 기사였다고 알려져 있다.

제18장에는 모자를 쓰고 정장을 입은 록펠러의 최신 사진, 불꽃을 일으키며 타오르는 석유탱크 사진 등을 게재하여 스탠더드오일을 보다 가깝게 느낄 수 있도록 했다.

제8장

록펠러 제국의 해체

역사적인 기사 연재를 종료하고 약 1년 반이 지난 시점에 맥클루어스 매거진 내부에서 돌연 갈등이 발생하여 타벨과 동료 저널리스트 전원이 퇴사했다. 비슷한 시기에 호의적이고 동지적인 존재로 여겼던 루즈벨트 대통령이 탐사보도 저널리스트들을 공격하는 발언을 했다. 타벨과 탐사보도 전문 저널리스트들이 처한 상황이 급변하면서 수난의 시대에 돌입하게 되었다.

맥클루어스 매거진 퇴사

모두 18회까지 연재된 기사가 1904년 10월에 종료되면서 타벨은 록펠러 제국의 악행을 파헤쳐 고발한 초유명인사가 되어 있었다. 대형폭탄을 차례차례 터트리면서 트러스트의 문제점을 밝혀냈음에도 불구하고 타벨은 "모든 것을 다 쓰지 못했다"는 아쉬운 마음이 들었다.

그래서 다시 추진한 것이 7개월 후 맥클루어스 매거진 1905년 5월호에 게재된 "존 D. 록펠러: 캐릭터 분석John D. Rockefeller: A Character Study"이다. 스탠더드오일 총수의 이중적인 성격을 논평한 기사다.

이 기사는 타벨의 연재기사를 수록한 두 권의 단행본에는 포함되지 않았다. 세 번째 단행본도 출판되지 않았다. 기사 발표가 단행본 출판보다 늦어졌기 때문일까? 물론 그런 사정도 다분히 있었을지 모르지만, 결론부터 말하자면 내용을 고려해서 출판되지 않은 듯 하다. 타벨의 자서전에도 그 이유는 실려 있지 않다. 납득할 수 없는 사정이 있었을지도 모른다.

추가분의 기사 게재가 끝나자, 오너인 맥클루어와 필립스 편집장은 기사를 단행본으로 출판할지 여부를 다시 협의했다. 상하 두 권으로 구성된 단행본은 이미 베스트셀러에 올라 있었다. 두 번째 성공 가능성을 검토하는 것은 당연하다. 하지만 결론은 '보류'였다. 왜 그랬을까?

탐사보도에 정통한 와인버그 명예교수는 저서 〈트러스트와의 공방)에서 "록펠러 개인을 적으로 삼을 것이 아니라 그의 경영기법이 적으로 인식되기를 기대했기 때문"이라는 것을 이유 중 하나로 설명했다. 록펠러에 대한 인신공격이 너무 일방적이고 혹독했기 때문은 아니었을까?

추가된 기사는 타벨의 출신교 알레게니 대학의 아이다 타벨 사이트에 게재되어 있다. 인터넷상에서 "John D. Rockefeller", "a character study" 등을 검색어로 넣으면 쉽게 찾을 수 있다.

18회 연재된 기사는 사실 관계를 중심으로 담담하게 쓰여졌다는 인상이 강하다. 록펠러가 석유시장 정복에 성공하기까지의 사실관계를 시계열적으로 나열하고, 제3자적 입장에서 그 속에 내재된 법적 도덕적 윤리적 문제점을 감정적이지 않고 객관적이고 절도 있게 설명했다.

하지만, 추가된 기사는 좀 다르다. 이전까지 이성으로 억제해 온 록펠러에 대한 적개심마저 느껴질 정도의 처절한 분노가 한꺼번에 폭발한다. 구체적인 사례를 바탕으로 "이래도?" "저래도?"라며 다그치는 듯한 분노와 신랄함에 놀라움을 금치 못할 정도다.

록펠러의 경영기법을 포함해서 그 이상한 모습을 빠짐없이 분석하여 철저하게 공격했다. 쾌도난마를 끊는 듯한 신랄함에 경의를 표할 정도다. 그동안의 침착했던 논조와는 많이 달랐다.

이익 추구를 위해서라면 윤리와 도덕에 어긋나는 잔혹하고 범죄적인 수법을 마다하지 않았던 냉혹함의 한 편에서, 주일학교 교사로서 교회에 빈번하게 드나들며 신도들에게 도덕과 윤리를 강조하고 자선 사업에 공을 들이던 록펠러. 타벨은 그 간극과 지나친 불균형을 거론하면서 "이중인격"으로 규정했다. 그 내용을 간단히 정리해 봤다.

록펠러의 캐릭터 분석

"군주는 사려 깊고 자비로우며 경건하고 약속에 성실한 뛰어난 자질을 지녀야 한다. 그러나 경우에 따라서는 이와 정반대의 일도 단행할 수 있는 힘을 가져야 한다." 기사 서두에서 타벨은 16세기 이탈리아의 정치사상가 마키아벨리의 〈군주론 *The Prince*〉 제18장을 인용했다. 스탠더드오일을 왕국으로 지목하고 정상에 앉아있는 록펠러를 군주에 비유했는지도 모르겠다. 냉혹하고 무자비하며 비정한 방법으로 경쟁자들을 휘하에 두고 거느리며 시장 제패를 위한 점유율 확대에 성공해서 거대한 부를 쌓아 올린 것을 염두에 둔 것으로 볼 수 있을까?

타벨은 글의 서두에서 "세계에서 가장 중요한 남자", "세계 최대 부호", "세계에서 가장 성공한 남자", "인간이 가장 원하는 것을 얻은 남자", "미국의 이상을 실현한 남자" 등 록펠러의 업적을 나열했다.

하지만 언론과의 접촉을 피하며 계속해서 침묵을 지킨 록펠러에 대해 타벨은 "어둠 속에 머무는 것을 허용할 수 없다." "일반 대중은 록펠러가 어떤 유형의 인간인지 알 권리가 있을 뿐 아니라, 알아야 할 의무가 있다."고 갈파했다. "이제 록펠러가 대중에 의한 평결 앞에 나와야 할 때가 왔다."며 평결 개시를 선언했다.

타벨이 기사에서 가장 먼저 등장시킨 사람은 무능한 술고래, 발육 부전, 정신적인 비열함 등 평판이 좋지 않았던 할아버지였고, 그 다음에 악행으로 유명한 사기꾼, 도둑질과 강간 등 범죄 경력이 있는 아버지가 등장했다. 도덕관이 결여된 경영기법이 록펠러 일가의 전통이라는 것을 암시한 것이다. 이들의 존재를 영원히 비밀로 하고 싶었던 록펠러는 그야말로 큰 충격을 받은 모양이다.

록펠러의 가정환경을 먼저 소개한 뒤, 세계 최대 갑부로 부상할 수 있었던 원천으로 결코 공정하다고 볼 수 없는 철도회사의 불법적인 리베이트를 다시 소개했다. 리베이트를 요구한 이유는 무엇이었을까? "간교하게 충분히 참아내면 유리해진다."는 지론에 따라 철도회사에 많은 양의 화물 제공을 미끼로 삼아 앞으로 발생하게 될 이익의 분배를 제안했고 철도회사가 여기에 응했다고 타벨은 적고 있다.

록펠러는 리베이트를 통해 경쟁자를 걷어차거나 혹은 산하에 포섭함으로써 출신지역이기도 한 클리블랜드의 석유산업을 지배할 수 있다는 사실을 깨달았다. 리베이트가 내포하고 있는 윤리적 도덕적 문제점에 대해서는 전혀 무관심한 채, 비윤리적인 수법으로 독점체제를 구축해 가는 과정에서 록펠러의 캐릭터가 완성되었다고 타벨은 강조했다.

이는 연재기사에 담긴 내용과 크게 다르지 않다. 평범한 뇌 구조로는 생각할 수 없는 드로우백, 철도회사와 경쟁업체 직원을 매수해서 경쟁업체의 석유 수송처 및 수송량 등 상세한 정보를 수집하는 산업

스파이 행위들도 다시 명기했다. 록펠러가 다양한 수법을 이용해 경쟁업체의 철도 운송을 방해해 왔다는 내용은 이 책의 제5장과 제7장에서도 이미 소개한 바 있다. 타벨은 록펠러가 "절약에 관해서는 일종의 비정상적일 정도의 열의를 가지고 있었다."고도 묘사했다.

남부개발 구상에 대해서도 재차 언급했다. 철도회사 측에서 "독점이 형성된다.", "독립계열이 모두 파멸할 것이다.", "생산업자를 마음대로 조종하는 것이다." 등의 우려도 제기했으나, 록펠러는 듣는 척도하지 않고 시장 제패라는 목표로 돌진했다고 지적하고 있다.

"스스로 은닉, 스파이, 협박, 뇌물공여, 위증을 해야 했다." 타벨은 록펠러의 경영수법을 이렇게 표현했다. 은닉은 경쟁사를 차례차례 인수하여 휘하에 포섭하고 점유율을 꾸준히 높여가는 과정에서 스탠더드오일 측이 사실관계를 부인하고 회사의 실체도 밝히지 않은 것을 말한다. 목적을 수행하기 위해서는 "비밀이 더 중요"했던 것이다.

금전에 집착하는 록펠러의 태도에 대해서 타벨은 "타인에 대한 배려심은 제로이고, 극단적으로 제 잇속만을 차리는 자이며, 정의, 인간성, 애정, 인생의 기쁨보다 큰 탐욕을 지닌 전제군주"라고 표현했다. 록펠러에게서 후한 지원을 제공받아 든든한 뒷배가 되기도 했던 미 상원의원 마크 한나의 "다른 것은 모두 멀쩡한데, 돈에 사로잡힌 망자"라는 코멘트도 소개했다.

기사에서 외모에 대한 평가도 읽을 수 있다. 초상화 속 록펠러의 외모에 대해 "이것이 세계 최대 부호다운 인물인가? 집중력, 교활함,

잔혹함, 말로 다 표현하기 어려운 혐오가 느껴진다."고 딱 잘라 말했다.

타벨이 록펠러를 가까운 거리에서 직접 본 것은 단 한번으로, 교회 주일학교에서였다는 것은 앞에서 소개했다. 그때 받은 인상을 바탕으로 "인상은 압도적", "세계 제일의 노인", "살아있는 미이라", "엄청난 파워" 등의 표현을 전제한 다음, 두발, 속눈썹, 눈썹이 빠진 체격 큰 남자, 황소와 같은 목, 위협적인 어깨, 모든 것을 간파한 듯 작고 의도적이며 벽처럼 무표정하고 교활하고 무서운 눈 등과 같이 구체적으로 표현했다.

얼굴은 굳어 있고 이마는 넓으며, 윤곽이 뚜렷하고 건조한 피부, 부석부석 부어 있는 볼……. 이 정도까지 할 필요 있을까 싶을 만큼 세밀하게 묘사했다. 긍정적인 표현에 의한 평가라면 또 모르겠지만 이처럼 부정적이고 호된 표현에 대해서는 록펠러도 울분을 풀기 어려웠을 것이다.

타벨의 화살은 자선사업도 겨냥했다. 1905년 시점을 기준으로 시카고 대학에 기부한 금액은 약 1,500만 달러였다. 럿슈 의과대학 600만 달러, 존 홉킨스 대학 500만 달러, YMCA 70만 달러, 그 외의 대학에 총 700만 달러, 침례교 전도회에 100만 달러를 기부했다. 총 기부 금액이 4,000만 달러에 이르는 막대한 규모였다. 타벨은 "엄청난 수입에 비교하면 이 금액은 별거 아니다." "스탠더드오일의 3년 배당으로 충당할 수 있는 금액이다."라는 표현에서 알 수 있듯이 록펠러의 기부에 대한 평가 역시 부정적이었다.

설교도 길게 늘어놓았다. "35년 전에 록펠러가 부정의가 아니라 정의로운 질서를 가지고 이 업계에 와서 위대한 능력을 발휘했다면 이 세계에서 얼마나 많은 선을 이룰 수 있었을까?" "기회를 제한할 것이 아니라 기회의 평등에 시선을 줬다면 얼마나 많은 사람을 더 도울 수 있었을까?" "사회에 필요한 것은 자선사업이 아니라, 정정당당하게 경쟁하는 것임을 록펠러도 알고 있었던 것은 아닐까?"

신랄한 평가는 계속된다. "위선자, 모략가, 이상한 성격" "타인의 눈을 속이고 강철처럼 지배하면서, 숨겨져 있는 더 많은 돈을 응시하고 친구들에게서도 비밀리에 돈을 갈취할 계획을 세우는 사람, 결코 잊지 않고 쉬지 않고 만족하지 않는 사람" "록펠러의 겸손과 자비와 경건함은 많은 사람들을 오랫동안 속여 온 속임수" 등등.

경영 수법에 대해서도 "돈 밖에 모른다" "돈의 기계" "분별도 교양도 이상도 인격도 없었다" "신사도 아니고 인간도 아니다" "좋은 일을 한 적이 없다" "우리의 자유로운 성장을 위협적으로 가로 막았다" "사업을 위해서라는 이유로 탈법행위를 정당화" "의원을 매수" "경쟁자 속이기" "국제법 무시" "선거 유권자 매수" "중상모략" 등등 정말 신랄한 모든 표현을 나열했다. 끔찍할 정도다. 왜 단행본으로 추가 출판되지 않았는지에 대한 궁금증이 조금씩 풀린다.

기사에서는 친동생 프랭크와 재판까지 가서 결국 록펠러가 승리한 바 있는 스탠더드오일 주식 관련 분쟁에 대해서도 상당한 지면을 할애하여 소개했다. 타인에게 비밀로 하고 싶었던 가족 문제 스캔들이 잡지에 소상히 실려 공개되자 록펠러는 크게 충격을 받은 모양이다.

타벨은 왜 이렇게까지 록펠러를 싫어했을까? 18회 걸쳐 연재된 기사는 "딸의 복수"라고도 해석되었다. 가장 사랑하는 아버지 프랭크도 석유업자였고 록펠러와 정면으로 격돌한 바 있었다. 타벨이 록펠러의 캐릭터 분석을 집필하던 바로 그 시기, 록펠러의 압도적 힘에 눌려 패배한 후 실의에 빠진 아버지는 암으로 투병 중이었고, 타벨은 임종도 지키지 못한 채 아버지가 사망했다. 록펠러에 대한 마지막 원망이 불타오르던 시기이기도 했다. 그래서 기사 내용이 신랄했던 것일까?

서평

값비싼 가스등과는 별개로, 에디슨이 전등을 발명하기 이전 조명기구가 램프밖에 없던 당시, 록펠러가 판매한 등유는 생활필수품이었다. 록펠러는 소비자 판매 가격을 자유롭게 조작했을 뿐 아니라, 돈으로 의원을 매수하여 의회에서 불리한 법안은 폐기 시키고 유리한 법안은 통과 시키며 자신의 이익 창출을 위한 환경 조성에 적극 나섰다. 배금주의로 점철된 거대 트러스트에 대한 서민들의 반감이 커지고 있었다.

무엇보다 돈을 우선시 하는 탐욕주의가 만연하던, 도금시대라 불리던 당시 세태를 배경으로 트러스트의 횡포를 규탄하는 타벨의 기사가 맥클루어스 매거진에 연재되는 동안 줄곧 큰 인기를 얻었고, 상하

두 권의 책으로 엮어낸 단행본 〈스탠더드오일의 역사〉는 베스트셀러로 우뚝 섰다.

신문 등에 실린 서평은 대체로 양호했다. 뉴욕 타임스는 "비즈니스 소설 중의 그 어느 것보다 읽기 쉽다." "저자는 논란이 있을 수 있는 양면을 솔직하게 쓰고 있다."고 극찬했다. 워싱턴 타임스는 "미국 문단에서 걸출한 인물 중 한 사람임을 스스로 증명했다."고 평가했다. 크리틱에서는 "타벨 여사는 징이 울리기 전에 사실을 적시했으며, 스탠더드오일의 역사는 지금까지 미국에서 출간된 책 중에 가장 걸출하다."고 극찬했다. 상사인 맥클루어 역시 "미국에서 가장 유명한 여성이 됐다"며 타벨을 극찬했고, 일반 여론은 석유업계의 구세주 "잔 다르크"로 일컬었다.

록펠러에게 우호적인 언론 보도에서는 당연히 타벨과 기사를 폄훼하는 논조도 발견된다. 리베이트, 드로우백으로 견고하게 연결된 철도회사와의 밀착 관계를 지적한 것에 대해서, 잡지 네이션은 비밀리에 체결된 리베이트 등 비즈니스 관행에 대해 "매우 불쾌한 것은 사실이지만 경쟁은 필연적으로 유쾌하지 않은 것"이라며 스탠더드오일 측을 옹호했다. 예전에는 반 록펠러의 선봉이기도 했던 타이터스빌의 지역신문 오일 시티 데릭조차도 "히스테릭한 여자 vs. 역사적 사실: 타벨은 정당한 비즈니스 거래를 어떻게 곡해했는가?"라며 공격했다.

록펠러의 지원군은 학계에서도 등장했다. 하버드 대학의 대학원생

길버트 H. 몬태규가 비즈니스와 도덕, 윤리관을 구분하는 내용의 논문 "스탠더드오일의 융성과 발전The Rise and Progress of the Standard Oil Company"을 집필했는데, 이 논문이 스탠더드오일의 눈에 띄어 급거 출간되기에 이르렀다. 타벨과는 다른 시각에서, 그것도 학문적 분석에 역점을 둔 내용이라는 점 때문에 자신을 궁지에서 구해 줄 지원군이라고 생각했는지 논문을 호평하는 출판사의 추천글까지 곁들여 미국 전역의 도서관을 시작으로, 교사와 목사 등 유력 인사들에게 무료로 배포했다. 그 중 몇 권은 분노를 담은 편지와 함께 타벨에게도 배송되었다.

저명한 도서관 관계자는 "이 출판사에서 오랫동안 책을 구매해 왔지만 추천글을 첨부한 책이 배달돼 온 적은 한 번도 없었다. 미국 전역의 도서관에 배포되었다고 생각한다. 광고할 의도가 있거나 혹은 스탠더드오일이 자금을 대고 있는 것은 아닐까?'라고 지적하기도 했다. 타벨은 이것이 스탠더드오일의 간접적인 답변이라고 생각했다.

스탠더드오일에 우호적인 저널리스트 엘버드 허버드가 스탠더드오일의 의뢰로 책을 출판한다는 소식도 들려왔다. 스탠더드오일이 500만권을 주문해서 미국 전역의 교사, 저널리스트, 목사, 지도자들에게 배포했다. 록펠러의 지지자들이 찬반 양론의 편지와 함께 타벨에게 책을 보내오기도 했다.

타벨의 책은 그때까지 홍보에 소극적이었던 스탠더드오일의 태도를 180도 전환시켰다. 홍보담당 부문을 신설했고 담당자로 베테랑 신문기자를 기용하여 사사 편찬에도 착수했다. 록펠러의 회고록도 출판되었다.

탐사보도의 수난

루즈벨트의 공격

1906년에 들어서면서 타벨에게 예상치 못했던 두 가지 사태가 발생하였다. 하나는 탐사보도에 대한 루즈벨트 대통령의 공격이었고, 또 다른 하나는 몸담고 있던 맥클루어스 매거진 내부에서 발생한 갈등이었다. 편집부 안에서 갈등이 먼저 발생했고, 뒤이어 대통령이 관련된 사안이 발생했다.

결국 타벨과 편집부원 전원이 이탈해 맥클루어스 매거진은 사실상 휴간 상태가 되었다. 이것만으로도 탐사보도의 앞길에 먹구름을 드리우는 심각한 사태인데, 뛰어난 홍보감각으로 서민들에게 큰 인기를 끌고 있던 루즈벨트 대통령의 발언은 청천벽력과도 같았다. 탐사보도 저널리스트들의 최대 지원자이기도 했던 만큼 타벨과 저널리스트들은 거의 공황상태에 빠지고 말았다.

먼저 루즈벨트 대통령의 공격을 살펴보자. 공격은 사회개혁에 매진하는 혁신주의운동의 지도자 루즈벨트 대통령이 하원 의회에서 4월에 했던 연설로부터 시작되었다. 탐사보도 전문 저널리스트들에게 강력한 폭탄을 투하한 것과 마찬가지였다.

루즈벨트는 미국에서도 잘 알려진, 존 버니언John Bunyan의 17세기 종교서 〈천로역정The Pilgrim's Progress〉의 글을 인용하면서, "아무런 생각도 없고 말하지도 않고 쓰지도 않는 탐사보도 저널리스트들은 사회에 도움을 주지 못하고 있으며 선善을 위한 고발이 되기는커녕 악행이 될 가능성이 가장 큰 권력이 되었다."고 비판했다. 탐사보도 전문 저널리스트들을 "머크레이커muckraker"로 부르면서 "그들이 쓴 수많은 기사는 부정확하며, 거짓인 줄 알면서도 기사를 쓰는 저널리스트들도 있다."며 심각한 우려를 표명했다.

대통령의 발언을 계기로 미국에서는 탐사보도를 머크레이킹muck-raking으로, 탐사보도 전문 저널리스트를 머크레이커로 부르게 되었다. 당시의 탐사보도는 지금도 머크레이킹, 머크레이커로 불리고 있다. 루즈벨트 시대로부터 100여년이 지난 지금, 영단어 'muckrake'는 "정계나 유명인사 등의 부패, 스캔들 등을 파헤치는 행위"를 의미하게 되었다. 하지만, 원래는 "거름이나 오물을 모으는 갈퀴"를 의미하는 단어로 품위 있는 말은 아니다. 루즈벨트는 정치인, 기업, 저명인사의 부패와 스캔들에 관한 정보 수집에 혈안이 되어 탐사보도에 심혈을 기울이는 저널리스트들의 활동을 퇴비나 오물을 긁어모으는 작업과 갈퀴를 뜻하는, 좀 상스러운 단어를 사용해 단칼에 잘라 버린 것이다.

스캔들 보도에 피로감을 느끼는 시민들이 증가하기 시작한 절묘한 타이밍이었기에 루즈벨트의 발언과 호명은 일반 시민들에게도 큰 호응을 얻었다. 머크레이커들의 공격 대상이었던 유명인사들 입장에서는 속이 후련한 발언이었을 것이다. 언론사와 미디어를 조롱하는 '마스고미(ﾏｽｺﾞﾐ)'[7]라는 표현과 유사할 수도 있다.

대통령 연설은 선정적인 보도로 유명한 윌리엄 H. 허스트 계열의 뉴욕저널 등 황색저널리즘yellow journalism을 염두에 두고 있었던 것 같다. 당시 허스트 계열의 코스모폴리탄에서 나중에 탐사보도로 이름을 남긴 데이비드 그레엄 필립스가 "상원의 반역"이라는 제목의 기사를 게재했다. 상원의원들이 철도회사와 기업가, 자본가에게 매수되어 조종 당하는 실태를 폭로한 내용이다. 기사에서 신랄하게 비판 받은 이들은 대통령의 동지와 부하들이었고 자존심 강한 루즈벨트는 사실의 진위 여부를 떠나 이 기사에 분노가 치밀었던 것 같다. 그리고 탐사보도를 폄훼하는 신랄한 발언이 나온 것이다.

상원의원들의 문제점을 날카롭게 지적한 필립스의 기사들은 이후 큰 반향을 불러일으켰으며, 그 때까지 주 의회가 상원의원을 선출해 온 방식에도 의문이 제기되었다. 결국 연방정부가 움직였고 연방의회는 상원의원을 직접선거로 선출하는 내용의 수정헌법 제17조를 제안했다. 각 주가 이를 비준하여 지금과 같이 선거를 통해 상원의원을 선출하는 방식으로 바뀌었다. 저널리즘이 정치 제도의 불비不備를

---

7 역자주: "마스고미(ﾏｽｺﾞﾐ)"는 '매스 미디어'와 쓰레기라는 뜻의 '고미'를 조합한 일종의 인터넷 용어인데, 주로 언론사 또는 매스 미디어를 비판할 때 사용된다. 국내에서 주로 기자를 비판할 때 사용되는 '기레기'와 유사하지만, 비판의 맥락이나 대상에서 봤을 때, 두 용어는 미묘한 차이가 있다.

시정한 사례 중 하나다.

루즈벨트의 발언은 황색 저널리즘의 선동자로 알려진 신문왕 허스트에 대한 개인적인 반발이기도 했던 것 같다. 하원의원 출신인 허스트는 뉴욕 주지사를 목표로 자신의 선거운동에 저널리즘을 이용하고 있었을 뿐 아니라, 이를 발판 삼아 민주당 대통령 후보가 되어 백악관에 입성하겠다는 목표를 겨냥하고 있었다. 루즈벨트는 지치지도 않고 이런 수법을 이용하는 허스트에게 예사롭지 않은 반감을 갖고 있었으며 공화당과의 격돌도 우려해 왔다. 실제로 공화당 의원 20명 이상이 필립스의 탐사보도 기사로 인해 타격을 입었다. 필립스의 기사 뒤에서 허스트의 그림자를 발견했을지도 모른다.

4월 연설에는 전조가 있었다. 루즈벨트가 머크레이커라는 용어를 처음 언급한 것은 3월에 있었던 워싱턴 연설에서다. 신문기자들로 구성된 명문 클럽에서 오프더레코드를 전제로 한 인사말 도중에 탐사보도를 통해 선정적인 폭로기사 발굴에 골몰하는 저널리스트들을 머크레이커라는 용어로 비판했다. 오프더레코드는 기본적으로 기사화할 수 없는 발언이다. 대통령은 한 달 전에 이미 저널리스트들을 향해 폭탄을 투하한 것이다.

발레리 보덴Valerie Bodden의 책 〈머크레이커들Muckrakers〉(2016)에 따르면 대통령은 이때 "세계의 미덕과 선량한 사람들을 무시"하며 "선정적인 화제에만 초점을 두는 조심성 없는 머크레이커"라고 지목하며 비난했다. 이는 4월 의회에서 했던 연설 내용과 부합한다.

물의를 일으키는 발언이기는 했지만, 루즈벨트는 원래 사회개혁을 목표로 하는 탐사보도 저널리스트들과 우호적인 관계였다. 타벨과 맥클루어스 매거진의 저널리스트들 모두와 식사를 함께 하는 등 친밀한 관계를 유지하고 있었고, 발표자료 등도 사전에 먼저 제공하기도 했다.

3월 오프더레코드 연설을 들은 맥클루어스 매거진의 스테펀스는 대통령에게 "이 발언은 당신이 대통령에 당선되는 데에 기여한 모든 저널리스트들로 하여금 탐사보도를 그만두게 만드는 것"이라고 부드럽게 충고했다. 베가 역시 대통령에게 편지를 보내 "이런 공격은 (대통령과 마찬가지로) 순수하게 (사회개혁을) 목표로 하는 우리들의 일을 크게 저해할 가능성이 있습니다."라는 우려를 전달했다.

이에 대해 대통령은 맥클루어스 매거진의 저널리스트들을 지목한 연설이 아니라, 불충분한 취재를 바탕으로 선정적인 기사를 남발하는 저널리스트들의 주의를 환기시키기 위한 것이라고 해명했다. 대통령은 "나는 하수도의 가스가 아니라 빛과 공기를 담고 싶다. 방에 악취가 나고 창문이 잠겨 있으면 당연히 창문을 열 것이다." "선량한 사람에게 모진 공격을 해서는 안 되며, 악인에게도 그들이 하지 않은 일로 공격하거나 혹은 과장해서 공격해서는 안 된다. (이런 저널리스트들은) 악인들을 파헤쳐 권력에서 추방하기 위해 노력하는 우리들에게 잠재적인 적으로 보인다."며 이해를 구했다.

루즈벨트의 공격이 이치에 맞지 않는 일방적인 내용은 아니었다.

루즈벨트가 지적한 허스트 계열의 언론은 특히 악질적이었던 것 같다. 이 무렵의 미국은 황색 저널리즘이 일세를 풍미하던 시대다. 최우선의 목표는 부수 확대였기 때문에 정확성보다는 대중의 흥미를 유발하는 데에 중점을 두고 있었다. 사소한 일을 과장되게 부풀려 침소봉대하는 기사도 적지 않았고 선정적인 기사가 횡행했다.

미·스페인 전쟁 당시 퓰리처와 허스트의 싸움은 유명한 사례다. 두 신문왕은 전쟁을 부수 확대를 위한 천재일우의 기회로 보고 선정적인 조작 보도에 열을 올렸다. 황색 저널리즘의 거두로도 알려진 뉴욕저널은 1898년 미·스페인 전쟁이 발발하게 된 계기로 알려진 사건, 즉 당시 스페인령이었던 쿠바의 아바나 항구에 정박해 있던 미국 전함 메인호의 갑작스런 폭발과 침몰 원인을 근거도 없이 스페인군의 소행이라고 단정하는 기사를 보도했다. 선정적인 제목과 함께 다수의 미국군이 희생되기도 했지만, 신문은 팔리고 또 팔렸다. 허스트가 현장에 저널리스트들을 파견하면서 "당신들은 기사를 써라. 나는 전쟁을 만들겠다."고 격려했다는 일화도 전해지고 있다. 물론 허스트 자신은 이를 부인했다.

이 보도에 퓰리처의 뉴욕월드도 가담했고 뉴욕의 양대 신문이 격돌하면서 선정적 보도가 계속되었다. 뉴욕타임스는 이 같은 황색저널리즘 노선을 매섭게 비판했으며 대중들의 반감도 높아졌다. 퓰리처는 전쟁이 끝난 뒤에 자신들의 노선과 보도가 지나쳤음을 깊이 반성했고 이러한 노선의 보도는 진정됐다.

영어를 잘 못하는 이민자들도 많아서 난해한 기사보다 사진이나 만화, 일러스트로 지면을 가득 메운 읽기 쉬운 지면이 선호되던 시기였다는 것도 작용했을 것이다. 이런 유형의 기사를 우려했던 타벨, 편집 담당의 필립스, 그리고 맥클루어는 조작보도를 "일종의 질병"이라며 적대시했다.

지금 관점에서 보면, 페이크뉴스fake news로 여론을 부추기고 과장된 지면 구성으로 신문을 마구 팔아 대는 것과 유사하다. 저널리즘의 본질을 망각하고 돈벌이 수단으로만 여겼던 것이다. 전함 메인호의 사고 원인은 아직도 불분명하지만, 판매부수 확대를 지상 최대의 명제로 삼았던 허스트는 사실관계를 왜곡하는 일도 마다하지 않았고 독자들의 시선을 끌만한 요란한 기사를 만들어 낸 것만큼은 움직일 수 없는 사실로 남았다.

데니스 브라이언Denis Brian이 쓴 〈퓰리처: 어떤 인생Pulitzer: a life〉에서는 허스트와 견디기 힘든 경쟁을 벌이던 신문왕 퓰리처의 뉴욕월드가 뉴욕저널의 보도 전략에 끌려 들어가 선정적인 보도를 했던 사실을 다루고 있다. 당시 두 신문은 주요 제목과 뉴스 칼럼에서 "스페인이 범인일 가능성"을 보도했다. 윌리엄 매킨리 당시 대통령은 "신문보도가 발단이 되어 미국과 스페인이 교전에 들어간 적은 없다."고 밝힌 바 있지만, 무책임한 왜곡 보도가 여론을 조장한 것만큼은 분명한 사실이기도 하다.

루즈벨트에 관해서는 퓰리처의 뉴욕월드가 대통령이 연루된 파나마운하 자금 의혹을 보도하기도 했다. 미국이 4,000만 달러에 매입한 파나마운하 건설 권리 자금의 일부가 대통령에게 전달된 것 아니냐는 의혹이다. 루즈벨트는 이 신문을 상대로 명예훼손 소송을 제기했고, 언론자유를 중히 여긴 대법원은 뉴욕월드의 손을 들어줬다. 현재로 서는 퓰리처의 용맹함이라는 관점에서 기사를 바라보는 견해가 적지 않다. 무엇보다 이 기사는 1906년 탐사보도를 비판한 대통령 연설 이후인 1908년 말에 보도되었다.

다시 본론으로 돌아가자. 루즈벨트의 연설을 계기로 탐사보도에 대한 비난이 각계각층에서 거세졌다. 탐사보도의 붐을 타고 치밀한 취재도 없고 탄탄한 근거의 뒷받침도 없는 폭로성 기사가 빈발했기 때문이다. 선정성을 우선시 하면서 페이크 뉴스를 보도하는 언론보 도가 지각 있는 독자의 신뢰를 잃고 있었다.

당시 기업들은 탐사보도 즉 머크레이킹을 주력으로 하는 잡지에 대한 광고 제공을 망설이기 시작했다. 결국 이것이 언론사 경영의 기둥을 흔들었고 탐사 보도는 점차 쇠퇴해 갔다. 루즈벨트의 발언에 대해 타벨과 동료들도 상당히 당혹스러워했다. 후일 타벨은 "유감이 다.", 베이커는 "왜 이런 공격을 당하게 되었는지 알지 못했다."고 회고했다.

그로부터 대략 100년 후인 2016년 미국 대통령 선거와 2017년 프랑 스 대통령 선거 당시, 인터넷 상에서 페이크 뉴스가 범람하여 화제가 된 상황과 유사하다.

내분 발발

루즈벨트의 연설이 있기 얼마 전부터 맥클루어스 매거진의 편집 현장에서는 심각한 노선 갈등이 발생했다. 미국 혁신주의운동의 선봉장 역할을 해온 이 잡지의 탐사보도에도 중대한 영향을 미쳤고, 안타깝게도 이 갈등은 사실상의 휴간이라는 최악의 사태로 이어졌다.

타벨의 자서전에 따르면, 오너인 맥클루어가 잡지 편집부의 핵심 구성원인 필립스, 타벨, 베이커 등과 어떤 상의도 없이 새로운 회사 설립을 갑자기 선언했다. 맥클루어 유니버설 저널이라는 제목의 종합지 외에 은행, 생명보험, 학교 교재 인쇄 회사 등 자회사를 설립해서 다양한 분야로 사업을 확장하겠다는 뜻을 밝힌 것이다.

타벨과 동료들은 "어처구니없다" "위험을 내포한 투기적 계획"이라며 강도 높게 비판했다. 그들은 병치레가 잦은 아내의 요양을 목적으로 유럽에 나가 사무실을 비우는 일이 잦았던 맥클루어가 심신쇠약이나 극도의 피로로 인해 판단력이 흐려진 것 같다고 추측하기도 했다. 현장은 혼란스러웠고 기사 집필도 여의치 않았다. 맥클루어스 매거진의 편집 기능은 제대로 돌아가지 않았고, 최신호도 발간되지 못했다.

루즈벨트의 발언에 대해 탐사보도의 아성이기도 했던 맥클루어스 매거진 편집부와 타벨은 보다 적극적이고 과감하게 반박했어야 했다. 하지만 그러지 못했고 이것이 엉뚱한 억측을 불러 오기도 했다. 제대로 된 반박을 할 수 없었기 때문에 탐사보도 자체가 수세 국면에 서게 되었고, 탐사보도 전문 저널리스트들의 수난 시대가 시작되었다.

매거진의 내분은 상상 이상으로 그 뿌리가 깊었다. 타벨의 출신교인 알레게니 대학은 그 위업을 기념해 타벨 관련 기사를 열람할 수 있는 웹사이트를 구축해 놓고 있다. 그 첫 페이지에 같은 대학 그레그 그로스의 논문 "맥클루어스 매거진 편집부의 해산The Staff Breakup of McClure's Magazine"이 게재되어 있는데, 당시 편집부 내부에서 발생했던 갈등이 상세하게 기술되어 있다.

논문에 따르면, 오너인 맥클루어의 여성 문제가 얽혀 있었다. 병약한 아내의 요양 때문에 유럽에 나가 편집부를 비우는 일이 잦았던 맥클루어가 여성에 남다른 관심을 갖고 있다는 사실은 대학 동창이자 이 잡지를 함께 만든 단짝 편집장 필립스가 잘 알고 있었다. 타벨의 연재기사가 막바지에 이를 무렵, 맥클루어의 추천으로 그다지 좋아 보이지 않는 시가 맥클루어스 매거진에 게재되기 시작했다. 스테펀스는 맥클루어가 이 시의 여성 작가와 식사를 하는 모습도 보았고 두 사람이 유럽에서 만나고 있는 것 아니냐는 의혹도 제기됐다. 이 여성작가가 맥클루어에게 남다른 호감을 갖고 있다는 것이 매거진에 게재된 시의 내용을 통해 차츰 드러났다. 편집부 입장에서는 일대 스캔들이 될 수 있는 시한폭탄이었다.

탐사보도를 전문으로 하는 맥클루어스 매거진은 정치인, 기업인, 유명 인사, 대기업의 부패 등 악행과 스캔들을 폭로하면서 사회정의를 관철시키기 위한 개혁 지향적인 기사를 게재해 왔다. 그 오너가 윤리적으로 문제 있는 독신의 여성작가와 불륜 관계에 있다는 스캔들이 바깥으로 새어 나가면 개혁의 선도적 역할을 해온 그 동안의 성과와 평가가 물거품이 될 수도 있었다. 미국 전역에서 유수의 발행 부수를 자랑하고 있던 매거진의 존재 자체를 크게 흔들 수 있고, 자칫 치명적일 수도 있는 심각한 문제였다.

맥클루어스 매거진의 주요 독자는 개신교의 중산층이었다. 지금으로부터 100여 년 전의 당시는 남녀 문제에 지극히 엄격했던 시대다. 이 사실이 공개되면 맥클루어스 매거진의 평가는 땅에 떨어질 것이고 독자는 급속히 이탈할 수 있다. 편집부의 위기감은 깊어졌다. 맥클루어가 허풍처럼 보이기까지 하는 장대한 계획을 불쑥 내놓은 것은 아무래도 이 여성의 눈길을 끌기 위한 술책 중 하나일 것으로 판단되었다.

편집부의 필립스와 타벨은 맥클루어에게 관계 청산을 설득했고 여성작가에게도 적절한 대응을 촉구했다. 맥클루어는 이를 받아들였다. 타벨과 동료들은 위기가 지나간 줄 알았지만 그렇지 않았다. 그 이후에도 두 사람의 관계는 계속 되고 있었다.

타벨과 편집부 소속 여성들이 여성작가를 질투하고 있는 것 아닌가라는 헛소문까지 퍼지면서 거의 수렁에 빠진 모양새가 되었다. 그 와중에 맥클루어는 타벨에게 협력해 줄 것을 간청했다. 하지만 출판을 중심으로 거대 복합기업 설립을 계획하는 맥클루어에게 동의할 수 없었다. 편집부의 다섯 명 전원은 얼마 지나지 않아 퇴사를 결단했다. 정예 멤버가 없으면 잡지 출판은 불가능하다. 미 혁신주의 시대를 선도했던 탐사보도 전문지 맥클루어스 매거진은 돌연 휴간에 들어갔고, 이후에도 탐사보도 정예멤버에 의한 복간은 없었다.

매거진의 휴간이 탐사보도를 공격하는 루즈벨트 대통령의 연설 시기와 맞물리면서, 여론의 비판을 심각하게 받아들인 결과일 수 있다는 추측도 나왔다. 거물급 잡지가 자취를 감추면서 탐사보도 마저 점차 용두사미가 되고 말았다는 사실도 부인하기 어렵다. 갑자기 가산이 기울어진 저널리즘 업계에서 돈과 비용을 필요로 하는 탐사보도 영역은 점차 쇠퇴했다.

타벨은 맥클루어스 매거진에서 12년을 근무했고 스탠더드오일에 대한 집필에 소요된 기간은 약 5년이었다. 이 잡지를 무대로 의욕적으로 활동할 수 있었던 이유는 편집방침이었다고 자서전에서 밝혔다. 첫째, 저널리스트는 고급스러워야 하며 취재비용에도 관대해야 한다. 둘째, 좋은 기사를 쓰기 위해 저널리스트에게 충분한 시간이 주어져야 한다. 타벨의 이러한 생각은 지금의 저널리즘 현실에도 충분히 적용될 수 있는 원칙이다.

트러스트 정벌에 착수

기업국 창설

루즈벨트는 부통령 시절부터 정부가 트러스트를 감독하고 통제할 권한을 가져야 한다고 역설해 왔다. 1900년 9월에는 공정하고 공평한 규칙을 운용하기 위해 정부에 의한 기업규제를 도입한다는 내용의 "공정한 거래Square Deal" 계획을 내걸고 42세에 최연소 대통령으로 취임했다. 타벨의 동창이자 선배이기도 했던 알레게니 대학 출신의 전임 대통령 윌리엄 매킨리가 무정부주의자의 흉탄에 쓰러졌기 때문이다. 대통령 취임 후 루즈벨트는 의회에서의 첫 메시지를 통해 막대한 부의 축적으로 이어진 트러스트의 폐해를 지적하고 단호하게 대응하겠다는 결의를 표명했다.

트러스트의 황제 록펠러 제국의 횡포를 고발한 타벨의 연재 기사를 바탕으로 루즈벨트 정권은 어떻게 움직이기 시작했을까?

경기순환이론에서 주장하듯이, 초기 자본주의가 한창이던 당시 미국 경제는 호황기와 불황기를 번갈아 맞이하고 있었다. 호황기에는 경제가 확대되고 불황기에는 도산 기업이 속출했다. 실업률은 20%를 넘어 섰으며, 산업 생산량이 3분의 1 수준으로 감소한 1929년 세계공황만큼의 규모는 아니었지만, 공황에 이르면 그 영향은 막대했다. 기업들은 도산의 쓰라림을 피하기 위해 협정을 체결하거나 풀pool제를 도입하여 생산량 조정을 도모했다. 카르텔을 통해 가격 유지를 꾀하거나 협정을 통해 시장을 분할하여 경쟁을 봉쇄하고 도산을 방지했다. 소비자들은 높은 가격의 제품을 구매해야만 했다.

이렇게 시장지배 효과를 고조시킨 것이 고문변호사의 조언을 바탕으로 1879년 록펠러가 구축한 트러스트다. 구속력이 더 강한 기업결합의 일종이다. 철도와 동업자 간의 카르텔도 있었지만, 여기에서는 트러스트에 한정하여 살펴보자.

당시 미국 석유시장의 90% 이상을 지배하게 되는 록펠러의 경영수법은 다음과 같다. 미국 전역에서 40개사에 이르는 록펠러계열 기업의 주주 41명이 그 주식을 록펠러와 플래글러 등 9명의 수탁인(트러스트)에게 넘겼다. 그 대가로 주주 전원이 트러스트 증권을 받았고 그 증권은 40개사를 대표한다. 이에 따라 9명의 수탁인이 트러스트를 운영하고 이익은 주주에게 배당됐다. 이런 수법으로 산하 기업들이 수탁인으로 구성된 그룹 사령부에 의해 관리됐다. 실질적으로 소유와 지배를 분리한 것이다. 40개사는 견고하게 결합되어 미국의 석유시장을 거의 지배할 만큼 전무후무의 강력한 힘을 발휘했다.

록펠러의 성공으로 트러스트의 위력을 경험한 다른 대기업들 상당수가 이 방식을 모방했다. 5년 후인 1884년에는 면실유 트러스트가 만들어져 70개의 공장 등을 지배했다. 뒤 이어 위스키, 설탕, 아마기름, 납, 녹말, 벽지, 가죽, 철도 등의 분야에서도 트러스트가 차례차례 탄생했다. 종합상사의 캐치프레이즈 "라면에서 미사일까지"와 같이, 트러스트는 "식용 육류에서 묘비석"까지 놀라울 만큼 광범위한 생필품과 사치품 등의 많은 품목들을 취급하며 난립하기에 이르렀다. 협정의 구속력은 막강했고 시장에서 발휘되는 통제력은 눈부셨다.

왜 수 많은 대기업들이 트러스트에 빠져들었을까? 당시 미국에서 회사는 연방법이 아니라 각 주의 회사법에 의해 설립을 인가하고 있었다. 이 때문에 여러 개의 주에 걸쳐서 복수의 기업을 지배하는 것은 위법이었다. 지금처럼 한 회사가 다른 회사의 주식을 보유하는 것도 법적으로 허용되지 않았고 지주회사 제도도 없었다. 즉, 여러 주에 걸쳐 활동하는 비교적 규모가 큰 기업 입장에서 봤을 때 트러스트의 이용 가치는 절대적이었다. 트러스트 증권은 회사 지배권을 포기하지 않고도 시장에서 사고 팔 수 있다는 장점이 있었다.

트러스트는 독점과 동의어가 되었고 생산을 제한하여 가격을 인상하고 소비자에게서 부당이득을 탈취하는 반사회적인 세력으로 간주되기 시작했다. 대표적인 것이 북부의 각 주에서 분쟁을 일으킨 록펠러의 스탠더드오일이었다.

이러한 맥락에서 "나쁜 트러스트" 척결을 주장한 루즈벨트는 대통령 취임 직후 정부의 상무노동성 안에 기업을 감시하기 위한 조직 설립에 착수했고 관련 법안을 의회에 상정했다. 하지만 록펠러를 비롯한 트러스트의 로비를 받은 의원들이 적극적인 반대에 나섰고 법안 통과는 매우 어려운 상황이 되었다. 루즈벨트의 트러스트 정벌 계획은 처음부터 빨간불이 깜빡이기 시작했다.

사면초가에 빠진 루즈벨트는 곤경을 타개하기 위해 놀라운 기책을 들고 나왔다. 백악관 내에서 기자회견을 열고 상원의원 몇 명이 "우리는 그 어떤 반트러스트법에도 반대" "무조건 법안 통과를 막아야 한다"는 취지의 서한을 록펠러로부터 받았다고 폭로했다. 법안을 없애기 위해 트러스트가 정치인에게 돈다발 공세를 펴고 있는 현실을 암시한 것이다.

이 순간에 루즈벨트는 "트러스트는 해악", "추방해야 할 것"이라는 여론 조성에 성공했다. 반트러스트 일색인 여론의 지원을 받아 압도적으로 유리한 고지에 설 수 있었고 법안은 무사히 의회를 통과했다. 여론 유도와 정치 선전에 능한 루즈벨트의 완전한 승리였다. 하지만 상원의원들이 그 서한을 정말 수령했는지 사실 여부는 지금도 밝혀지지 않았다.

이처럼 루즈벨트는 언론을 조종하는 것에 유달리 뛰어났다. 타벨과 맥클루어스 매거진의 저널리스트들과 친밀한 관계를 유지했던 것도 언론 조종의 일환이었을 것이다. 아무튼 기회를 포착하는 데에 민첩한 루즈벨트의 순간적 판단이 트러스트 규제를 향한 움직임을 시작할 수 있게 했다.

루즈벨트의 천재적인 언론 조종술은 정권 하의 다른 여러 국면에서도 위력을 발휘했다. 먼로주의와 차별화되는 함포 외교 등 공격적인 "몽둥이 외교"의 강경 일변도 태세가 효력을 발휘했다.

트러스트를 감시하는 기업국(후의 연방무역위원회) 신설은 1903년 2월에 실현되었고 트러스트 소추 과정에서 획기적인 역할을 완수했다. 핵심 인물은 루즈벨트 정권에서 내무장관을 지낸 제20대 대통령의 장남 제임스 가필드였다.

정부가 철도 차별 운임에 단호한 태도를 보이자 더 이상 리베이트나 드로우백에 의존할 수 없다는 것을 깨달은 스탠더드오일은 운송의 역점을 단숨에 송유관으로 옮겨 갔다. 심지어 부설한 송유관이 철도와 교차되지 않게 배치해서 주정부의 규제에 저촉되지 않도록 재편했다. 록펠러의 한쪽 팔로 일컬어지던 스탠더드오일의 대부 아치볼드는 당시 한 만찬에서 이런 이야기를 설파한 것으로 알려졌다. "오랫동안 국내외에서 석유 거래와 사업을 제한하기 위해 정력적으로 노력해 왔다. 여기에서만 말할 수 있는 이야기인데, 강한 확신과 신념을 지닌 나를 기업국에서 끌고가지 않도록 여러분께서 도와주시길 부탁드린다." 이 블랙유머는 장내의 큰 박수를 받았다.

반트러스트법

그렇다면 당시 트러스트를 규제하는 미국의 법제도는 어떤 것이 있었을까? 미국의 독점금지법은 1890년의 이른바 반트러스트법An act to protect trade and commerce against unlawful restraints and monopolies, 위법한 제한이나 독점에 대하여 거래와 통상을 보호하는 법률, 앞에서도 언급한 바 있는 이른바 셔먼 반트러스트법Sherman Antitrust Act 등이 효시다. 이 법은 재무장관과 국무장관을 역임한 존 셔먼 상원의원이 노력을 기울여 제정되었다. 규정 자체가 추상적이었기 때문에 오랜 기간 동안 원숭이법이라 불리며 적용이 보류되어 온 바도 있다. 이를 보완하기 위해서 스탠더드오일에 대한 대법원 해체 판결 등을 근거로 클레이턴 반트러스트법Clayton Antitrust Act이 1914년에 제정되어 가격 차별과 끼워 팔기 금지 등을 포함시켰다. 그 후 클레이턴법을 수정하고 확대한 로빈슨 패트맨법Robinson-Patman Act과 연방거래위원회법 등이 제정되었다. 이를 총칭하여 반트러스트법으로 부르고 있다.

반트러스트법이 적용된 사례로는 해체명령을 받은 스탠더드오일 외에도, 네 개로 분할된 미국 최대 전신전화회사 AT&T의 1984년 대법원 판결, 화해로 결론이 나온 최대 컴퓨터 소프트웨어 회사 마이크로소프트사의 소송 등이 유명하다.

연재가 종료된 후, 타벨은 부당하게 높은 가격으로 석유를 판매하여 소비자를 착취하고 사업을 왜곡한 스탠더드오일에 대해 반트러스트법(이른바 독점금지법) 위반 소송이 제기되는 계기가 되지 않을까 내심 기대했다. 록펠러를 교도소에 보내는 판결을 원했던 모양이다.

실제로 소추가 개시된 것은 타벨의 기사 연재가 종료되고 시간이 더 소요된 후였지만, 사법당국이 트러스트의 사업 관행을 뿌리째 뽑아내어 갈기갈기 찢어 버리는 반트러스트법 위반 판결을 내릴 것이라고는 꿈에도 생각하지 못했던 것 같다. 그만큼 법원에 대한 신뢰가 없었던 것이다.

1903년경 미국 중부의 캔자스와 오클라호마 주 등에서 대유전이 발견되어 40여 년 전의 타이터스빌의 경우와 유사한 오일 러시가 일어났다. 대정유소를 건설한 스탠더드오일은 주도면밀하게 송유관을 설치했고 서부 철도도 지배했다. 하지만 채굴된 원유를 현지 석유회사에 공급하는 문제를 두고 갈등이 발생하면서 스탠더드오일은 캔자스 주 정부를 적으로 돌리는 실수를 저질렀다. 주 정부는 맞불을 놓기 위해 주립 정유소를 건설하여 양측 간에 치열한 경쟁이 벌어졌다.

스탠더드오일 입장에서는 "역신逆神"으로 지목되었지만, 현지의 독립계열 업체들로부터는 구세주로 추앙받던 석유업계의 잔 다르크 타벨에게 스탠더드오일과 효과적으로 대결하여 승리할 수 있는 노하우를 전수해 달라며 곳곳에서 강연을 의뢰해 왔다. 독립계열 사업자와 주 정부의 당국자들은 싸움을 유리하게 끌고 갈 수 있는 지남철이 필요했던 것이다. 주 정부는 스탠더드오일을 봉쇄하기 위해 송유관 규제법도 통과시켰다. 그리고 주 사법장관이 스탠더드오일을 추방할 목적으로 심사를 시작했다.

중서부 지역의 미주리 주에서도 유사한 법적 다툼이 발생했다. 해들리 사법장관은 스탠더드오일의 부적절한 활동이 사법 영역에도 침투했을 수 있다는 의심을 품고 타벨에게 접근했다. 조사를 해 보니 스탠더드오일 계열의 기업이 주의 석유 시장 중 95% 이상을 지배하고 있다는 것이 판명되었다. 주 내에서의 활동 면허 박탈을 요구하면서 법원 소추를 진행했고, 스탠더드오일 계열의 두 회사가 주에서 추방되었다. 캔자스 주에 이어 록펠러를 봉쇄하는 반트러스트 움직임이 승리한 것이다.

이 소송과 관련하여 법정조사에 응하지 않는 록펠러에게 소환장이 발부되어 시카고 법원에 록펠러가 출두했다. 랜디스 판사는 약 3,000만 달러의 벌금을 선고했다. 골프 도중에 이 판결 소식을 전해들은 록펠러는 "벌금을 납부하기 전에 판사는 실각될 것"이라는 욕설을 해서 랜디스 판사 등을 분노케 만들기도 했다. 록펠러는 항소했고 랜디스의 직권남용 등이 인정되어 부과된 벌금은 취소되었다. 랜디스에 대한 록펠러의 불쾌한 발언을 전해들은 정부 관리들의 분노는 매우 컸다. 특히 루즈벨트는 철도회사에게서 불법 리베이트를 받고 있는 트러스트를 다시 소추하겠다고 밝혔다. 록펠러 제국에 대한 전쟁 선언에 다름 아니었다.

루즈벨트가 대통령에 취임한 후에 반트러스트법 위반으로 소추를 제기한 제1호는 1902년 J. P. 모건이 설립한 지주회사 노던 세큐리티였다. 미 북서부의 대륙 간 횡단 철도 2사를 통합한 지주회사다. 연방정부는 셔먼 반트러스트법에 근거해 소송을 제기했고, 철도회사 2개를 하나의 실체 아래에 두는 협정은 위법한 거래제한에 해당된다는 것을 이유로 1904년 4월 해산이 결정되었다.

요원의 불길처럼 활활 타오르던 반트러스트 운동을 진정시키기 위해 록펠러는 대선 과정에서도 거액의 헌금을 내놓았다. 하지만 이같은 흐름을 멈추기는커녕 불에 기름을 붓는 형국이 되고 말았다.

트러스트를 퇴치하기 위해 신설된 기업국은 소송을 제기하기 위해 적극적으로 활동했다. 물론 타벨의 기사가 조사의 바탕으로 활용되었다. 1906년 11월, 만반의 준비를 마친 법무장관 찰스 보나파르트는 세인트루이스 연방법원에서 스탠더드오일에 대한 반트러스트법 소송을 제기했다. 이곳을 선택한 것은 판사 등이 이미 정부의 주장에 손을 들어 주는 반트러스트법 위반 판결을 내린 적이 있기 때문이다.

루즈벨트는 스탠더드오일을 발가벗기고 싶어 했다. 법무장관의 건의에 따라 스탠더드오일 뉴저지와 관련회사 70개사, 총수인 록펠러, 플래글러, 로저스, 아치볼드, 올리버 페인, 찰스 플래츠 등 고위급 임원들을 지목했다. 그리고 타벨의 주장에 따라 ① 스탠더드오일이 호의적인 대우를 받기 위해 철도회사와 공모했다, ② 석유 관련 제품 가격을 인위적으로 조작했다, ③ 허위사실을 기반으로 관련 회사를 설립했다 등 반트러스트법과 독점금지법 위반 혐의를 열거했다. 미 석유시장의 독점, 리베이트 전술, 소비자 이익의 훼손 및 착취로 이어지는 가격조작, 스파이 행위 등을 불법으로 규정하고 기업분할을 요구하며 고발한 것이다.

당시의 재판 진행 상황은 록펠러 제국의 내막을 다룬 론 처노의 저서 〈타이탄〉에 자세히 기록되어 있다. 여기에서 '타이탄'은 스탠더드오일의 총수 록펠러를 지칭한다. 이 책을 바탕으로 간단하게 소개해 보자.

당연한 일이지만 소송은 루즈벨트가 이끄는 연방정부 대 스탠더드오일의 전면전 양상을 보였다. 스탠더드오일은 1907년 여름을 기준으로 연방정부 관련 소송이 7건, 대 주정부 소송이 6건 걸려 있었다. 화해의 움직임이 없었던 것은 아니다. 기업국과 협의하여 소추를 피한 US스틸을 본보기 삼아, 연방정부가 고소를 취하하면 스탠더드오일은 장부를 공개하고 그 어떤 권고도 따르겠다고 제안했다. 소송을 담당했던 기업국의 가필드는 깜짝 놀랐다.

루즈벨트 대통령은 록펠러의 후계자인 아치볼드와 1908년 여름 몇 차례 극비리 회담을 진행한 바도 있었다. 대통령도 화해할 마음이 있었던 모양이다. 하지만 의원들에게 화려한 뇌물공작을 실행한 것으로 알려진 아치볼드의 천박한 제안이 화해를 무산시키고 말았다. 루즈벨트에게 1908년 대통령 선거에서 재선할 수 있도록 전면적으로 협력하겠다는 뜻을 스탠더드오일에 우호적인 상원의원을 통해 제안한 것이다.

미 연방대법원의 해체 판결

그동안 록펠러에 대한 역풍은 다소 가라앉았다. 록펠러는 1년 전 미국 경제를 강타한 공황을 극복하기 위해 전 재산의 절반을 제공하겠다고 선언했다. 실제로 금융기관에 거액의 돈을 예금했다가 곤경에 빠진 기업들을 위한 대출이 이루어졌다. 록펠러는 공덕심 있는 경영자라는 극찬을 받았다.

하지만 그것도 오래 가지 않았다. 스탠더드오일과 반트러스트법을 둘러싼 재판에서 400명이 넘는 증인이 출석하여 총 1,100만 개 언어로 된 증언을 했고, 재판기록은 21권 1만 2,000페이지까지 늘어났다. 스탠더드오일이 내세운 변호사는 당시 미국 법조계에서 초일류의 실적을 올리던 인물들이다.

이와 대결하는 연방정부 사법부에는 1928년 파리부전조약Treaty for the Renunciation of War으로 노벨평화상을 수상하고 국무장관에도 오르게 될 프랭크 켈로그 등 쟁쟁한 멤버들이 집결해 있었다. 켈로그와의 맞대결 국면이라는 점도 작용했겠지만, 록펠러는 법정에 서자 언제나처럼 갑자기 기억을 상실한 호호할아버지로 변신했다. 그런 흐름은 3년 간 계속되었고 1909년 11월, 연방 순회 법원에서 스탠더드오일의 반트러스트법 위반에 대한 판결을 내렸다. 해체 명령이었다.

이때 루즈벨트는 이미 퇴임한 상태였고 취미인 사냥을 즐기기 위해 아프리카에 있었다. 이 판결은 "미국에서 가장 주목받는 승리의 하나"라는 찬사를 받았으며, 후계자인 윌리엄 H. 태프트 대통령은 켈로그의 완벽한 승리라고 극찬했다. 하지만 판결을 납득하지 못한 스탠더드오일은 즉시 상고했고 연방대법원으로 옮겨져 이듬해부터 재판이 다시 시작되었다.

타벨의 글에 침묵을 지키던 록펠러는 판결이 나기 직전인 1908년에 자서전 〈사람과 일에 대한 이런저런 회상〉을 출판했다. 자서전 내용 중에 타벨의 이름을 직접 언급하지는 않았지만, 기사에서 지적된 가격 조작, 리베이트 전술, 스파이 행위 등 윤리와 도덕을 결여한 각종 위법한 수법에 대해, "(사업은) 모두의 권리를 고려해 공정하게 진행했다.", "우리는 경쟁업체의 거래를 쫓아다니며 가격 인하와 스파이 제도를 창설하여 냉혹하게 도산시키려고 한 것이 아니다." "리베이트는 철도회사의 사업방식이었기에 받았을 뿐"이라는 반론을 제시했다.

록펠러는 한 사업가의 "나에게 그것이 적용되지 않는다면 기본적으로 반대한다."는 발언을 인용하면서 리베이트와 드로우백의 수령을 정당화했다. 또한 스파이 행위 등과 같은 스탠더드오일의 위법적 경영 수법에 대해서도 사업 방식은 복수의 간부가 결정한 것임을 강조하고, "나는 이미 퇴임해서 1890년대 중반부터 경영 현장에서 떨어져 있다."며 시종일관 책임을 회피했다.

타벨은 시카고 신문의 의뢰를 받아 록펠러의 자서전에 대한 소회를 기고했다. 스티브 와인버그의 책 〈트러스트와의 공방〉에 따르면 타벨은 록펠러가 자연보호를 위해 기여한 것은 칭찬받을 만하다고 극찬했다. 그러면서 "다른 록펠러가 있다"고 전제한 뒤 "국내 사업을 지배하기 위해 규칙을 왜곡하거나 깨뜨렸고 그 과정에서 소비자에게 상처를 주었다." "(독설가인 소설가) 버나드 쇼가 묘사한 나폴레옹, 멸종된 고대 코끼리"라고 혹평했다.

재판이 시작되고 4년 반이 경과한 1911년 5월, 연방대법원에서 에드워드 화이트 판사가 만장일치로 내린 역사적인 판결은 스탠더드오일의 해체였다. 해체 후에도 존속한 엑슨모빌의 웹사이트에서는 스탠더드오일이 34개로 분할되었다고 설명했다.

이로써 트러스트의 챔피언 스탠더드오일은 소멸되었고, 미국 역사상 보기 드문 독선적인 상관행은 최종 마무리되었다. 판결문도 방대하여 전체 23권에 1만 2,000여 페이지로 구성되었다.

화이트 판사는 시장 독점이 "상업과 조직의 진정한 천재가 처음부터 타사의 상거래 권리를 배제하고자 하는 목적을 분명히 가지고 있었다."고 지적했다. 그리고 독점을 제한하는 것은 그것이 합리적이지 않고 공공의 이익에 위배되기 때문이라는 "합리의 원칙Rule of Reason"을 제시했다. 이 판결은 현재 미국에서 기업 또는 상행위가 독점금지법을 위반했는지 여부를 판단하는 지표로 활용되고 있다. 공익에 반하지 않는다면 "좋은 트러스트"로 판정되어 해체의 대상은 되지 않는다. 이는 좋은 트러스트와 나쁜 트러스트를 구별해야 해야 한다는 루즈벨트의 입장에 부합한다.

판결은 해산 절차를 위한 반년의 유예 기간을 부여했다. 스탠더드오일은 해체를 위해 필요한 절차를 밟아 9월 1일 회사를 분리하겠다고 발표했다. 미국에서 생산되는 원유의 70% 이상을 정제하고 국내 등유의 80%를 판매하며, 수출되는 등유의 8%를 취급하는 거대기업 스탠더드오일이 분할되었다. 이론상으로는 각각이 경합관계에 들어간 것이다.

현재는 슈퍼 메이저

스탠더드오일은 해체 후 어떻게 되었을까? 세계 석유시장을 주름잡는 국제석유자본(메이저)의 상위 두 개 거대 기업이 스탠더드오일을 뿌리로 하고 있다. 순자산의 거의 절반을 물려받은 스탠더드오일 뉴저지, 약 9%를 승계한 스탠더드오일 뉴욕이다. 스탠더드오일 뉴저지는 이후 엑슨으로, 스탠더드오일 뉴욕은 모빌로 각각 사명을 변경했다. 두 회사 모두 채굴, 생산, 운송, 정제, 판매까지 전 단계를 취급하는 수직 통합 기업이며, 거대한 자본력과 정치력으로 국내는 물론 세계 시장에 군림했다.

지금부터 40여 년 전인 1973년에 석유위기가 있었다. 이집트, 시리아와 이스라엘 사이에서 발발한 중동전쟁을 유리하게 끌어가기 위해 아랍수출국기구OAPEC가 석유전략을 발동한 것을 두고 석유수출국기구OPEC가 석유가격의 대폭 인상을 단행하면서 발생했다. 저렴한 가격의 석유에 의존하던 선진국들은 심각한 타격을 입었고 경제성장에는 제동이 걸렸다. 이를 계기로 유가 결정의 주도권은 산유국들이 결성한 당시 세계 최대의 카르텔 OPEC로 넘어갔다.

사실 그때까지는 석유 가격 결정권을 엑슨, 로얄 더치 셸, 브리티시 페트롤리엄BP 등 국제석유자본 7개사가 가지고 있었다. 이른바 세븐 시스터즈다. 미국 세력 5개사 가운데 엑슨, 모빌, 세브론 등 3개사가 스탠더드오일 해체 후의 존속 회사다. 여전히 절대적인 힘을 발휘하고 있음을 알 수 있다.

전쟁 전에는 치열한 경쟁을 진정시키기 위해 엑슨의 전신인 스탠더드오일 뉴저지, BP의 전신인 앵글로 페르시아, 로열 더치 셸 등 국제시장을 분할하는 카르텔 사이에서 점유율과 가격 등 생산관리에 관한 기본 합의를 하기도 했다. 트러스트의 범죄적 수법을 원용하여 세계시장을 좌지우지하고 있었던 것이다.

1997년에는 엑슨과 모빌이 합병하여 현재의 엑슨모빌이 되었다. 세계 20개국에 거점을 둔 슈퍼메이저이며 종업원 수가 전세계적으로 7만 명이 넘는 거대 기업이다. 엑슨모빌에 관한 최근의 화제가 있다면, 그때까지 회장을 맡고 있던 렉스 틸러슨이 2017년 1월에 취임한 도널드 트럼프 대통령의 지명으로 같은 해 2월 국무부 장관에 취임한 것이다. 거대 기업을 성공적으로 운영한 수완이 평가받은 것일까?

2016년 12월기 결산에 따르면, 엑슨모빌의 매출액은 2,260억 9,400만 달러, 당기이익은 전년도부터 감소하여 78억 4,000만 달러였다. 유가 침체로 매출액은 감소했지만, 유가 급등으로 배럴당 100달러였던 2012년 12월에는 매출액이 4,515억 9,000만 달러, 당기 이익은 448억 8,000만 달러였다. 매출액이 당시 일본의 국가 세수에 필적하는 규모다. 트러스트 해체 후의 기업 중 하나가 지금도 세계 석유시장에서 커다란 존재감을 나타내고 있다는 것을 보면, 100여 년 전 미국 시장의 90% 이상을 지배하던 스탠더드오일이 괴물과 같은 큰 힘을 발휘했었음을 짐작하고도 남는다.

1997년 두 회사가 합병하여 엑슨모빌이라는 새로운 회사가 탄생하면서 "록펠러의 망령이 부활했다"는 현지 언론보도가 있었다. 록펠러는 금융계에도 손을 뻗쳐 옛 체이스맨해튼은행 등을 지배했다. 당시 휘몰아친 메가 뱅크 통합의 물결을 타고 2000년에 JP모건 은행과 통합하였고, 현재 슈퍼메가뱅크 중 하나로 꼽히는 JP모건체이스가 되었다.

그럼 미 연방대법원에서 해체 판결을 내린 후 스탠더드오일의 자회사들은 어떻게 되었을까? 놀랍게도 해체된 지 1년 가까이 지난 후 회사의 주가는 거의 두 배로 상승했고, 3배 상승한 곳도 있었다.

예를 들어 1911년 1월 260달러였던 스탠더드오일 뉴욕의 주가가 10월에는 580달러대로 상승했다. 여기에서 확인할 수 있는 것은 트러스트 해체로 가장 큰 이익을 본 사람이 모든 주식의 4분의 1을 보유하고 있던 록펠러였다는 점이다. 주가가 일제히 상승한 것 역시 그동안 어둠 속에 감추어 두고 있던 이익분이 많았기 때문이다.

아메리칸 매거진으로 이적

속세를 떠나 전원생활로

내분이 심해진 결과 맥클루어스 매거진은 휴간되었다. 앞에서 언급한 것처럼 오너와의 대립이 해소되지 않아 편집부원들이 퇴사해 버리는 최악의 결과였다. 그렇다면 타벨이 맥클루어스 매거진에서 근무한 12년은 어떤 의미였을까?

자서전에서는 "재직했던 것만큼 자유가 확대되는 기분이었다." "조바심이 들거나 희생하는 일 없이 함께 일할 수 있는 그룹이 있었다." "미래는 밝고 영원할 것 같았다." 등 즐거웠던 추억을 회상했다. 시대를 개척해 가는 혁신적 기사를 마음껏 집필할 수 있었을 뿐 아니라, 마음이 통하는 동료들과 끈끈한 결속으로 총체적인 힘을 유감없이 발휘할 수 있었던 것이다.

갑작스런 내분으로 인해 편집기자들은 사무실에서 조금 떨어진

맨해튼 그리니치빌리지 인근에 있는 타벨의 아파트에 모여 대응 방안
을 협의하곤 했다. "맥클루어가 원하는 건 돈이다." "우리는 저널리스
트이지 금융인이 아니다."라며 맥클루어의 계획에 반대하는 목소리
가 높아졌다. 타벨은 맥클루어의 생각이 잘못됐다고 생각했다. 오랜
친분 때문에 "맥클루어에게 돈은 무엇인가를 만들고 다른 사람을 지
원하는 힘"이며 "뭔가 큰일을 하고 싶기 때문일 것"이라고 추측하고
있었다. 너덜너덜해진 기분의 편집부원들은 회의는 물론, 취재와 집
필에도 집중할 수 없는 상태가 계속되었다. 그 결과, 신문판매대에서
맥클루어스 매거진은 자취를 감추게 되었다.

타협은 없었다. 편집장 필립스를 비롯하여, 베이커, 링컨, 시달,
타벨 등은 맥클루어스 매거진을 떠나기로 결정했다. 탐사보도뿐 아
니라 마크 트웨인, 〈마지막 잎새〉, 〈현자의 선물〉 등 단편소설로
유명한 작가 오 헨리가 처음 글을 기고한 잡지이기도 했던 종합지의
어이없는 최후였다.

1906년 4월 말, 사무실에서 맥클루어에게 마지막 작별을 고하고,
맨해튼 4번가 23번지의 매디슨 스퀘어 공원 벤치에 앉아 앞날을 의논
했다. 타벨은 자서전에 "우리는 실업자가 되고 말았다."며 그 때의
심정을 기록했다.

하지만 한 쪽에 버리는 신이 있다면 다른 한 쪽에 거두어 주는
신이 있는 법이다. 타벨은 곧 아메리칸 매거진으로 이름을 바꾼 지
얼마 되지 않은 월간지에서 일하게 되었다. 이 월간지의 오너가 필립

스에게 잡지사 매입을 제안했고 타벨과 동료들이 자금을 모아 사들이기로 했다. 맥클루어스 매거진이 휴간된 지 반년도 지나지 않은 10월에 진용을 새롭게 꾸린 아메리칸 매거진이 출발하였다.

뉴욕에서 10년 이상 거주한 타벨은 집을 짓고 정착하고 싶어졌다. 고향에 돌아가기에는 타이터스빌이 너무 멀었고, 유학지였던 파리는 바다 건너에 있었기 때문에 애초에 무리였다. 집을 물색하던 중에 인근의 코네티컷 주에서 작고 낡은 집이 딸린 40에이커(약 16만 평방미터)의 토지를 발견하고 즉시 구입했다. 가축을 기르고 농사일도 하는 전원생활이 시작되었다. 주말이나 휴일이 되면 친척들 외에도 맥클루어스 매거진의 옛 동료들, 아메리칸 매거진의 동료들이 찾아 왔다. 반갑게도 스탠더드오일의 고위간부 로저스를 소개해 준 소설가 마크 트웨인이 인근에 집을 짓고 주말이면 성대한 파티를 열기도 했다. 전원생활이 시작되면서 집필을 하기에는 조용한 시골이 소란스러운 도시보다 낫다는 생각을 했다.

다음으로 관심을 두고 있던 것은 스탠더드오일 등 국내 산업을 지키기 위해 지나치게 높게 설정된 관세의 타당성에 관한 것이었다. 수입 장벽을 세워 국내 산업을 지나치게 보호하고 있는 것 아니냐는 문제의식이 있었다. 업계의 뒤에는 석유, 비단, 면, 철, 설탕 등 각각의 제품마다 압도적으로 강력한 로비스트가 있었다. 의원과 정부 관리 등에게 업계의 처지를 설명하고 산업보호정책을 펴도록 영향력을 행사하는 로비스트들은 반대 진영과 정치인들을 협박과 뇌물 등으로 회유했다. 수입품을 봉쇄하고 수출 진흥으로 이어지는 업계에 유리하도록 높은 관세가 설정되어 있었던 것이다. 여기에 소비자의 입장은 고려되지 않고 있었다.

정의감 강한 타벨은 이 문제의 공정성에 의문을 가졌다. 친하게 지내던 대통령이나 연방의회 의원, 업계 관계자에 대한 면밀한 취재 끝에 기사를 작성하여 아메리칸 매거진 1910년 11월호 등에 게재했다.

미국을 뒤흔든 베스트셀러 작가가 집필한 모처럼의 역작이었기에, 타벨의 기사는 각계에서 주목받으며 큰 반향을 일으켰다. 그러다 보니 타벨은 제28대 대통령 우드로 윌슨이 설치한 연방정부 관세위원회 멤버로도 위촉되었다. 처음에는 "나는 관찰자이자 저널리스트이며, 관세의 본질을 고민해야 하는 교섭자 역할에는 적합하지 않다."는 이유로 위촉을 거절했다. 그러나 여성참정권에 적극적이던 대통령이 여성 기용을 중시한다는 점에 마음이 흔들렸다. 최종적으로 위원회에 참여하게 되었다.

집필활동은 어땠을까? 아메리칸 매거진에 게재할 기사를 작성하기 위해 각 주의 산업 현장을 방문했다. 4년 동안 북쪽은 메인 주, 남쪽은 앨라배마 주, 동쪽은 뉴욕 주, 서쪽은 캔자스 주에 이르기 까지 다양한 업계의 공장을 방문해서 취재한 내용들을 집필했다. 책, 신문, 캔디, 맥주, 목제품, 셔츠, 신발, 목걸이, 터빈, 광학렌즈, 보석, 린넨, 가구 등의 업계 관련 기사를 집필했다. 독자는 주로 기업경영인들이 었다. 그 과정에서 비극적인 결과를 초래한 노동쟁의 현장과 조우하기도 했다.

　다양한 경영인들도 만났다. 첫 번째는 자동차 분야의 헨리 포드다. 제조 공정이 보이는 포드사 안의 큰 방에서 인터뷰했다. 놀라운 것은 포드를 처음 만났을 때의 웃는 얼굴이 맥클루어스 매거진에서 다룬 젊은 링컨을 떠올리게 만들었다는 것이다. 포드는 자기 방에 거의 앉아 있지 않았고 언제나 공장 안을 돌아다녔다. 취재과정에서 포드는 "손님들이 문을 사용하기 어렵다고 불평한다. 앞으로는 모든 문에 깡통 따기를 설치해야겠다." "우리 사업은 누구나 구매할 수 있도록 저렴한 자동차를 만드는 것이다." "사람을 만드는 것"이라고도 말했다. 공장 내부는 매우 청결하게 유지되고 있었으며 음주는 금지되어 있었다. 직원들은 철저하게 청결한 상태를 유지해야 했다. 모두 지금 현재의 제조 현장에서도 적용되는 것들이다.

　아메리칸 매거진에서는 대학교수와 문학자들과도 교류했다. 근대적 경영 이론을 확립한 프레드릭 테일러Frederick Winslow Taylor에게 "과학적 관리론이란 무엇인가"라는 제목의 기사 집필을 의뢰하기도 했다. 당시의 경영 방식에 과학적 관리법을 도입한 것인데, 이전까지는 감이나 요령 등 노동자 경험에 의지해 온 작업에 통일화 및 표준화를 도입하여 '과학적'으로 관리한다는 점에서 붙여진 이름이었다. 타벨은 테일러의 이론을 "혁명적 발명과 발견"이라고 극찬했다.

　하지만, 맥클루어스 매거진만큼 발행부수를 올리지는 못했던 아메리칸 매거진은 1915년에 매수되었다. 맥클루어스 매거진에서 이적한 동료들은 이를 계기로 잡지를 떠났다. 타벨은 이후 프랑스 유학 전에 잠시 몸을 담았던 샤토카 운동 참여 제의를 받아 강사로 복귀했다. 대우도 나쁘지 않았다. T형 포드 차량을 몰고 각지를 돌아다녔다.

정부위원회

그 무렵 유럽에서는 제1차 세계대전이 발발했다. 반전주의자 헨리 포드는 전쟁의 조속한 종식과 평화 구현을 호소하기 위해 선박을 대여하여 피스보트를 유럽에 파견할 계획 중이었다. 타벨도 참여를 제안 받았으나 거절했다.

미국의 참전이 결정되자, 윌슨 대통령은 타벨에게 10여 명으로 구성된 전미국방평의회 여성위원회 멤버로 참가해 줄 것을 제안했다. 적극적으로 참여할 마음은 없었지만 결국 수락했다. 주어진 일은 국가의 국방 과제에서 여성의 역할이 무엇인지를 논의하는 것이었다. 승리를 위해 무엇을 해야 할까? 식량 공급 체제 강화, 관련 업무에 여성 직원 채용 등 이것저것 검토해 보고 실행에 옮겼다. 관세위원회와 마찬가지로 위원회의 상당수가 여성 참정권을 지지하는 사람들이었고, 위원들은 이를 실현하기 위한 활동 중 하나로 생각했다. 알레게니 대학 재학 중에는 학내 교지에 여성의 권리 확대가 필요하다는 것을 역설하는 기사를 기고한 적도 있다. 그러나 당시 타벨이 여성 참정권 문제에 열성적인 것만은 아니었다. 미국 전역은 애국적 분위기 일색이었으며 책장에는 용감한 인물의 전기나 애국적인 내용을 담은 잡지가 즐비했다. 제1차 세계대전은 1918년에 종결되었고 위원회도 해산했다. 타벨은 다시 실직상태가 되었다. 이 무렵 어머니가 돌아가시고 폐에 그림자가 보인다는 진단을 받아 3개월간 입원했다.

그 와중에 신나는 일이 날아들었다. 세계대전이 끝난 이후, 프랑스 파리의 전후 부흥에 관한 기사를 국제 적십자 잡지에 집필하는 일이었다. 맥클루어스 매거진의 동료였던 필립스가 그 잡지의 편집장이었고, 전후 프랑스에서 국제적십자의 역할에 새로운 시각을 도입하고 싶다는 마음에 제안을 해 온 것이다. 타벨은 제안을 받아들였다.

이듬해 1월 대서양을 건너 육로를 거쳐 파리에 도착했다. 국제적십자 본부가 있는 콩코드 광장 인근의 튈르리 정원 옆 리볼리 거리에 있는 호텔을 확보했다. 국제적십자 직원의 제복 차림으로 거리를 활보했기 때문에 눈에 띄었고 일하기도 수월했다. 휴일에는 유학시절 자주 방문했던 카르티에 라탱의 저가 식료품들이 즐비한 시장과 당시 살던 추억의 아파트 등을 찾아가 봤지만 모두 사라진 뒤였다. 명사들이 모이는 살롱을 주재하며 타벨을 불러주던 마담 롤랑의 후예 마릴리에르 부인도 이미 세상을 떠난 뒤였다.

월 1회 기고와 함께, 전쟁의 타격이 더 컸던 프랑스 현황을 돌아보며 시민들이 황폐해진 현실을 어떻게 극복하고 있는지에 관한 보고서도 작성해야 했다. 당시 파리에서는 영국, 프랑스, 미국 등 강대국들이 모여 세계대전 이후 평화를 실현하기 위한 국제질서 구축 방안을 논의하는 강화 회의가 열리고 있었다. 타벨은 국제연맹 창설을 포함해 이 회의의 진행 상황도 취재했다.

샤토카 운동도 겸하고 있던 타벨은 일시 귀국해서 전국 각지를 돌며 강화 회의의 동향과 국제연맹 설립 현황에 관해 강연을 하기도 했다. 윌슨 대통령은 국제연맹 설립에 매우 적극적이었다. 하지만 "유럽에서 벌어지는 전쟁에 말려 들어갈 가능성이 있다"고 염려하는 미 의회의 반대로 설립 과정은 난항을 겪고 있었다. 타벨은 강연에서 평화 구축을 위해 국제연맹이 중요한 역할을 할 수 있을 것이라고 호소했지만, 허망하게도 미 의회는 부결시켰다. 타벨은 자서전에서 "세계는 항구적 평화 실현을 위해 노력을 다한 대통령을 잊지 않을 것"이라고 적고 있다.

다음 목표

위원회와 국제적십자에서의 역할이 모두 끝나자 주체할 수 없을 만큼 시간이 남았다. 이 시간을 이용해 대법원 판결로 해체 명령이 내려진 내용을 담아 〈스탠더드오일의 역사〉 속편을 집필하기로 마음먹었다. 탈고한 것이 1904년이었으니, 그 해에 내려진 해체판결을 평가하고 그 후의 동향 등을 정리할 필요가 있다고 생각한 것이다. 이를 위해 당시 법무장관도 취재했지만 결국 집필까지는 이어지지 않았다. 타벨의 자서전에도 그 이유에 대한 상세한 설명은 없다.

타벨 연구가인 캐서린 브래디는 저서 〈아이다 타벨〉에서 첫 기사를 훨씬 뛰어 넘을 수 있는, 록펠러와의 "마지막 성전聖戰"이라고 할 만한 큰 주제를 준비하고 있었다는 비화를 소개했다. 타벨은 정재계와 업계, 그리고 관료들이 얽혀 있는 간담이 서늘할 정도의 유착과 비리 구조를 대담하게 파고들며 취재를 계속하고 있었다. 스탠더드오일 해체 이후의 일대 스캔들, 일명 "티포트 돔 사건"이다.

티포트 돔 사건은 제29대 대통령 워런 G. 하딩 정권(1921~1923년) 하에서 발생한 현직 거물 각료에 의한 비리 사건이다. 워터게이트 사건으로 인해 1974년 닉슨 대통령이 사임하기 전까지는 이 사건이 미국 역사상 최대의 비리로 꼽히기도 했다. 티포트 사건이라고 불리는 것은 유전이 있던 지층이 차를 끓이는 티포트, 즉 찻주전자와 같은 형태였기 때문이다. 하딩 대통령이 재임 중에 병사한 직후 비리 사건이 잇달아 발각된 탓에, 하딩은 역대 미 대통령 인기도에서 도금시대의 대통령과 함께 늘 최하위 순위에 이름을 올리고 있다.

타벨은 스탠더드오일의 다음 작품으로 왜 이 사건을 정조준했을까? 정부가 보유하고 있던 유전 채굴권을 석유회사에 대여하는 과정에서 뇌물을 수수한 사건인데, 유전을 대여한 것이 모두 스탠더드오일 해체 후의 관련 회사였기 때문이다. 아치볼드의 거창한 정계공작을 이미 잘 알고 있는 타벨은 본능적으로 고약한 냄새를 감지한 듯하다. 그 이면에 커다란 스캔들이 있어 "이것으로 스탠더드오일은 무너지는 것 아닌가."라는 우려도 있었다.

사건의 전말은 이렇다. 루즈벨트의 후임인 제27대 대통령 윌리엄 H. 태프트 정권(1909~1913년) 당시, 미국 정부는 해군을 통해 복수의 유전을 보유하고 있었다. 모터라제이션이 진전되면서 석유가 무기에 도 이용되기 시작하여, 전차, 장갑차, 전투기, 전함 등이 석유로 움직이게 되었고, 군사물자의 주요 운반 수단도 자동차가 되었다. 이 때문에 전쟁 발발이나 비상시를 대비해서 정부가 유전을 보유하고 있었고 위급한 상황이 발생하면 바로 석유 생산에 착수했다.

하딩은 1921년 와이오밍 주 티포트 돔 유전 관리를 내무부로 이관시켰는데, 이 과정에서 스캔들이 발생했다. 내무장관 앨버트 B. 폴이 이관 받은 유전의 채굴권을 석유회사에 유리한 조건으로 대여한 것이다. 합법적인 대여에 해당했지만 그 대가로 거액의 금품과 무이자 융자 등을 받았다는 내용의 스캔들이 하딩이 병사한 다음 해인 1924년에 발각되었다.

타벨은 이 채굴권을 양수한 것이 모두 스탠더드오일 해체 후의 자회사라는 사실을 밝혀냈고, 대통령과 각료 등 정계, 재계, 그리고 관가의 초거물들이 관여된 석유개발 관련 대형 의혹 사건이라고 확신했다. 조사에 착수한 타벨은 취재과정에서 제31대 대통령(1929~33년)으로 취임하게 될 당시 상무부의 허버트 후버 장관이 연루되었다는 의혹을 감지했다. 장래의 대통령으로 기대했던 만큼 낙담도 컸다. 다행히도 그 후의 조사를 통해 후버가 관여한 것은 다른 유전이었던 것이 판명되었고 후버의 혐의는 해소되었다. 죄상이 발각된 내무장관 폴은 유죄 판결을 받았고 각료가 교도소에 수감되는 미국 최초의 사례가 되었다.

그럼 타벨은 이 사건을 기사로 집필했는가? 신문에 코멘트를 보내고 잡지에 기고는 했지만, 스탠더드오일을 비롯하여 정재계를 뒤흔드는 전체 상황에 관해서는 집필하지 않았다. 그 이유에 대해 타벨은 자서전에서 "총력전이 될 제1차 세계대전의 발발로 석유는 새로운 의미를 갖기 시작했다. 전쟁을 수행하는 데에 필수적인 전략물자라는 것이다. 석유회사들이 가정의 조명이나 난방용 등유를 제공하는 사기업 차원을 이미 벗어나고 있었다."라는 정도만 기술하였다. 이해하기 어려운 설명이다.

프랑스의 조르주 클레망소 총리는 세계대전 중에 우드로 윌슨 미국 대통령에게 "석유는 인간의 피as the blood of man"라는 서한을 보내 전쟁에서 석유가 얼마나 중요한 역할을 하는 지를 일깨워주었다고 한다. "석유 한 방울은 인간의 피 한 방울"이라는 클레망소의 말 때문이었을까?

전차, 군함, 전투기만 해도 석유 없이는 움직일 수 없다. 전쟁에서 승리하기 위해 석유는 최우선의 필수 물자가 되었다. 타벨이 록펠러의 불공정한 상관행을 성토하던 시대의 소비자용 조명에서 전쟁의 승패를 결정적으로 좌우하는 전략물자가 된 것이다.

당시 아랍 지역은 석유의 대량 매장 가능성으로 세계적인 주목을 받고 있었고 세계 열강들은 눈에 불을 켜고 석유를 채굴했다. 이 전략물자를 둘러싸고 록펠러, 로열 더치 셸의 헨리 데터딩, 마커스 사무엘 등 석유왕의 이름이 알려지게 되었다. 세계 패권을 둘러싼 록펠러와 셸의 국제석유전쟁, 여기에 티포트 돔 사건의 배후에 있는 트러스트 해체 후의 스탠더드오일 내부항쟁 등을 엮어 세계적 규모의 경쟁이라는 관점에서 신작을 정리하려고 했던 것 같다. 맥클루어스 매거진의 오너였던 맥클루어에게 연락을 해 보니 솔깃해 했고 집필 계획은 순조롭게 진행되었다. 대기업 출판도 결정되었다. 그러나 결국 계획은 백지화되었다. 자서전에서도 그 이유는 구체적으로 언급하지 않았다.

정재계 거물 취재

앨버트 H. 게리

대 스캔들 폭로를 대신해 부상한 것이 거대 트러스트 US스틸의 거물급 경영인 앨버트 H. 게리Elbert Henry Gary의 전기를 집필하는 작업이었다. 모건 재벌이 주도하고 철강왕 카네기를 포섭하여 미국 철강의 60%를 지배하게 된 당시 미국 최대의 트러스트다. 게리의 교묘한 설득력과 정부에 대한 협력적 태도에 힘입어 US스틸은 루즈벨트로부터 "좋은 트러스트"로 인정받았다. 그리고 기업국의 반트러스트법 위반 소추에서 벗어나는 데 성공했다.

전기 집필 제안을 받은 타벨은 일단 거절했다. 하지만 "모든 기록을 제출하겠다.", "어떤 질문에도 답하겠다."며 이상할 정도로 집요했다.

어떤 회사일까 싶어 실험적으로 조사해 보았더니, 제조업 중에서도 모범적인 기업이었으며 공장 등 현장을 안전하고 위생적인 일터로 탈바꿈시킨 회사였다. 연금제도도 도입했고, 커뮤니티 개선에도 힘쓰고 있으며, 학교와 병원 등을 세워 종업원의 후생복지 환경에도 힘을 쏟고 있었다. 타벨의 자서전에는 게리를 만나 보니 의외로 멋진 경영자여서 뭐든지 이야기를 할 수 있었고, 모든 분야에 정통한 사람이라서 "나는 아마추어고 아무것도 모른다."는 부끄러운 생각이 들 정도였다는 기록이 있다.

타벨은 취재 과정에서 "공공정책에 위배되는 상관행이 있다면 위반이라고 주장할 수밖에 없다. 처우개선 노력은 높이 평가하지만 그렇다고 해서 재정상의 정책을 지지하는 것은 아니다."라고 쐐기를 박자 게리는 소리 높여 웃었다. 게리는 "우리가 하는 일에서 뭔가 나쁜 점이 발견된다면, 그것을 알려 달라." "대법원은 우리 회사가 거래를 제한하는 독점이라고 선언하기를 거부했다." "뭔가 지적할 만한 나쁜 부분이 있다면 고마운 마음으로 경청하겠다."고 말하기도 했다. "제안을 거절한다면 겁쟁이일 뿐"이라는 생각으로 전기 집필 의뢰를 수락했다.

게리는 트러스트 퇴치를 위해 동분서주한 루즈벨트의 노력을 칭찬하며 자신들도 좋은 사업을 하겠다고 선언한 것으로 알려져 있었다. 정권과 가까운 게리는 월가의 동료들로 부터 '배신자'로 여겨지기도 했다. 어떤 신문은 타벨의 게리 전기 집필에 관해 "타벨 길들이기"라는 제목으로 '영원한 적'이라고 단정한 유형의 인물을 찬미하고 있다며 신랄하게 비판했다.

타벨은 자서전에서 "게리는 내가 반대하는 유형의 업계 총수가 아니다. 오히려 자신의 지위와 운명을 위험 속에 맡기면서 내가 오랫동안 반대해 왔던 수많은 특권과 상관행에 맞서 견실하게 싸우고 있는 인물"이라고 반박했다. 타벨 연구가인 캐서린 브래디는 "10년 전의 타벨이었다면 이런 속임수는 인정하지 않았을 것"이라는 독설에 가까운 평가를 내리기도 했다.

비슷한 시기에 타벨은 하딩 대통령에게서도 정부의 실업위원회 위원으로 참여해 줄 것을 제안 받았다. 그 동안 여러 차례 정부 관련 업무에 관여해 봤지만 대부분 낙담과 환멸로 끝나 버리곤 했었기 때문에, 결국 자신에게는 적합한 일이 아니라는 사실을 새삼 자각한 것 같다.

무솔리니

70세를 바라보기 직전인 1926년, 이번에는 파시스트당을 지휘하여 수상에 취임하고, 일당 독재체제를 확립한 이탈리아의 베니토 무솔리니 Benito Mussolini에 대한 취재 제안이 들어왔다. 정권의 수장이 된지 이미 4년이 경과한 시점이었고 이탈리아 의회 제도는 붕괴하고 있었다.

독재체제는 필연적이었을까? 무솔리니는 어떤 사람일까? 당연히 저널리스트로서 호기심이 동했다. 게다가 거절할 수 없을 만큼 많은 취재비를 내겠다는 권유는 가난뱅이 생활을 하던 타벨에게 무엇보다 큰 매력이었다.

친구에게 의견을 물어 보자, "가면 체포될 것"이라며 단념하라는 설득이 돌아왔다. 대륙에 건너가자 파리에서는 반대파에게 보내는 편지나 반무솔리니 책은 지참하지 말라는 충고를 받았다. 파시스트처럼 인사해야 한다는 이야기도 들어서 파리 체류 중에 방 안에서 매일 인사 연습을 했다.

로마에 도착했을 때는 어땠을까? 가방의 내용물 검사도 없었다. 친구로부터 자제하라는 충고를 받았던 프랑스어를 타벨은 매일 사용했다. 파시스트식 인사법도 볼 수 없었다. 영어나 프랑스어 신문도 전혀 없을 것이라는 얘기를 듣고 왔지만, 역 앞의 매점에서 버젓이 팔리고 있었다. 당국에서 편지를 확인하는 일도 없었다. 친구의 이야기와 소문은 모두 거짓 투성이였다. 타벨은 로마를 거점으로 하여 자동차 제조회사 피아트와 타이어 전문업체 피렐리 등 각지의 공장을 취재하기 위해 방문했다.

여기에서도 타벨은 강운을 발휘했다. 무솔리니 취재를 요청하자 주 이탈리아 미국대사관의 헨리 플레처 대사가 여러 가지 측면에서 주선해 주었다. 대사관의 도서관에서 조사를 하던 어느 날, 헨리 대사가 불쑥 나타나서 "무솔리니를 인터뷰할 수 있으니 당장 공저로 가라."는 말을 전해 주었다. 즉시 이동해서 응접실에서 기다리고 있었더니 세로의 긴 방으로 안내되었다.

무솔리니가 나타나 유창한 영어로 말을 건넸다. "기다리게 해서 죄송합니다. 어서 오세요."라고 인사하며 방 안의 자기 책상 앞에 나란히 놓인 의자에 앉도록 안내했다. 인터뷰 시간은 30분정도였다. 무솔리니의 "훌륭한 프랑스어"로 인터뷰가 진행되었다.

자서전에 의하면, 여러 가지 화제에 관한 이야기를 주고받았는데, 특히 "멋진 주거란 무엇인가!"에 두 사람의 관심사가 일치했다고 한다. 그때까지 웃는 얼굴이던 무솔리니는 진지한 표정과 함께 흥분하여 탁자를 내리치면서 "남성과 여성 모두 멋진 집에 살아야 한다." "오두막집에 살면 착한 시민이 될 수 없다."고 역설했다. 미국의 금주법에도 관심을 보이면서 자신은 술을 마시지 않는다고 전제하고 "노동자들은 어떻게 생각하는가?"라는 질문을 했다. 무솔리니는 "힘든 일을 하는 사람에게는 와인이 필요할 것"이라는 생각도 밝혔다. 무솔리니와의 인터뷰 내용은 잡지 기사로 게재되었다.

귀국 후 타벨은 발명왕 토머스 에디슨을 기원으로 출발한 미국의 다국적 기업 제너럴 일렉트릭사GE의 전기도 집필했다.

80세가 된 타벨은 이제 자서전 집필을 결심했다. 400페이지가 넘는 대작의 제목은 〈모든 일상적인 일〉이다. 타벨의 자서전은 필자가 이 책을 집필하는 데에도 상당 부분 참고 했다. 지병인 파킨슨병으로 인해 타벨의 손떨림이 심해졌음에도 불구하고, 뉴욕 타임스 등은 이 여성 저널리스트 거물에게 끊임없이 인터뷰를 요청해 왔다.

영면

타벨은 출신지인 타이터스빌을 방문하여 지역주민을 위한 강연도 했으며, "80세 이후의 인생Life after Eighty"이라는 제목으로 책도 집필 중이었다. 그러나 1943년 말 크리스마스를 앞두고 혼수상태가 되었고, 극진한 간호에도 불구하고 이듬해 1월 6일 입원 중이던 병원에서 86세의 나이로 세상을 떠났다. 생전 본인의 희망에 따라 타이터스빌로 옮겨져 영면에 들었다. 유럽에서 발발한 제2차 세계대전 종료의 획기적 계기가 된 노르망디 상륙작전 5개월 전이었다.

생전의 타벨은 알레게니 대학의 젊은 교수로부터 역사에 남을 명저로 높이 평가 받은 〈스탠더드오일의 역사〉에서 "다시 쓸 부분이 있다면 어디인가?"라는 질문을 받은 적이 있다. 타벨은 "한 마디도, 단 한 마디도 고쳐 쓸 곳은 없습니다."라고 결연하게 답했다고 한다. 탐사보도의 선구자 타벨의 자신감을 뜨겁게 느끼게 해주는 대목이다.

나가며

탐사보도의 원류를 추적하기 위한 이 책은 '들어가며'를 포함해 모두 9장으로 구성했다. 타벨을 중심으로 한 미국 탐사보도의 역사와 세계의 석유 정세를 연구하고 집필하는 동안, 드레이크가 세계 최초로 석유 채굴에 성공한 성지 타이터스빌, 석유전쟁의 무대였던 석유지대, 타벨의 모교 알레게니 대학 등을 방문해서 눈으로 직접 보고 발자취를 더듬어보고 싶어졌다.

기자 시절에 뉴욕, 워싱턴, 보스턴, 시애틀, 로스앤젤레스, 샌디에이고, 내쉬빌 등 미국의 대도시를 방문할 기회는 여러 차례 있었지만, 철도를 갈아타야 하는 펜실베이니아 주의 벽촌 방문은 상당한 시간과 노력을 요하기 때문에 꿈 정도로만 여기고 있었다.

다행스럽게도 천국에 있는 강운의 보유자 타벨 여사가 기회를 부여해 주었다. 지금부터는 필자의 소속 대학에서 발간하는 논문집에 게재하기 위해 정리한 글이다.

성지 타이터스빌 방문

2015년 9월 15일 오후. 필자는 석유의 성지인 미국 펜실베이니아 주 타이터스빌에서 남쪽으로 약 5킬로미터 떨어진 석유지대 강변의 드레이크 유정 박물관Drake Well Museum & Park 잔디 위에 서 있었다. 지금으로부터 150여 년 전인 1859년, 대령으로 불리던 에드윈 드레이크가 무모하다고 일컬어지던 석유 채굴에 도전하여 세계 최초로 성공해낸 곳이 바로 이곳이다. 박물관은 세계 최초의 위업을 기념하여 1931년에 설립되었다.

필자가 이곳을 방문할 수 있었던 것은 행운이었다. 일주일 전, 소속 대학의 학부생들과 함께 같은 주의 스테이트 컬리지를 본거지로 하는 펜실베이니아 주립대학PSU 캠퍼스를 방문했다. 자매교와의 대학 간 교류를 위해서였다. 방문 다음날, 아시아정책학부의 제스민 에이블 교수 등과 정문 앞의 앨런 스트리트 그릴 2층 레스토랑에서 점심식사를 하고 있었다. 필자가 "세계적으로 유명한 북부 지역의 타이터스빌이나 미드빌을 방문하고 싶다."는 뜻을 밝히자, 에이블 교수는 "(남편인) 존(조나단)이 이번 주에 타이터스빌 인근의 미드빌을 방문할 예정인데, 혹시 차로 데려가 줄 수 있을지도 모른다.”는 귀띔을 해줬다.

이야기는 일단 거기에서 끝났는데, 그 날 밤, 존으로부터 “시간이 맞으면 타이터스빌에 함께 가자.”는 내용의 이메일이 날아 왔다. 망설일 것 없이 흔쾌히 승낙 했고 이틀 뒤 방문의 날이 왔다. 존도 혼자 가는 것보다 둘이 함께라면 지루하지 않을 것이라며 반기는 모습이었다.

스테이트 컬리지에서 타이터스빌, 미드빌까지는 직선거리로 약 350킬로미터였다. 도쿄에서 북쪽으로 센다이 부근까지의 거리인데, 삼각형의 두 변을 주행하게 된다. 일단 남하해서 서쪽으로 100킬로미터, 그리고 다시 북상해서 피츠버그를 경유하여 타이터스빌로 향한다. 고속도로를 타고 가는 것이니 최소한 400킬로미터는 주행하게 될 것이다. 상당히 고된 여정이다. 존의 말로는 철도가 발달하지 않은 미국에서 이 정도 거리를 차로 가는 것은 일반적이라고 한다.

오전 8시가 되기 전, 필자가 호텔 1층 정문에 내려가자 존의 파란색 차가 이미 옆에 주차되어 있었다. 미국에서 인기 있는 해치백형 일본제 자동차였다. “굿모닝!” 인사를 건네며 오른쪽 조수석에 올라탔다. 호텔 로비에서 본 케이블 방송 CNN에서는 천둥 번개를 동반한 폭풍 Thunder storm이 올 것이라는 흉흉한 일기예보가 나오고 있었다.

에이블의 PSU 동료 교수로서 미디어를 전공하는 존은 연구논문 자료를 수집하기 위해 미드빌의 영화사에 간다고 했다. 지난 6월에 필자가 재직하고 있는 이바라키 대학 인문학부를 방문하여 초청 강의를 한 지 3개월만의 만남이었다.

이번에 방문한 PSU는 의대와 농대도 있는 종합대학이었다. 알레게니 대지 기슭에 위치하고 있으며, 74평방킬로미터의 광대한 부지를 가지고 있었다. 가장 가까운 대도시이자 독립 당시 수도였던 필라델피아에서 250킬로미터 거리에 있으며 고속버스를 타면 4시간 반이 걸렸다.

고속도로에 진입하니 주변은 온통 삼림지대였다. 미리 계획된 휴게소가 있는 것도 아니어서 용변을 보고 싶으면 띄엄띄엄 있는 거리에 잠시 들르는 수밖에 없었다. 잠시 고속도로를 북상하다가 도중에 서쪽으로 갈아타고 두 시간 정도를 더 주행했다. 그런 뒤 다시 북쪽으로 방향을 틀었다. 산을 깎아 지은 고속도로는 가도 가도 끝이 보이지 않는 초록의 숲이 이어졌다.

일본 전문가인 존에게서 정치, 대학, 일상생활 등등 여러 가지 질문이 쏟아졌다. 대학교원으로서 대학 개혁을 어떻게 생각하는지, 미국과 일본의 최근 대학 사정에 대해서도 의견을 교환했다. 시계는 오전 11시를 넘기고 있었다. 존은 "이제 곧 도착해요."라며 귀띔해줬다. 일기예보를 보고 뇌우에 휩쓸릴까 걱정도 했지만 흰 구름 사이로 푸른 하늘이 드러났다.

알레게니 국립공원에 들어서자 오일 크리크를 따라 박물관 도로 Museum lane를 북상하여 석유의 성지 타이터스빌 중심가에 들어서기 직전에 왼쪽으로 방향을 꺾었다. 5분쯤 지나자 드레이크 유정 박물관 정문이 보였다. 기다리고 기다리던 박물관에 드디어 도착했다.

드레이크 유정

산뜻한 느낌의 기념품 가게를 겸한 석조건물 안에 입구가 있었다.
일본 거리에 있는 편의점보다 약간 넓은 크기인데, 여기에서 입장권
을 판매하고 있다. 입장권을 구입하고 문을 열었더니 맞은편에 녹색
잔디가 펼쳐져 있었다. 일본의 20배 이상의 넓이를 자랑하는 미국답
게 광대한 부지였다. 함께 온 존이 점원에게 나를 소개했다. 존은
미드빌에 가야 했기에 여기서 잠시 작별 인사를 했다.

드레이크 유정(우물)의 재현

존의 차를 배웅하고 나서 견학을 시작했다. 박물관 쪽으로 들어서는 문을 열자 나무로 만든 탑을 연결한 오두막이 서 있었다. 에도시대의 불타는 망루를 연상시키는 높이 20미터 정도의 탑이었는데 어디선가 본 기억이 있었다. 이 오두막이야말로 석유 관련 역사를 소개하는 해설서에 반드시 실리는 사진이었다. 세계 최초로 석유 채굴에 성공한 에드윈 드레이크와 그 유정을 소개하는 사진의 배경, 바로 그 오두막이다. 150년도 더 된 일이니 오두막은 물론 진짜가 아니다. 당시의 자료를 바탕으로 드레이크가 세계 최초로 원유를 퍼 올린 유정과 오두막을 재현해 낸 복제물이다. 드레이크는 대령이라는 애칭으로 사랑받았지만 본인의 이름을 따서 드레이크 유정Drake Well으로 명명했다.

드레이크 유정(우물) 내부에 설치된 석유 추출 장치 모형

활짝 열어둔 나무문을 지나 오두막 안으로 들어가니 석유굴착장치가 가동되고 있었다. 초기 모습을 재현한 복제품이다. 드레이크는 지하에 묻힌 암염을 물과 함께 퍼 올리는 암염 굴착용 시추기에서 힌트를 얻어 이것을 만들었다고 한다. 눈앞에서 장치가 가동되고 있었다. 직경 1미터 정도의 증기기관차를 연상시키는 둥근 바퀴가 돌고, 이것과 연동해 하늘을 향해 서 있는 망루 안에서 굴착용 드릴이 오르내렸다. 아직도 땅속의 원유를 퍼 올리고 있었다. 장치에서는 옆으로 길이 5미터, 직경 5센티미터 정도의 파이프가 하나 튀어나와 있고, 그 끝에서는 땅에서 퍼 올린 끈적끈적하고 거무튀튀한 원유가 나무 통 속으로 떨어지고 있었다.

1859년 8월 27일 오후, 바로 이곳에서 드레이크가 원유 채굴에 성공했다. 후견인에게서 위탁받은 자금이 거의 소진되기 직전이었다고 한다. 오두막집 망루에서 턱수염을 기르고 청바지를 입은 약간 뚱뚱한 노인이 해설해 주었다.

오두막을 나서자 눈앞에 유리로 된 근대식 하얀 건물이 버티고 있었다. 이것이 드레이크 유정 박물관이다. 155년 전 시작된 석유산업의 역사가 당시 사용되던 기계 전시물과 함께 연대순으로 설명되어 있다. 입구에 들어서자 오른쪽에 스크린이 배치된 큰 방으로 안내되었다. 100석 정도 줄지어 있는 의자에 걸터앉으니, 산업의 개요를 간단히 정리한 영화가 곧 시작되었다. 어두워진 방에 있는 것은 필자 혼자였다. 영화 서두에 드레이크가 등장했다. 영화는 오일 러시로 들끓던 타이터스빌과 피트홀에 이어, 주변 석유지대의 일대 산업이 부흥하고 지금에 이르기까지의 흥망성쇠를 소개하는 내용으로 대략 20분 만에 종료되었다.

드레이크 전시관

다음으로 전시품을 둘러봤다. 영사실 옆은 석유산업의 아버지라 할 수 있는 에드윈 드레이크 대령을 위한 전시관이다. 덥수룩한 머리에 수염을 기른 드레이크 마네킹이 유리 맞은편 흔들의자에 앉아 있었다. 드레이크가 애독하던 서적, 사용했던 만년필과 안경 등이 유리 진열장 안에 가지런히 꽂혀 있었다. 당시 사용되던 굴착기 등이 진열돼 있는 전시 코너에 각각 제목이 붙어 있었는데, "목제 탱크와 저장탱크", "넬리 브라이의 철제 탱크", "석유지대의 아이들", "철도", "통합과 독점", "석유지대의 세 남자", "공중의 관심" 등으로 이어졌다.

타벨과 록펠러 전시관

가장 놀란 것은 마지막의 "공중의 관심Public Concern" 코너였다. 드레이크 전시관보다 넓었는데, 석유산업의 여명기를 대표하는 남녀 두 명을 거론하고 있었다. 한 사람은 이 글의 주제이기도 한 저널리스트 아이다 타벨이고 다른 한 사람은 타벨이 화살을 겨냥했던 트러스트 제국의 총수 존 D. 록펠러였다.

타벨을 소개한 공간이 더 넓었다. 록펠러가 세운 스탠더드오일에 관해서는 "불공정한 리베이트를 중심으로 시장독점을 실현하여 세계 최대 부자로 올라섰다."는 설명이 있었고, 타벨은 "타이터스빌 출신의 타벨이 펜의 힘으로 무적의 트러스트 제국과 과감하게 싸워 해체까지 몰고 갔다."는 내용의 설명으로 그 위업을 극찬하고 있었다. 인물을 소개하기 위한 유작과 유품도 풍부하게 전시되어 있었다.

록펠러 제국을 벼랑 끝으로 몰아붙인 〈스탠더드오일의 역사〉를 연재한 맥클루어스 매거진 1905년 7월호, 자서전 〈모든 일상적인 일〉, 손글씨, 유년시절부터 사망 직전까지의 사진도 몇 장 전시되어 있었다. 고교시절 3년간의 성적표도 있었는데, 어학(라틴어), 수학, 역사, 과학 모든 과목에서 100점 만점에 99점, 98점 등 월등히 우수했던 성적을 확인할 수 있었다. 당시 보기 드물었던 여성 저널리스트 타벨에 대한 평가가 매우 높다는 것도 알 수 있었다.

흥미로운 것은 전시방법이었다. 타벨과 숙적 록펠러의 얼굴 사진이 같은 크기의 패널에 담겨져 있고 천장에서는 음성 해설이 흘러나왔다. 숙적이 서로 대결하는 형국이었다.

다음 예정이 있었기에 필자가 박물관 안에 머문 것은 영화 관람을 포함해 약 한 시간이었다. 나오는 길에 높이 20미터 정도의 철골 4개로 구성된 망루에 눈이 갔다. 원유를 굴착하던 유정을 연상시키는 모양이었는데, 올려다보니 상부 정면에 드레이크 대령의 흑백 얼굴 사진이 1미터 크기로 장식되어 있었다. 그 오른쪽에는 같은 크기의 타벨 사진이 있고 입구 정반대의 뒤편 왼쪽에 록펠러 사진이 걸려 있었다.

박물관 앞면의 주인공 드레이크가 석유산업의 개척자였다면, 그 다음 시대의 주인공은 미국 탐사보도의 개척자 타벨과 석유산업의 독점을 발판 삼아 세계 최대 부자까지 오른 록펠러임을 의미하는 듯 했다. 두 사람이 없었다면 드라마틱한 미국 석유산업의 역사도 필시 지루하고 따분했을 것이다.

피트홀

견학 후에는 오일러시의 여명기 분위기가 물씬 풍기는 석유지대의
자취를 느끼기 위해 일대를 걸어서 둘러보기로 했다. 접수처에 부탁
해 택시를 한 대 불렀다. 점심식사를 하러 나갔으니 한 시간을 기다려
야 한다고 했다. 목가적 경영이었다. 인구 5,600여명의 타이터스빌에
택시회사가 하나밖에 없다고 했다.

시간을 때우기 위해 주변을 산책하니, 박물관 맞은편에 철길이 깔
려 있었다. 철도 플랫폼에 "드레이크 유정 기차역The Drake Well Train
Depot"이라는 이름이 붙어 있다. 당시에 채굴된 원유를 수송했던 곳이
었다. 록펠러가 독점을 확립하고 부를 축적하는 데에 크게 기여한
곳이기도 했다.

약속한 오후 1시 반이 되자 도요타 자동차 택시가 도착했다. 운
좋게도 산길에 강한 랜드 크루저였다. 웬일인지 앞 유리창에 금이
가 있다. 운전사는 타이터스빌 출신의 중년여성이었는데, 파트너와
함께 둘이 경영하고 있다고 한다.

지금으로부터 약 150년 전, 오일 크리크로 불리던 이 일대의 인구
는 하루 아침에 급증했다. 드레이크의 성공 소식을 듣고 일확천금을
꿈꾸는 남자들이 미국 전역에서 몰려들었기 때문이다. 남북전쟁이
끝난 직후라서 실직 중이던 노동자가 많았던 것도 사실이었다. 인구

200명이 조금 넘었던 한촌 벽지 마을 타이터스빌의 인구가 단기간에 40배 이상 늘어났다. 골드러시가 아닌 오일러시였다. 한 세기 반전의 이곳은 원유를 찾기 위해 혈안이 된 업자들로 넘쳐났다.

그 상징이 박물관에서 약 15킬로미터 떨어진 숲속 비탈의 피트홀이다. 인구 1만여 명의 마을이 만들어졌지만 1년 후에 인구 수가 반감했고 그 몇 년 후에는 유령도시가 된 전설의 마을이다. 지금도 그렇지만 발흥기를 살펴보면 석유산업이 얼마나 위험한지를 알 수 있다. 원유 수송용 목제 탱크를 제조하던 타벨의 아버지 프랭크 역시 오일 러시 붐을 타고 가족과 함께 이곳으로 이주해 왔다. 처음에는 목제 탱크 수요가 커서 한밑천 잡을 수 있었지만, 5년 후 유정이 고갈되면서 가족과 함께 타이터스빌로 되돌아왔다. 프랭크는 피트홀에 이탈리아 풍으로 산뜻하게 세워진 3층짜리 호텔 본타 하우스Bonta House를 헐값에 매입했다. 타이터스빌로 옮겨 자택으로 삼은 이 집은 타벨이 살던 집이기도 해서 지금도 방문하는 사람이 적지 않다고 한다.

도요타 차에 오른 필자는 피트홀로 향했다. 자동차 왕국 미국의 도로는 울창한 삼림 속 산길도 포장이 잘 되어 있었다. 하지만 샛길로 들어서면 꼭 그렇지만도 않았다. 랜드 크루저가 위력을 발휘했다. 운전사는 "어디서 왔는가?" "무엇 때문에 왔는가?" 질문을 계속했다. "일본에서 왔다." "조사 때문에 왔다."고 대답을 했다. 크루저는 숲속을 달려 국도에서 왼쪽으로 방향을 꺾었다. 필자가 150여 년 전의 석유산업을 조사하고 있다는 것을 들은 운전사는 "이 근처에 송유관 흔적이 있다.", "피트홀까지 앞으로 10분 정도"라며 이런저런 이야기를 들려주었다. 확실히 한 세기 전의 이 근처는 석유지대였다.

당시 채굴된 원유는 송유관을 통해 강 선착장으로 보내졌고, 철도가 있으면 가장 가까운 역에서 화물차에 실려 정유소로 옮겨졌다. 도로변에 송유관 흔적을 알려 주는 간판이 세워져 있었다. 가파른 경사의 산 표면을 따라 오르락내리락하다 보니 약 30분 만에 목적지인 언덕에 도착했다. 완만한 녹색 경사면에 만들어진 마을 피트홀이다. 녹음이 이어지는 평탄한 지형은 대도시 근교라면 골프장으로 이용할 수 있을 것만 같은, 그런 분위기의 구릉지였다. 올려다보니 푸른 하늘이 펼쳐져 있었다. 이른 아침 TV 일기예보에서 전하던 뇌우와는 정반대의 맑은 날씨였다.

구릉지 정상에 서니 아래로 완만한 비탈을 따라 녹색 관목이 우거진 벌판이 펼쳐져 있었다. 불과 1년 만에 유정이 말라붙어 단기간에 마을이 사라져버린 전설의 유령도시가 바로 이곳이다. 일확천금을 꿈꾸며 몰려든 수많은 채굴업자들이 원유를 퍼내기 위해 설치한 굴착장치의 시끄러운 소음이 주변을 메아리쳤을 것이고, 지하에서 퍼 올린 기름과 가스 냄새가 진동했을 것이다. 기름을 저장하기 위한 거대한 목제 탱크도 옹기종기 모여 있었을 것이다. 사전을 찾아보면 'pit'는 구멍, 홈, 수갱을 의미하고 'hole'도 마찬가지로 구멍, 홈, 대지에 생긴 수갱 구멍을 의미한다.

필자가 드레이크 박물관의 기념품 가게에서 구입한 폴 H. 기든스 Paul H. Giddens의 책 〈석유 초기의 날들Early Days of Oil〉에 따르면, 드레이크가 1859년 8월 말 시굴에 성공한 것을 기점으로 시작된 오일러시는 처음에는 드레이크가 원유를 캐낸 현장을 중심으로 타이터스빌을 흐르는 강가에서 시작되었다. 규모가 큰 곳에서는 하루 1,400~1,500배럴이 채굴되기도 했다. 원유 채취를 위한 우물이 증가하면서 매장량은 줄어들었고 동시에 산출량도 줄어들었다. 유정이 계곡으로 이동하자 이번에는 생산량이 6,000배럴까지 늘어났다. 당시 사진을 보면 원유 채굴을 위한 벌채로 민둥산이 된 산비탈과 골짜기에 망루가 즐비해 있었음을 확인할 수 있다.

석유사업이 안정되고 원유가 "돈이 되는 나무"로 알려지면서 채굴은 오일 크리크 지대를 넘어 확장되었다. 1864년 봄, 유나이티드스테이트 페트롤리엄이 외딴 마을 피트홀의 토머스 홀름덴 농장을 빌려 시굴을 시작했다. 이듬해 1월 7일 원유가 나왔다. 하루 250배럴이 채굴되었다. 이 소식을 접한 채굴업자들이 피트홀로 몰려들었고 프레이저 유정을 시작으로 채굴이 시작되었다.

유정에서 잇달아 기름이 솟구쳤다. 정점을 기록한 것은 그로부터 8개월이 지난 9월이었고 하루 6,000배럴이 채굴되었다. 운반은 배를 이용했다. 오일러시가 시작되자 철도가 깔렸고 저장시설과 수도 이외의 송유관도 부설되었다. 인구는 1만 5,000명을 넘어섰으며, 은행 점포가 두 개, 전보국 두 개, 신문사 한 개, 교회 두 개, 그리고 극장도 생겼다. 호텔 수는 약 50채까지 증가했고 대규모 우체국도 설립되었다. 나중에 타벨의 아버지가 저렴한 가격에 구입한 호화로운 3층짜리 호텔 본타 하우스도 건설되었다. 피트홀은 오일 러시로 들끓는 지역 최대 도시로 거듭나고 있었다.

하지만 여름부터 가을에 걸쳐 유정에서 나오는 원유의 양이 급속히 줄어들기 시작했다. 시굴을 해도 기름이 안 나오는 유정이 늘어나기 시작한 것이다. 고갈된다는 신호였다. 업자들은 차례차례 피트홀을 떠나기 시작했다. 이듬해 1월에는 대부분의 집들이 비었고 인구 4,000명의 쓸쓸한 마을로 변했다. 불과 1년만의 일이다. 방치된 유정에서는 인화하기 쉬운 휘발성 가스가 분출되어 화재도 자주 발생했다. 열광과 흥분에 휩싸였던 도시는 단번에 황폐해졌고 눈 깜작할 사이에 유령도시가 되었다.

필자가 피트홀을 방문했던 9월에는 관광객의 발길도 뚝 끊겨 언덕 위에 있는 피트홀 방문객 센터와 박물관Pithole City Visitors Center and Museum은 폐관 중이었다. 그곳을 기점으로 완만한 슬로프가 골짜기를 향해 펼쳐져 있었는데, 150여 년 전에는 원유 망루와 상업시설이 즐비해 있던 곳이다. 당시 사진에서 경사면을 따라 무질서하게 늘어선 작업용 오두막의 살풍경한 광경을 볼 수 있다. "No smoking(금연)"이라는 큰 현수막이 그 '위험성'을 잘 보여준다. 물이 부족해서 위생상태도 결코 좋지 않았을 것이다.

피트홀의 역사가 적혀 있는 간판

박물관 홈페이지에서는 미국 정부의 "국가 유적 등록 지역National Register of Historic Places" 자료를 바탕으로 피트홀의 역사를 소개하고 있다. 지금부터 150여 년 전인 1865년 5월, 피트홀에는 500개의 구역과 22개의 거리가 있었다. 남북으로 뻗어 있는 메인 스트리트의 경사면을 따라 내려가면 피트홀 크리크로 불리는 강이 있다. 이곳을 따라 원유가 채굴되었다고 한다. 이듬해 4월과 8월에 대화재가 발생하여 건물과 유정이 대거 소실되었고, 12월에는 인구가 2,000명까지 줄어들었다. 그 후에도 인구는 계속 유출되었고 10년 후인 1877년에는 인구 2,818명의 한촌벽지가 되었다.

도중에 운전사에게 부탁해 타벨의 고향이자 록펠러가 독점체제 구축을 위해 사업을 벌였던 타이터스빌의 중심가를 둘러보았다. 드

레이크 유정 박물관에서 수 킬로미터 떨어진 곳에 있는데 피트홀에서
는 상당한 거리다. 펜실베이니아 주 북부는 개척시대 프랑스계 정착
민이 많았다. 이 때문에 프랑스어로 마을을 뜻하는 단어 'Ville'이
붙은 이름의 마을이 적지 않았다. 드레이크가 요행을 노린 타이터스
빌도 그렇다. 타이터스빌은 1790년대에 이곳에 처음 정착한 조나단
타이터스의 이름에서 따왔다는 설명이 타운홀과 번화가에 기록되어
있었다.

과거 영화롭던 시절을 보여주는 타운홀

당시에는 기차역과 타운홀 등이 들어서 있는 중심가였지만, 지금
은 한낮의 번화가임에도 불구하고 사람이 거의 보이지 않았다. 1900
년대 이전에 지어진 것으로 보이는 오래된 건물이 줄지어 있고 도로
와 인도 곳곳은 함몰된 그대로 남아 있다. 미국 정부의 통계에 따르

면, 1860년대 오일러시 이전의 인구가 500명 이하였던 것이 오일러시로 급격히 증가하여 1만 명에 육박했다. 현재 인구가 5,000명 정도이니 두 배 정도 된 셈이었다.

인터넷에서 타이터스빌을 검색해 보면, 그 역사와 오일러쉬 당시를 소개하는 페이지가 잇달아 등장한다. 클릭해 보니, 시굴에 성공한 후 철도가 부설되었고 역까지 원유를 운반하는 송유관이 부설되었다고 나와 있다. 석유정제소와 굴착에 필요한 도구 제작을 위해 철공소도 건설되었다. 미국 최초의 억만장자는 드레이크 유정 거리 일대의 토지를 소유하고 있던 조나단 왓슨이다. 석유가 매장되어 있다는 사실이 알려 지면서 토지가 비싼 가격에 거래되어 그 혜택을 받은 부동산 왕이었다. 오일러시와 함께 이런 부자가 차례차례 탄생했고, 인구 1,000명당 부자가 미국 전역에서 가장 많았다고도 알려져 있다. 당시 제18대 대통령 율리시스 S. 그랜트가 부자 동네를 시찰하기 위해 방문했을 정도였다고 한다. 전쟁 전 8,000명 정도였던 인구는 그 후 더욱 줄었고, 2000년대 들어 6,000명 이하로 떨어졌다. 특별한 산업이 없는 것도 그런 이유에서다.

참고로, 이곳에 시찰차 들른 적이 있는 남북 전쟁의 북군 사령관 그랜트는 "도금시대"를 상징하는 비리투성이의 무능한 대통령으로 평가 받는 인물이다.

알레게니 대학

록펠러가 남부개발 구상을 발판으로 트러스트 제국을 구축해 발전시킨 스탠더드오일의 무대가 타이터스빌이다. 석유로 재산을 모은 당시 부자들이 모였다는 사교장 타운홀도 있어서 한 세기 전 영화의 흔적을 아직도 느낄 수 있다. 짧은 시간 이곳에 머문 필자가 다음으로 향한 곳은 알레게니 대학의 소재지 미드빌이다. 타벨의 모교가 있는 대학가다. 간선도로를 한 시간 남짓 달려 도착했다. 부근에 알레게니 강이 흐르고 있고 남쪽으로는 알레게니 산맥이 자리 잡고 있었다. 중간에 민간공항도 있었는데 대학 이름은 이와 연관된 것이라고 한다.

타벨이 알레게니 대학에 진학한 것은 1876년 가을이다. 제2장에서 이미 언급한 것처럼, 당시는 여성 입학을 허용하는 곳이 매우 드물던 시절이었다. 1865년 설립된 뉴욕 주의 코넬대학도 선택지에 포함되어 있었지만, 알레게니 대학 총장이 타벨의 집을 방문하여 부모를 직접 설득한 것이 결정적인 역할을 했다. 알레게니 대학은 1815년 설립된 미국에서 가장 오래된 대학 중 하나로 꼽히는 명문대학이자, 재직 중 흉탄에 쓰러진 제25대 대통령 윌리엄 매킨리의 출신학교이기도 하다.

필자가 방문한 시기에 발행된 대학신문 캠퍼스The Campus!(2015년 8월 28일호)는 "다른 대학보다 뛰어난, 최고 중의 최고 알레게니 대학은 최상위권 인문대학 중 하나Best of the best, better than the rest: Allegheny ranked one of top Liberal Arts College"라는 제목의 특집기사가 게재되어,

이 대학이 미국 내 최상위 수준이라는 것을 소개하고 있었다. 기사는 같은 해 프린스턴 리뷰*The Princeton Review*의 "2016년도 베스트 대학 380The Best 380 College 2016 Edition"에서 높은 수준의 교육 조직으로 선정되어 순위에 올라 있다는 것을 소개했다. 워싱턴을 본거지로 하는 대학 랭킹 전문지 월간 워싱턴*Washington Monthly*에서 3년 연속 최고 인문대학 25개 중 하나로 선정되었다는 것도 언급하고 있다.

대학에 도착하자 필자는 새로 단장한 건물에 놀랐다. 100년도 더전에 건립되었지만, 완만하게 경사진 슬로프 산 표면의 건물 외장은 이제 막 새롭게 단장해서 매우 세련되고 신선한 인상을 주었다. 완만한 구릉지에 세워진 미국의 명문대 캠퍼스를 타벨의 청춘시절을 상상하며 활보할 수 있다는 것은 필자에게도 즐거운 일이었다.

자서전에서 타벨이 "미국 전역에서 가장 아름다운 건물 중 하나"라고 극찬한 벤트리 홀도 있었다. 지붕 위에 찬란하게 빛나는 큐폴라가돋보이는 이 건물은 미국정부에 의해 역사유산으로 등재된 보호대상이기도 하다. 당시 캠퍼스를 촬영한 사진에서도 이 건물을 확인할 수 있다. 당시에는 고리타분한 건물이라는 인상을 풍겼겠지만 외장을 새롭게 단장해서인지 새로 지은 듯한 신선함이 느껴졌다. 이처럼 중후한 환경에서 면학에 힘쓸 수 있다면 필시 힘을 낼 수 있을 것같았다.

여름 방학이라 학생도 많지 않았고 주위에 아무도 없었기에 정문계단을 올라가 출입문 손잡이를 조심스럽게 돌려보았다. 문은 잠겨

알레게니 대학의 벤트리홀

있지 않았다. 안으로 들어가서 올려다보니 천장이 높고 내부는 검게
칠한 중후한 구조다. 역사를 되돌아볼 수 있도록 당시 캠퍼스 정경을
담은 그림이 액자에 걸려 있고 다른 그림과 사진들도 다수 장식되어
있었다. 내부는 미국 뉴잉글랜드 특유의 영국식 낡은 건물 내부를
떠올리게 했다. 필자가 런던 특파원 시절 여러 차례 찾았던 옥스퍼드
대학과 케임브리지 대학 내부와 유사해 보였다. 복도는 의외로 좁았
고 안쪽 깊숙한 곳까지 이어져 있었다.

시험 삼아 걸어 보았다. 왼쪽 방향으로 돌아가 막다른 곳 오른쪽에
총장실이 있고 바로 앞에 학부장 사무실이 있다. 비서로 보이는 여직
원들이 분주하게 서류를 뒤적이고 있었다. 이쪽과 시선이 마주치자
눈인사를 해주었다. 사무직원으로 보이는 젊은 여성 한 명이 고개를
끄덕이며 필자 옆을 지나간다. 각각의 문 앞에 방주인의 직함과 이름
이 명기된 흰색 플레이트가 붙어 있었다. 위로 올라가는 좁은 계단은

너무 가파른 탓에 오르기가 망설여졌다. 지하에는 화장실이 있었다. 타벨이 다니던 시절에는 이 홀이 교사들의 주거이기도 했고 동시에 학생들에게 강의하는 교실이기도 했다. 자서전에 따르면 타벨은 교사 집에 자주 들러 함께 식사를 하며 대화를 즐기곤 했다. 당시 알레게니 대학에 다니는 여학생은 손에 꼽힐 만큼 소수였다. 이후 여학생 기숙사도 만들어졌다.

그 내용을 같은 대학의 조나단 E. 헤르메리히 명예교수(역사학)가 석유 전문지 석유지대저널*Oil Field Journal Vol. 3*(Colonel. Inc. 2002~2003)에 게재했다. "알레게니 대학에서의 아이다Ida at Allegheny"라는 제목의 논문이다. 입학할 때 여학생은 턱없이 부족했지만, 편입생이 계속 늘어서 졸업할 무렵에는 여학생 수가 꽤 증가했던 것 같다. 여학생을 받아들이게 된 계기는 아이러니컬하게 남북전쟁 때문이기도 했다. 참전을 위해 재학생 중 4분의 1에 해당하는 수의 남학생들이 학교를 그만두면서 대학은 학생 부족으로 궁지에 몰리는 상황이었기 때문이다. 활로를 찾기 위해 선택한 것이 여학생 입학 허용이었다고 한다.

논문에 따르면 타벨은 상당히 적극적인 학생이었다. 2학년 때는 대학신문 편집부장을 맡기도 했고, 상급생 때는 여학생회 회장으로 선임되기도 했다. 타벨이 대학에서 얻은 것은 무엇이었을까? 헤르메리히 명예교수는 "자신이 가진 능력에 대한 자신감", "인생은 매우 즐겁고 재미있다는 자신감", "세상에는 선량하고 고귀한 사람이 있다는 확신" 등이라고 소개했다.

탐사보도 개척자로 평가받으며 저명한 여성 저널리스트로 미국 전역에 알려진 타벨은 후에 대학 동창회장으로 취임하기도 했고 64세이던 1992년부터 사망할 때까지는 대학 이사회 멤버로 임명되어 활동하기도 했다. 말년에는 그 명성을 기념해 대학부지 안에 아이다 타벨하우스가 건립되기도 했다. 타벨이 캠퍼스를 방문하면 이곳을 이용했다고 한다.

필자가 이 대학을 방문한 가장 큰 목적은 대학 부속의 벨티엘 도서관에서 소장하고 있는 타벨 관련 논문을 직접 보기 위해서였다. 우표에 등재될 만큼 저명 인사이자 미국을 대표하는 여성 저널리스트의 출신 대학이기도 해서 도서관에는 타벨에 관한 자료가 풍부했다. 대부분 인터넷상에서 공개하고 있기 때문에 조사나 연구를 할 때 매우편리하게 이용할 수 있다. 방문을 한 김에 실물을 직접 만져보고싶다는 생각이 들어 사전에 담당자와 이메일 연락을 취했다. "멀리일본으로부터의 방문"이라는 것을 강조하고 특별한 배려를 부탁했지만, 9월 중순은 폐쇄중이라 견학할 수 없다는 회신을 보내 왔다. 특례도 적용되지 않았다.

필자는 캠퍼스 지도를 따라 교내 곳곳을 둘러보다가 도서관을 발견했다. 메인 스트리트를 따라 정문 근처에 있었다. 철근콘크리트로만들어졌고 지붕을 제외한 측면 벽은 흑갈색 유리로 덮여 있었다. 낮에는 내부가 보이지 않는 2층짜리 대형 건물이었고 전자 카드가 없으면 들어갈 수 없었다.

정문 근처를 어슬렁거리고 있는데 파란색의 일본차 한 대가 다가왔다. 차 안을 들여다보니 운전석에 존이 웃으며 앉아 있었다. "이 얼마나 운이 좋은가." "영화의 한 장면 같다." "세상에 이런 일도 있구나." 서로 크게 웃으며 필자는 조수석에 올라탔고 그대로 귀로에 올랐다. 돌아오는 길은 가는 길과 같은 길을 거꾸로 달렸을 뿐인데도 약 세 시간 만에 도착했다. 고속도로를 직접 타서 그랬을 것이다. 평균 시속 130킬로미터 정도가 나왔을지도 모른다. 이 5시간 동안 150여 년 전의 타이터스빌에 내려앉은 것 같아서 실로 즐거운 추억이 되었다.

맨해튼 브로드웨이 26번가

신뢰받는 기사

필자는 석유의 성지 타이터스빌 방문 1년 전 미국 뉴욕시 맨해튼의 옛 스탠더드오일 본사 소재 주소지인 브로드웨이 26번가를 방문한 적이 있다. 당시 소재지 위에 무엇이 세워져 있는지를 확인하기 위해서였다.

100년보다 더 전의 과거에 이곳에는 총수 록펠러가 이끄는 스탠더드오일 본사가 있었다. 스탠더드오일의 직원들이 이 근방을 거점으로 일하고 있었고, 록펠러, 플래글러, 아치볼드, 로저스 등 주요 임원들이 주변을 활보했을 것이다. 당시 분위기를 잠시라도 느끼고 싶은 마음도 있었다.

가을 하늘이 눈부신 2014년 9월 21일 오후, 필자는 뉴욕의 브로드웨이 26번가에 서 있었다. 브로드웨이는 초고층 빌딩이 즐비한 불야성의 맨해튼 섬 남북을 가로지르는 20킬로미터 가량의 번화가다. 고급 명품상점이 즐비한 5번가, 파크 애비뉴 등과 함께 세계적으로 유명한 거리다. 특히 거리의 중간지점에 있는 뉴욕 타임스의 옛 본사와 인근의 타임스 스퀘어 부근은 극장가로 유명하다. 이 때문에 브로드웨이라고 하면 "주위에 극장이 붐비는 거리"로 생각하기 쉽지만, 반드시 그렇지만은 않다. 비즈니스 거리로 생각하면 된다.

록펠러 제국의 속사정을 살피기 위해 탐사보도를 계속하던 타벨이 100여 년 전 스탠더드오일의 고위급 임원 로저스와 인터뷰했던 주소지가 여기다. 거대하고 중후한 석조건물이 서 있었다. 적어도 최근에 지어진 번쩍거리는 빌딩은 아니다.

브로드웨이 26번가는 미국 경제의 중심인 월 스트리트까지 도보로 5분 거리에 있다. 자유의 여신상이 있는 리버티 섬으로 가는 페리 선착장에서 3분 정도의 거리다. 9.11 테러로 붕괴된 세계무역센터 부지에서도 가까워 관광객이 북적거린다.

건물 주위를 살펴보니, 브로드웨이에 접해 있는 입구를 향해 왼쪽 벽에 짙은 갈색 돌판이 있다. 거기에는 "1920년부터 1928년까지, J.

D. 록펠러의 스탠더드오일 본부가 당시로서는 맨해튼 최대 구획 중 하나였던 이곳에 건설되었다. Carrere & Hastings가 Shreve, Lamb & Blake와 공동으로 석회암으로 된 초고층 빌딩을 설계했다."고 쓰여 있다. 돌판과 안내문구는 뉴욕시가 만든 것으로, 이 건물은 1995년 뉴욕시 역사 건축물로 지정되었다.

2001년 9월 11일, 두 대의 항공기가 돌진하는 테러로 인해 붕괴된 세계무역센터와도 가깝다. 테러의 대상이 될 법한 31층짜리 거대 빌딩치고는 경비가 극히 허술해 보인다. 오른쪽 어깨에 카메라를 걸친 필자가 들어가도 아무도 쳐다보지 않았고, 입구에는 경비원도 없었다. 회전문을 밀고 들어서면 승강기 앞은 한 단 낮아진다. 안내원이 자리를 비운 접수대가 보일 뿐이다. 플로어로 내려가 올려다보니 천장 기둥 대리석에 이름이 새겨져 있었다. 스탠더드오일의 고위간부 헨리 M. 플래글러, 찰스 플래트, 스탠더드오일의 경영에 관여했던 미국 담배 트러스트의 창설자 올리버 H. 페인의 이름이 나란히 있다.

뉴욕시의 경관보존위원회 자료에 따르면 록펠러는 이곳에 10층짜리 건물을 짓고 1885년 오하이오 주 클리블랜드에 있던 본사를 이전시켰다. 비좁아져서인지 10년 후인 1895년에는 북쪽으로 확장하여 10층짜리 건물이 증축되었다. 그리고 제1차 세계대전 후인 1921년부터 1928년에 걸쳐 새롭게 건설된 것이 이 건물이다.

타벨이 로저스를 인터뷰하기 위해 이 주소를 빈번하게 드나들었던 것이 1904년경이므로 현재의 이 건물은 그 후에 건조된 것이다. 타벨이 취재를 위해 이 주변을 돌아다녔다는 사실을 생각해 보면 뭔가 인연 같은 느낌도 든다. 이곳에서 그다지 멀지 않은 맨해튼 이스트 26번가의 로저스 자택도 몇 번인가 방문했다고 한다. 34번가의 엠파이어 스테이트 빌딩, 33번가의 코리아타운과 매우 가까운 곳이다.

아치볼드 등 경영진은 미 연방대법원에서 1911년 5월 15일 해체 판결을 내렸을 때 이 빌딩의 중역실에서 소식을 들었다고 한다. 대니얼 야긴의 책 〈찬미〉에 따르면 당시 임원들은 총수의 동생인 윌리엄 록펠러의 방에 모여 있었다. 할 말도 없고 그저 시간만 흐르고 있었다. 잔뜩 긴장한 표정의 아치볼드가 시시각각 전달되는 통신사 뉴스를 몸을 굽혀가며 확인하고 있었다.

해체를 명령하는 판결의 뉴스 속보가 전해지자 모두가 깜짝 놀랐다. 이 엄중한 대법원 판결을 아무도 예상하지 못했기 때문이다. 잠시 동안 쥐 죽은 듯 침묵이 지속되었다. 그리고 갑자기 아치볼드가 작은 소리로 휘파람을 불기 시작했다. 그는 방의 벽난로 앞으로 나와 "여러분!" 하고 외치며 돌아본 뒤 잠시 생각을 하다가 "인생이란 이렇게 차례차례 끔찍한 일들이 일어나는 법입니다."라며 다시 휘파람을 불기 시작했다. 목사의 아들이자 스탠더드오일에서 정계를 담당하며 투쟁심도 왕성했던 둥근 얼굴의 쾌활한 아치볼드는 어린 시절부터 휘파람 부는 것을 좋아했던 모양이다. 줄스 에이벨스의 저서 〈록펠러〉를 보면, 아치볼드는 해체 판결에 대해 "암흑의 나라 아비시니아(현 에티오피아)에서조차 정부 손에 의해 우리 회사가 당한 것 같은 가혹한 처분을 찾아 볼 수 없다.”고 말한 것으로 기술되어 있다.

총수 록펠러는 어땠을까? 론 처노의 〈타이탄〉에 따르면, 록펠러는 교회 목사와 골프를 즐기던 중에 판결소식을 들었다고 한다. 동요하는 기색 없이 목사에게 스탠더드오일 주식을 사라고 권하기도 했다. 소송이 제기된 시점에서 로저스는 록펠러에게 “우리는 괜찮다. 의심할 여지없이, 겁낼 필요도 없이 우리는 확실히 승리할 것”이라는 강심장의 투기꾼다운 말을 던졌다고 한다. 해체 판결이 나온 뒤로는 주식이 그나마 위안이 될 뿐이었던 것이다.

머크레이커는 이제 죽은 말인가

필자는 대략 8년 전부터 탐사보도의 원류를 조사해 왔는데, 그 과정에서 자주 발견한 것이 ‘머크레이커Muckraker’, ‘머크레이킹Muckraking’이라는 단어이다. 이 책에서 소개한 미국의 저널리스트 아이다 타벨은 지금으로부터 100여 년 전의 미국 언론계에서 머크레이커로 불렸다. 이렇게 호명한 것은 당시 대통령 시어도어 루즈벨트였다는 사실도 앞에서 소개했다. 가축이나 오물을 찾아다니는 머크레이커라는 표현을 쓴 것은 사회정의를 관철하기 위해 권력의 비리를 철저히 파헤쳐 백일하에 드러내는 새로운 저널리즘을 긍정적으로 평가할 뜻이 없었음을 보여준다. 일본에서는 과거에 어떤 유명 연예인이 자신들의 스캔들을 열성적이고 상세하며 떠들썩하게 보도하는 국내 연예 리포터 한 명을 오물에 꼬이는 은파리로 호명한 적이 있었다. '어느 시점' 부터 루즈벨트도 비슷한 생각을 하고 있었던 것은 아닐까 짐작된다.

탐사보도는 1970년대에 미국 워싱턴포스트 기자들이 약 2년간 당시 대통령의 정치스캔들을 조사하고 보도하여 대통령 자리에서 끌어내린 워터게이트 사건으로 일약 각광을 받았다. 면밀한 조사를 기반으로 하는 취재 방식은 이제 탐사보도로 일컬어지고 있다. 그렇다면 머크레이커 혹은 머크레이킹은 이제 고색창연한 옛말 혹은 사어_{死語}가 된 것일까?

필자는 2001년 1월 16일자 인터네셔널 뉴욕 타임스 지면에서 'muckraking'이라는 단어를 발견했다. 저명한 멕시코 저널리스트 훌리오 가르시아가 88세에 영면에 든 것을 전하는 부고 기사였다. 제목은 "Julio Scherer Garcia, Muckraking Mexican editor, dies at 88". 사어로만 여겨졌던 머크레이킹이라는 표현이 살아 있었다. 뉴욕타임스에서 '탐사보도'가 아니라 '머크레이킹'이라는 표현을 사용했다는 점에 무척 놀랐다. 기사 내용은 다음과 같다.

멕시코의 주요 신문사 편집국장 등을 지낸 독일계 이민자 훌리오 가르시아는 당시 구스타보 올더스 대통령, 에체베리아 알바레스 대통령 등과 대립하면서 멕시코 정부의 정치부패를 폭로하기 위해 1976년 탐사보도

전문 주간지 프로세소*Proceso*를 창간했다. 그리고 정치인과 관료의 부정부패를 적극 폭로하면서 정계와 정부의 정화에 기여했다. 창끝은 정권과 유착한 언론도 겨냥했다. 프로세소는 집권당의 하수인이었던 멕시코 언론계에 획기적인 변화를 가져왔다. 2000년에 있었던 71년만의 정권 교체도 그런 보도의 성과라 할 수 있다. 그 배경에는 가르시아가 심혈을 기울였던 저널리스트 교육이 있었다.

짧은 평전을 읽어 보면 분명히 다루어야 할 주요 인물의 부고기사다. 뉴욕 타임스가 기록의 신문이라고 일컬어지는 이유다. 그런데 왜 제목이 탐사보도가 아니라 머크레이킹이었을까? 가르시아가 탐사보도를 통해 정치부패를 '폭로'했으며 타벨과 마찬가지로 정치개혁에 커다란 영향을 미쳤기 때문 아닐까? 필자로서는 일단 사어가 아니라는 점이 왠지 기뻤다.

필자는 미국 볼티모어 선지에서 편집국장 등을 지내고 현재 미국 펜실베이니아주립대학PSU에서 교편을 잡고 있는 토니 바비에리 교수를 인터뷰하기도 했다. 그때 머크레이킹에 대해 질문했더니 업계에서는 요즘 거의 사용하지 않는 용어라는 답을 주었다. 역시 최근에는 'investigating report'가 주류이며 'muckraking'은 100여 년 전의 탐사보도를 가리키는 용어인 것 같다.

언론을 구원할 탐사보도

이 책에서는 탐사보도의 개척자 아이다 타벨의 최고 걸작을 소개했다. 마지막으로 위기적이고 폐색적인 상황에 처한 작금의 저널리즘을 구원할 수 있는 기폭제야 말로 탐사보도라는 관점에 서서 탐사보도의 미래를 생각해 보고자 한다.

어둠에 가려져 있는 권력비리 폭로에 초점을 맞추는 탐사보도는 상상 이상의 돈과 시간과 끈질긴 취재력을 필요로 한다. 타벨의 취재 대상은 당시 미국 석유시장의 90% 이상을 장악하고 경제 권력을 구축하여 미국 전역과 세계 석유시장에 크나큰 영향력을 행사하던 스탠더드오일이었다. 유럽과 아시아에 석유제품을 수출하는 세계 최초의 다국적기업 록펠러제국의 당시 직원 수는 미군의 두 배가 넘을 만큼 거대 기업이었다.

당시 연방 정부, 주 정부와 정치인들은 배금주의와 정치부패로 대표되던 화려한 "도금시대" 한복판에 있었다. 록펠러의 돈뭉치 공세에 굴복했고 자유방임을 내세우는 대기업 트러스트는 원하는 것은 무엇이든 뜻대로 하고 있었다. 엄격한 비밀주의의 복마전을 파고든 것이 타벨이었다.

취재는 그 만큼 시간을 필요로 했다. 타벨과 맥클루어스 매거진의 편집부가 록펠러를 정조준 하여 트러스트 관련 기사 연재를 결정한 것은 1897년 2월이었고 마지막 19번째 기사 "록펠러 성격분석"은

1905년 7월에 게재되었다. 8년 5개월에 걸친 대장정이었다.

탐사보도는 공공기관이나 관청, 기업 등의 발표에 의존하지 않고 저널리스트 스스로가 자신의 발로 뛰어다니며 취재한 정보를 바탕으로 완성된다. 타벨은 연방정부와 주정부의 자료, 록펠러와 스탠더드 오일에 관한 재판기록, 신문과 잡지 등의 공개 정보를 철저하게 수집하고 치밀하게 분석했다. 관계자들의 이야기도 청취했다. 기사가 연재되는 동안 내부고발자가 제공해 온 정보들도 활용되었다. 취재비용은 이전보다 훨씬 많이 소요될 수밖에 없고, 단위 자체가 달라질 수도 있다.

권력감시형 탐사보도는 일반적으로 어둠 속에 묻혀 있던 권력남용이나 위법적이고 반사회적인 행위를 발굴하는 경우가 많기 때문에 성공만 하면 전 세계 혹은 한 나라를 뒤흔들 만큼 그 반향이 크고 막대하다. 이 책의 '들어가며'에서 언급한 1970년대의 워터게이트사건이 좋은 예다.

타벨의 기사는 그때까지 알려지지 않았던 트러스트 왕자의 악행을 밝히고 위법성이 농후한 경영 수법을 규탄하는 내용이었다. 구체적인 사례를 제시하며 상세하게 보도함으로써 미국 전역을 뒤흔들었다. 거대 기업에 의해 미국의 민주주의가 위협받고 있다는 위기감을 느낀 루즈벨트 대통령은 타벨의 연재기사를 근거로 시장독점으로 폭리를 취하고 있던 트러스트 적발에 착수했다. 동시에 금권부패의 원흉 트러스트와 거대기업이 자행하고 있었던 안하무인의 경영기법을 봉쇄함으로써 "도금시대"의 불공정하고 문란한 사회를 개혁하기 위한 사회혁신운동에 불을 붙였다. 그리고 도덕과 윤리가 존중받는 건강한 미국 사회로 전환해 가는 계기가 되었다.

대기업이 정치인에게 정치헌금을 제공하는 정치부패의 온상에 대해서도 마찬가지였다. 루즈벨트 대통령은 1905년 12월 기업헌금을 전면 금지하는 입법을 의회에 요청했다. 벤저민 틸먼 상원의원(사우스캐롤라인 주)의 노력으로 틸먼법Tillman Act이 의회를 통과했다. 이법은 대통령의 서명을 거쳐 1907년 1월 시행되었고, 이후 미국에서 기업 후원금이 전면 금지되었다. 법안 자체의 한계와 실효성과는 별개로, 이른바 "도금시대"로 일컬어지던 당시 정계의 금권부패를 정화하기 위한 개혁 작업의 시작이었음에는 틀림없어 보인다.

하나의 탐사보도가 돌파구가 되어 사회와 정치인과 시민을 움직였고, 뒤이은 탐사보도 저널리스트들이 혼신의 힘을 다해 미국 사회의 문제점을 폭로하고 나섰다. 이것이 한 나라와 사회를 그 뿌리부터 변화시키는 큰 흐름을 만들어냈다. 탐사보도는 단지 범죄 행위를 규탄하는 것에서 그치지 않고 민주주의를 개혁하고 시민사회를 강화할 수 있는 막대한 힘을 갖고 있다.

사법당국이 반트러스트법 위반으로 스탠더드오일을 소추하고 그 재판의 마지막 결론이 도출된 1911년 5월은 최대 분기점이 되었다. 타벨의 기사를 주요 근거로 삼아 진행된 록펠러의 트러스트 소추는 반트러스트법 위반으로 인정되었고 미국 연방대법원은 역사적인 해체 판결을 내렸다. 온갖 악행을 다하던 트러스트제국이 단칼에 단죄

된 것이다. 갈갈이 분해된 후속 회사들은 준법정신이 결여된 이전까지의 경영 방식을 180도 전환해야 했고, 이후에는 법의 정신에 따라 운영되는 건전한 기업으로 변신해야만 했다.

타벨이 돌파구를 열었고, 그 뒤를 이어 데이비드 그레엄 필립스, 레이 스태너드 베이커, 업튼 싱클레어 등 나중에 머크레이커로 호명되기도 했던 탐사보도 전문 저널리스트들이 있었다. 그들은 루즈벨트 대통령이 주도한 혁신주의운동에 호응하면서 배금주의와 금권부패에 물든 미국 사회를 공명정대하고 청렴한 사회로 변혁시켰다. 저널리즘이 사회개혁 과정에서 커다란 역할을 담당했음을 실감할 수 있다.

일본에서 탐사보도가 주목받은 첫 번째 사례는 2011년 아사히신문 기자들이 끈질긴 취재 끝에 특종으로 보도한 "오사카지검 특수부 주임검사의 증거조작 사건"을 들 수 있다. 이 사건은 다이렉트 메일 회사 및 광고대행사가 고액의 우편 요금을 피하기 위해 장애인 단체의 간행물에 적용되는 우편요금 감면제도를 악용한 사례가 적발되면서 발생했다. 감면제도를 이용하기 위해서 필요한 장애인 단체 인정 증명서가 조작되었고, 그 과정에 당시 후생노동성의 최고 사무차관 무라키 아쓰코가 관여한 것으로 의심되어 체포 및 기소되었다. 하지만 허술한 수사로 인해 재판에서 무죄 판결이 내려졌다. 판결 후, 오사카 지검에서 압수한 관련 자료를 특수부 에이스로 여겨지던 담당 검사가 조작했다는 사실이 아사히신문 특종보도로 밝혀진 것이다.

담당 검사 외에도 당시 상사였던 부장과 부부장이 줄줄이 구속되면서 무소불위의 권력을 장악해 온 검찰 당국이 저지른 전대미문의 비리가 발각 되었다.

탐사보도는 공관청이나 기업 등 당국의 발표나 누설되는 정보에 의존하지 않고 저널리스트가 주체성과 지속성을 바탕으로 정보를 수집하여 당국의 권력남용, 범죄, 비리 등을 밝혀내는 저널리즘 유형이다. 오사카 지검 특수부의 비리 사례는 민완 기자가 취재 과정에서, "검사가 증거를 조작한 것 같다"는 단서를 입수하고 이를 기반으로 시간과 노력을 들여 당국과 관계자에 대한 철저한 확인과 취재를 거쳐 정확성을 기해 특종 보도에 이르렀다.

최대 공적은 검찰청이라는 권력기구 최상위 조직의 범죄를 처음으로 밝혀냈다는 것이다. 사전에 시나리오를 만들어 놓고 여기에 맞추어 수사를 진행시키는, 지금까지 알려진 적 없었던 특수부의 독선적인 수사 방식의 문제점을 백일하에 드러냈다. 특종보도 이후에는 권력 남용을 미연에 방지하기 위한 조사 방식의 투명화 원칙 등이 채택되었다. 시민사회의 누구나 관여될 가능성이 있는 권력기구의 수사 과정에서 검찰 특수부가 사전에 수사의 틀과 방향을 정해 놓는 관행을 바꾸는 시발점이 된 것이다. 인권옹호의 관점에서도 너무 늦은 감이 있기는 했다. 절대 권력기구의 한 부분을 담당하는 조직 성격상, 검찰이 스스로의 비리를 자진해서 공개할 가능성은 거의 없다. 증거 조작이라는 전대미문의 권력범죄 역시 아사히신문의 보도가 없었다면 영원히 어둠 속에 매장되고 말았을 것이다.

권력감시형 탐사보도의 핵심은 바로 여기에 있다. 이는 취재능력을 지닌 저널리스트와 이들을 보유한 양식 있는 신문, 방송, 잡지 등의 매체이기에 가능하다. 취재력이 약한 인터넷 매체로서는 거의 불가능하다고 해도 무방하다.

저널리즘 역사를 되돌아보면 취재능력을 요하는 발굴형 탐사보도 사례는 적지 않다. 1950년대 교도 통신 기자들이 경찰 당국의 자작극을 파헤친 사례가 있다. 당시 공산당을 탄압하기 위해 주재소를 폭파하고 공산당원들을 일제히 체포했지만 지극히 악질적인 권력형 범죄였다. 교도통신 사회부가 보도하지 않았다면 영원히 감추어졌을 것이다. 금권부패정치의 원조라 할 수 있는 다나카 가쿠에이 내각을 퇴진으로 몰아넣은 1970년대의 유명 저널리스트 다치바나 다카시의 〈다나카 가쿠에이 연구: 돈과 인맥〉, 1980년대 아사히신문 보도에 의해 미공개 주식을 정치인 등 권력자에게 양도하는 방식으로 정치자금을 제공했다는 사실을 규명하여 다케시타 노보루 내각을 퇴진하게 만든 "리크루트 사건" 역시 정치계 정화에 크게 기여했다.

가상의 이름을 수사협력자 목록에 올려 돈을 지불한 것처럼 조작하고, 자신들의 연회 개최에 공금을 사용한 홋카이도 경찰 본부의 부정회계는 2003년 홋카이도신문이 고발했다. 고치신문이 고치현 경찰의 비자금 건을 먼저 특종보도한 후, 이를 단서로 각 지역신문들이 잇따라 비리를 파헤친 사례이기도 하다. 언론 보도가 없었다면 모두 표면화되지 않았을 권력형 비리들이다. 보도 이후 경찰은 특종보도를 한 지역신문을 집중적으로 조준하고 취재거부를 통해 정보를 차단하거나 별건 체포 등의 엄포로 악랄하게 보복하기도 했다. 경찰의 민낯을 드러낸 사건이기도 하다.

2016년 여름 토야마 시의회 소속 의원의 보수 인상을 계기로 기타니혼신문사가 취재반을 결성하여 시의회 부의장의 정무 활동비 사취 등 토야마 및 타카오카 지역의 시의회 비리를 밝혀 낸 일련의 보도도 있다. 이들 보도는 아사히신문의 증거 조작 보도, 지역신문의 비자금 보도와 마찬가지로 신문협회상을 수상했다. 모두 특종보도가 없었다면 일반 시민들은 영원히 알 수 없는 권력형 범죄다. 권력 감시자, 이른바 감시견으로 일컬어지는 언론의 가장 막중한 역할이다.

펜은 칼보다 강하다는 말이 있다. 탐사보도는 비리가 만연한 사회를 정화하고, 중앙정치 및 지방정치의 어두운 곳에 메스를 가하는 계기가 됐다. 물론, 비리의 잔재가 완전히 불식됐다고는 할 수 없기에 앞으로 더 많은 탐사보도가 나올 것을 기대한다.

타벨 등 당시의 탐사보도 저널리스트들이 세운 최대의 업적은 금권부패로 뒤덮인 미국 사회와 민주주의의 근본을 재조명하는 데 앞장섰다는 것에 있다. 미국 저널리즘 역사에서 이만큼 큰 역할을 한 것은 과거에도 그리고 앞으로도 찾아 보기 어려울지 모른다. 그래서 당시는 미국 저널리즘의 황금기라는 평가를 받기도 한다.

반면 최근의 저널리즘 환경은 어떨까? 인터넷 시대에 접어들면서 신문, 방송, 잡지 등 기존의 주류 언론은 발행부수와 광고비 격감에 의한 경영 위기에 허덕이고 있다. 젊은 세대의 신문 기피 현상도 현저하다. 인터넷 상에 만연하는 '페이크 뉴스fake news'도 심각한 문제다. 사실 확인 없이 진실로 받아들이거나 안이하게 동조하는 경향이 점차 심해지고 있다. 기존 언론의 신뢰성을 흔드는 주요 요인들이다.

2017년 1월에 취임한 도널드 트럼프 미국 대통령이 기자 회견 등에서 페이크 뉴스를 지적한 이후, 언론사에서 이에 대한 대응에 고심하고 있다. 트럼프 대통령은 트위터나 기자회견을 통해 자신에게 불편한 사실을 페이크 뉴스로 단정하고 사실 또는 진실을 무시하는 경향을 보였다. 객관적 사실보다 감정에 호소 하는 시대풍조는 '탈진실 Post-Truth' 현상과도 부합한다.

2017년 5월 프랑스 대통령 선거, 2016년 미국 대통령 선거, 2016년 6월 영국의 브렉시트 등의 사례에서 볼 수 있듯이 국가의 진로와 미래를 결정하는 매우 중요한 선택 과정에서 페이크 뉴스는 시민의 이성적 판단을 뒤흔들고 좌지우지한다. 심각한 사태다.

페이크 뉴스나 탈진실을 상징하는 주장들이 점차 증가하는 가운데 정확한 정보와 공정한 뉴스를 제공해야 할 언론의 역할과 그 중요성은 더욱 커졌다. 정권의 권력자가 "거짓도 100번 말하면 진실이 될 수 있다"고 둘러대던 나치 독일의 전체주의 시대로 되돌아갈 수도 있다. 민주주의를 뒤흔들 뿐 아니라 파괴로 이어진다.

왜 사실fact이 경시되는가? 그 이유 중 하나는 내게 불리하다는 이유 외에도 정보가 너무 많다 보니 사실 여부를 생각할 시간이 충분하지 않다는 것, 신뢰하는 누군가의 발언이나 전언을 그대로 받아들이고 믿어버리는 경향 등도 지적되고 있다. 민주주의를 유지 발전시켜 가기 위해 주권자가 올바른 판단을 내리는데 도움이 될 수 있는 정확한 정보를 접할 수 없는 사태를 초래할 수도 있다. 페이크 뉴스를 기반으로 민주주의는 운영될 수 없다.

정보와 뉴스의 신뢰성을 확보하여 인터넷 상에서 흘러넘치는 페이크 뉴스의 공세에 대응하기 위해서 언론은 어떻게 해야 하나? 신뢰 회복이라는 과제를 포함해 최근의 저널리즘은 전례 없는 시련에 직면해 있다. 그 비장의 카드 중 하나가 탐사보도와 팩트체크다. 기존 언론의 최대 강점은 치밀하고 두터운 취재력을 활용해 세상을 뒤흔드는 권력의 부정과 남용과 부패는 물론, 조직적인 범죄와 사회악을 파헤치는 것에 있다. 이는 매우 중요한 과제다. 워싱턴포스트, AP통신, BBC, 아사히신문 등 이미 많은 언론과 언론 분야 NPO(민간 비영리 단체) 등에서 실행하고 있는 팩트체크도 마찬가지다.

탐사보도를 통해 신뢰할 수 있는 정보와 뉴스를 시민에게 제시하고, 민주주의 사회의 근간을 구성하는 시민사회를 강화하기 위해 투명성과 설명책임accountability을 높임으로써 사회정의 실현의 가능성이 확대될 수 있다. 민주주의가 원활히 작동하기 위한 사회개혁의 선봉에 저널리즘이 서야 한다. 양질의 탐사보도를 통해서 저널리즘에 대한 사회적 신뢰도를 제고하여 기존 언론의 구심력을 강화해야 한다. 이것이야 말로 지금 우리가 직면한 가장 큰 과제 중 하나다.

저널리즘의 권력 감시 기능을 어디에서 어디까지 발휘할 수 있을지도 관건이다. 최근 언론이 시민에게서 멀어지고 권력의 하수인으로 전락하고 있다는 질책도 들려온다. 기자클럽(기자단)에 대한 비판도 이와 연결된다. 저널리스트들이 시민의 권리를 옹호하고 시민의 편에 서기보다, 기자실 등에서 관료나 정치인들과의 거리를 좁혀 가며 권력기구의 응원단으로 전락하는 거점이 되고 있다는 지적과도 무관치 않다. 권력의 감시자 역할을 해야 할 언론이 권력기구의 주장과 이를 옹호하는 담론을 흘리는 경우도 적지 않다. 언론에 대한 신뢰성은 지속적으로 하락할 뿐이다.

탈진실 시대로 이행하고 있는 현실에서 언론에 대한 악의에 찬 감정적 공격에 대항할 수 있는 방법은 결국 탐사보도, 검증보도, 팩트체크다.

탐사보도는 자기 책임을 대원칙으로 한다. 행정당국에 크게 의존해 온 발표 저널리즘이나 받아쓰기 저널리즘에서 탈피하는 것으로부터 출발해야 한다. 끈질기고 깊이 있게 파고드는 탐사보도는 저널리스트의 취재력을 지탱해 주는 핵심 기반을 탄탄하게 다짐으로써 강화될 수 있다. 어둠 속에 감추어져 있던 권력형 범죄가 아니더라도 평소의 일상적인 기사 취재를 통해 힘을 강화해 가야 한다. 일반 시민이 기대하는 바는 크다. 기존의 신문이나 방송 등이 다루는 탐사보도는 본래의 기본적인 취재력에서 기인하는 것이며 인터넷을 부유하는 페이크 뉴스와는 달라야 한다. 이는 마스고미 또는 기레기로 일컬어지는 작금의 언론사와 저널리스트들이 신뢰도를 회복해 가기 위한 출발점이자 계기가 될 것이다.

최근 탐사보도가 세계적으로 확산되는 움직임도 뚜렷해지고 있다. 각국 지도자의 조세피난처 탈세 행위를 폭로한 2016년 4월의 파나마 문서, 2017년 11월의 파라다이스 문서가 대표적이다. 글로벌 저널리즘은 한 나라의 저널리스트 각각의 단독 취재만으로는 제한적일 수밖에 없었던 권력기구의 범죄를 밝혀내는 힘을 갖는다. 세계 약 80개국의 탐사보도 저널리스트에 의해 조직된 국제탐사보도저널리스트연합ICIJ을 필두로 글로벌 저널리즘의 실천을 목표로 하는 조직도 최근 잇달아 설립되고 있으며, 취재 노하우를 전수하고 공유하기 위한 심포지엄 등도 개최되고 있다.

타벨이 활약하던 시대로부터 100여년 이상이 경과한 지금, 디지털 혁명에 농락당하는 저널리즘을 구원할 수 있는 탐사보도의 역할과 중요성은 한층 더 커지고 있다.

참고문헌

- Adrian A. Paradis 「Ida M.Tarbell- Pioneer Women Journalist and Biographer」 (Regensteiner Publishing, 1985)
- Allan Nevins 「John D. Rockefeller(1,2)」 (Charles Scribner's sons, 1940)
- Anne Bausum 「Muckrakers」 (National Geographic, 2007)
- Barbara A. Somervill 「Ida Tarbell: Pioneer Investigative Reporter」 (Morgan Reynolds, 2002)
- Brook Kroeger 「Nellie Bly- Daredevil, Reporter, Feminist」 (Times books, 1994)
- Bruce Bringhurst 「Antitrust and the oil monopoly」 (Greenwood Press, 1979)
- Charles River Editors 「Watergate & the teapot dome Scandal-The history and legacy of America's most notorious Government scandals」 (Charles River Editors, unknown)
- Charles River Editors 「The Teapot Dome Scandal」 (Charles River Editors, unknown)
- Daniel Yergin 「The Prize」 (A Touchstone Book, 1993) 日本語訳は、日本経済新聞社から『石油の世紀(上下)』で出版されている。
- David Anderson and Peter Benjaminson 「Investigative Reporting」 (Indiana University Press, 1976)
- David M. Chalmers 「Neither Socialism nor Monopoly-Theodore Roosevelt and the decision to regulate the railroads」 (Robert E. Krieger Publishing

corp., 1986)

- David G. Phillips 『The Treason of the senate』 (Cosmopolitan Magazine, 1906)
- David Mark Chalmers 『The Muckraker Years』 (Robert E. Publishing Company, 1980)
- Dean Starkman 『The Watch Dog That Didn't Bark』 (Columbia University Press, 2014)
- Denis Brian 『Pulitzer a life』 (John Wiley & Sons Inc., 2001)
- George Ward Stocking 『The oil industry and the competitive system』 (Hyperion Press Inc., 1925)
- Doris Kearns Goodwin 『Bully Pulpit−Theodore Roosevelt, William Howard Taft and the Golden Age of Journalism』 (Simon&Schuster, 2013)
- George Ward Stocking 『The oil industry and the competitive system』 (Hyperion Press Inc., 1925)
- Henry Demarest Lloyd 『Wealth against commonwealth』 (Nabu Press, 2010)
- Hugo de Burge 『Investigative Journalism』 (Routledge, 2000)
- Ida M. Tarbell 『All in the Day's Work』 (University of Illinois Press, 2003) 1939年の復刻版
- Ida M. Tarbell 『A short life of Napoleon Bonaparte』 (Kessinger legacy print, 2005) 1894年の復刻版
- Ida M. Tarbell 『In Lincoln's Chair』 (The Macmillan Company, 2006) 1920年の復刻版
- Ida M. Tarbell 『Madame Roland』 (Kessinger Publishing, 2010) 1896年の復刻版
- Ida M. Tarbell 『The early life of Abraham Lincoln』 (Hard Press Publishing, 2016) 1896年の復刻版
- Ida M. Tarbell 『The History of the Standard Oil Company』 (Dover Publications Inc, 1904)
- Ida M. Tarbell 『The life of Abraham Lincoln Vo.1』 (General Books. LLC, 2012) 1900年の復刻版
- Ida M. Tarbell 『The life of Abraham Lincoln Vo.4』 (Nabu Public Domain, 2016) 1900年の復刻版
- George Ward Stocking 『The oil industry and the competitive System』 (Houghton Mifflin Company, 1925)
- John D. Rockefeller 『Random Reminiscences of Men and Event』 (Dodo Press,

1908)

- John M. Harrison & Harry H. Stein 「Muckraking」 (The Pennsylvania University Ppress, 1973)
- Judith & William Serrein 「Muckraking—The journalism that changed America」 (The new press, 2002)
- Justin Kaplan 「Lincoln Steffens a biography」 (Touchstone book, 1974)
- Kathleen Brady 「Ida Tarbell-Portrait of a Muckraker」 (University of Pittsburg press, 1989)
- Lincoln Steffens 「The Shame of the cities」 (Dover Publishing. Inc, 2004) 1904年の復刻版
- Margaret Anne Mong 「Oil Field Journal 2002-2003 Reprinted in the celebration of Ida Tarbell's 150th Birthday: 1857-2007」 (The Colonel Inc.)
- Michael Klepper & Robert Gunther 「Wealthy 100」 (Citadel Press Book, 1996)
- M. Roland 「The Private memoirs of Madame Roland」 General Books, 2009) 1901年の復刻版
- Nellie Bly 「Around the world in 72 days」 (Wildside Press, 2009) 再版
- Nelly Bly 「The ten weeks in a mad-house」 (Wildside Press, 2009) 再版 本のタイトルは、「weeks」となっているが「days」の誤植と思われる。
- Paul H. Giddens 「Early Days of Oil」 (The Colonel, Inc., 2000)
- Robert C. Kochersberg, Jr. 「More than a Muckraker-Ida Tarbell's Life time in Journalism」 (University of Tennessee Press, 1994)「Madame de Stael」、「The Queen of the Gironde」を収録。
- Ron Chernow 「Titan-The life of John D. Rockefeller」 (Vintage books, 2004) 日本経済新聞社から「タイタン」のタイトルで日本語訳が出版されている。
- William T. Stead 「If Christ came to Chicago: A plea for the union of all who love in the service of all who suffer…」 (Hard Press Publishing, 1894)
- S. S. McClure 「My Autobiography」 (Frederick A. Stokes Company, 1914)
- Stephen J. Berry 「Watchdog Journalism- the art of investigative reporting」 (Oxford university Press, 2009)
- Stephen Krensky 「Nellie Bly」 (Milestone Books, 2003)
- Steve Weinberg 「Taking on the Trust-How Ida Tarbell brought down John

D. Rockefeller and standard oil』(W.N. Norton, 2008)

- Theodore Roosevelt『The Rough Rider』(The library of America, 1899)
- Willa Cather『The autobiography of S. S. McClure』(University of Nebraska Press, 1997)
- W. Sydney Robinson『Muckraker』(Robson Press, 2013)
- Valerie Bodden『The Muckrakers』(Essential Library, 2017)

- アイリス・ノーブル著『世界の新聞王－ジョセフ・ピューリッツァー伝』(講談社、1968年、佐藤亮一訳)
- 朝日新聞取材班『証拠改竄』(朝日新聞出版、2011年)
- 朝日新聞特別報道部著『プロメテウスの罠』(学研パブリッシング、2012年)
- 安達正勝著『フランス革命と四人の女』(新潮選書、1986年)
- 安部悦生・壽永欣三郎・山口一臣著『ケースブック　アメリカ経営史』(有斐閣、2002年)
- 有賀貞・大下尚一・志邨晃佑・平野孝編『世界歴史大系－アメリカ史2』(山川出版社、1993年)
- アンソニー・サンプトン著『セブンシスターズ－不死身の国際石油資本』(日本経済新聞社、1980年、大原進・青木榮一訳)
- R・ホーフスタッター著『アメリカ現代史－改革の時代』(みすず書房、1967年)
- 井出義光著『リンカーン－南北分裂の危機に生きて』(清水新書、1990年)
- 池田理代子著『フランス革命の肖像』(新潮社、1985年)
- 大森実著『ライバル企業は潰せ－石油王ロックフェラー』(講談社、1986年)
- 小川由美子編集『るるぶ情報誌 パリ』(JTBパブリッシング、2009年)
- 小黒純・高田昌幸編著『権力VS調査報道』(旬報社、2011年)
- 小俣一平著『新聞・テレビは信頼を取り戻せるか－「調査報道」を考える』(平凡社、2011年)
- カール・サンドバーグ著『エイブラハム・リンカーンⅠ、Ⅱ、Ⅲ』(新潮社、1972年、坂下昇訳)
- ガリーナ・セレブリャコワ著『フランス革命期の女たち(上)』(岩波新書、1973年、西本昭治訳)
- 香川檀著『メディア社会の旗手たち』(朝日新聞社、1995年)
- 木村靖二・岸本美緒・小松久男著『詳説　世界史　改訂版』(山川出版社、2017年)

- 倉田保雄著『エッフェル塔ものがたり』(岩波新書、1983年)
- 幸田シャーミン著『ガラスの天井に挑む女たち』(扶桑社、1993年)
- 古賀純一郎著『メディア激震』(NTT出版、2009年)
- 齋藤眞著『世界現代史32 アメリカ現代史』(山川出版社、1981年)
- 猿谷要著『物語アメリカの歴史』(中公新書、1991年)
- 佐藤一雄著『アメリカ反トラスト法ー独禁法政策の理論と実践』(青木書院、1998年)
- 佐藤賢一著『フランス革命の肖像』(集英社新書ヴィジュアル版、2010年)
- 佐藤賢一著『小説フランス革命Ⅶ ジロンド派の興亡』(集英社、2012年)
- 佐藤夏生著『スタール夫人』(清水書院、2005年)
- 澤康臣著『グローバルジャーナリズムー国際スクープの舞台裏』(岩波書店、2017年)
- 柴田三千雄著『フランス革命』(岩波書店、1989年)
- ジュールズ・エイベルズ著『ロックフェラーー石油トラストの興亡』(河出書房新社、1969年、現代経営研究会訳)
- ジョーゼフ・ボーキン著『巨悪の同盟』(原書房、2011年、佐藤正弥訳)
- 新人物往来社著『ナポレオン』(新人物往来社、2011年)
- スティーブ・コール著『石油の帝国』(ダイアモンド社、2015年、森義雅訳)
- 高崎通浩著『歴代アメリカ大統領総覧』(中公新書ラクレ、2002年)
- 高田昌幸・小黒純著『権力VS調査報道』(旬報社、2011年)
- 高橋章著『アメリカ帝国主義成立史の研究』(名古屋大学出版会、1999年)
- 多木浩二著『絵で見るフランス革命』(岩波新書、1989年)
- 田島 泰彦・原 寿雄・山本 博著『調査報道がジャーナリズムを変える』(花伝社、2011年)
- ダニエル・ヤーギン、ジョセフ・スタニスロー著『市場対国家(上、下)』(日本経済新聞社、1998年)
- W．A．スウォンバーグ著『ピュリッツアーーアメリカ新聞界の巨人』(早川書房、1968年、木下秀夫訳)
- 谷口明丈著『アメリカ初期トラストの研究ーアメリカ独占資本主義成立史へのプロローグ』(大阪経済大学経営研究所、1984年)
- 谷久光著『朝日新聞の危機と調査報道』(同時代社、2012年)
- デイヴィド・A・シャノン著『新アメリカ史叢書7 アメリカ: 二つの大戦のはざまに』(南雲堂、1982年、今津晃、榊原胖夫訳)

- デイヴィド・ナソー著 『新聞王ウィリアム・ランドルフ・ハーストの生涯』（日経BP、2002年、井上廣美訳）
- デイヴィド・ロックフェラー著『ロックフェラー回顧録』（新潮社、2007年、榆井浩一訳）
- 中屋健一著『アメリカ現代史』（いずみ書院、1965年）
- 長沼秀世・新川健三郎著『アメリカ現代史』（岩波書店、1991年）
- 日本石油社長室『石油便覧』（石油春秋社、1982年）
- 野村達朗編著『アメリカ合衆国の歴史』（ミネルヴァ書房、1998年）
- ハーマン・E・クルース、チャールズ・ギルバート著 『アメリカ経営史(上、下)』（東洋経済新報社、1974年、鳥羽欽一郎・山口一臣・厚東章介・川辺信雄訳）
- 花田達朗・別府三奈子・大塚一美・デービッド E カプラン著 『調査報道ジャーナリズムの挑戦』（旬報社、2016年）
- 原寿雄著『ジャーナリズムの可能性』
- 春原昭彦著『日本新聞通史 新訂増補』（現代ジャーナリズム出版、1976年）
- 広瀬隆著『アメリカの経済支配者たち』（集英社、1999年）
- ビル・コバッチ、トム・ローゼン・スティール著『ジャーナリズムの原則』（日本評論社、2002年、加藤岳文・斎藤邦泰訳）
- 本間長世編著『現代アメリカの出現』（東大出版会、1988年）
- 本城靖久著『十八世紀パリの明暗』（新潮選書、1985年）
- ポール・ジョンソン著『ペンギン評伝双書 ナポレオン』（岩波書店、2003年、富山芳子訳）
- 松岡洋子著『リンカーン』（講談社、1981年）
- 丸山徹著『入門・アメリカの司法制度』（現代人文社、2007年）
- 三十木健著『アメリカ反トラスト法の経済分析』（近代文芸社、1997年）
- 未里周平『セオドア・ルーズベルトの生涯と日本』（丸善プラネット、2013年）
- 村上政博著『独占禁止法』（岩波書店、2017年）
- 村川堅太郎訳『プルタルコス 世界古典文学全集』（筑摩書房、1966年）
- メアリー・ベス・ノートン他著 『アメリカの歴史④アメリカ社会と第一次世界大戦』（三省堂、1996年、上杉忍・大辻千恵子・中條献・戸田徹子訳）
- 吉原欽一編著『現代アメリカの政治権力構造』（日本評論社、2000年）
- 歴史読本臨時増刊『世界を動かす謎の国際機関』（新人物往来社、1988年）
- ロジェフ・デュフレス著『ナポレオンの生涯』（クセジュ文庫、2006年、安達正勝

訳)
- ロン・チャーナウ著『モルガン家-金融帝国の盛衰(上、下)』(日経ビジネス人文庫、2005年、青木榮一訳)

【辞典など】
- 英和辞典は、『ジーニアス英和辞典　第4版』(大修館、2008年)、『新英和大辞典』(研究社、1984年)、『小学館ランダムハウス英和辞典』(小学館、1986年)、『小学館ランダムハウス英和大辞典　第2版』などを利用。
- 英英辞典は、『The Concise Oxford Dictionary』(Oxford University Press 1999)、『2016年世界年鑑』(共同通信社、2016年)なども活用した。

【ウェブサイト】
- アレゲニー大学のターベル専用のサイト
  http://sites.allegheny.edu/tarbell/about-the-ida-tarbell-web-site/
- エクソンモービル社のウェブサイト　http://corporate.exxonmobil.com/
- Landmark Preservation Commission September 19,1995, Designation List 266
  http://www1.nyc.gov/site/lpc/index.page　以上

※ 학회 발표 논문과 국내외 일간지 및 잡지에 게재된 기사 등은 생략했다.

"겨우 완성했다"는 안도감이 솔직한 심정이다. 완성까지 9년 이상이 걸리면서 도중에 좌절의 위기도 있었다. 이 책의 구상을 시작한 것은 10여 년 전이다. 관련 문헌을 해외에서 입수하여 조사를 시작한 것은 언론 현장에서 학계로 자리를 옮긴 2009년 4월경이다.

집필에 오랜 기간이 소요된 것은 관련 문헌의 대부분이 영어 원서이다 보니, 자료를 탐독하는 데에 시간이 걸렸던 것뿐이다. 중반부터는 노트에 요약정리를 하면서 시간이 더 소요되었다. 100년 전의 타벨은 재판기록 등 필요한 정보를 모두 노트에 옮겨 적었다고 하는데, 그 고생을 뼈저리게 절감했다.

미국의 정치 경제 사회는 물론, 경제사와 법률, 독점금지정책 등에 관한 전문지식 없이는 이해하기 어려운 논문이 대부분이어서 이를 이해하고 규명하는 데도 애를 먹었다. 일본 국내에 타벨에 관한 서적이 드문 이유가 연구자나 저널리스트들이 중도에 포기했기 때문은 아니었을까 싶은 생각마저 들었다. 책을 완성한 지금도 충분히 소화하지 못한 부분이 있다. 의도치 않은 오해가 있다면 독자들이 지적해 주길 바란다.

이 책에 등장하는 드레이크 유정, J. D. 록펠러, 스탠더드오일 트러스트 결성과 해체, 국제석유자본 메이저 등의 용어는 고교시절 지리 수업에서 들어 봤던 기억이 남아 있었다. 하지만 그것이 어떤 의미인지, 미국과 세계경제와는 어떤 관계가 있는지 깊이 생각해 본 적은 없었다.

그 용어들과 조금이나마 가까워진 것은 교도통신 경제부 기자로서 세계 에너지 분야를 담당하게 된 것이 계기였다. 30여 년 전, 견고해 보였던 석유수출국기구OPEC의 결속력이 삐걱거리기 시작했고 배럴당 30달러 정도로 안정적이던 원유 가격이 돌연 10달러까지 급락했다. 운 좋게도 국제석유시장을 고찰한 〈석유가격전쟁〉(교육사)을 출판하면서 세계의 에너지 현실에도 깊은 관심을 갖게 되었다. 타벨이라는 인물을 알게 된 것은 이 무렵이다.

같은 시기, 스탠더드오일을 전신으로 하는 미국 엑슨은 필자의 취재처 중 하나였다. 회장 특별보좌역 등을 지낸 엑슨 일본법인의 야시로 마사모토 사장(이후 신생은행 회장)과의 교류가 시작되면서 미국 석유산업과도 친숙해 졌다. 유연한 대인관계와 풍부한 위트, 상쾌한 언변과 글로벌 감각에 가득 찬 뉴욕 월가 출신 엘리트 비즈니스맨

너머로 엑슨의 사풍이 보이는 듯했다. 무엇보다 너무 많이 버는 것을 떳떳하게 여기지 않는 일본 기업의 속성에 대해 이야기를 나누던 중, "돈을 버는 것은 매우 즐거운 일"이라고 말하던 것이 어제 일처럼 떠오른다. 이익에만 집착하던 J. D. 록펠러의 DNA가 엑슨에 남아 있음을 통감했다.

1990년대 초반 런던 지국 시절에는 OPEC 본부가 있는 오스트리아 빈이나 스위스 주네브에서 열린 OPEC 총회를 취재할 기회가 종종 있었다. 잘 알려진 것처럼, 석유파동이 발발했던 1970년대에서 80년대에 걸쳐 세계 최강으로 일컬어지던 산유국들의 카르텔에서 아랍국 대표들이 유가 협의를 시도했지만 각국의 이해상충으로 인해 좀처럼 결론을 내지 못하곤 했다. 시장원리에서 벗어난 카르텔은 오래가지 못하리라는 것을 알게 된 좋은 체험이었다.

귀국하고 4년이 지난 1999년, 스탠더드오일의 망령이 부활하는 신호탄이기도 했던 엑슨과 모빌의 합병. 다시 등장한 슈퍼메이저의 힘에 허탈함을 실감했다. 20세기 초 스탠더드오일이 왜 해체되었는지, 해체의 기폭제가 된 타벨의 보도는 어떤 것이었는지 관심을 갖게 되면서 이 책의 집필을 구상하게 되었다.

인터넷의 등장으로 전통적인 언론, 특히 신문이 급속하게 힘을 잃어 가고 있다. 필자가 기자 현역 시절에 가졌던 저널리즘의 사명감이나 자신감을 지금의 젊은 기자들은 잃어버리기 시작한 것이 아닌지도 생각하게 된다. 디지털 혁명으로 말미암아 종이매체는 예전만큼의 힘을 잃었을지도 모른다. 그러나 권력 감시 역할을 사명으로 하는 저널리즘은 그 어느 세상, 그 어느 시대에서도 민주주의를 지탱하는 핵심 중 하나이다. 그 역할이 영원불멸하다는 것에는 의심의 여지가 없다. 전선의 최전방에서 권력과 대치해야 할 저널리스트들의 동기 부여를 위해서라도 언론의 진수라고 할 수 있는 탐사보도 강화를 역설할 필요가 있음을 절감한다.

저널리즘은 100여 년 전 세계 최대 부호 록펠러와 스탠더드오일을 매장해 버린 타벨의 방식을 모델로 삼아 다시 원점으로 돌아가야 하지 않을까? 탐사보도의 힘이 금권부패로 얼룩져 있던 당시 미국 최대의 트러스트를 해체하는 원동력이 되었다. 자유방임이라는 이름 하에 자행되던 기업 횡포와 이로 말미암아 흔들리고 있던 도금시대 미국의 민주주의를 일으켜 세운 절대적 힘이자 역할이었다.

타벨과 같이 탐사보도를 전문으로 하는 저널리스트들이 배금주의, 탐욕주의, 금권부패가 만연하던 당시의 정치, 사회, 그리고 대통령을 움직여 도덕과 윤리를 중시하는 건강한 사회로의 이행과 혁신을 구현 하는 데에 큰 힘이 되었다. 그렇다. 저널리즘은 힘이 있다.

다른 수확도 있었다. 이 책을 집필하면서 록펠러와 그 분신들이 경쟁기업에게 자행하던 냉혹하고 악랄한 범죄적 처사와 방해 속에서 이윤 획득에 대한 집념의 깊이를 다시 한 번 확인할 수 있었다. 미국 기업 간의 치열한 경쟁과 싸움에서는 흔하게 볼 수 있는 일인 듯싶다. 트러스트와 카르텔 등 시장 독점을 통해 소비자를 배제하면서 믿기 어려울 만큼의 초고수익을 창출해 내는 기업 양산 방식의 범죄적 속성을 비로소 이해할 수 있게 된 것이다. 미국의 독점금지정책이 유난히 엄격한 것은 거대 트러스트로 인해 민주주의 그 자체가 위기에 직면했던 한 세기 전의 교훈에서 비롯한 것임도 확인할 수 있었다.

칼 마르크스의 유물론에 하부구조(경제)가 상부구조(정치, 국가)를 규정한다는 공식이 있지만 태평양전쟁 패배 이후 일본의 재벌들이 전쟁 책임을 지고 해체의 쓰라림을 당한 것도 이와 무관치 않을 것이다. 2005년 회담결렬을 선언한 슈퍼 제네콘에 의해 JR토카이의 리니어 중앙신칸센 건설 공사를 둘러싸고 발생한 담합 사건처럼 독점금지법에 저촉되는 사안이나 의혹이 여전히 발생하고 있는 것이 일본의 현실이다. 스탠더드오일의 해체 사례를 보면 카르텔 등 기업결합에 대한 일본 정부와 사회의 시각이 아직도 안이해 보인다. 일부 소수의 기업에만 해당된다고 생각하고 싶지만, 사회적 책임을 자각해야 할 대기업들이 가격을 인상하여 과잉 이윤을 축적하는 구조는 100여 년 전의 미국의 그것과 크게 다르지 않아 보인다. 독점 금지 정책의 중요성을 새삼 깨닫게 된다.

지금도 엑슨모빌이 세계 석유시장에서 막강한 영향력을 행사하며 군림하고 있다. 그것이 좋은 의미든 나쁜 의미든 록펠러의 유산임에는 틀림없다. 석유 비즈니스의 제왕 격인 록펠러가 세계 최초의 다국적기업 경영자이자 악덕기업이라는 이미지와 오명을 벗기 위해 자선사업에 주력하여 큰 성과를 거두었고 기업의 사회공헌활동 모델이

된 것도 업적 중 하나이리라.

어찌 되었든 타벨의 연재기사로 말미암아 록펠러의 기부는 당시 더러운 돈tainted money으로 간주되었고 일부 대학에서는 기부 수령 여부가 논란이 되기도 했다. "받지 말아야 한다"는 타벨의 조언을 듣고 기부금 수령을 단념한 대학도 있었다. 록펠러 사후 80여 년이 경과한 지금은 록펠러재단의 사회공헌사업이 높이 평가되어 과거와 같은 논란은 찾아보기 어렵다.

이 책을 집필하면서 타벨과 맥클루어는 필생의 연구 대상이 될 것 같은 예감이 들었다. 이 책에서 다루지 못한 넬리 블라이, 업튼 싱클레어, 레이 스태너드 베이커 등 타벨의 뒤를 잇는 미국의 탐사보도 저널리스트들과 일본의 탐사보도 선구자들을 살펴볼 생각이다.

주석을 하나 덧붙이고자 한다. 스탠더드오일은 1911년 미국 연방대법원의 반트러스트법 위반 판결로 해체됐다. 많은 해설서에서 그 수를 '약 40개사'로 서술하고 있다. 하지만 스탠더드오일을 전신으로 하는 엑슨모빌 인터넷 웹사이트에는 '34개사'로 기록되어 있다. 기준이 다를 수 있다는 점에서 두 개의 수치를 모두 소개했다. 양해 바란다.

마지막으로 아질 프로덕션의 무라타 코지 씨, 슌보사의 키우치 히로야스 사장에게 큰 신세를 졌다. 이 자리를 빌어 깊이 감사드린다.

2018년 5월
코가 준이치로

아이다 타벨. 록펠러 제국을 쓰러뜨린 여성 저널리스트

초판 인쇄   2022년 7월 5일
초판 발행   2022년 7월 15일

지 은 이   코가 준이치로
옮 긴 이   정수영
펴 낸 이   박찬익

펴 낸 곳   ㈜ **박이정**
주   소   경기도 하남시 조정대로45 미사센텀비즈 7층 F749호
전   화   02-922-1192~3 / 031-792-1193, 1195
팩   스   02-928-4683
홈페이지   www.pjbook.com
이 메 일   pijbook@naver.com

등   록   2014년 8월 22일 제2020-000029호

ISBN   979-11-5848-805-5   03300

* 책값은 뒤표지에 있습니다.